Instabilität und Regierbarkeit

Europäische Hochschulschriften

Publications Universitaires Européennes
European University Studies

Reihe II
Rechtswissenschaft

Série II Series II
Droit
Law

Bd./Vol. 3228

PETER LANG
Frankfurt am Main · Berlin · Bern · Bruxelles · New York · Oxford · Wien

Ute Voßkamp

Instabilität und Regierbarkeit

Eine Analyse der italienischen Verfassung

PETER LANG
Europäischer Verlag der Wissenschaften

Die Deutsche Bibliothek - CIP-Einheitsaufnahme

Voßkamp, Ute:

Instabilität und Regierbarkeit : eine Analyse der italienischen Verfassung / Ute Voßkamp. - Frankfurt am Main ; Berlin ; Bern ; Bruxelles ; New York ; Oxford ; Wien : Lang, 2001
(Europäische Hochschulschriften : Reihe 2, Rechtswissenschaft ; Bd. 3228)
Zugl.: Heidelberg, Univ., Diss., 2001
ISBN 3-631-38125-5

D 16
ISSN 0531-7312
ISBN 3-631-38125-5

www.peterlang.de

Meinen Eltern

Vorwort

Die Arbeit wurde im Sommer 1999 abgeschlossen und im Wintersemester 2000/01 von der Juristischen Fakultät der Ruprecht-Karls-Universität Heidelberg als Dissertation angenommen. Aktuelle Rechtsprechung und Literatur sind bis Juni 1999 berücksichtigt worden.

Danken möchte ich an dieser Stelle ganz besonders meinem Doktorvater, Herrn Prof. Dr. Reinhard Mußgnug, der das Thema der Arbeit angeregt und mir stets mit Rat und Tat zur Seite gestanden hat.
Dem Zweitberichterstatter, Herrn Prof. Dr. Ulrich Beyerlin, gilt mein Dank für die zügige Erstellung des Gutachtens.

Schließlich möchte ich mich aber auch bei meiner Familie bedanken, die mich in dieser Zeit rückhaltlos unterstützt und dadurch maßgeblich dazu beigetragen hat, daß diese Arbeit entstehen konnte. Frau Christa Breuer danke ich zudem für ihr unermüdliches Korrekturlesen.

Bonn, im Sommer 2001 — Die Verfasserin

Inhaltsverzeichnis

Literaturverzeichnis

Achterberg, Norbert: Deutschland nach 30 Jahren Grundgesetz (Mitbericht); in: VVDStRL Bd. 38 (1980), S. 55 ff..

– Parlamentsrecht. Tübingen 1984.

Amato, Giuliano/ *Barbera*, Augusto (Hrsg.): Manuale di Diritto pubblico, Bd.II: l'organizzazione costituzionale, 5. Auflage, Bologna 1997 (zit.: Bearb., in Manuale).

Amphoux, Jean: Le Chancelier Fédéral dans le Régime Constitutionnel de la République Fédérale D'Allemagne, Paris 1962 (zit.: Amphoux, Le Chancelier Fédéral).

Angiolini, Vittorio: La „reiterazione" dei decreti-legge. La corte censura i vizi del Governo e difende la presunta virtù del parlamento; in: Dir. pubbl. 1997, S. 113 ff..

Anschütz, Gerhard: Die Verfassung des Deutschen Reichs vom 11. August 1919. Ein Kommentar für Wissenschaft und Praxis, 14. Auflage. Berlin 1933 (zit.: Anschütz, WRV).

Anschütz, Gerhard/ *Thoma*, Richard (Hrsg.): Handbuch des Deutschen Staatsrechts, Bd.I, Tübingen 1930; Bd. II, Tübingen 1932 (zit.: Bearb., in HdbDStR Bd.I, II).

Armaroli, Paolo: Italiens Regierungen, im Schatten des Quirinal-Palastes; in: Italien auf dem Weg zur „zweiten Republik"? Die politische Entwicklung Italiens seit 1992 (Italien in Geschichte und Gegenwart. Bd. 1); hrsg. von Luigi Vittorio Graf Ferraris, Günter Trautmann, Hartmut Ullrich, Frankfurt 1995 (zit.: Armaroli, Italiens Regierungen)

– Statuto dell'opposizione e democrazia maggioritaria; in: Rass. parl. 1995, S. 260 ff..

Badura, Peter: Die parteienstaatliche Demokratie und die Gesetzgebung, Berlin, New York 1986 (zit.: Badura, Parteienstaatliche Demokratie).

– Staatsrecht. Systematische Erläuterung des Grundgesetzes für die Bundesrepublik Deutschland, 2. Auflage, München 1996.

Barile, Paolo/ *Cheli,* Enzo/ *Grassi*, Stefano: Istituzioni di diritto pubblico, 7. Auflage, Mailand 1995 (zit.: Barile/Cheli/Grassi).

Benda, Ernst/ *Maihofer*, Werner/ *Vogel*, Hans-Jochen (Hrsg.): Handbuch des Verfassungsrechts der Bundesrepublik Deutschland, 2. Auflage, Berlin, New York 1994 (zit: Bearb., in HdbVerfR).

– Handbuch des Verfassungsrechts, Studienausgabe Teil 1, Berlin, New York 1984 (Zit.: Bearb., in HdbVerfR (Vorauflage)).

Berthold, Lutz, Das konstruktive Mißtrauensvotum und seine Ursprünge in der Weimarer Staatsrechtslehre; in: Der Staat 36 (1997), S. 81 ff..

Berti, Giorgio: Manuale di interpretazione costituzionale, 3. Auflage, Mailand 1994.

– La persistente partitocrazia; in: Stud. parl. e di pol. cost. 1995, S. 73 ff..

Bertolini, Giovanni: Ostruzionismo parlamentare, in Enc. Dir., Bd. XXXI, Mai land 1981, S. 476 ff..

Beyme, Klaus von: Die parlamentarischen Regierungssysteme in Europa, 2. Auflage, München 1973 (zit.: v.Beyme, Regierungssysteme).

– Das politische System Italiens, Stuttgart 1970 (zit.: v.Beyme, Italien).

– Ministerverantwortlichkeit und Regierungsstabilität. Zum Verhältnis von Bundestag und Bundesregierung; in: Parlamentarismus ohne Transparenz; hrsg. von Winfried Steffani, 2. Auflage, Opladen 1973 (zit. v.Beyme, Ministerverantwortlichkeit).

– Party systems and cabinet stability in european parliamentary systems; in: Festschrift für Karl Loewenstein, Tübingen 1971, S.51 ff. (zit.: v.Beyme, in FS-Loewenstein).

– Regierungswechsel; in: Wörterbuch Staat und Politik, Bonn 1995, S. 641 ff. (zit.: v.Beyme, Regierungswechsel)

– Der Gesetzgeber, Opladen 1997 (zit.: v.Beyme, Der Gesetzgeber).

Birke, Adolf, M.: Das konstruktive Mißtrauensvotum in den Verfassungsverhandlungen der Länder und des Bundes; in: ZParl 8 (1977), S. 77 ff.

Boccaccini, Giampaolo: La questione di fiducia, Mailand 1974.

Böckenförde, Ernst-Wolfgang: Die Organisationsgewalt im Bereich der Regierung, Berlin 1964 (zit.: Böckenförde, Organisationgewalt).

– Bonn ist nicht Weimar; in: AöR 92 (1967), S. 253 f..

– Die politische Funktion wirtschaftlich-sozialer Verbände und Interessenträger in der sozialstaatlichen Demokratie; in: Regierbarkeit. Studien zu ihrer Problematisierung, hrsg. von Wilhelm Hennis, Peter Graf Kielmannssegg, Ulrich Matz; Bd. 1, Stuttgart 1977, S. 223 ff. (zit.: Böckenförde, Politische Funktion).

Böhret, Carl/ *Hugger*, Werner: Der Praxistest von Gesetzentwürfen, Baden-Baden 1980 (zit.: Böhret/Hugger, Praxistext)

– Test und Prüfung von Gesetzentwürfen. Anleitung zur Vorabkontrolle und Verbesserung von Rechtsvorschriften, Köln 1980 (zit.: Böhret/Hugger, Prüfung).

Bonini, Francesco: Storia costituzionale della Repubblica. Profilo e documenti (1948-1992), Rom 1993.

Bonner – Kommentar: Kommentar zum Grundgesetz; hrsg. von R. Dolzer, Loseblattsammlung, Stand: April 1999, Heidelberg. (zit: BK-Bearb.).

Branca, Giuseppe/ *Pizzorusso*, Alessandro (Hrsg.): Commentario della Costituzione a cura di Giuseppe Branca,
Art. 70-74, bearbeitet von Angelo Antonio Cervati und Giovanni Grotanelli De`Santi, Bologna, Rom 1985;
Art. 83-87, bearbeitet von G.U. Rescigno, Antonio Cassese, Giuseppe De Vergottini, Bologna, Rom 1978;
Art. 92-96, bearbeitet von Giovanni Pitruzella, Massimo Villone, Pietro Ciarlo und Lorenza Carlassare, Bologna, Rom 1994 (zit.: Bearb., in Comm. Branca).

Brandt, Edmund, Die Bedeutung parlamentarischer Vertrauensregelungen. Dargestellt am Beispiel von Art. 54 WRV und Art. 67, 68 GG, Berlin 1981.

Cantelli, Franca/ *Movia*, Giovanna/ *Mortara*, Vittorio: Come lavora il Parlamento, Bd. 2, „Il processo legislativo nel Parlamento italiano“, Ricerca diretta da Alberto Predieri, Mailand 1974 (zit.: Cantelli/Movia/Mortara).

Capotosti, Piero Alberto: „Presidente del Consiglio dei ministri“; in: Enc. Dir., Bd. XXXV, Mailand 1986, S. 133 ff..

Carducci, Michele: Integrazioni pattizie di „accordi di coalizione“, rimpasti di governi, disciplina di partito; in: Quad. cost. 1991, S. 111 ff..

– „Collegamenti elettorali“ e coalizioni; in: Quad. cost. 1995, S. 195 ff..

Ceccanti, Stefano: Una bicamerale in chiaroscuro; in: Quad. cost. 1995, S. 317 ff.

Cerulli Irelli, Vincenzo: Corso di Diritto amministrativo, 9. Auflage, Turin 1997.

Cervati, Angelo Antonio: Legge di delegazione e legge delegata; in: Enc. Dir. Bd. XXIII, Mailand 1973, S. 939 ff..

Cheli, Enzo: Come sta cambiando la forma di governo italiana; in: Lo stato delle istituzioni italiane. Problemi e prospettive. Atti del Convegno, Roma, 30 giugno-2 luglio 1993, hrsg. von der Accademia Nazionale dei Lincei, Mailand 1994, S. 229 ff.(zit.: Cheli, Forma di governo).

– La forma di governo italiana nella prospettiva storica; in: Rass. parl. 1998, S. 287 ff..

Chimenti, Carlo: Il controllo parlamentare nell`ordinamento italiano, Mailand 1974.

Ciarlo, Pietro: Iniziativa legislativa e comunicazione politica; in: St. parl. e di pol. cost. 1996, S. 53 ff..

Cicconetti, Stefano Maria, Sistemi elettorali e sistema dei partiti; in: Riv. trim. dir. pubbl. 1996, S. 991 ff..

Commentario breve alla Costituzione: hrsg. von Vezio Crisafulli und Livio Paladin, Padua 1990 (zit.: Bearb., in Comm. breve).

Cuocolo, Fausto: Iniziativa legislativa; in: Enc. Dir., Bd. XXI, Mailand 1971, S. 610 ff..

– Saggio sull'iniziativa legislativa, Mailand 1971.

D'Andrea, Antonio: La forma di Governo tra evoluzione della prassi e progetto di riforma; in: Rass. parl. 1998, S. 303 ff..

De Caro Bonella, Carmela: Ostruzionismo, addio; in: Quad. cost. 1991, S. 291 ff..

Dell'Aqua, Cesare: Sulla crisi del Parlamento; in: St. parl. e di pol. cost. 1996, S. 5 ff..

De Micheli, Chiara: Governare senza legiferare: l'analisi dell'attività di decretazione (e di reiterazione) tra Prima e Seconda Repubblica; in: Quad. Cost. 1997, S. 515 ff..

De Vergottini, Giuseppe: Diritto costituzionale, Padua 1997.

Di Ciolo, Vittorio: Riflessioni in tema di decreti-legge non convertiti; in: I decreti legge non convertiti. Atti del seminario svoltosi in Roma, Palazzo della Consulta, nel giorno 11 novembre 1994, Mailand 1996, S. 113 ff..

Di Ciolo, Vittorio/ *Ciaurro*, Luigi: Il diritto parlamentare nella teoria e nella pratica, 3. Auflage, Mailand 1994 (zit.: Di Ciolo/Ciaurro).

– Le recenti modifiche dei Regolamenti Parlamentari. Appendice di aggiornamento, al 31 marzo 1998, del volume Il diritto parlamentare nella teoria e nella pratica (zit: Di Ciolo/Ciaurro, appendice)

Dickmann, Renzo: L'esercizio dell'iniziativa legislativa; in: Riv. trim. dir. pubbl. 1995, S.3 ff..

Di Giovine, Alfonso: La decretazione d'urgenza in Italia tra paradossi, ossimori e prospettive di riforma; in: St. parl. e di pol. cost. 1996, S.5 ff..

Di Palma, Giuseppe: Surviving without Governing, Berkeley, Los Angeles, London 1977.

Donati, Filippo: Unità di azione del Governo e responsabilità politica dei singoli ministri alla luce della sentenza della Corte costituzionale n. 7 del 1996; in: Quad. cost. 1997, S. 357 ff..

Dreher, Eduard: Geschäftsführende Regierungen; in: NJW 1982, S. 2807 f.

– Das parlamentarische System des Bonner Grundgesetzes im Vergleich zur Weimarer Verfassung; in: NJW 1950, S. 130 ff..

Dreier, Horst (Hrsg.): Grundgesetz, Kommentar, Bd. II, Art. 20 - 82, Tübingen 1998 (zit.: Bearb., in Dreier).

Dürig, Günther: Diskussionsbeitrag; in VVDStRL Bd. 25 (1967), S. 223 f..

Elia, Leopoldo: Sui possibili rimedi all`abuso della decretazione d`urgenza; in: I decreti legge non convertiti. Atti del seminario svoltosi in Roma, Palazzo della Consulta, nel giorno 11 novembre 1994, Mailand 1996. S. 187 ff. (zit.: Elia, Decretazione d`urgenza).

Eschenburg, Theodor: Systemzusammenbruch als historisches Phänomen – Weimar; in: Regierbarkeit. Studien zu ihrer Problematisierung, hrsg. von Wilhelm Hennis, Peter Graf Kielmansegg, Ulrich Matz, Bd. 2, Stuttgart 1979 (zit.: Eschenburg, Systemzusammenbruch).

– Die Richtlinien der Politik in Verfassungsrecht und in der Verfassungswirklichkeit; in: DÖV 1954, S.193 ff..

Esposito, Carlo: Capo dello Stato; in: Diritto costituzionale vivente, a cura di Damiano Nocilla, Mailand 1992, S. 1 ff..

Evangelisches Staatslexikon: hrsg. von Hermann Kunst und Siegfried Grundmann (Bd. II: N-Z), 3. Auflage, Stuttgart 1987 (zit.: Bearb., in EvStL).

Ferraris, Luigi Vittorio: Ist Italien eine „neue" Republik?; in: Politik und Zeitgeschichte, Bd. 34 (1994), S. 3 ff..

– Eine politische Revolution in Italien?; in: Italien auf dem Weg zur „zweiten Republik"? Die politische Entwicklung Italiens seit 1992 (Italien in Geschichte und Gegenwart Bd. 1), hrsg. von Luigi Vittorio Graf Ferraris, Günter Trautmann, Hartmut Ullrich, Frankfurt 1995, S.9 ff. (zit.: Ferraris, Revolution).

Feuchte, Paul: Der Nothaushalt – ein Instrument der Politik? Zur Auslegung von Artikel 111 und 115 des Grundgesetzes; in AöR, 97 (1972), S. 538 ff..

Finkelnburg, Klaus: Die Minderheitsregierung im deutschen Staatsrecht, Berlin 1982 (zit.: Finkelnburg, Minderheitsregierung).

Floridia, Giuseppe G./ *Sicardi*, Stefano: Governo – maggioranza – opposizione nella prassi e nell'evoluzione regolamentare e legislativa (1971-1991); in: Quad. cost. 1991, S. 225 ff..

Fontana, Katharina: Die Gesetzgebung in Italien, Basel, Frankfurt a.M. 1993.

Forsthoff, Ernst: Der Staat der Industriegesellschaft, München 1971 (zit.. Forsthoff, Industriegesellschaft).

Fricke, Eberhard: Über die Pflicht zur Haushaltsgesetzgebung; in: DVBl. 1975, S. 604 ff..

Friedrich, Manfred: Anlage und Entwicklung des parlamentarischen Regierungssystems in der Bundesrepublik; in.: DVBl. 1980, S. 505 ff..

Friesenhahn, Ernst: Parlament und Regierung im modernen Staat; in : VVDStRL Bd. 16 (1958), S. 9 ff..

Fromme, Friedrich Karl: Von der Weimarer Verfassung zum Bonner Grundgesetz, Tübingen 1960.

Frowein, Jochen Abr.: Bemerkungen zu den Beziehungen des Bundesrates zu Bundestag, Bundesregierung und Bundespräsident; in: Der Bundesrat als Verfassungsorgan und politische Kraft, hrsg. vom Bundesrat (wiss. Redaktion: Dieter H. Scheuing), Bad Honnef/Darmstadt 1974.

Galeotti, Serio: Alla ricerca della governabilità, Varese 1983 (zit.: Galeotti, Governabilità).

– Presidente della Repubblica e transizione costituzionale; in: St. parl. e di pol. cost. 1996, S. 27 ff..

Galizia, Mario: Crisi di gabinetto; in: Enc. Dir., Bd. XI, Mailand 1962, S. 367 ff..

– Fiducia parlamentare; in: Enc. Dir., Bd. XVII, Mailand 1968, S. 388 ff..

Galloni, Giovanni: La costituzione e i problemi attuali della società italiana; in: La costituzione italiana: I principi. La realtà, Mailand 1977 (zit.: Galloni, Costituzione).

Gambino, Silvio/ *Moschella*, Giovanni: Regole elettorali, sistema politico e forma di governo. Il caso italiano; in: Forme di governo e sistemi elettorali, hrsg. von Silvio Gambino, Mailand 1995, S. 27 ff..

Ginsborg, Paul: Die italienische Krise; in: PROKLA. Zeitschrift für kritische Sozialwissenschaft 1995, S. 11 ff..

Glum, Friedrich: Kritische Bemerkungen zu Art. 63, 67, 68, 81 des Bonner Grundgesetzes; in: Um Recht und Gerechtigkeit, Festgabe für Erich Kaufmann, Stuttgart und Köln 1950 (zit.: Glum, in FS-Kaufmann).

Gobbo, Maurilio: Un convegno sul ruolo del Presidente della Repubblica nelle crisi di governo; in: Quad. cost. 1991, S. 179 ff..

Grundlagen eines deutschen Wahlrechts: Bericht der vom Bundesminister des Innern eingesetzten Wahlrechtskommission, Bonn 1955 (zit.: Grundlagen).

Heckel, Johannes: Diktatur, Notverordnungsrecht, Verfassungsnotstand; in: AöR 61 (1932), S. 257 ff..

Helms, Ludger: Das Amt des deutschen Bundeskanzlers in historisch und international vergleichender Perspektive; in: ZParl 27 (1996), 697 ff..

Henkel, Joachim: Zur Verbindung von Vertrauensfrage und Gesetzesvorlage; in: DÖV 1973, S.73 ff..

Hennis, Wilhelm: Verfassung und Verfassungswirklichkeit; in: Verfassung. Beiträge zur Verfassungstheorie, hrsg. von Manfred Friedrich, Darmstadt 1978, S. 232 ff. (zit.: Hennis, Verfassung und Verfassungswirklichkeit).

– Richtlinienkompetenz und Regierungstechnik; in: Recht und Staat in Geschichte und Gegenwart, Heft 300/301, Tübingen 1964. S.7 ff. (zit.: Hennis, Richtlinienkompetenz).

Hermens, Ferdinand, A.: Verfassungslehre, 2. Auflage, Köln und Opladen 1968.

Herzog, Roman: Gesetzgeber und Verwaltung (Mitbericht), in VVDStRL Bd. 24 (1966), S. 183 ff..

– Konsequenzen aus den unterschiedlichen Mehrheiten in Bundestag und Bundesrat für die Interessenwahrnehmung der Länder; in: ZParl 7 (1976), S. 298 ff..

– Einreden zur Verfassung und ihrer Wirklichkeit. Goldbach 1993 (zit.: Herzog, Staat und Recht).

Hesse, Konrad: Grundzüge des Verfassungsrechts der Bundesrepublik Deutschland, 20. Auflage, Heidelberg 1995.

Hine, David: Governing Italy. The politics of Bargained Pluralism, Oxford 1993.

Hochrathner, Uwe J.: Anwendungsbereich und Grenzen des Parlamentsauflösungsrechts nach dem Bonner Grundgesetz, Frankfurt a.M., Bern, New York 1985 (zit.: Hochrathner, Parlamentsauflösungsrecht).

Huber, Ernst Rudolf: Deutsche Verfassungsgeschichte seit 1789,
Band I: Reform und Restauration 1789-1830, 2. Auflage, Stuttgart, Berlin, Köln, Mainz 1967;
Band III: Bismarck und das Reich, 3. Auflage, Stuttgart, Berlin, Köln, Mainz 1988;
Band IV: Struktur und Krisen des Kaiserreichs, Stuttgart, Berlin, Köln, Mainz 1969;
Band V: Weltkrieg, Revolution und Reichserneuerung 1914-1919, Stuttgart, Berlin, Köln, Mainz 1978;
Band VI: Die Weimarer Reichsverfassung, Stuttgart, Berlin, Köln, Mainz, 1981;
Band VII: Ausbau, Schutz und Untergang der Weimarer Republik, Stuttgart, Berlin, Köln, Mainz 1984, (zit.: Huber Bd. I, III, IV, VI, VII).

Isensee, Josef: Regierbarkeit in einer parlamentarischen Demokratie; in: Zur Regierbarkeit der parlamentarischen Demokratie, Cappenberger Gespräche der Freiherr-vom-Stein-Gesellschaft, Bd.14, Köln 1979, S. 15 ff. (zit: Isensee, Regierbarkeit).

Isensee, Josef/ *Kirchhoff*, Paul (Hrsg.): Handbuch des Staatsrechts der Bundesrepublik Deutschland, Bd. I: Grundlagen von Staat und Verfassung, Heidelberg 1987; Bd.II: Demokratische Willensbildung – Die Staatsorgane des Bundes, Heidelberg 1987 (zit.: Bearb, in HdbStR Bd. I, II).

Jahn, Gerhard: Tendenzen zum „Parteienbundesstaat" seit 1969; in: ZParl 7 (1976), S. 291 ff..

Jarass, Hans/*Pieroth*, Bodo: Grundgesetz für die Bundesrepublik Deutschland, Kommentar, 3. Auflage, München 1995 (zit.: Bearb., in Jarass/Pieroth).

Jellinek, Walter: Kabinettsfrage und Gesetzgebungsnotstand nach dem Bonner Grundgesetz; in VVDStRL 8 (1950), S. 3 ff..

Kaltefleiter, Werner: Die Funktionen des Staatsoberhauptes in der parlamentarischen Demokratie, Köln, Opladen 1970 (zit.: Kaltefleiter, Funktionen des Staatsoberhauptes).

– Die Kanzlerdemokratie des Helmut Kohl; in: ZParl 26 (1996), S. 27 ff..

Katz, Richard, S.: The 1993 parliamentary electoral reform; in: Italian politics. Ending the first republic, hrsg. von Carol Mershon und Gianfranco Pasquino, Boulder, Oxford 1995, S. 93 ff..

Kaufmann, Erich: Die Grenzen der Verfassungsgerichtsbarkeit; in: VVDStRL Bd. 9 (1952), S. 1 ff..

Kim, Baik-Yu: Regierungskrisen und verfassungsrechtliche Lösungsansätze, Baden-Baden 1993 (zit.: Kim, Regierungskrisen).

Kimmnich, Otto: Das Staatsoberhaupt in der parlamentarischen Demokratie; in VVDStRL Bd. 25 (1967), S. 2 ff..

– Deutsche Verfassungsgeschichte, 2. Auflage, Baden-Baden 1987.

Klein, Hans H.: Der Bundesrat der Bundesrepublik Deutschland – die „Zweite Kammer"; in AöR 108 (1983), S. 329 ff..

Kommentar zum Grundgesetz für die Bundesrepublik Deutschland: Reihe Alternativkommentare, hrsg. von Rudolf Wassermann, Bd. 2: Art. 38-146, 2. Auflage. Darmstadt 1989 (zit.: AK-GG-Bearbeiter).

Kreile, Michael: Die Reform der staatlichen Institutionen in Italien: symbolische Politik und parlamentarischer Prozeß; in: ZParl 18 (1987), S. 573 ff..

Kröger, Klaus: Die Ministerverantwortlichkeit in der Verfassungsordnung der Bundesrepublik Deutschland, Frankfurt/M. 1972 (zit.: Kröger, Ministerverantwortlichkeit).

Küchenhoff, Erich, Präsentationskapitulation des Bundeskanzlers gegenüber dem Bundespräsidenten; in DÖV 1966, S. 675 ff..

Kürschner, Sylvia: Das Binnenrecht der Bundestagsfraktionen, Berlin 1995 (zit.: Kürschner, Binnenrecht).

Labriola, Silvano, Il governo e alcune sue funzioni, Padua 1981 (zit.: Labriola, Funzioni).

– Il Presidente della Repubblica, Padua 1986 (zit.: Labriola, Presidente).

– Il governo della Repubblica. Organi e poteri. Commento alla legge 23 agosto 1988, n. 400, 2. Auflage, Rimini 1992 (zit.: Labriola, Commento).

– „Ritorno alla Costituzione“ o mutamenti taciti? Il caso del potere presidenziale di nomina dei Ministri; in: Quad. cost. 1994, S. 27 ff..

– Una postilla sulla mozione di sfiducia individuale al ministro: gli altri ed ulteriori effetti; in: Rass. parl. 1995, S. 399 ff..

– Storia costituzionale della Costituzione italiana, Neapel 1995 (zit: Labriola, Storia).

La costituzione italiana, Textsammlung, Turin 1975.

Lanchester, Fulco: La legislazione sulle votazioni tra forma di stato e forma di governo; in: Rass. parl. 1995, S. 408 ff..

Laufer, Heinz: Der Bundesrat als Instrument der Opposition?; in: ZParl 1 (1969-70), S. 318 ff..

Lill, Rudolf: Italiens „Schwerregierbarkeit“. Hintergründe – Ursachen – Symptome; in: Regierbarkeit. Studien zu ihrer Problematisierung, hrsg. von Wilhelm Hennis, Peter Graf Kielmannsegg, Ulrich Matz, Bd. 2, Stuttgart 1979, S. 334 ff. (zit.: Lill, Schwerregierbarkeit).

Lippert, Michael, R.: Bestellung und Abberufung der Regierungschefs und ihre funktionale Bedeutung für das Parlamentarische Regierungssystem, Berlin 1973 (zit.: Lippert, Bestellung und Abberufung des Regierungschefs).

Loewenstein, Karl: Verfassungslehre, 2. Auflage, Tübingen 1969.

Longi, Vincenzo: Elementi di diritto e procedura parlamentare, 5. Auflage, Mailand 1994 (zit.: Longi, Elementi).

Lucius, Robert von: Gesetzgebung durch Parlamentsausschüsse? ; in: AöR 97 (1972), S. 568 ff..

Lupo, Nicola: Le deleghe del Governo Amato in Parlamento; in: Riv. trim. dir. pubbl. 1994, S. 85 ff..

Luther, Jörg: Die italienische Verfassung im letzten Jahrzehnt; in: JöR n.F. 43 (1995), S. 475 ff..

– Le esperienze della Notverordnung (appunti per una comperazione); in: I decreti legge non convertiti. Atti del seminario svoltosi in Roma, Palazzo della Consulta, nel giorno 11 novembre 1994, Mailand 1996. S. 201 ff. (zit.: Luther, Notverordnung).

Mangoldt, Herrmann von/ *Klein*, Friedrich: Das Bonner Grundgesetz, Kommentar, Bd. II, 2. Auflage., Berlin und Frankfurt a.M. 1966 (zit.: v. Mangoldt/Klein)

Manzella, Andrea: Il Parlamento, 2. Auflage, Bologna 1991.

Martines, Temistocle: Diritto pubblico, 3. Auflage, Mailand 1995 (zit.: Martines, Diritto pubblico).

– Diritto costituzionale, a cura di Gaetano Silvestri. 9. Auflage, Mailand 1997 (zit.: Martines, Diritto costituzionale).

Martines, Temistocle/*De Caro*, Carmela/ *Lippolis*, Vincenzo/ *Moretti*, Renato: Diritto parlamentare, Rimini 1992 (zit.: Bearb., in Martines/De Caro/Lippolis/Moretti).

Maunz, Theodor/*Dürig*, Günther, Grundgesetz, Kommentar, Loseblattsammlung, Stand: Juni 1998 (zit.: Bearb., in Maunz/Dürig).

Maurer, Hartmut: Hat der Bundespräsident ein politisches Mitspracherecht?; in: DÖV 1966, S. 665 ff..

Mattarella, Sergio: Das Zweikammersystem in Italien; in: AöR 108 (1983), S. 370 ff..

Merkel, Wolfgang: Italien unter Craxi: Eine Republik mit Regierung?; in: ZParl 18 (1987), S. 523 ff..

Meyer, Hans: Wahlsystem und Verfassungsordnung, Frankfurt a.M. 1973.

– Das parlamentarische Regierungssystem des Grundgesetzes (Mitbericht); in: VVDStRL Bd. 33 (1975), S. 69 ff..

– Zur Regierbarkeit der parlamentarischen Demokratie; in: Zur Regierbarkeit der parlamentarischen Demokratie, Cappenberger Gespräche der Freiherr-vom-Stein-Gesell-schaft Bd. 14, Köln 1979, S. 48 ff. (zit.: Meyer, Regierbarkeit).

Modugno, Franco: Referendum abrogativo e decreto-legge a confronto, oggi; in: Rass. parl. 1998, S. 67 ff..

Modugno, Franco/ *Celotto*, Alfonso: Rimedi all`abuso del decreto-legge; in: Giur. Cost. 1994, S. 3231 ff..

Mortati, Costantino: Istituzioni di diritto pubblico, Bd. 1, 8. Auflage, Mailand 1969; Bd. 2, 9. Auflage, Padua 1976 (zit.: Mortati, Istituzioni, Bd. 1, 2).

– La seconda camera; in: Studi sul potere costituente e sulla riforma costituzionale dello Stato. Raccolta di scritti, Bd. 1, Mailand 1972, S. 477 ff. (zit.: Mortati, La seconda Camera).

– Il potere legislativo: unicameralismo o bicameralismo?; in: Studi sul potere costituente e sulla riforma costituzionale dello Stato. Raccolta di scritti, Bd. 1, Mailand 1972, S. 427 ff. (zit.: Mortati, Il potere legislativo).

Moscarini, Paolo: „Novellazione d`urgenza" e decorrenza dei termini per impugnare; in: Giur. Cost. 1993, S. 2900 ff..

Mußgnug, Reinhard: Der Haushaltsplan als Gesetz, Göttingen 1976.

– Diskussionsbeitrag; in: VVDStRL Bd. 35 (1977), S. 336.

– Die rechtlichen und pragmatischen Beziehungen zwischen Parlament, Regierung und Verwaltung; in: Deutsche Verwaltungsgeschichte, Bd. IV., hrsg. von Kurt Jeserich, Hans Pohl, Georg-Christoph v.Unruh, Stuttgart 1985, S. 308 ff. (zit.: Mußgnug, Parlament, Regierung und Verwaltung).

– Der Beitrag des Grundgesetzes zur politischen Stabilisierung der Bundesrepublik; in: Rechtsentwicklung unter dem Bonner Grundgesetz (Ringvorlesung der Juristischen Fakultät der Ruprecht-Karls-Universität Heidelberg), hrsg. von Reinhard Mußgnug, Heidelberg 1990, S. 53 ff. (zit: Mußgnug, Der Beitrag des GG).

von Münch, Ingo: Rechtliche und politische Probleme von Koalitionsregierungen, Berlin, New York 1993 (zit.: v. Münch, Koalitionsregierungen).

von Münch, Ingo/*Kunig*, Philip (Hrsg.): Grundgesetz-Kommentar, Bd. 2, Art. 21 bis 69, 3. Auflage, München 1995; Bd. 3, Art. 70 bis Art. 146 und Gesamtregister, 3. Auflage, München 1996 (zit. Bearb., in v.Münch/Kunig).

Noack, Paul: Ist die Demokratie noch regierbar?, München 1981.

Nohlen, Dieter: Wahlsysteme der Welt, München 1978 (zit.: Nohlen, Wahlsysteme).

Noll, Peter: Gesetzgebungslehre, Reinbek b. Hamburg 1973.

Oppermann, Thomas: Das parlamentarische Regierungssystem des Grundgesetzes; in VVDStRL Bd. 33 (1975), S. 7 ff..

Osservatorio sulla legislazione del Servizio Studi della Camera dei deputati:
– I. L`attività legislativa della Camera (dati e tendenze dei primi due mesi del 1998); in Rass. parl. 1998, S. 487 ff. (zit.: Servizio Studi della Camera dei deputati I).
– II. Deleghe legislative e decreti-legge (dati e tendenze dei primi due mesi del 1998); in Rass. parl. 1998, S. 493 ff.(zit.: Servizio Studi della Camera dei deputati II)

Pace, Alessandro: Il potere d`inchiesta delle assemblee legislative, Mailand 1973.

– Sull`uso „alternativo" del decreto legge, in luogo del decreto delegato, per eludere i principi della delega; in: Giur. Cost. 1992, S. 1786 ff..

Pagani, Ignazio: La riforma del bicameralismo al Senato; in: Quad. cost. 1991, S. 101 ff..

Paladin, Livio, Governo italiano; in: Enc. Dir., Bd. XIX, Mailand 1970.

– Diritto costituzionale (Vorauflage), Padua 1991 (zit.: Paladin, Diritto costituzionale (Vorauflage)).

– Presidente della Repubblica; in: Enc. Dir., Bd. XXXV, Mailand 1986.

– Diritto costituzionale, 2. Auflage, Mailand 1995 (zit.: Paladin, Diritto costituzionale)

– Atti legislativi del Governo e rapporti fra i poteri; in: Quad. cost. 1996, S. 7 ff..

Palici di Suni, Elisabetta: Profili di incostituzionalità della reiterazione dei decreti legge; in: I decreti legge non convertiti. Atti del seminario svoltosi in Roma, Palazzo della Consulta, nel giorno 11 novembre 1994, Mailand 1996, S. 191 ff.. (zit.: Palici di Suni, Incostituzionalitá).

Panunzio, Sergio (Hrsg.): I costituzionalisti e le riforme. Una discussione sul progetto della Commissione bicamerale per le riforme costituzionali, Mailand 1998.

Partsch, Karl Josef: Parlament und Regierung im modernen Staat (Mitbericht), in VVDStRL Bd. 16 (1958), S. 74 ff..

Pasquino, Gianfranco/*Vassallo*, Salvatore: The Government of Carlo Azeglio Ciampi; in: Italian Politics. Ending the first republic.; hrsg. von Carol Mershon und Gianfranco Pasquino, Boulder, Oxford 1995, S. 93 ff..

Peine, Franz-Joseph: Parlamentswahl und Beendigung des Amtes des Regierungschefs; in: Der Staat Bd. 21 (1982), S. 335 ff..

Pergoraro, Lucio/ *Rinella*, Angelo: Legislazione e procedimento formativo della legge nella proposta di revisione costituzionale; in: Rass. parl. 1998, S. 17 ff..

Pietzner, Rainer: Grundgedanken, Entwicklung und Gegenwartsprobleme des parlamentarischen Regierungssystems in Deutschland; in: JA 1972, S. 453 ff..

Pinelli, Cesare: Sistema elettorale e corruzione politica; in: Corruzione e sistema istituzionale, hrsg. von Marco D`Alberti und Renato Finocchi, Bologna 1994, S. 55 ff. (zit.: Pinelli, sistema elettorale)

– La regola della novità di contenuto come rimedio all`esercizio fraudolento di potestà normativa; in: Dir. pubbl. 1997, S. 124 ff.

– Problemi e prospettive per la forma di governo; in: Dir. pubbl. 1997, S. 709 ff..

Pitruzella, Giovanni: La lunga transizione: La forma di Governo nell`XI e nella XII legislatura (Teil 1 u. 2); in: Dir. pubbl. 1996, Teil 1: S. 193 ff., Teil 2: S. 407 ff..

– La reiterazione dei decreti legge ed il processo costituzionale; in: I decreti-legge non convertiti. Atti del seminario svoltosi in Roma, Palazzo della Consulta, nel giorno 11 novembre 1994; Mailand 1996, S. 177 ff. (zit.: Pitruzella, Reiterazione).

– L`ambiguo ruolo del Presidente della Repubblica; in: Dir. pubbl. 1997, S. 723 ff..

Pizzorusso, Alessandro: La forma di Stato e di Governo; in: Lo stato delle istituzioni italiane. Problemi e prospettive; Atti del Convegno, Roma, 30 giugno-2 luglio 1993, hrsg. von der Accademia Nazionale dei Lincei, Mailand 1994, S. 195 ff. (zit.: Pizzorusso, Forma di Stato).

– Ripensando i controlli sui decreti legge alla luce dell`esperienza recente; in: I decreti legge non convertiti. Atti del seminario svoltosi in Roma, Palazzo della Consulta, nel giorno 11 novembre 1994; Mailand 1996. S. 7 ff. (zit.: Pizzorusso, Controlli).

Poetzsch-Heffter, Fritz: Vom Staatsleben unter der Weimarer Verfassung (II. Teil); in: JöR Bd. XVII (1929), S. 1 ff..

Puhl, Thomas: Die Minderheitsregierung nach dem Grundgesetz, Berlin 1986.

Rescigno, Francesca: Disfunzioni e prospettive di riforma del bicameralismo italiano: la Camera delle Regioni, Mailand 1995 (zit.: F. Rescigno, Bicameralismo).

Reuter, Konrad: Praxishandbuch Bundesrat. Kommentar zur Geschäftsordnung, Praxis des Bundesrates, Heidelberg 1991. (zit.. Reuter, Praxishandbuch BR).

Romano, Sergio: Un`alleanza, due disegni; in: Corriere della Sera vom 17. 10. 1998, S. 1.

Ruggeri, Antonio: Il Consiglio dei ministri nella Costituzione italiana, Mailand 1981 (zit.: Ruggeri, Consiglio dei ministri)

– Le crisi di Governo. Tra ridefinizione delle regole e rifondazione della politica, Mailand 1990 (zit.: Ruggeri, Crisi di governo).

Sachs, Michael (Hrsg.): Grundgesetz, Kommentar, 2. Auflage, München 1999 (zit.: Bearb, in Sachs).

Sasse, Christoph: Haushaltsvollzug ohne Haushalt?; in: JZ 1973, S. 189 ff..

Schäfer, Friedrich: Der Bundestag. Eine Darstellung seiner Aufgaben und seiner Arbeitsweise, 4. Auflage, Opladen 1982.

Schenke, Wolf-Rüdiger: Die Bildung der Bundesregierung; in: Jura 1982, S. 57 ff..

Scheuner, Ulrich: Das parlamentarische Regierungssystem in der Bundesrepublik. Probleme und Entwicklungslinien; in: DÖV 1957, S. 633 ff..

– Die Lage des parlamentarischen Regierungssystems in der Bundesrepublik; in: DÖV 1974, S. 433 ff..

Schindler, Peter (Bearb.): Datenhandbuch zur Geschichte des Deutschen Bundestages 1949-1984, 3. Auflage, Baden- Baden 1984 (zit.: Schindler, Datenhandbuch, Bd. I).

– Datenhandbuch zur Geschichte des Deutschen Bundestages 1980-1984, Baden- Baden, 1986, (zit.: Schindler, Datenhandbuch, Bd. II).

Schmidt-Bleibtreu, Bruno/*Klein*, Franz: Kommentar zum Grundgesetz, 9. Auflage, Neuwied 1999 (zit.: Bearb., in S-B/K).

Schmitt, Carl: Der Hüter der Verfassung; in: AöR 55 (1929), S. 161 ff..

Schnapauff, Klaus-Dieter: Die geschäftsführende Bundesregierung; in: Verwrdschau 1983, S. 77 ff..

Schneider, Hans: Kabinettsfrage und Gesetzgebungsnotstand nach dem Bonner Grundgesetz (Mitbericht); in: VVDStRL Bd. 8 (1950), S. 21 ff..

– Die Regierungsbildung nach dem Bonner Grundgesetz; in: NJW 1953, S. 1330 ff.

– Gesetzgebung, Heidelberg 1982.

Schneider, Hans- Peter: 50 Jahre Grundgesetz; in NJW 1999, S. 1497 ff..

Schneider, Hans-Peter/*Zeh*, Wolfgang (Hrsg.): Parlamentsrecht und Parlamentspraxis in der Bundesrepublik Deutschland, Berlin, New York 1989 (Zit.: Bearb, in ParlamentsR).

Schreiber,Wolfgang: Handbuch des Wahlrechts zum Deutschen Bundestag. Kommentar zum Bundeswahlgesetz, 6. Auflage, Köln 1998 (zit.: Schreiber, HdbWahlR)

Schröder, Meinhard: Das parlamentarische Regierungssystem; in: Jura 1982, S. 449 ff..

Schütt-Wetschky, Eberhard: Verhältniswahl und Minderheitsregierungen. Unter besonderer Berücksichtigung Großbritanniens, Dänemarks und der Bundesrepublik Deutschland; in ZParl 18 (1987), S. 94 ff..

Schulze-Fielitz, Helmuth: Theorie und Praxis parlamentarischer Gesetzgebung, Berlin 1988 (zit.: Schulze-Fielitz, Theorie und Praxis).

Scoppola, Pietro: Introduzione. La democrazia italiana, Einleitung zu Storia costituzionale della Repubblica. Profilo e documenti (1948-1992) von Francesco Bonini, Rom 1993, S. 11 ff. (zit.: Scoppola, Introduzione).

Seifert, Karl-Heinz: Bundeswahlrecht, 3. Auflage, München 1976.

Seißelberg, Jörg: Die „blockierte Demokratie" bewegt sich – Veränderungen im politischen System Italiens; in: ZParl 24 (1993), S. 496 ff..

– Republik Italien; in: Regierungsmehrheit und Opposition in den Staaten der EG, hrsg. von Winfried Steffani unter Mitarbeit von Jens-Peter Gabriel, Opladen 1991, S. 243 ff. (Zit: Seißelberg, Republik Italien).

Sicardi, Stefano: Il Parlamento rivisitato; in: Dir. pubbl. 1997, S. 739 ff..

Sorrentino, Federico: Il decreto-legge non convertito; in: I decreti legge non convertiti. Atti del seminario svoltosi in Roma, Palazzo della Consulta, nel giorno 11 novembre 1994, Mailand 1996. S. 73 ff..

Steffani, Winfried: Regierungsmehrheit und Opposition; in: Regierungsmehrheit und Opposition in den Staaten der EG, hrsg. von Winfried Steffani unter Mitarbeit von Jens-Peter Gabriel, Opladen 1991, S. 11 ff..

Stern, Klaus: Das Staatsrecht der Bundesrepublik Deutschland,
Bd. I: Grundlagen und Grundbegriffe des Staatsrechts, Strukturprinzipien der Verfassung, 2. Auflage, München 1984;
Bd. II: Staatsorgane, Staatsfunktionen, Finanz- und Haushaltsverfassung, Notstandsverfassung, München 1980 (zit.: Stern, StaatsR Bd. I, II).

Sträter, Carl Ludwig: Arbeitsgruppen des Innenausschusses des Deutschen Bundestages – Ein Beitrag zur parlamentarischen Praxis; in: ZParl 8 (1977), S. 27 ff..

Teresi, Francesco: Sfiducia individuale, conflitto di attribuzione e forma di governo parlamentare: gli accedentati percorsi della Corte costituzionale; in: St. parl. e di pol. cost. 1996, S.19 ff..

Tosi, Silvano: Diritto parlamentare, a cura di Armando Mannino, 9. Auflage, Mailand 1993.

Travi, Aldo: Illegittimità della reiterazione dei decreti-legge e disciplina dell`attività amministrativa; in: Dir. pubbl. 1997, S.131 ff..

Triepel, Heinrich: Der Weg der Gesetzgebung nach der neuen Reichsverfassung; in: AöR 39 (1920), S. 456 ff..

Troßmann, Hans: Der Bundestag: Verfassungsrecht und Verfassungswirklichkeit; in JöR 28(1979), S.1ff..

Ullrich, Hartmut: Politischer Wandel und geschichtliche Kontinuität; in: Italien auf dem Weg zur „zweiten Republik“? Die politische Entwicklung Italiens seit 1992 (Italien in Geschichte und Gegenwart Bd. 1), hrsg. von Luigi Vittorio Graf Ferraris, Günter Trautmann, Hartmut Ullrich, Frankfurt 1995 S. 19 ff. (zit.: Ullrich, Politischer Wandel).

– Reform des italienischen Wahlsystems – Die Fata Morgana des Ein-Mann-Wahlkreises als Regenerationsinstrument der Demokratie; in: Italien auf dem Weg zur „zweiten Republik“? Die politische Entwicklung Italiens seit 1992 (Italien in Geschichte und Gegenwart, Bd. 1), hrsg. von Luigi Vittorio Graf Ferraris, Günter Trautmann, Hartmut Ullrich. S. 19 ff. Frankfurt 1995. S. 123 ff. (zit.: Ullrich, Reform).

Vetter, Joachim: Die Parlamentsausschüsse im Verfassungssystem der Bundesrepublik Deutschland, Frankfurt 1986 (zit.: Vetter, Parlamentsausschüsse).

Vogel, Bernhard/ *Nohlen*, Dieter/ *Schultze*, Rainer-Olaf: Wahlen in Deutschland. Theorie, Geschichte, Dokumente 1848-1970, Berlin, New York 1971 (zit.: Vogel/ Nohlen/ Schultze).

Wahl, Rainer: Der preußische Verfassungskonflikt und das konstitutionelle System des Kaiserreichs; in: Moderne deutsche Verfassungsgeschichte (1815-1914), hrsg. von Ernst-Wolfgang Böckenförde unter Mitarbeit von Rainer Wahl, Königstein/Ts. 1981, S. 208 ff. (zit.: Wahl, Der preußische Verfassungskonflikt).

Weber, Peter: Der lange Weg zur Verfassungsreform in Italien; in: ZParl 24 (1993), S. 474 ff..

– Italiens demokratische Erneuerung. Anpassungsprobleme einer „schwierigen Demokratie“ (1989-1994); in: Demokratie in Europa: Zur Rolle der Parlamente, Sonderband zum 25jährigen Bestehen der Zeitschrift für Parlamentsfragen, hrsg. von Winfried Steffani und Uwe Thaysen (Deutsche Vereinigung für Parlamentsfragen) Opladen 1995, S. 178 ff. (zit.: P. Weber, ZParl, Sonderband).

– Die neue Ära der italienischen Mehrheitsdemokratie: Fragliche Stabilität bei fortdauernder Parteienzersplitterung; in: ZParl 28 (1997), S. 85 ff.

– Aufklärung italienischer Anomalien. Rezension zu Massal, Alessandro: Dentro il Parlamento. Come funzionano le Camere; in ZParl 28 (1997), S. 742 f..

Weber, Werner: Spannungen und Kräfte im westdeutschen Verfassungssystem, 3. Auflage, Berlin 1970 (zit.: W. Weber, Spannungen und Kräfte).

Zampetti, Pier-Luigi: Democrazia e potere dei partiti, Mailand 1969.

Zampetti, Ugo: Tecniche legislative e procedure parlamentari; in: Rass. parl. 1998, S. 163 ff..

Zeh, Wolfgang: Die Wissenschaftlichen Dienste des Deutschen Bundestages – ein Gesetzgebungshilfedienst?; in: Studien zu einer Theorie der Gesetzgebung, hrsg. von Jürgen Rödig, Berlin 1976, S.173 ff..

– Das Ausschußsystem im Bundestag; in: Parlamentsrecht und Parlamentspraxis in der Bundesrepublik Deutschland, hrsg. von Hans-Peter Schneider und Wolfgang Zeh,Berlin 1989 (Zit.: Zeh, Ausschußsystem).

Abkürzungsverzeichnis

a.A.	anderer Ansicht
a.E.	am Ende
AöR (Z)	Archiv des öffentlichen Rechts
Art.	Artikel
bzw.	beziehungsweise
CCD	Centro cristiano democratico
CDU	Cristiani democratici uniti
Cost.	Costituzione
DC	Democrazia cristiana
ders.	derselbe
d.h.	das heißt
Dir. pubbl. (Z)	Diritto pubblico
DÖV (Z)	Die öffentliche Verwaltung
Drs.	Drucksache
DVBl.(Z)	Deutsches Verwaltungsblatt
ebda	ebenda
fig.	in figürlichem Sinne
Fn.	Fußnote
FS	Festschrift
frz.	französisch
GG	Grundgesetz
GGO II	Gemeinsame Geschäftsordnung der Bundesministerien, Besonderer Teil
GOBReg	Geschäftsordnung der Bundesregierung
GOBT	Geschäftsordnung des Bundestages
Giur. cost. (Z)	Giurisprudenza costituzionale
grds.	grundsätzlich
h.A.	herrschende Ansicht
h.L.	herrschende Lehre
ital.	italienisch
JöR (nF) (Z)	Jahrbuch des öffentlichen Rechts der Gegenwart (Neue Folge)
lit.	Buchstabe
MSI	Movimento sociale italiano
m.w.N.	mit weiteren Nachweisen
Nr.	Nummer
NJW (Z)	Neue Juristische Wochenschrift
PCI	Partito comunista italiano
PPI	Partito populare italiano

PSI	Partito socialista italiano
Quad. cost. (Z)	Quaderni costituzionali
Rass. parl.(Z)	Rassegna parlamentare
Rdnr.	Randnummer
Riv. trim. dir. pubbl.(Z)	Rivista trimestrale di diritto pubblico
RC	Rifondazione comunista
R.C.	Regolamento della Camera dei deputati
R.S.	Regolamento del Senato
RV	Reichsverfassung von 1871
S.	Seite
sc.	scilicet
sog.	sogenannt
Stat.	Statuto albertino
St. parl. e di pol. cost. (Z)	Studi parlamentari e di politica costituzionale
SZ	Süddeutsche Zeitung
u.a.	unter anderem
UDR	Unione democratica republicana
Verwrdschau (Z)	Verwaltungsrundschau
vgl.	vergleiche
VVDStRL	Veröffentlichungen der Vereinigung der Deutschen Staatsrechtslehrer
WRV	Weimarer Reichsverfassung
zit.	zitiert

Im übrigen wird verwiesen auf Hildebert *Kirchner,* Abkürzungsverzeichnis der Rechtssprache, 4. Auflage, Berlin, New York 1993.

Einleitung

A. Die Problematik aus rechtsvergleichender Sicht

Die deutsche Staatsrechtslehre der Nachkriegszeit hat – vor dem Hintergrund der leidvollen Erfahrungen der Weimarer Republik – stets ein besonderes Interesse an der Rolle des Grundgesetzes für die politische Stabilisierung und die Regierbarkeit der Bundesrepublik gezeigt. Während hierzulande jedoch nach fast fünfzigjähriger Verfassungspraxis die stabilitätssichernde Funktion des Grundgesetzes nicht ernsthaft bestritten wird[1], zeigt schon der Blick über die europäischen Grenzen, daß anderen Verfassungen weit weniger Erfolg beschieden war. Als „Paradebeispiel" politischer Instabilität kann dabei sicherlich die Republik Italien gelten, die seit ihrer Gründung am 2. Juni 1946 einen steten Wechsel der Regierungsmehrheiten erlebt hat und deren nunmehr amtierende Regierung unter Ministerpräsident MASSIMO D'ALEMA bereits die sechsundfünfzigste der italienischen Nachkriegszeit ist[2]. Zahlreiche in- und ausländische Autoren haben gerade in den letzten Jahren versucht, dieses für Italien so typische Phänomen zu analysieren[3]. Betrachtet man die Vielzahl der Publikationen, so wird deutlich, daß sich die „stabile Unregierbarkeit"[4] Italiens nicht auf eine oder mehrere, fest umrissene Ursachen zurückführen läßt. Schlagworte wie

---

[1] Laut Achterberg (VVDStRL 38, S. 104) führt „die Zwischenbilanz zur Verfassungsgeschichte" der Bundesrepublik „insgesamt zu einem positiven Urteil über die Verfassung, die [...] die rechtliche Grundordnung unseres Staates darstellt und stabilisierende und korrigierende Elemente in einem ausgewogenen, kontinuierliche Evolution ermöglichenden Verhältnis enthält"; vgl. a. H.-P. Schneider, NJW 1999, S. 1501. Siehe ferner Loewenstein, Verfassungslehre, S. 92 ff.; AK-GG-Denninger, Einl. Rdnr. 3; Oppermann, VVDStRL 33 (1975), S. 25. Zu den „stabilisierenden Vorkehrungen" des GG siehe etwa Badura, in HdbStR Bd. I, § 23 Rdnr. 16; Mußgnug, Der Beitrag des Grundgesetzes, S. 54 ff.; ders., in HdbStR Bd. I, § 6 Rdnr. 62 ff.; Schröder, in HdbStR Bd. II, § 51 Rdnr. 33 ff.. Eher skeptisch sieht Finkelnburg (Minderheitsregierung, S. 7) die Rolle des GG, wenn er schreibt: „Es waren glückliche Umstände, nicht die Staatskunst der Verfassungsväter, die uns bisher vor instabilen Verhältnissen bewahrt haben."

[2] Die Regierung D'Alema ist seit dem 21. 10. 1998 im Amt. Ihre Vorgängerin unter Ministerpräsident Prodi konnte mit einer Amtszeit von insgesamt 876 Tagen immerhin die zweitlängste Verweildauer aller Regierungen der italienischen Nachkriegszeit vorweisen.

[3] Merkel, ZParl 18 (1987), S. 523 ff.; Seißelberg, Republik Italien, S. 243 ff.; ders., ZParl 24 (1993), S. 46 ff ; Ferraris, Politik und Zeitgeschichte, 34 (1994), S. 3 ff.; ders., Revolution, S. 9 ff.; Luther, JöR n.F. 43 (1995), S. 475 ff.; P. Weber, ZParl Sonderband 1995, S. 178 ff.; ders., ZParl 28 (1997), S. 85 ff.; Ginsborg, PROKLA. Zeitschrift für kritische Sozialwissenschaft 1995, S. 11 ff; Kreile, ZParl 18 (1987), S. 573 ff.; Ullrich, Politischer Wandel, S. 19 ff.. Siehe ferner die ausführliche Analyse von Floridia/Sicardi, Quad. cost. 1991, S. 225 ff..

[4] Noack, Ist die Demokratie noch regierbar?, S.16.

„tangentopoli"[5], „pluripartitismo" und „partitocrazia", die vor allem in den Medien gerne als Erklärung für die mißliche Lage des italienischen Gemeinwesens bemüht werden, vermögen das Problem in seiner besonderen Vielschichtigkeit nicht zu erfassen. Vielmehr erscheint es in diesem Zusammenhang sinnvoll, zunächst die normativen Grundlagen des italienischen Staatsgefüges und damit die Verfassung selbst eingehend zu untersuchen. Wirft man aber das Problem der Instabilität des italienischen Regierungssystems auf und betrachtet man die lange Liste italienischer Regierungswechsel, so wird schnell deutlich, daß eine Analyse der Regierungsinstabilität nicht an der Oberfläche verharren darf. Die Untersuchung der vordergründig stabilitätsgefährdenden oder stabilitätsfördernden Mechanismen der italienischen Verfassung allein, wie etwa der Ausgestaltung des parlamentarischen Mißtrauensvotums oder des Wahlrechtssystems, um nur einige zu nennen, wäre nämlich kaum in der Lage, die Frage nach den Ursachen der „italienischen Krankheit" erschöpfend zu beantworten. An dieser Stelle muß daher das Begriffspaar, das den Titel der vorliegenden Arbeit bildet, vervollständigt werden: Neben die Instabilität italienischer Regierungen tritt die Frage nach der Regierbarkeit der italienischen Republik. Gerade am Beispiel Italiens, dessen Regierungswechsel fast ausnahmslos durch den „freiwilligen" Rücktritt der Regierung ausgelöst wurden, offenbart sich die besondere Wechselwirkung, die Regierungsstabilität und Regierbarkeit in einem parlamentarischen Regierungssystem entfalten. So wie die mangelnde Regierbarkeit einerseits eine Regierung bis hin zum Rücktritt destabilisieren kann, beeinträchtigen instabile Regierungen, deren mangelnder parlamentarischer Rückhalt die Effizienz politischen Handelns durchgreifend zu lähmen vermag, nachhaltig die Regierbarkeit eines Staates. „Das Problem der Stabilität", folgert GALIZIA mit Blick auf die italienische Regierungspraxis daher zu Recht, „liegt nicht so sehr in der Kontinuität einer Regierung im Amt, sondern in der Kontinuität einer 'effizienten' Regierung im Amt"[6].
Dem deutschen Staatsrechtler ist dieses Szenario aus der Zeit der Weimarer Republik nur allzu bekannt: „Letztlich ist die Weimarer Republik untergegangen, weil die Regierungsfähigkeit zur Bewahrung der Regierbarkeit fehlte."; mit diesen Worten beschreibt etwa ESCHENBURG[7] den Zusammenbruch des Weima-

[5] Dieser Begriff basiert auf dem italienischen Wort „tangenti"= Schmiergelder, Bestechungsgelder und beschreibt die Welle von Korruptionsskandalen, die Italien zu Beginn der 90er Jahre erschütterten und die schließlich zum Zusammenbruch der traditionellen Parteienlandschaft führten. Dazu P.Weber, ZParl 24 (1993), S. 481 ff..
[6] Galizia, in Enc. Dir., Bd. XI (1962), Stichwort: „Crisi di gabinetto", S. 371.
[7] Eschenburg, Systemzusammenbruch, S. 100.

rer Systems[8]. Gerade für den Verfassungsjuristen, der die Instabilität deutscher Regierungen in den Jahren 1918 – 1933 und das jähe Ende der Weimarer Republik ebenso vor Augen hat wie die nahezu sprichwörtliche Stabilität der Bonner Republik, dürfte daher eine rechtsvergleichende Untersuchung der verfassungsimmanenten Ursachen der Instabilität des politischen Systems in Italien von besonderem Interesse sein. Beschäftigt man sich aber näher mit der Regierungsinstabilität in Italien, so stellt sich schnell die Frage, warum das italienische Regierungssystem – anders als das der Weimarer Republik – trotz aller Stabilitätsdefizite dennoch bis auf den heutigen Tag funktioniert. Die vorliegende Arbeit soll daher zum einen den inneren Zusammenhang zwischen den, im Verfassungstext kodifizierten, grundlegenden Entscheidungen des italienischen Verfassungsgebers und der Krisenanfälligkeit der italienischen Nachkriegsregierungen klären, zum anderen aber die vielfältigen Instrumentarien in Verfassungs-theorie und Verfassungswirklichkeit[9] aufzeigen, die trotz augenscheinlicher Instabilität die Regierbarkeit Italiens in den vergangenen beinahe fünfzig Jahren garantiert haben.

Auch im Rahmen einer rein juristischen Analyse, deren methodischer Ansatz im Bereich des Staatsorganisationsrechts liegt, ist es nicht möglich, die besonderen historischen, politischen und soziologischen Gegebenheiten Italiens völlig außer Acht zu lassen. Zahlreiche Entwicklungen innerhalb der italienischen Verfassungstheorie und viele der bekannten Mißstände im Verfassungsalltag Italiens entziehen sich – ohne gelegentliche „Ausflüge" in nicht-juristische Disziplinen wie etwa die Soziologie oder die politische Wissenschaft – einer umfassenden Ursachenforschung.
Naturgemäß muß eine solche, nur schwerlich einzugrenzende Untersuchung jedoch auch Schwerpunkte setzen, da andernfalls die Komplexität der Themenstellung nicht zu bewältigen wäre. Nach einer kurzen Einführung zur Genese der italienischen Verfassung soll daher Ausgangspunkt der Analyse allein die verfassungsrechtliche Konzeption und die Arbeitsweise der drei zentralen Staatsorgane „Parlament", „Regierung" und „Staatspräsident" sein, wie sie sich in der Verfassungstheorie und im Verfassungsalltag Italiens darstellen. Die Probleme, die für die Regierbarkeit des italienischen Staates aus seiner Einbindung in die Europäische Union und den sonstigen außenpolitischen Verflechtungen erwachsen, müssen daher ebenso außer Acht bleiben wie die Regierbarkeitsdefizite, die

---

[8] Einen ausführlichen Überblick über die Regierungskrisen unter der WRV ermöglicht Kim, Regierungskrisen, S. 73 ff..

[9] Mit dem Problem der Dichotomie von Norm und Wirklichkeit des politischen Lebens setzt sich etwa Hennis (Verfassung und Verfassungswirklichkeit, S. 232 f.) eingehend auseinander.

ihren Ursprung in der Administrativstruktur des italienischen Staatswesens haben.

B. „Regierbarkeit" als verfassungsrechtliches Konzept

Die Frage nach der Regierbarkeit eines Staates gehört nicht zu den klassischen Themen der Staatsrechtslehre, sondern schien lange Zeit ein Monopol der politischen Wissenschaft zu sein[10]. Vor dem Hintergrund einer Vielzahl heterogener, außerstaatlicher Machteliten – wie etwa den politischen Parteien, den Gewerkschaften und den Verbänden, um nur einige zu nennen –, denen im komplexen organisatorischen Gefüge eines modernen Staates mehr und mehr Bedeutung zukommt, haben jedoch auch die Verfassungsjuristen die staatsrechtliche Brisanz der Problematik für den Bestand und die Funktionsfähigkeit der parlamentarischen Demokratie entdeckt[11]. ISENSEE formuliert in diesem Zusammenhang sehr anschaulich: „Ein neues Gespenst geht um in Europa – das Gespenst der Unregierbarkeit"[12].
Wie aber läßt sich das Phänomen der „Regierbarkeit"[13] begrifflich fassen? Das Staatsrecht selbst offenbart auf den ersten Blick keine geeignete Definition, da es das Konzept des „Regierens" (von lat. regere = lenken, leiten) traditionell funktional betrachtet und sich daher lediglich mit der Regierung als einer spezifischen Staatsfunktion der Exekutive neben der Verwaltung im System der Gewaltenteilung befaßt[14]. So liegt denn zunächst der Rückgriff auf den nichtjuristischen Sprachgebrauch nahe, der Regierbarkeit allgemein mit der politi-

---

[10] Isensee (Regierbarkeit, S. 20) schreibt hierzu: „Regierbarkeit ist aus tieferem Grunde keine juristische Kategorie. Regierbarkeit bezeichnet die Chance effektiver Durchsetzung staatlicher Herrschaftsakte. Der Jurist aber fragt nicht nach der Effektivität eines Herrschaftsaktes, sondern nach der Legalität. Entspricht eine Norm allen formellen und materiellen Bedingungen, so 'gilt' sie. Dem Juristen genügt es, daß die korrekt zustande gekommene Norm von ihrem Adressaten beachtet werden muß. Ob sie auch tatsächlich beachtet, ob sie gar als anerkennungswürdig angesehen wird – das wird allenfalls dann relevant, wenn die Nichtbeachtung einer Norm ihrerseits den Tatbestand einer anderen Norm erfüllt, die eine Sanktion auslöst."

[11] Meyer, Regierbarkeit, S. 48 ff.; H.-P. Schneider, in HdbVerfR, § 13 Rdnr. 140 ff.; zu den wesentlichen Problemen, die heute unter dem Begriff der Regierbarkeit diskutiert werden, bereits W. Weber, Spannungen und Kräfte, S. 19 ff. und Forsthoff, Industriegesellschaft, S. 21 ff.. Aus dem italienischen Recht siehe etwa Galeotti, Governabilità, S. 107 ff..

[12] Isensee, Regierbarkeit, S. 15.

[13] In der Literatur findet sich teilweise auch das Begriffspaar „Regierbarkeit" und „Regierungsfähigkeit" (etwa bei Isensee, Regierbarkeit, S. 46), andere Autoren (so Meyer, Regierbarkeit, S. 55) sehen die „Regierungsfähigkeit" als Aspekt der „Regierbarkeit".

[14] Isensee, Regierbarkeit, S. 20; vgl. auch Stern (StaatsR Bd. II., S. 681), der das „Wesen des dem Regieren zugehörigen Funktionsbereichs" in der „Wahrnehmung der politischen Leitungsaufgaben" sieht, „die der Staatstätigkeit die Richtung geben".

schen Führung eines Staates assoziiert, als „Geschäft des Staates und seiner Organe"[15]. Geht man von diesem populären Ansatz aus, so drängt sich die Vermutung auf, daß eine Definition der „Regierbarkeit" nicht gelingen wird, daß „Regierbarkeit" demnach ein „relativer Begriff"[16] ist, abhängig von der jeweiligen Staatsform und der inneren Organisation eines Staates und damit letztlich seiner Verfassung. An diesem Punkt beginnt in jüngster Zeit der Versuch einer staatsrechtlich orientierten Definition, die – auf der Grundlage des deutschen und europäischen Verfassungsgefüges – konkret die Regierbarkeit der parlamentarischen Demokratie[17] erfassen will.

So geht etwa MEYER[18] davon aus, daß ein System hinreichende Regierungsfähigkeit aufweist, „wenn es bei ausreichender Kontinuität Regenerations- und Lernfähigkeit besitzt, wenn es belastbar ist und wenn es über ein ausreichendes Maß an autonomer Steuerungsfähigkeit verfügt". ACHTERBERG will „Regierbarkeit" als die Möglichkeit verstanden wissen, „die verfassungsrechtlich umrissenen Staatsziele mit der gleichfalls verfassungsgesetzlich hierfür zur Verfügung gestellten Staatsform unter Wahrung eines optimalen Verhältnisses von Freiheit und Gleichheit zu erreichen"[19]. Nicht- oder Unregierbarkeit wird hingegen als Verlust von innerer Souveranität[20], mithin der Fähigkeit des modernen Staates, die gebotenen Entscheidungen rechtzeitig zu treffen und sie notfalls mit Sanktionen durchzusetzen, gedeutet[21].

Für die parlamentarische Demokratie bildet das Verfassungssystem selbst die natürliche Beschränkung der Regierungsmacht. Indem es einerseits dem einzelnen vielfältige Grundrechtspositionen einräumt, die in ihrem Kernbereich jedem staatlichen Zugriff entzogen sind und nur unter Wahrung des rechtsstaatlichen Procedere angetastet werden können, und andererseits den Parteien und Interes-

---

[15] Meyer, Regierbarkeit, S. 49.

[16] Meyer, Regierbarkeit, S. 49.

[17] Isensee (Regierbarkeit, S. 15) weist zu Recht darauf hin, daß sich die Frage nach der Regierbarkeit naturgemäß auch für den totalitären Staat stellt.

[18] Meyer, Regierbarkeit, S. 55.

[19] Achterberg, VVDStRL 38 (1980), S. 105.

[20] Zum Begriff der „inneren Souveränität" ausführlich Randelzhofer in HdbStR, Bd.I, § 15 Rdnr. 35 ff.. Noack (Ist die Demokratie noch regierbar?, S. 9) führt in Anlehnung an Schieder den zunehmenden Souveränitätsverlust (1) auf die Schwäche oder den Mangel einer einheitlichen politischen Willensbildung aufgrund des fehlenden politischen Konsenses zurück, der (2) den politischen Entscheidungsprozeß ernstlich gefährdet oder unmöglich macht, wobei sich (3) die vorhandenen, auf geschriebenem oder überliefertem Verfassungsrecht gegründeten und nach seinen Vorgaben funktionierenden Institutionen als unzulänglich oder völlig ungeeignet erweisen, und (4) dadurch letzlich die „Selbsterhaltungsfunktion einer politischen Einheit" (innere und äußere Sicherheit, Bedürfnisbefriedigung im Rahmen des jeweils geltenden, heute ständig wachsenden Erwartungsgrads, Anpassungsfähigkeit an den geschichtlichen Wandel in seinen verschiedenen Formen) in Frage gestellt wird.

[21] Noack, Ist die Demokratie noch regierbar?, S. 9.

senverbänden grundlegende Mitwirkungs- und Teilhaberechte[22] einräumt, begibt es sich teilweise seiner originären Regierungsmacht „um der Freiheit des Einzelnen und der Freiheitlichkeit des Systems willen"[23]. In einer Analyse des parlamentarischen Systems der Bundesrepublik Deutschland geht ISENSEE daher zu Recht davon aus, daß „Regierbarkeit" nur verfassungsimmanent begriffen werden kann, nämlich als „Funktionsfähigkeit der grundgesetzlichen Konzeption von Demokratie"[24]. Bedient man sich dieses Ansatzes, um die Regierbarkeit des italienischen Staates zu bewerten, so steht am Anfang der Untersuchung die Frage nach der Funktionsfähigkeit der italienischen Verfassung im Hinblick auf die Handlungsfähigkeit des Staates. Vor dem Hintergrund der zahlreichen Regierungswechsel, die Italien seit Inkrafttreten der Verfassung geprägt haben, kommt dabei der Frage nach dem Verhältnis zwischen der Instabilität des italienischen Regierungssystems und seiner Regierbarkeit zwangsläufig besondere Bedeutung zu.

---

[22] Erwähnt sei in diesem Zusammenhang etwa die Rolle der Gewerkschaften, denen durch ihre Tariffunktion ein von der Verfassung anerkannter, bedeutender Einfluß bei der Festlegung von Wirtschaftsdaten zukommt.

[23] Meyer, Regierbarkeit, S. 54. Derselbe (ebda, S. 60) stellt in diesem Zusammenhang die provokante Frage, ob angesichts der vielfältigen Möglichkeiten der Einflußnahme von Machtträgern im nichtstaatlichen Bereich die hinreichende autonome Steuerungsfähigkeit des deutschen parlamentarischen Regierungssystems noch gewährleistet ist oder aber eine rechtlich kaum kontrollierte Außensteuerung vorliegt; im Ergebnis verneint er die Außensteuerung jedoch und verweist auf eine Reihe systemimmanenter Hemmnisse. Auch Achterberg (VVDStRL 38 (1980), S. 104 ff.) hat für die Frage nach der „Regierbarkeit" der Bundesrepublik Deutschland in seiner Untersuchung der staatlichen Binnenstruktur nach dreißig Jahren Grundgesetz seinerzeit eine positive Bilanz gezogen und sich gleichzeitig optimistisch über die Zukunft des deutschen Staates geäußert; a. A. Finkelnburg (Minderheitsregierung, S. 5 f.), der mit Blick auf das Ergebnis der Berliner Abgeordnetenhauswahl 1981 „Weimar ante portas" befürchtet und die politisch-parlamentarische Stabilität für ernsthaft gefährdet hält. H.-P. Schneider (in HdbVerfR, § 13, Rdnr. 141 f.) konstatiert in diesem Zusammenhang für das parlamentarische System zwar „eine zunehmende Lähmung der Politik durch soziale Gruppenkonflikte, alternative Protestbewegungen und knappe parlamentarische Mehrheiten" und lastet die Verantwortung für „unleugbare Defizite an staatlichem Handlungsvermögen zumindest partiell auch dem parlamentarischen Regierungssystem" an. Die Frage nach den Möglichkeiten und Grenzen der Regierbarkeit im parlamentarischen System ist nach seiner Auffassung aber nicht mit dem Argument mangelnder Regierungsstabilität zu beantworten, „welches für die Weimarer Republik gegolten haben mag und heute vielleicht noch auf einige süd- und westeuropäische Länder zutrifft".

[24] Isensee, Regierbarkeit, S. 47.

Erstes Kapitel: Die Verfassung der Republik Italien – Entstehung und Entwicklunggeschichte

A. Das Statuto Albertino von 1848

Die Verfassung der Republik Italien ist am 1. Januar 1948 in Kraft getreten. Ihr Vorläufer, das Albertinische Statut, war bereits im Jahre 1848 von König Karl Albert von Savoyen seinem Königreich Sardinien als Verfassung gegeben worden und hatte nach der Einigung Italiens 1861 Geltung im gesamten Königreich Italien erlangt[25].

Bereits in der Präambel des Statuto Albertino zeigte sich der für die damalige Zeit revolutionäre Charakter des Verfassungswerkes: Anders als im absolutistischen Staat sollten nunmehr erstmals „larghe e forti istituzioni rappresentative" geschaffen werden[26]. Die zentralen Institutionen des neuen Staatsgefüges waren zum einen das Parlament, das sich aus der vom Volk gewählten Abgeordnetenkammer („Camera dei deputati") und dem Senat („Senato") zusammensetzte, dessen Mitglieder der König ernannte, zum anderen die Regierung, deren Minister ebenfalls vom Monarchen eingesetzt wurden. Die Gesetzgebungsbefugnis oblag gem. Art. 3 des Statuts König und Parlament gemeinsam, wobei das Parlament die Gesetze inhaltlich gestaltete und dem Monarchen lediglich die Möglichkeit verblieb, die Verkündung eines Gesetzes als Ganzes zu verweigern[27].

---

[25] Zur Verfassungsgeschichte Italiens siehe den ausführlichen Überblick bei Labriola, Storia, S. 5 ff..

[26] „Weitgefaßte und starke repräsentative Institutionen", zum Ganzen siehe Barile/Cheli/Grassi, S. 79 ff..

[27] Grundsätzlich zum Verhältnis von König und Parlament unter dem Albertinischen Statut, Paladin, Diritto costituzionale, S.74 ff.. Interessant ist an dieser Stelle der Vergleich mit der Rechtslage im Deutschen Bund, wie sie sich auf der Grundlage der Wiener Schlußakte (WSchlA) in den verschiedenen Landesverfassungen präsentierte. So fand etwa das in Art. 57 WSchlA verankerte „monarchische Prinzip", die „Gegenlehre gegen das Gewaltenteilungsprinzip" (Huber, Bd. I, S. 653), seinen Niederschlag in Art. 62 der Preußischen Verfassung von 1850. Nach dieser Vorschrift übte der König gemeinsam mit beiden Kammern, dem Herrenhaus und dem gewählten Abgeordnetenhaus (zur Zusammensetzung beider Kammern s. Huber, Bd. III, S. 83 ff.), die gesetzgebende Gewalt aus; der preußische Monarch war damit „ein mit voller Mitbestimmungsmacht ausgestatteter Faktor des dreigliedrigen Gesetzgebungsorgans" (Huber, ebda, S. 57 f.). Ihm allein oblag die „Sanktion" des Gesetzes, also die Erteilung des Gesetzesbefehls, der den von den drei Faktoren der Gesetzgebung gemeinsam festgestellten Gesetzestext zum verbindlichen Rechtssatz erhob (zum Begriff der „Sanktion" ausführlich Huber, ebda, S. 922 ff.). Kraft dieser Stellung besaß der König – ähnlich wie der italienische Monarch unter dem Statuto Albertino – ein absolutes Vetorecht gegenüber den Gesetzesbeschlüssen der beiden Kammern; nur wenn der Gesetzesinhalt verbindlich festgestellt war, d.h. wenn der Monarch bereits vorher an der Feststellung des Gesetzesinhaltes positiv mitgewirkt hatte, bestand eine Verpflichtung, das Gesetz auszufertigen und zu verkünden. Doch erschöpfte sich die Zuständigkeit des preußischen Reichsoberhauptes nach herrschender Lehre nicht in diesem absoluten Zustimmungs- oder Einspruchsrecht; vielmehr setzte sich auf der Grundlage des monarchischen Prinzips die Auffassung

Obwohl das Albertinische Statut ursprünglich von einer bloß politischen Interaktion zwischen Parlament und Regierung ausging, der keinerlei rechtliche Qualität zukam, etablierten sich aufgrund der tatsächlichen wechselseitigen Abhängigkeit der beiden Institutionen im politischen Alltag sehr schnell gewohnheitsrechtlich verankerte Kontrollmechanismen. So ging die Regierung bereits kurz nach Inkrafttreten des Statutes dazu über, bei Regierungsantritt beide Kammern des Parlaments auf der Grundlage der Präsentation des Regierungsprogrammes um ein ausdrückliches Vertrauensvotum („voto di fiducia") zu ersuchen[28]. Parallel dazu trat erstmals 1849 eine Regierung wegen eines Mißtrauensantrags („voto di sfiducia") der Abgeordnetenkammer zurück, obwohl auch dieses Institut dem Statuto Albertino unbekannt war[29]. Als verfassungsrechtliche Grundlage dieser Entwicklung wurde zunächst die lückenhafte und damit nach allgemeiner Ansicht der Interpretation zugängliche Formulierung des Art. 67 I Stat. („I ministri sono responsabili"[30]) herangezogen. Dabei setzte sich die insbesondere von CAVOUR vertretene Auffassung durch, der von der Verantwortlichkeit der Minister gegenüber dem Parlament und nicht – wie von einigen seiner Zeitgenossen angenommen – gegenüber dem Monarchen ausging und in die-

---

durch, daß trotz des eindeutigen Wortlauts des Art. 62 die gesetzgebende Gewalt in Preußen „der Substanz nach" dem König allein zustehe; das in der Verfassung verankerte Mitwirkungsrecht beider Kammern erlaube nur die Teilhabe an der gesetzgebenden Gewalt durch ihre Ausübung (Huber, ebda, S. 58).

[28] Zur Entstehung des „voto di fiducia" siehe im einzelnen Barile/Cheli/Grassi, S. 79 f..

[29] Longi, Elementi, S. 26. Im deutschen Verfassungsrecht sucht man die parlamentarische Verantwortlichkeit der Regierung noch in der Zaberner Affäre im Jahre 1913 vergebens. In der Reichstagsdebatte vom 3./4. Dezember 1913 über das Einschreiten der Militärgewalt gegen Zivilpersonen in der elsässischen Stadt Zabern vom November 1913 fand zwar ein Mißtrauensantrag gegen Reichskanzler Bethmann-Hollweg breite Zustimmung im Reichstag. Das in § 33 a der Geschäftsordnung des Reichstages vorgesehene Mißtrauensvotum war jedoch – obgleich staatsrechtlich zulässig – hinsichtlich seiner staatsrechtlichen Wirkungen lediglich ein „Internum des Reichstags". Nach konstitutionellem Staatsrecht waren daher weder der Kaiser noch der Kanzler verpflichtet, aus einer solchen parlamentarischen Niederlage Konsequenzen zu ziehen (Huber, Bd. IV, S. 588 ff.). Erst im 1. Weltkrieg 1914 -18 vollzog sich auch in Deutschland allmählich der Übergang vom konstitutionellen zum parlamentarischen System (Huber, Bd. III, S. 15 f. m.w.N.). Durch verfassungsänderndes Gesetz vom 28. 10. 1918 wurde schließlich Art. 15 RV dahingehend ergänzt, daß der Reichskanzler zu seiner Amtsführung des Vertrauens des Reichstages bedurfte und daß er und sein Stellvertreter für ihre Amtsführung dem Bundesrat und dem Reichstag verantwortlich waren (dazu Huber, Bd. V, S. 589 ff.). Die Weimarer Reichsverfassung folgte zwar im wesentlichen den Grundsätzen eines parlamentarischen Regierungssystems, enthielt aber mit Blick auf die starke Stellung des Reichspräsidenten Einschränkungen: Da die Regierungsbildung – ungeachtet des Mißtrauensvotums des Reichstags – dem Reichspräsidenten oblag, ermöglichte die Weimarer Verfassung auch „Präsidialkabinette", die vom Vertrauen des Reichspräsidenten getragen wurden (vgl. Art. 48, 54 WRV). Diese „doppelte Verantwortlichkeit" der Regierung (Stern, StaatsR Bd. I, S. 952) ließ Thoma (in HdbDStR Bd. I, S. 504) von einem „hinkenden" parlamentarischen Regierungssystem sprechen. Zur konstitutionellen Vorgeschichte des parlamentarischen Regierungssystems in Deutschland siehe auch Badura, in HdbStR, Bd.1, § 23, Rdnr.15 ff..

[30] ... „Die Minister sind verantwortlich".

sem Zusammenhang für den Albertinischen Staat den Begriff der „monarchia tendenzialmente parlamentare"[31] prägte. Gleichzeitig wurde auch das in Art. 67 II Stat. verankerte Institut der „controfirma ministeriale" herangezogen, das die Gültigkeit von Exekutivakten des Monarchen von der Gegenzeichnung des zuständigen Ministers abhängig machte und damit ebenfalls eine Abkehr von der „monarchia costituzionale pura"[32] bedeutete[33]. Die zunehmende Stärkung der verfassungsrechtlichen Institutionen führte allmählich zu einer kontinuierlichen Schwächung der Exekutivgewalt des Monarchen, der sich bei seinen politischen wie personellen Entscheidungen vor allem durch die wachsende Autonomie des Parlamentes eingeschränkt sah. So fanden etwa seit den sechziger Jahren des vergangenen Jahrhunderts vor der Bildung einer neuen Regierung regelmäßig „consultazioni" über die Besetzung der Regierungsämter zwischen dem Monarchen und den Vertretern der politischen Kräfte im Parlament statt. Im übrigen wurde die ursprünglich im Albertinischen Statut verankerte Machtfülle des Monarchen aber auch von Seiten der Regierung beschnitten, die sich auf das explizite Vertrauensvotum des Parlamentes berufen konnte und somit neben der Tatsache ihrer Ernennung und Einsetzung durch den König selbst eine weitere Quelle für ihre politische Legitimation erhielt. Zu den Befugnissen, die in diesem Zusammenhang vom Monarchen auf die Regierung übergingen, gehörte vor allem das Recht, die Abgeordnetenkammer vorzeitig aufzulösen, sowie die Möglichkeit, die Mehrheitsverhältnisse im Senat durch sogenannte „infornate"[34],

---

[31] Der Begriff („tendenziell parlamentarische Monarchie") wird u.a. zitiert von Paladin, Diritto costituzionale, S. 76.

[32] Der Begriff der „reinen konstitutionellen Monarchie" bezieht sich auf das traditionelle Konzept des konstitutionellen Regimes, in dem der König Oberhaupt des Staates und Träger der Exekutivgewalt ist (Baldassare, in Manuale, S. 225).

[33] Für Barile/Cheli/Grassi, S. 80 beweist die Praxis der Gegenzeichnung unter dem Statut, daß sich die Regierungsform von einer „rein konstitutionellen" in eine „parlamentarische" wandelte. Auch in der Preußischen Verfassung von 1850 war durch Art. 44 das Gegenzeichnungsprinzip verankert, demzufolge der König ohne Gegenzeichnung und damit ohne Billigung eines Ministers keine rechtswirksamen Regierungshandlungen vornehmen konnte. Anders als unter dem Statuto Albertino bedeutete das Gegenzeichnungsprinzip für den preußischen Monarchen jedoch keinen echten Machtverlust, da ihm das freie Ernennungs- und Entlassungsrecht im Verhältnis zu seinen Ministern gegenüberstand; weder besaß das Parlament ein Recht zur Einflußnahme auf die Regierungbildung, noch waren die Minister vom Vertrauen des Parlaments abhängig. Das verfassungsmäßige Recht der Krone, einen Minister zu entlassen, der die Gegenzeichnung eines königlichen Regierungsaktes und damit die Übernahme der Verantwortlichkeit ablehnte, und einen Nachfolger zu berufen, bringt Huber (Bd. III, S. 56) zu der Feststellung, daß „die mit der Ministerverantwortlichkeit kunstvoll verknüpfte freie Ministerberufung [..] das Kernstück der königlichen Gewalt im konstitutionellem System" war. Allgemein zur Bedeutung der Gegenzeichnung in der konstitutionellen Monarchie, BK-Schenke, Art. 58, Rdnr. 3 ff..

[34] Der Begriff „infornate" (Pl.) stammt von „l'infornata" (f., Substantiv zu „infornare"= in den Ofen schieben) und bezeichnet im übertragenen Sinn eine große Zahl von Personen oder Sachen, die gleichzeitig auftreten (aus: Il Grande Dizionario Garzanti), im Deutschen wird „infornata" mit „Pair-Schub" übersetzt.

das heißt durch die gleichzeitige Ernennung mehrerer, der Regierung nahestehender Senatoren zu beeinflussen[35].
Verfassungssystematisch war das Albertinische Statut eine „costituzione flessibile", das heißt die Verfassungsnormen standen innerhalb der Normenhierarchie auf derselben Stufe wie ein einfaches Gesetz und konnten deshalb jederzeit durch den Erlaß eines solchen stillschweigend oder ausdrücklich modifiziert beziehungsweise abgeschafft werden. Dies galt in besonderem Maße für die „Bürgerrechte" („diritti del cittadino"), die in wenigen, allgemein gehaltenen Artikeln des Statuts lediglich skizziert wurden und deren nähere Ausgestaltung und Eingrenzung sogar ausdrücklich dem ordentlichen Gesetzgeber vorbehalten blieb[36].

B. Der italienische Staat im Faschismus

Die Machtergreifung der Faschisten unter ihrem „Führer" Benito Mussolini am 28. 10. 1922 („Marsch auf Rom") setzte den mit dem Erlaß des Albertinischen Statutes begonnenen ersten Demokratisierungstendenzen Italiens ein jähes Ende. Sie führte schrittweise zur völligen Aufhebung der „sovranità popolare", die 1939 mit der Ersetzung der Abgeordnetenkammer durch die „Camera dei fasci e delle corporazioni" (Kammer der Bünde und Korporationen) ihren Höhepunkt fand; deren Mitglieder wurden nicht mehr vom Volk gewählt, sondern von der Regierung ernannt.
Bereits im Dezember 1925 hatte das Parlament mit der Abschaffung des „voto di fiducia" und dem faktischen Entzug seiner Legislativfunktion[37] die Grundpfeiler parlamentarischer Einflußnahme verloren. Das politische System Italiens stellte sich nunmehr als „Governo del duce" oder „dittatura del Capo del Governo" dar[38], in dem die Machtbefugnisse der Exekutive und insbesondere des Regierungschefs zu Lasten des Parlaments mehr und mehr ausgebaut wurden. Die Regierung, die dem Diktator unterstand und deren Minister von Mussolini ernannt und abgesetzt wurden, erhielt weitreichende Gesetzgebungs- und Verwaltungskompetenzen. So wurde sie etwa ermächtigt, Verordnungen mit Gesetzeskraft, „norme aventi forza di legge" (sog. „leggi delegate" und „decreti-

---

[35] Barile/Cheli/Grassi, S. 83.
[36] Barile/Cheli/Grassi, S. 81.
[37] Aufgrund des Gesetzes Nr. 2263 vom 24. 12. 1925 war das Parlament nämlich gleichfalls nicht mehr befugt, Tagesordnungspunkte ohne Zustimmung des Regierungschefs zu bestimmen. Mit Gesetz vom 19. 1. 1939 (Nr. 129) wurde zudem die „collaborazione" (Zusammenarbeit) von Parlament und Regierung bei der Schaffung von Gesetzen obligatorisch.
[38] Barile/Cheli/Grassi, S. 86 (.. „Regierung des Führers" oder „Diktatur des Regierungschefs"..).

legge") und „ordinanze di necessità" (Notverordnungen) zu erlassen sowie in Notfällen den „stato di pericolo pubblico" beziehungsweise den „stato di guerra (interno)" zu erklären[39]. Die ursprüngliche Aufgabe der Regierung, das „indirizzo politico", d.h. das gesamtpolitische Geschehen Italiens zu gestalten, übernahm ein neu geschaffenes Staatsorgan, der sogenannte „Gran consiglio del fascismo". Parallel zu dieser staatsorganisationsrechtlichen Entwicklung verschwanden mit der Abschaffung freier Wahlen, einem allgemeinen Parteienverbot und der rigorosen Einschränkung fundamentaler Freiheitsrechte schrittweise die von dem Albertinischen Statut, wenn auch rudimentär garantierten „libertà civili" – Italien war zu einem totalitären Staat geworden[40].

C. „La Costituzione italiana" von 1948 bis heute

Mit dem Ende des Faschismus und nach der endgültigen Befreiung Italiens bestand unter den politischen Kräften Italiens weitgehend Einigkeit darüber, daß das Land tiefgreifende institutionelle Reformen benötige. Dabei vertraten insbesondere die antifaschistischen Parteien die Auffassung, daß die notwendige Erneuerung Italiens nicht auf der verfassungsrechtlichen Basis des Albertinischen Statuts erfolgen könne: Zu stark war die Überzeugung, daß auch aus verfassungsrechtlicher Sicht die „Wurzeln" des Faschismus in der vorfaschistischen Ära gründeten und daß „il ritorno allo Statuto"[41] das Land in eine ähnliche politische Situation wie vor der faschistischen Machtergreifung bringen und somit die staatlichen Institutionen vergleichbaren Gefahren aussetzen würde. Ein erster Schritt auf diesem Weg war das Referendum vom 2. 6. 1946, in dem sich das italienische Volk mehrheitlich[42] gegen die Monarchie und für die republikanische Staatsform aussprach.

Mit der Schaffung einer neuen, republikanischen Verfassung wurde die am selben Tag gewählte „Assemblea costituente"[43] betraut, wobei die Ausarbeitung

[39] Die Erklärung des „stato di pericolo pubblico" (öffentlicher Gefahrenzustand) beziehungsweise des „stato di guerra (interno)" (Ausnahmezustand) legalisierte jegliche Willkür von Seiten der Regierung und ersetzte die Zuständigkeit der ordentlichen Gerichte durch die der Militärgerichte (vgl. Art. 214 ff. Polizeigesetz). Die Machtkonzentration in den Händen der Exekutive im faschistischen Italien erläutert im einzelnen Labriola, Storia, S. 236 ff..

[40] Mit der „autoritären Verfassung" im italienischen Faschismus beschäftigt sich ausführlich Labriola, Storia, S. 203 ff..

[41] Barile/Cheli/Grassi, S. 95(.. „die Rückkehr zum Statut..").

[42] Es sprachen sich 10. 719. 284 Stimmberechtigte für die Beibehaltung der Monarchie, 12. 717. 923 Wähler für die Einführung der Republik aus.

[43] Die verfassungsgebende Versammlung wird auch die „Costituente" genannt; diese Bezeichnung wird teilweise auch im Rahmen dieser Arbeit verwendet.

eines detaillierten Verfassungsentwurfes („Progetto di Costituzione")[44] im einzelnen der aus Mitgliedern der verfassungsgebenden Versammlung zusammengesetzten „Commissione dei settantacinque" („Kommission der fünfundsiebzig") oblag.

Die Verfassung der Republik Italien, die, am 22. 12. 1947 von der Costituente verabschiedet, am 1. 1. 1948 in Kraft trat, erweist sich im wesentlichen als Kompromiß zwischen den im Zeitpunkt ihrer Entstehung vorherrschenden politischen Kräften. Doch spiegelt sie in ihrer Gesamtheit „die Ideale der Erneuerung staatlicher Strukturen" wieder, die „Symbole der Resistenza", des italienischen Widerstandes waren[45]. BARILE/CHELI/GRASSI[46] beschreiben den innovativen Anspruch der italienischen Verfassung wie folgt: „La Reppublica italiana, nella sua costituzione, appare dunque come uno stato orientato verso le `grandi riforme´ "[47].

Vielen fundamentalen Vorgaben des Verfassungstextes wurde jedoch erst nach und nach entsprochen, so daß das Regelwerk *de facto* bis in jüngste Zeit lediglich unvollständig umgesetzt war[48]. So nahm etwa der Verfassungsgerichtshof („Corte costituzionale", Art. 134 ff. Cost.) erst 1956 seine Arbeit auf, der „Consiglio nazionale dell`economia e del lavoro" (Art. 99 Cost.) sowie der „Consiglio superiore della magistratura" (Art. 104 Cost.) wurden 1957, beziehungsweise 1958 eingerichtet. Die von der Verfassung geforderte Reform der Regionen („Riforma regionale") und die ordentliche Gesetzgebung zur Durchführung des Referendums ließen bis 1970 auf sich warten. Der Aufforderung des Art. 95 Cost., die Befugnisse und die Organisation der „Presidenza del Consiglio" und der Ministerien zu regeln, ist der Gesetzgeber schließlich erst vierzig Jahre nach Inkrafttreten der Verfassung mit Gesetz vom 23. August 1988, Nr. 400 nachgekommen. Gleichzeitig blieben zahlreiche Gesetze aus vorrepublikanischer Zeit in Kraft, die vielfach im Widerspruch mit fundamentalen Verfassungsgrundsätzen stehen und erst allmählich im Wege der „sentenze di annullamento" durch den italienischen Verfasungsgerichtshof für nichtig erklärt werden.

---

[44] Der vollständige Text des Verfassungsentwurfes ist abgedruckt in „La costituzione italiana", Appendice V.

[45] Dazu gehören nach Barile /Cheli/Grassi (S. 109) im einzelnen das Referendum sowie die Gesetzesinitiative des Volkes als Manifestation direkter Demokratie, die Garantie der individuellen und kollektiven Freiheitsrechte, das Prinzip der Autonomie und Dezentralisation sowie die Chancengleichheit.

[46] Barile/Cheli /Grassi, S. 109.

[47].. „Die italienische Republik erscheint also in ihrer Verfassung als ein Staat, der sich den großen Reformen zuwendet.".

[48] Ausführlich zur zögerlichen Umsetzung der italienischen Verfassung Barile/Cheli/Grassi, S. 111 ff..

Zweites Kapitel: Das italienische Parlament

A. Struktur und Arbeitsweise der „Camera dei deputati" und des „Senato"

I. Wahlmodus und Zusammensetzung der Kammern

Der Wahl der Volksvertretung kommt in einer parlamentarischen Demokratie zentrale Bedeutung zu. Sie ist der die demokratische Legitimität und die Mitwirkung des Volkes sichernde Akt, mit dem das Wahlvolk vordergründig nur über die Verteilung der Parlamentssitze entscheidet, mittelbar aber sein Votum darüber abgibt, wer im Parlament die Mehrheit haben, die Regierung tragen und sein politisches Programm in der kommenden Legislaturperiode zur Grundlage der Politik des Staates machen soll[49]. Zutreffend schreibt daher STERN[50], daß „durch die Wahl [..] politischer Wille in staatliche Machtpositionen umgesetzt" wird, „denn die Zusammensetzung des Parlaments entscheidet über das Zustandekommen und den Inhalt der Gesetze, über die Bildung und Kontrolle der Regierung sowie über die Besetzung zahlreicher weiterer staatlicher Ämter". In diesem Zusammenhang gehört es also „mindestens zur mittelbaren Aufgabe[51] der Wahl, die Voraussetzungen für die Herausbildung einer regierungsfähigen Mehrheit und darüber hinaus für eine feste und dauerhafte Regierung zu schaffen"[52]. Vor diesem Hintergrund muß insbesondere die Ausgestaltung des jeweiligen Wahlsystems im Einzelfall einer kritischen Analyse standhalten, da sie die Art und Weise der Repräsentation des „Makrokosmos" Wahlvolk im „Mikrokosmos" Parlament nachhaltig bestimmt.

Innerhalb der Staatsrechtslehre herrscht weitgehend Einigkeit darüber, daß eine zentrale Ursache für die Mißstände im politischen System Italiens in der verfassungsrechtlichen Konzeption und der Zusammensetzung seiner Volksvertretung

---

[49] „Es geht bei der Wahl durch das Volk um die politische Grundorientierung staatlichen Handelns überhaupt", so Meyer, VVDStRL 33 (1975), S. 86.

[50] Stern, StaatsR Bd. I, S. 293. Laut Meyer (in HdbStR Bd. II, § 37, Rdnr. 22) handelt es sich damit bei der Wahl „um das bedeutendste Verfahren der Machtverteilung, das die Demokratie kennt".

[51] Unmittelbar kommt diese Funktion nur bei der Wahl nach relativem Mehrheitswahlrecht zum Tragen, da in diesem Fall der Wähler zugleich die Regierung bzw. die Oppositionsführung bestimmt. Bei anderen Wahlsystemen wird die Regierungsbildung in der Regel erst durch das Koalitionsverhalten der Parteien „vermittelt" (Grundlagen, S. 47).

[52] Grundlagen, S. 46 f..

begründet liegt. MERKEL[53] konstatiert zur Genese des italienischen Wahlsystems, daß das politische System im Nachkriegsitalien „weniger auf Effizienz im Prozeß von `policy making´ und `policy implementation´[54] ausgerichtet, als um die exakt proportionale Repräsentanz möglichst aller gesellschaftlichen Interessen besorgt" war. Die Erkenntnis, daß das seit Gründung der Republik bis in jüngste Zeit im Kern unverändert geltende Wahlrecht die Präsenz zahlreicher Splitterparteien im Parlament begünstigt und dadurch die Bildung stabiler Regierungsmehrheiten erschwert hat, führte bereits in den sechziger Jahren zu Vorschlägen einer Änderung des Wahlrechts. So sah das als „legge truffa" („Betrugsgesetz") bekannt gewordene Wahlreformgesetz aus dem Jahr 1953 vor, eine Prämie für die Parteien einzuführen, die über 50 % der Wählerstimmen erhalten hatten[55]. Da ein solches Verfahren jedoch einseitig die großen Parteien bevorzugte und somit die angestrebte stärkere Homogenität der Volksvertretung zu Lasten kleinerer politischer Gruppierungen gegangen wäre, stieß die von den Christdemokraten auf den Weg gebrachte Reform vor allem unter den Oppositionsparteien auf massive Ablehnung. Der von seinen Kritikern häufig bemühte Vergleich der „legge truffa" mit dem faschistischen Wahlsystem aus dem Jahr 1923 diskreditierte die Reform vollends und ließ es schließlich geraten erscheinen, sie wieder außer Kraft zu setzen[56]. Ihre „Fernwirkungen"[57] bestanden jedoch fort; der gescheiterte Versuch der Regierung, im Wege eines Wahlreformgesetzes die Zahl ihrer Parlamentssitze künstlich zu erhöhen, hatte in der italienischen Öffentlichkeit die Angst vor einer wahlrechtlichen Manipulation geweckt und sollte lange Zeit eine Reform der Wahlgesetzgebung in Italien verhindern. Entsprechend enthusiastisch wurde daher die auf der Grundlage zweier Referenden 1991 und 1993 verabschiedete Reform des Wahlrechts begrüßt[58].

---

[53] Merkel, ZParl 18 (1987), S. 524.

[54] „Policy Implementation" bedeutet wörtlich „Einpflanzung der Politik", mithin die Umsetzung der Politik innerhalb von Staat und Verwaltung (zum Begriff der „Implementation" vgl. v. Beyme, Der Gesetzgeber, S. 313).

[55] Erforderlich war genau eine Stimme mehr als die Hälfte der gültigen Stimmen (Pasquino, in Manuale, S. 85).

[56] Bei der Wahl 1953 hatten die Regierungsparteien zuvor mit 49, 2 % der Stimmen das erforderliche Stimmenlimit verfehlt (zur „legge truffa" siehe Nohlen, Wahlsysteme, S. 275 f.).

[57] Nohlen, Wahlsysteme, S. 276; Pasquino, in Manuale, S. 86.

[58] Der seinerzeit amtierende Ministerpräsident Amato (zit. nach Pitruzella, Dir. pubbl. 1996, S. 411) sah im Ausgang des entscheidenden Referendums zum Wahlrecht „eine authentische Veränderung des Regimes, die nach siebzig Jahren das vom Faschismus in Italien eingeführte Modell des Parteienstaates, das auch die italienische Republik übernommen und durch Ersetzung der Einheitspartei durch eine Parteienmehrheit nur geringfügig modifiziert hatte, aussterben läßt" .

1. Die wahlrechtlichen Vorgaben der italienischen Verfassung

Anders als das Bonner Grundgesetz, das in Art. 38 III nicht nur die Konkretisierung der Wahlrechtsgrundsätze des Art. 38 I und II GG, sondern auch das Verfahren zur Wahl des Bundestages gänzlich dem Bundesgesetzgeber zugewiesen hat[59], enthält die italienische Verfassung einige konkrete Vorgaben zum Wahlverfahren der beiden Kammern. Die ursprüngliche Fassung des Art. 56 Cost., die hinsichtlich der Anzahl der Mitglieder der Abgeordnetenkammer die Wahl eines Abgeordneten auf 80.000 Einwohner oder auf einen Bruchteil von 40.000 vorsah[60], wurde bereits durch verfassungsänderndes Gesetz vom 9. 2. 1963 dahingehend modifiziert, daß zukünftig die Zahl der Abgeordneten 630 betragen sollte. Parallel dazu legt der gleichfalls seinerzeit geänderte Art. 57 Cost. die Anzahl der Mitglieder des Senates auf 315 fest[61]. In beiden Vorschriften finden sich ferner Bestimmungen zur Verteilung der Sitze auf die Wahlkreise („Camera dei deputati", Art. 56 IV Cost.) beziehungsweise auf die Regionen („Senato", Art. 57 IV Cost.); Vorgaben zum anzuwendenden Wahlsystem enthält die italienische Verfassung hingegen nicht[62]. Allerdings hatte die Assemblea costituente mit der Verabschiedung zweier Gesetze zur Wahl von Abgeordnetenhaus und Senat[63] eine grundlegende Entscheidung über das parlamentarische Wahlsystem Italiens getroffen, die bis zu der umfassenden Wahlrechtsreform 1993 Bestand haben sollte.

---

[59] Der deutsche Verfassungsgeber hat bewußt darauf verzichtet, ein bestimmtes Wahlsystem verfassungsrechtlich vorzuschreiben; in diesem Sinne ist (mit Ausnahme der Festlegung des Wahl- und Wählbarkeitsalters, Art. 38 II GG) die Ausgestaltung des materiellen und formellen Wahlrechts durch die Regelung des Art. 38 III GG „Das Nähere bestimmt ein Bundesgesetz." dem Bundeswahlgesetz überlassen worden. Dabei wird im Hinblick auf die Festlegung des Wahlsystems und dessen Durchführung dem Gesetzgeber nach ständiger Rechtsprechung des BVerfG (E 3, 19 (24); 59, 119 (124); 95, 335 (349)) ein weiter Gestaltungsspielraum eingeräumt. In Erfüllung dieses Gesetzgebungsauftrages des Art. 38 III GG hat der Bundesgesetzgeber das BWahlG vom 7. 5. 1956 (BGBl. I, S. 383) i.d.F. der Bekanntmachungen vom 23. 7. 1993 (BGBl. I, S. 1288, 1594) sowie vom 30. 3. 1994 (BGBl. I S. 680) und 15. 9. 1994 (BGBl.I,12417 ff.; zuletzt geändert durch Gesetz vom 15. 11. 1996, BGBl. I S. 1712) und die BundeswahlO i.d.F. der Bekanntmachung vom 8. 3. 1994 (BGBl. I S. 495) erlassen.

[60] Dies ergab ursprünglich eine Zahl von 596 Abgeordneten.

[61] Nach der ursprünglichen Fassung des Art. 57 Cost. wurde ein Senatsmandat pro 200.000 Einwohner oder einem Bruchteil von mehr als 100.000 Einwohnern zugeteilt.

[62] Die Diskussion in der Costituente über das künftige Wahlsystem schildert Scoppola, Introduzione, S. 26 ff..

[63] Durch Gesetz vom 20. Januar 1948, Nr. 6 und Gesetz vom 6. Februar 1948, Nr. 29.

2. Wahlsystem und Parteienzersplitterung bei den Wahlen zu Abgeordnetenhaus und Senat bis 1992

Ausgehend von den politischen und sozialen Gegebenheiten im Nachkriegsitalien, die nach allgemeiner Auffassung in besonderem Maße eine adäquate Repräsentanz der Minderheiten im Parlament verlangten[64], votierte die verfassungsgebende Versammlung im Gesetzentwurf zur Wahl des Abgeordnetenhauses für das bereinigte Verhältniswahlrecht („sistema proporzionale corretto"). Die Notwendigkeit, einem breiten Spektrum an politischen Strömungen die parlamentarische Repräsentanz zu ermöglichen, wurde teilweise damit begründet, daß eine noch stärkere Kluft zwischen der Mehrheit der Mitte und der linken Opposition vermieden werden sollte; andere Autoren führen die damalige Forderung nach einer besonderen Berücksichtigung politischer Minderheiten auf die totalitäre Staatsstruktur der faschistischen Ära zurück[65].

Bis zu den Wahlen zur XI. Legislaturperiode im Jahr 1992 war das gesamte Staatsgebiet in insgesamt 32 Wahlbezirke („circoscrizioni elettorali") eingeteilt, denen jeweils entsprechend der Einwohnerzahl eine bestimmte Anzahl von Parlamentssitzen zugeordnet wurde. Die einzelnen Parteien und organisierten politischen Gruppierungen konnten nunmehr pro Wahlkreis ihre, durch ein bestimmtes (Partei-)Symbol („contrassegno") ausgewiesene Kandidatenliste vorlegen[66]. Nachdem der Wähler sich zunächst für eine der in seinem Wahlkreis angetretenen Listen entschieden hatte, blieb ihm ferner die Möglichkeit, innerhalb der gewählten Liste drei[67] sogenannte „voti di preferenza" abzugeben, d.h. einzelnen Kandidaten der Liste den Vorzug zu geben.

Zur Auswertung der abgegebenen Stimmen wurde anschließend der Wahlquozient dadurch ermittelt, daß die innerhalb des Wahlkreises insgesamt abgegebenen gültigen Stimmen durch die Anzahl der dort zu vergebenden Sitze, erhöht um die Zahl zwei[68] geteilt werden mußten[69]. Jede Partei erhielt sodann insgesamt

---

[64] Paladin, Diritto costituzionale (Vorauflage), S. 295.

[65] Zur Motivation der Costituente bei der Konzeption der Wahlgesetze siehe Scoppola, Introduzione, S. 26 ff.; vgl auch Martines, Diritto costituzionale, S. 283/284.

[66] Das sog. „contrassegno" sollte der Unterscheidung der einzelnen Listen dienen und mußte vor der Wahl beim Innenministerium hinterlegt werden.

[67] In den Wahlkreisen, in denen mehr als fünfzehn Abgeordnete zu wählen waren, konnten insgesamt vier Vorzugsstimmen abgegeben werden.

[68] Die Addition der Zahl zwei diente dazu, die Reststimmenzahl („conteggio residuino") gering zu halten, um zu vermeiden, daß zahlreiche Sitze nicht vergeben werden konnten (Paladin, Diritto costituzionale (Vorauflage), S. 296).

[69] Es handelt sich hier um einen „quoziente elettorale fisso", d.h. um einen festen Wahlquozienten, der während der geamten Rechenoperation zur Mandatsverteilung unverändert bleibt. Anders verhält es sich etwa beim Höchstzahlverfahren nach d'Hondt, bei dem sich der Wahlquotient durch Division der Gesamtstimmen einer Partei durch die bis dahin zugeteilten Mandate ergibt, also mit jedem weiteren

soviele Sitze, wie der ermittelte Wahlquozient in der von ihr erreichten Stimmenzahl enthalten war[70].
Konnten Sitze in einem Wahlkreis nach diesem Verfahren nicht vergeben werden, so oblag die Zuteilung dieser Restsitze dem sogenannten „Ufficio centrale nazionale", das nunmehr unter Berücksichtigung der Gesamtreststimmenzahl einer Liste im gesamten Wahlgebiet („colleggio unico nazionale") nach dem oben erörterten Verfahren den Wahlquotienten bestimmte und die Vergabe der Parlamentssitze vornahm[71]. Allerdings waren hierbei diejenigen Listen ausgeschlossen, die nicht mindestens einen Sitz in einem Wahlkreis und eine Mindeststimmenzahl von 300.000 gültigen Stimmen erzielt hatten.

Im Gegensatz zur Wahl des Abgeordnetenhaus orientierte sich das System für die Wahlen zur zweiten Kammer der italienischen Volksvertretung, des Senats, jedenfalls *de lege* überwiegend an den Grundsätzen des Mehrheitswahlrechts. Die Verfassung selbst verlangt in Art. 57 I, daß die insgesamt 315 Senatoren auf regionaler Basis gewählt werden müssen. Entsprechend dieser Vorgabe bildeten für die Wahlen zum Senat die zwanzig Regionen des Landes die Wahlbezirke, die dann in 238 sogenannte „Einmannwahlkreise" („colleggio uninominale") unterteilt wurden; innerhalb dieser Wahlkreise konnten die Wähler dann einem einzigen Kandidaten ihre Stimme geben. Gewählt war zunächst der Kandidat, der mindestens 65 % der Stimmen in seinem Wahlkreis erzielen konnte; die nach diesem Zuteilungsmodus freigebliebenen Wahlkreise wurden nach dem D`Hondtschen Proporzsystem auf Regionalebene unter den Parteien verteilt[72].

---

zugeteilten Mandat kleiner wird. In Deutschland gilt seit der Bundestagswahl 1987 das System Hare/Niemeyer, das ebenfalls mit einem festen Wahlquotienten arbeitet; dieser resultiert aus der Division aller gültigen Zweitstimmen durch alle Mandate. Den verbundenen Listen einer Partei werden zunächst so viele Mandate zuerkannt, wie die Listen ein Mehrfaches des Wahlquotienten an Stimmen erhalten haben; die auf diese Weise verbliebenen Restmandate werden dann entsprechend den höchsten Bruchzahlen der ersten Rechenoperation zugeteilt (siehe dazu etwa Meyer, in HdbStR Bd. II, § 38, Rdnr. 35).

[70] Zur Veranschaulichung der Rechenoperation sei hier folgendes Beispiel gegeben (nach Paladin, Diritto costituzionale, (Vorauflage), S. 296): In einem Wahlkreis, in dem 1. 000.000 gültige Stimmen abgegeben wurden und acht Sitze zu vergeben sind, ergibt sich der Wahlquozient aus der Division 1.000.000:8 + 2 = 100.000. Unterstellt man nun, daß die im Wahlkreis angetretenen Listen insgesamt 480.000, 350.000 beziehungsweise 170.000 Stimmen erzielt haben, so entfallen auf die Liste Nr. 1 vier, auf die Liste Nr. 2 drei Sitze und auf die Liste Nr. 3 ein Sitz. Für den Fall, daß die unter Zuhilfenahme des solchermaßen errechneten Wahlquotienten den Listen zuerkannte Anzahl von Sitzen die insgesamt im Wahlkreis zu vergebenden Sitze übersteigt, muß der Rechenvorgang erneut, diesmal mit einem um die Zahl eins kleineren Divisor (im Beispiel: 8+1), durchgeführt werden, um den Wahlquotienten zu erhalten.

[71] Das Verfahren zur Verteilung der Reststimmenzahl ist im Laufe der Jahre mehrfach geändert worden; die oben genannte Methode wurde in dem Zeitraum unmittelbar vor der Wahlrechtsreform 1993 angewendet.

[72] Zum gesamten Verfahren siehe Katz, Electoral Reform, S. 96.

Da in der Regel jedoch nur eine sehr geringe Anzahl der Kandidaten die qualifizierte Mehrheit erreichte[73], wurde der überwiegende Teil der Senatssitze *de facto* ebenfalls nach dem Proportionalsystem[74] vergeben.

Bei den letzten beiden Wahlen zu Abgeordnetenhaus und Senat vor der großen Wahlrechtsreform führte das Verhältniswahlrecht zu einer – auch im europäischen Vergleich – einzigartigen Fragmentierung im italienischen Parlament. Saßen 1987 in der Abgeordnetenkammer vierzehn und im Senat fünfzehn politische Parteien, so stieg die Zahl der im Parlament vertretenen politischen Gruppierungen bei den Wahlen im Jahr 1992 auf sechzehn (Camera dei deputati) beziehungsweise siebzehn (Senato) an[75].

3. Verhältniswahlrecht und Parteienzersplitterung in Weimar

Betrachtet man die Zusammensetzung der deutschen Volksvertretungen in diesem Jahrhundert, so lassen sich in den „italienischen Verhältnissen" sicherlich Parallelen mit dem Vielparteienparlament der Weimarer Republik erkennen. Dort saß seit den Reichstagswahlen vom Mai 1924 neben den sieben großen Parteien der damaligen Zeit[76] eine unterschiedliche Anzahl[77] von kleineren politischen Gruppierungen, die sich der Vertretung regionaler oder wirtschaftlicher Partikularinteressen verschrieben hatten. Mitursächlich für das Vielparteiensystem der Weimarer Zeit war dabei – jedenfalls was die Repräsentation der unterschiedlichen politischen Gruppierungen im Reichstag betraf – das in Art. 22 der Reichsverfassung verankerte Verhältniswahlsystem mit festem Wahlkoeffizienten und gleitender Mandatszahl[78]. Danach entfiel auf je 60.000 für einen Listen-

---

[73] Seit den siebziger Jahren gelang es nur noch den Kandidaten der „Südtiroler Volkspartei" in der Region Trentino-Alto Adige, diese qualifizierte Mehrheit zu erreichen (Pasquino, in Manuale, S. 85).

[74] Dabei fand ebenfalls die Methode D'Hondt (siehe Fn. 70 (S. 16)) Anwendung (Pasquino, in Manuale, S. 85).

[75] Seißelberg, ZParl 24 (1993), S. 502. Gleichzeitig sank der Bipolaritätsindex, d.h. die Entwicklung der Wahlergebnisse der beiden großen Parteien Italiens, der DC und des PCI/PDS, erstmals in der Geschichte des Landes unter 50 % (Seißelberg, ebda).

[76] Die Dynamik des Weimarer „Siebenparteiensystems" beschreibt Huber, Bd. VI, S. 142 ff..

[77] Die Anzahl der Splitterparteien im Reichstag verhielt sich wie folgt: Mai 1924 : 5; Dezember 1924: 4; 1928:
5; 1930: 7; Juli 1932: 5; November 1932: 6 (zitiert nach Huber, Bd. VI, S. 144). Damit war allerdings – wie Huber (ebda) betont – die Zahl der unter dem Verhältniswahlrecht ins Reichsparlament gelangten echten Splitterparteien nicht höher als die Zahl der „Zwergparteien" in dem noch nach Mehrheitwahlrecht gewählten Reichstag des Kaiserreichs.

[78] Drastische Worte zum Einfluß des Wahlrechts auf die Mehrheitsfähigkeit des Reichstages findet Finkelnburg

vorschlag im Wahlkreis abgegebenen Stimmen ein Mandat; die Zuteilung der Sitze wurde nach der im Wahlvorschlag listenmäßig festgelegten Reihenfolge der Kandidaten vorgenommen. Die hierbei unverwertet gebliebenen Stimmen waren sodann auf die in Wahlkreisverbänden zusammengefaßten Kreiswahlvorschläge zu addieren; ergaben sich dabei wiederum 60.000 Stimmen, so erhielt die Liste mit der Höchststimmenzahl ein weiteres Mandat. Die schließlich verbliebenen Reststimmen wurden für das ganze Reichsgebiet auf Reichswahlvorschläge zugeteilt, wobei jeweils auf 60.000 Stimmen sowie auf einen Stimmenrest von mehr als 30.000 Stimmen ein Mandat entfiel. Unberücksichtigt blieben bei der Verteilung der Reststimmen lediglich diejenigen Wahlvorschläge, die nicht wenigstens in einem Wahlkreis 30.000 Stimmen erreicht hatten. Damit sollte das Wahlverfahren jedenfalls den Einzug kleinster Splitterparteien in den Reichstag verhindern. Von dieser Einschränkung bei der Verwertung der Reststimmen abgesehen entsprach die Anzahl der Mandate im Reichstag dem wirklichen Anteil, den die Parteien der Weimarer Republik an der Gesamtstimmenzahl der Wähler hatten; der Reichstag war, wie HUBER[79] schreibt, „ein verkleinertes Spiegelbild der Stimmverteilung in der Gesamtwählerschaft".

4. Die Entwicklung der Parteienlandschaft unter dem bundesrepublikanischen Wahlrecht

Auch in der parlamentarischen Landschaft der Bundesrepublik Deutschland ist ein Vielparteienparlament nicht unbekannt. So waren im ersten Bundestag 1949 insgesamt zehn Parteien vertreten[80], obwohl der Bundesgesetzgeber „nach den zum Teil wenig erfreulichen Erfahrungen der Weimarer Zeit mit dem damaligen Wahlrecht"[81] durch die Modifizierung des reinen Verhältniswahlrechts ein „'verbessertes' Verhältniswahlrecht"[82] geschaffen hatte. Das bereits im ersten

(Minderheitsregierung, S. 17), wenn er schreibt: „Sie (d.i. die Weimarer Republik, Anm. d. Verf.) krankte während des größten Teils ihrer kurzen Geschichte an den Folgen des in ihrer Verfassung (Art. 22) einschränkungslos vorgeschriebenen Verhältniswahlrechts". Den Zusammenhang zwischen dem Wahlrecht der Weimarer Republik und der „pluralistischen Stagnation" des zersplitterten Parteiensystems unterstreicht auch Hermens, Verfassungslehre, S. 389 ff.. Siehe auch Nohlen (Wahlsysteme, S. 212), für den die Verhältniswahl in Weimar „zweifellos zur Zersplitterung des Parteiensystems beigetragen" hat.

[79] Huber, Bd. VI, S. 352.

[80] Das Wahlergebnis der Bundestagswahl 1949 ist im einzelnen bei Schindler, Datenhandbuch Bd. I, S. 34 aufgeführt.

[81] Schreiber, HdbWahlR, Einf., Rdnr. 58. Die Debatten im Parlamentarischen Rat zur Frage des Wahlsystems schildern Meyer, Wahlsystem und Verfassungsordnung, S. 25 ff. sowie Vogel/Nohlen/Schultze, S. 187.

[82] Schreiber, HdbWahlR, § 1, Rdnr. 33.

Bundeswahlgesetz aus dem Jahr 1949[83] festgeschriebene System der „personalisierten Verhältniswahl"[84], das für die Wahl eines Abgeordneten im Wahlkreis mit der Erststimme das relative Mehrheitswahlrecht vorsieht und diese wahlrechtliche Entscheidung mit einer zweiten Entscheidung, nämlich der Besetzung der zweiten Hälfte des Hauses personaliter nach den verhältnismäßigen Stimmanteilen, die auf die Landeslisten entfallen sind, kombiniert[85], hatte nicht wie erhofft zum Ausschluß der Splitterparteien geführt. Denn zum einen konnten sich diese Kleinstparteien den Einzug in den Bundestag über die gewonnenen Direktmandate sichern, zum anderen erwies sich die zum Schutz vor Splitterparteien zunächst eingeführte Sperrklausel als unzureichend. Zwar enthielt auch schon diese erste Fassung des Wahlgesetzes eine 5%-Hürde, in den Bundestag einziehen konnten jedoch auch die Parteien, die in nur einem Bundesland mehr als 5% der abgegebenen gültigen Stimmen erhalten hatten; die Sperrklausel stellte damit in ihrer ursprünglichen Fassung für Splitterparteien mit regionalen Hochburgen kein echtes Hindernis dar.

Erst mit der Änderung des Bundeswahlgesetzes 1953[86], das nunmehr eine bundesweite 5%-Hürde vorsah[87], reduzierte sich die Zahl der Parlamentsparteien und pendelte sich in der vierten Wahlperiode 1961 bis zum Einzug der GRÜNEN im Jahr 1983 und dem der PDS im Jahr 1990 auf nur noch drei Fraktionen, nämlich CDU/CSU, SPD und FDP ein[88].

[83] Bundeswahlgesetz vom 15. 6. 1949 (BGBl. S. 21). Dieses Wahlgesetz galt nur für die erste Bundestagswahl vom 14. 8. 1949.

[84] So die Begrifflichkeit des BVerfG (in E 21, S. 355), das die verfassungsrechtliche Zulässigkeit dieses Wahlsystems auch in zahlreichen weiteren Entscheidungen bestätigt hat (siehe etwa die Nachweise zu E 21, S. 355). Zur Entwicklung des bundesdeutschen Wahlrechts nach 1949 und den Änderungen der Neufassungen des Bundeswahlgesetzes aus den Jahren 1953 und 1956 siehe ferner Seifert, Bundeswahlrecht, S. 17 ff.. Grundsätzlich zum Wahlsystem auch Schreiber, HdbWahlR, § 1, Rdnr. 29 ff..

[85] Vogel/Nohlen/Schultze, S. 191.

[86] Gesetz vom 8. 7. 1953 (BGBl. I S. 470).

[87] Die Sperrklauselregelung wurde in der Neufassung des Bundeswahlgesetzes vom 7. 5. 1956 (BGBl. I S. 383) durch Heraufsetzung der Zahl der zu erringenden Wahlkreismandate auf drei erneut verschärft, so daß nunmehr nur die Parteien bei der Vergabe der Bundestagsmandate berücksichtigt wurden, die im gesamten Bundesgebiet mindestens drei Wahlkreismandate oder fünf von hundert der abgegebenen gültigen Zweitstimmen errungen hatten (§ 6 IV BWG).

[88] Vgl. Schindler, Datenhandbuch, Bd. I, S. 34 ff., Bd. II, S. 64 f..

5. Fazit: Der Einfluß des Verhältniswahlrechts auf die Regierungsstabilität

In der staatsrechtlichen Literatur wird der Einfluß des Verhältniswahlrechts auf die politische Stabilität eines Staates überwiegend kritisch gesehen[89]. Inwieweit jedoch das Proportionalsystem letztlich für das Fehlen stabiler Regierungsmehrheiten tatsächlich verantwortlich ist, läßt sich nur im Rahmen einer differenzierten Betrachtung und für ein konkretes Verfassungsgefüge klären.

Grundsätzlich fördert das dem Verhältniswahlrecht innewohnende Postulat nach dem gleichen Erfolgswert jeder Stimme, d.h. ihres gleichwertigen Einflusses auf das Wahlergebnis, verstärkt die breite parlamentarische Repräsentanz der unterschiedlichen Parteien und politischen Gruppierungen. Ist der „corpo elettorale" (Wählerschaft) wenig homogen, so begünstigt das Proportionalsystem somit die Aufsplitterung des Wählerwillens und damit letztlich die Aufsplitterung des Parteiensystems[90]. Dazu trägt auch bei, daß das Verhältniswahlrecht Parteispaltungen oder die Gründung neuer Parteien nicht mit einer „Mandatsstrafe"[91] belegt, wie sie bei einer Mehrheitswahl die Folge wäre. Zudem ermöglicht dieses Wahlrechtssystem in verstärktem Maße die Einflußnahme reiner Interessenparteien[92], denen es an einer politischen Gesamtkonzeption und dem Willen zum politischen Konsens mangelt, und die ihre vordringlichste Aufgabe darin sehen, die Pfründen ihrer Wählerschaft zu sichern. Auch wenn damit feststeht, daß das Proportionalwahlsystem die Vermehrung der Parteienzahl insgesamt sowie die politische Einflußnahme von Splitterparteien begünstigt, so erklärt auch dieser Umstand allein noch nicht instabile Mehrheiten und häufige Regierungswechsel. Ob ein bestimmtes Wahlergebnis die Bildung einer stabilen und handlungsfähigen Regierung ermöglicht, hängt nicht allein von der Zahl der in der Volksver-

---

[89] Im Gegensatz zum relativen Mehrheitswahlsystem, das im Ruf steht, „stets klare politische 'Machtverhältnisse'" zu schaffen (dazu Schreiber, HdbWahlR, § 1, Rdnr. 34). Zur Bewertung der verschiedenen Wahlsysteme siehe den Bericht der ersten Wahlrechtskommission in Grundlagen, S. 39 ff., 89 ff.; Nohlen, Wahlsysteme, S. 48 ff.; Meyer (VVDStRL 33 (1975), S.105 f.) betont in diesem Zusammenhang, daß im politischen System der Bundesrepublik Deutschlands die „trotz des Wahlsystems eingetretene Parteienkonzentration (..) ein Stabilitätsgarant war".

[90] Für Pitruzella (in Comm. Branca, Art. 92-93, S. 27 f.) hat das „verschärfte Vielparteiensystem, das die Republik seit ihren Ursprüngen charakterisiert hat, [..] seine Garantie im Verhältniswahlrecht gefunden".

[91] Schütt-Wetschky, ZParl 18 (1987), S. 98. Der Autor weist in diesem Zusammenhang darauf hin, daß umgekehrt das Mehrheitswahlrecht den Parteizusammenschluß gleichsam mit einer „Prämie für Einigungs- und Kompromißbereitschaft" honoriert, da einer hinreichend großen politischen Partei ein überproportional großer Mandatsgewinn winkt.

[92] Grundlagen, S. 95.

tretung vertretenen Parteien ab[93]. So wird in diesem Zusammenhang zu Recht darauf hingewiesen[94], daß in den ersten Deutschen Bundestag zehn Parteien und damit ebenso viele wie in den ersten Reichstag der Weimarer Republik einziehen konnten. Dennoch war das Bonner Vielparteienparlament durchaus in der Lage, eine stabile Regierung aus seiner Mitte zu bilden und die Zusammenarbeit mit ihr konstruktiv zu gestalten. Eine ganz entscheidende Rolle spielt dabei das Verhältnis der Parteien untereinander[95], insbesondere ihre Fähigkeit zum Kompromiß sowie eine gewisse Homogenität der Weltanschauungen. Die integrierende Wirkung eines bestimmten Wahlsystems darf daher nicht überschätzt werden[96], da die Ausgestaltung des Parteiensystems neben dem Wahlrecht vor allem durch historische und soziologische Faktoren beeinflußt wird[97]. In einem Land wie Italien, das aufgrund seiner Geschichte und seiner ausgeprägten regionalen Eigenarten ein breites Spektrum an politischen Gruppierungen hervorgebracht hat (erinnert sei in diesem Zusammenhang etwa an den italienischen Nord-Süd-Konflikt, der einer Partei wie der Lega-Nord zum Durchbruch verholfen hat[98]), kann das Wahlsystem allenfalls begrenzten Einfluß auf die Fragmentierung des Parteienssystems und die Bildung stabiler Mehrheiten nehmen[99]. Dies mußten mittlerweile auch diejenigen erkennen, die die in Folge des Referendums von 1993 vollzogene Abkehr vom Verhältniswahlrecht als „Allheil-

---

[93] Huber, Bd. VI, S. 143 f.; Grundlagen, S. 47. So wendet sich etwa Seifert (Bundeswahlrecht, S. 16) gegen die These, daß das Wahlsystem einer der Hauptgründe für den Zusammenbruch der Weimarer Republik war: „Vor allem haben die tiefe Spaltung des Volkes in Anhänger und Gegner der neuen Staatsordnung sowie die schroffe, Kompromissen abgeneigte Gegensätzlichkeit zwischen den größeren Parteien und ihre schließliche Polarisierung viel mehr als die Aufsplitterung der politischen Kräfte in eine Vielzahl von kleinen Parteien dazu beigetragen, die Lebenskraft des Weimarer Staates zu unterhöhlen". Ebenso Vogel/Nohlen/Schultze, S. 132.

[94] Mußgnug, Der Beitrag des Grundgesetzes, S. 59.

[95] Grundlagen, S. 47.

[96] So aber Finkelnburg (Minderheitsregierung, S. 17), der das Wahlrecht als „wichtigstes Mittel zur Verhinderung instabiler, nicht mehrheitsfähiger parlamentarischer Verhältnisse" bezeichnet. Siehe auch Longi, (Elementi, S. 43), der zu der Schlußfolgerung kommt: „Es sind die Wahlgesetze, die die unverzichtbaren Elemente enthalten, um parlamentarische 'Organismen' hervorzubringen, die effizient sind, aber dennoch die Wählerschaft räpresentieren".

[97] Grundlagen, S. 48.

[98] Der Erfolg der Lega Nord im Kontext des Nord-Süd-Konfliktes wird analysiert von Ginsborg, PROKLA, Zeitschrift für kritische Sozialwissenschaft 1995, S.21 ff..

[99] So auch Berti (St. parl. e di pol. cost. 1995, S. 75 ff.), der in diesem Zusammenhang den in der Literatur vielfach beschworenen positiven Effekt des Mehrheitswahlrechts für die politische Stabilität Italiens bezweifelt; a.A. wohl Martines (Diritto pubblico, S. 97), für den das Mehrheitswahlrecht die exzessive Parteienzersplitterung und die Exzesse der „partitocrazia" verhindert sowie tendenziell den Bipolarismus fördert. Pitruzella (in Comm. Branca, Art. 92-93, S. 6 f.) führt in Anlehnung an Lijphart aus, daß in „pluralistischen Gesellschaften", die durch religiöse, kulturelle, ethnische oder ideologische Gegensätze zerrissen werden, eine ausschließlich nach dem Mehrheitswahlrecht gewählte Regierung nach englischem Vorbild eine Gefahr darstellt, da sie die Minderheiten von der Regierungsbeteiligung dauerhaft ausschließe.

mittel zur Kur der sehr viel tiefer reichenden Pathologien des politischen und gesellschaftlichen Systems"[100] Italiens feierten.

6. Das Wahlrecht nach der Reform von 1993

Bereits 1991 hatte sich das italienische Volk in einem ersten Referendum[101] zum Wahlrecht für die Einschränkung der „voti di prefererenza" (Vorzugsstimmen), einem der „wesentlichen Mechanismen des politischen Klientelismus"[102], ausgesprochen, so daß bei den Parlamentswahlen 1992 statt drei bzw. vier nur noch ein einziger Kandidat pro Liste von den Wählern genannt werden konnte.
Die entscheidende und von der überwiegenden Mehrheit der politischen Parteien Italiens geforderte Reform des parlamentarischen Wahlsystems wurde aber erst in Folge einer weiteren Volksabstimmung auf den Weg gebracht[103]. Bei dem Referendum vom 18. 4. 1993 votierten die Wähler – befragt zum System für die Wahlen zum Senat – mit einer deutlichen 4/5-Mehrheit für die Aufhebung derjenigen gesetzlichen Regelungen, die die Verteilung von 238 der 315 Senatorenmandate nach Mehrheitswahlrechtsprinzipien davon abhängig machten, daß der Kandidat 65% der Stimmen in seinem Wahlkreis erzielte. Das von den Wählern gleichzeitig favorisierte Mischmodell (ca. 3/4 Mehrheits-, 1/4 Verhältniswahlrecht) für die Wahlen zum Senat wurde durch die Wahlgesetze Nr. 276 und 277 vom 4. 8.1993 rationalisiert und in seinen Grundzügen auch auf die Wahl zum Abgeordnetenhaus übertragen[104].

Danach wurden, mit Ausnahme des Aostatals und der Region Molise, auf die ein bzw. zwei Senatssitze entfallen, die 315 Senatsmandate auf regionaler Basis in Einmann-Direktwahlkreise (jeweils 3/4 der Mandate einer Region) und nach

---

[100] Ullrich, Reform, S.133. Interessant sind hier auch die Ausführungen von Pinelli (Sistema elettorale, S. 55 ff.), der den Zusammenhang zwischen Wahlrechtssystem und politischer Korruption untersucht und für den die Entscheidung für ein bestimmtes Wahlrecht in diesem Zusammenhang lediglich untergeordnete Bedeutung hat.

[101] Das italienische Staatsrecht kennt (neben dem „referendo consultivo" über die Neuordnung des Staatsgebiets und dem „referendo approvativo" zu verfassungsändernden Gesetzen) nur das Institut des „referendo abrogativo", d.h. das Wahlvolk kann im Wege des Referendums lediglich über die Abschaffung („abrogazione") bestehender gesetzlicher Regelungen entscheiden, nicht aber an Stelle des Parlaments neue Gesetze annehmen, dazu Paladin, Diritto costituzionale, S. 202.

[102] Ginsborg, PROKLA, Zeitschrift für kritische Sozialwissenschaft 1995, S. 18; Hine (Governing Italy, S. 173) beschreibt die besondere Bedeutung, die den Wahlkreisen aufgrund der „Vorzugsstimme" zukam, wenn er formuliert: „Constituency pressures are reflected in the highly contested use of the preference vote in elections".

[103] Die Entwicklung beschreibt Ullrich, Reform, S. 123 ff..

[104] Zur Entstehung der Wahlgesetze im einzelnen Ceccanti, Quad. cost. 1995, S. 317 ff..

dem D'Hondtschen Verfahren zu vergebende Proportionalmandate (1/4 der Mandate der Region) aufgeteilt. Jeder Wähler hat nun eine Stimme für den Kandidaten seines Einerwahlkreises; die bei der Direktwahl nach Mehrheitswahlrecht[105] nicht erfolgreichen Stimmen werden in Regionalkreisen zur Vergabe von 1/4 der Sitze nach D'Hondt auf die entsprechenden Listen[106] verteilt[107], wobei den einzelnen Listen die Stimmen ihrer bereits gewählten Kandidaten von der sogenannten regionalen Wahlziffer abgezogen werden (sog. „scorporo totale“)[108].

Bei der Wahl zum Abgeordnetenhaus, für die ebenfalls dreiviertel der 630 Mandate auf Einmannwahlkreise entfallen und das restliche Viertel proportional vergeben wird, verfügt jeder Wähler hingegen über zwei Stimmen. Die eine bestimmt den mit relativer Mehrheit gewählten Direktkandidaten, die andere bezeichnet die vom Wähler bevorzugte Liste[109]. Dabei sind zur Verteilung der 155 Abgeordnetensitze nach Verhältnismäßigkeitsgrundsätzen nur solche Listen zugelassen, die auf nationaler Ebene insgesamt 4% der Zweitstimmen erlangt haben[110]. Auch die Berechnung des „scorporo" unterscheidet sich von der des Senats: Für die Zuteilung der Mandate des Proportionalviertels werden bei der Wahl zur Abgeordnetenkammer den einzelnen Listen nicht die Stimmen für ihren im Einmannwahlkreis gewählten Kandidaten abgezogen, sondern es wird die Stimmenzahl (erhöht um die Zahl eins) des jeweils erstplazierten unterlegenen Rivalen im Wahlkreis subtrahiert[111].

---

[105] Anders als vor der Reform reicht jetzt auch die relative Mehrheit der Stimmen zum Mandatsgewinn („first past the post").

[106] Das System basiert auf der „individuellen Kandidatur" in den Einmannwahlkreisen, d.h. die Kandidatur ist nur in einem einzigen Wahlkreis möglich; die betreffenden Kandidaten können sich jedoch unter demselben Parteisymbol zu einer Liste zusammenschließen, und diese Liste nimmt dann an der Vergabe der restlichen Sitze teil. Ausführlich zum gesamten Wahlverfahren, Martines, Diritto pubblico, S. 98 ff..

[107] Ausgenommen von dem „correttivo proporzionale" sind wiederum die Regionen Molise und Aosta, in denen die Sitze nur nach Mehrheitswahlrecht vergeben werden, vgl. Paladin, Diritto costituzionale, S. 294.

[108] Damit soll verhindert werden, daß Parteien mit regionalen Hochburgen andere politische Kräfte in derselben Region völlig zurückdrängen (Pasquino, in Manuale, S. 92).

[109] Unabhängige Kandidaturen sind in den Einmannwahlkreisen nicht zugelassen, da alle Kandidaten eine förmliche Verbindung mit einer oder mehreren für das Proportionalviertel antretenden Listen eingehen müssen; damit werden unabhängige Kandidaturen deutlich erschwert (siehe Ullrich, Reform, S. 140).

[110] Pasquino, in Manuale, S. 92.

[111] Durch diesen Mechanismus werden die Stimmen in Abzug gebracht, die mindestens erforderlich sind, um in einem bestimmten Wahlkreis zu gewinnen, damit diese Stimmen nicht für die Verteilung nach dem Proportionalsystem ins Gewicht fallen (Pasquino, in Manuale, S. 93). Haben mehrere Listen den Kandidaten unterstützt, so wird der „scorporo" anteilig auf die betreffenden Listen aufgeschlüsselt (sog. „scorporo pro quota").

Spätestens bei den ersten Wahlen nach der Einführung der neuen Wahlgesetze im März 1994 sollte sich zeigen, daß die allseits in die Reform gesetzten Hoffnungen auf stabilere (Regierungs-)Mehrheiten wenig realistisch waren. Zwar reduzierte sich die Zahl der parteiverbundenen Fraktionen[112] im Parlament zunächst auf sieben (in der Abgeordnetenkammer) beziehungsweise neun (im Senat), zuzüglich jeweils einem „Gruppo misto", in dem sich die Repräsentanten kleinster Parteien, Fraktionswechsler, etc. zusammenfanden[113]. Diese Entwicklung erwies sich jedoch als eine rein „optische Korrektur" der Verhältnisse, da gerade die nachfolgende XII. Legislaturperiode von „eklatanter Instabilität"[114] geprägt war und erstmals unterschiedliche Mehrheitsverhältnisse in Abgeordnetenhaus und Senat hervorbrachte. Nach Ansicht von LANCHESTER erhöht das neue Wahlrecht denn auch grundsätzlich die Wahrscheinlichkeit einer unterschiedlichen politischen Zusammensetzung beider Kammern „con conseguenze esplosive per la stabilità sistemica"[115]. Mit Blick auf die gerade einmal acht Monate währende Amtszeit der Regierung BERLUSCONI im Jahr 1994 und den Rücktritt seines Nachfolgers DINI bereits im Dezember 1995 schien sich im Ergebnis zu bestätigen, daß allein die Einführung einer stärkeren mehrheitswahlrechtlichen Komponente nicht ausgereicht hatte, eine größere Regierungsstabilität in Italien zu garantieren[116]. Auch das erklärte Ziel, Italien über ein stärker am Majoritätsprinzip angelehntes Wahlrecht in die Nähe des „modello Westminster", des in Großbritannien etablierten bipolaren Zweiparteiensystems zu

---

[112] Fraktionen (sog. „Gruppi parlamentari") existieren im italienischen Parlament seit 1920. Konzipiert als Verbindungselement zwischen Parteien und Parlament sind sie heute fester Bestandteil des parlamentarischen Organisationsgefüges. Anders als im deutschen Bundestag, in dem sich grundsätzlich Abgeordnete derselben Partei zu einer Fraktion zusammenschließen sollen (der Zusammenschluß von Abgeordneten unterschiedlicher Parteien ist denn auch abhängig von der Zustimmung des Bundestages, § 10 I 2 GOBT), können die Abgeordneten des italienischen Parlaments zu Beginn einer Legislaturperiode frei entscheiden, welcher Fraktion sie angehören möchten. Diejenigen, die entweder erklären, sich keiner Fraktion anschließen zu wollen, überhaupt keine Erklärung abgeben oder aber an der geforderten Fraktionsstärke (in der Abgeordnetenkammer sind zur Bildung einer Fraktion mindestens zwanzig, im Senat zehn Abgeordnete erforderlich, Art. 14 I R.C., Art. 14 IV R.S.) scheitern, gehören dem sogenannten „Gruppo misto" an (siehe zum Ganzen Manzella, in Manuale, S. 109 f., 114 ff.).

[113] Eine Tabelle mit den Ergebnissen der italienischen Parlamentswahlen vom 27./28. März 1994 ist bei P. Weber, ZParl Sonderband, S. 192 abgedruckt.

[114] Ullrich, Reform, S. 148. So trat der seit Mitte Mai 1994 als Ministerpräsident amtierende Parteichef der „Forza Italia" Silvio Berlusconi bereits im Dezember desselben Jahres zurück, um der drohenden Abstimmungsniederlage bei drei eingebrachten Mißtrauensanträgen zuvorzukommen. Der Regierungskrise war der Koalitionsbruch durch die Lega Nord vorangegangen, die sich mit den beiden größten Oppositionsparteien PPI und PDS auf den Sturz des Regierungschefs verständigt hatte.

[115] Lanchester, Rass. parl. 1995, S. 429, („mit explosiven Konsequenzen für die Stabilität des Systems").

[116] Nach Ansicht von Gambino/Moschella, Regole elettorali, S. 83, fördert das neue Wahlrecht zwar die Bildung einer „Mehrheit der Wählerstimmen", nicht aber die Bildung einer „politischen Mehrheit".

bringen[117], war vor dem Hintergrund einer nach wie vor zersplitterten Parteienlandschaft offensichtlich gescheitert[118].

Mit Erstaunen wurden daher zunächst die Ergebnisse der Parlamentswahlen vom 21. April 1996 aufgenommen, die dem Wahlbündnis „L`Ulivo" nicht nur insgesamt den Wahlsieg und im Senat die absolute Mehrheit bescherten, sondern gleichzeitig den ersten normalen demokratischen Machtwechsel in diesem Jahrhundert in Italien einläuteten. Doch allzu große Optimisten, die mit der Amtsübernahme des Ministerpräsidenten ROMANO PRODI die „Rückkehr zur Politik" gekommen sahen, wurden durch die Drohgebärden der Neokommunisten, auf deren Tolerierung die Regierungskoalition im Abgeordnetenhaus angewiesen war, schnell wieder auf den Boden der Tatsachen zurückgeführt. Mit dem kurzzeitigen Rücktritt PRODIS im Oktober 1997[119] und seiner Niederlage bei der Vertrauensfrage zum Haushaltsentwurf genau ein Jahr später[120] hat sich die Hoffnung, daß das neue Wahlrecht konstruktive Parlamentsmehrheiten und stabile Regierungen hervorbringen möge, endgültig zerschlagen.

Die Diskussion um eine erneute Novellierung des Wahlrechts wird in der italienischen Öffentlichkeit durchaus kontrovers geführt[121]. Während die Befürworter einer Reform durch eine stärkere Betonung der mehrheitswahlrechtlichen Komponente die Bildung stabiler Mehrheiten zu fördern hoffen[122], werden diese Überlegungen vor allem von den potentiellen „Verlierern" eines solchen Vorhabens, den kleinen Parteien, heftig kritisiert. Für den Augenblick scheint eine

[117] Pitruzella, Dir. pubbl. 1996, S. 206, 218.

[118] Für Cicconetti (Riv. trim. dir. pubbl. 1996, S. 998) ist umgekehrt ein Zweiparteiensystem erst die notwendige Voraussetzung für das Mehrheitswahlrecht.

[119] Zuvor hatte Prodi schon nach gerade 100 Tagen seiner Regierung die Vertrauensfrage stellen müssen, um die Verabschiedung des Regierungsprogramms ohne weitere Änderungsanträge sicherzustellen. Zu den vielfältigen Schwierigkeiten der Regierung Prodi ausführlich P. Weber (ZParl, 28 (1997), S. 114 ff.).

[120] Am 9. Oktober 1998 stürzt mit Romano Prodi erstmals im Nachkriegsitalien ein Ministerpräsident über eine Vertrauensfrage. Der Abstimmungsniederlage war ein Zerwürfnis mit den Neokommunisten vorausgegangen, auf deren Tolerierung die Regierung Prodi angewiesen war und die ihr bei der Vertrauensabstimmung über den Haushaltsentwurf die notwendige Unterstützung verweigert hatten.

[121] Zu der in jüngster Zeit geäußerten Kritik an dem neuen Wahlsystem siehe etwa Cicconetti, Riv. trim. dir. pubbl. 1996, S. 996 ff.; Carducci, Quad. cost. 1995, S. 195 zu den Listenverbindungen nach neuem Wahlrecht sowie Ullrich, Reform, S. 140 f.. Für insgesamt gescheitert hält Pinelli (Dir. pubbl. 1997, S. 211 f.) die Wahlrechtsreform; er fordert eine stärkere mehrheitsrechtliche Komponente des aktuellen Wahlrechts. Zum Stand des Projekts einer Wahlreform durch Einführung eines zweiten Wahlgangs nach französischem Vorbild siehe P. Weber, ZParl 28 (1997), S. 114. Überlegungen zu einer Reform des Wahlrechts finden sich auch bei Panunzio, I costituzionalisti e le riforme, S. 141 ff..

[122] In jüngster Zeit wird teilweise auch erwogen, sich an dem deutschen System der „personalisierten Verhältniswahl" zu orientieren (vgl. dazu Corriere della Sera vom 20. 4. 1999, S. 4).

baldige Reformierung des geltenden Wahlrechts allerdings wenig wahrscheinlich: Das Referendum vom 18. 4. 1999, mit dem die Italiener über die Abschaffung des Proportionalviertels[123] bei den Wahlen zum Abgeordnetenhaus entscheiden konnten und das an der mangelnden Wahlbeteiligung scheiterte[124], stellt sicherlich einen vorläufigen Schlußpunkt in der endlosen Reformdebatte über ein stabilitätsförderndes Wahlrecht für Italien dar.

II. Der italienische „bicameralismo"

Gemäß Artikel 55 I Cost. besteht das italienische Parlament aus zwei Kammern, der „Camera dei deputati“ (Abgeordnetenkammer) und dem „Senato della Repubblica“ (Senat)[125]; daneben tritt das Parlament in den von der Verfassung abschließend aufgeführten Fällen in gemeinsamer Sitzung („Parlamento in seduta comune“, Art. 55 II Cost.[126]) in Erscheinung.

Die besondere Ausgestaltung des italienischen Zweikammersystems[127], die in den letzten Jahren verstärkt für mangelnde Handlungsfähigkeit und Effektivität der parlamentarischen Arbeit verantwortlich gemacht wird, steht seit langem im Mittelpunkt der angestrebten verfassungsrechtlichen Reformen[128].

---

[123] Seit der Reform 1993 werden nur noch 25 % der Mandate nach dem Verhältniswahlrecht vergeben (siehe oben, S. 23).

[124] Mit 49, 6 % wurde die gem. Art. 75 IV Cost. erforderliche Wahlbeteiligung der „Mehrheit der Wahlberechtigten" unterschritten (vgl. Corriere della Sera vom 20. 4. 1999, S. 2).

[125] Moretti, in Comm. breve, Art. 55 Rdnr.1, hält die von Artikel 55 I Cost. gewählte Formulierung, daß das Parlament aus Abgeordnetenhaus und Senat besteht, für unglücklich und verweist auf das Parlament „in seduta comune" als dritte Komponente.

[126] Die Fälle, in denen das Parlament in „seduta comune" zusammentritt, werden in der Verfassung abschließend aufgeführt, dazu Paladin, Diritto costituzionale, S. 296 ff.. Gem. Art. 63 II Cost. übernimmt der Präsident der Abgeordnetenkammer den Vorsitz bei den gemeinsamen Sitzungen beider Häuser; dabei stützt er sich während der Sitzung auf die Geschäftsordnung des Abgeordnetenhauses.

[127] Einen kurzen Abriß der Genese des Bicameralismus in Europa gibt Mortati, Istituzioni Bd. 1, S. 445 ff..

[128] Einen ausführlichen Überblick über die Reformbemühungen der letzten Jahre ermöglicht Rescigno, Bicameralismo, S.39 ff.; siehe auch Pagani, Quad. cost., 1991, S.101 ff..

1. Die ursprüngliche Konzeption des Verfassungsgebers

Das italienische Zweikammersystem stellt, wie MATTARELLA formuliert hat, „nicht das Ergebnis einer bewußten Wahl dar", sondern ist „das gleichsam zufällige Ergebnis einer Reihe von miteinander verschränkten Vetos"[129].

a) Die bicamerale Struktur der Kammern

In der mit der Vorbereitung des Verfassungsentwurfes betrauten zweiten Unterkommission der Costituente, der „Commissione dei settantacinque", sprach sich die von der Democrazia Cristiana (DC) geführte Mehrheit für die Schaffung eines Zweikammersystems aus, während eine Minderheit aus Kommunisten und Sozialisten die Einführung eines Einkammersystems favorisierte. Dabei waren die Argumente, die von den Anhängern einer monocameralen Struktur angeführt wurden, eher ideologischer als verfassungsrechtlicher Natur. So wurde etwa verlangt, daß der Wille des Volkes, „die einheitliche Wurzel der Souveranität", seine Umsetzung „in einer Versammlung" erfahren müsse, „welche diesen Willen respektiert und ihn auszuführen hat"[130]. Das von den Christdemokraten befürwortete bicamerale System sollte nach dem Willen der Kommunistischen Partei nur hilfsweise und unter der Maßgabe Eingang in den Verfassungsentwurf finden, daß auch die zweite Kammer aus freien Wahlen hervorgehe und „dem parlamentarischen System eine bessere Gewährleistung verschaffe"[131]. Auch die Sozialisten lehnten die Vorschläge der DC grundsätzlich ab, wollten die Schaffung einer zweiten Kammer jedoch für den Fall akzeptieren, daß sie von den Mitgliedern der ersten Kammer gewählt werde und damit politisch „fast exakt das Ebenbild"[132] dieser darstelle.
Ähnliche Gegensätze zeigten sich auch hinsichtlich der Struktur der umstrittenen zweiten Kammer. Während einerseits gefordert wurde, die zweite Kammer müsse im Hinblick auf Zusammensetzung und Wahlverfahren die tragende Rolle der Regionen berücksichtigen, verwarf eine Allianz aus Kommunisten und Sozialisten die Idee einer die Regionen repäsentierenden Kammer als Symptom

---

[129] Mattarella, AöR 108 (1983), S. 372

[130] So der Abgeordnete La Rocca in der Sitzung vom 6. September 1946, zitiert nach Mattarella, AöR 108 (1983), S. 373, Fn. 7. Die zweite Kammer wurde in den Reihen der Kommunisten hingegen gerne als „Camera della paura" („Angstkammer") verspottet.

[131] So ebenfalls der Abgeordnete La Rocca, zitiert nach Mattarella, AöR 108 (1983), S. 373, Fn. 8.

[132] Vorschlag des Abgeordneten Lami Starnuti in der Sitzung vom 6. September 1946, zitiert nach Mattarella, AöR 108 (1983), S.373, Fn. 9.

des Föderalismus und Ausdruck des „anti-einheitlichen Welfengeistes"[133]. Eine traditionell föderative Struktur des zweiten Organs, wie sie in Deutschland bereits im Zeitpunkt der Begründung des Deutschen Reiches als Bundesstaat 1870/71 „Verfassungserbgut"[134] war und später sowohl in Gestalt des Reichsrates der Weimarer Reichsverfassung als auch im Bonner Bundesrat ihren Niederschlag gefunden hat, existierte nicht, da sich auch nach Gründung des Königreichs Italien vor dem Hintergrund des jahrzehntelangen Kampfes um die italienische Einheit föderalistische, der gerade gewonnenen Einheit vermeintlich zuwiderlaufende Tendenzen nicht hätten durchsetzen können.
In der Costituente waren es überwiegend die Vertreter der linken Parteien, die die Zusammensetzung der zweiten Kammer auf der Grundlage allgemeiner und unmittelbarer Wahlen in Einerwahlkreisen forderten. Die Christdemokraten schließlich befürworteten eine aufgrund allgemeiner Wahlen gebildete „Nationalversammlung der organisierten Interessen"[135], die sich überwiegend aus Vertretern der in den Regionen bestehenden Berufsorganisationen zusammensetzen sollte[136]. Das Prinzip der Repräsentation organischer Interessen war jedoch durch den faschistischen Korporatismus zu sehr diskreditiert, um in der Assemblea costituente eine Mehrheit zu finden[137].

Die schließlich in der Verfassung festgeschriebene Struktur des Senats stellt sich im Ergebnis als Kompromiß aus diesen stark divergierenden Positionen dar. So sollten die Senatoren aus allgemeinen Wahlen in Einmannwahlkreisen hervorgehen; die von Teilen der Kommission in den Verfassungsentwurf eingebrachte stärkere Berücksichtigung der Regionen bei der Zusammensetzung der zweiten Kammer (etwa durch die Zuweisung einer festen Anzahl von Senatoren an jede Region, die Wahl zu einem Drittel von Seiten der Mitglieder des Regionalrates und zu zwei Dritteln auf Grund allgemeiner und unmittelbarer Wahl sowie durch die Wählbarkeit von ausschließlich in der Region geborenen oder dort wohnhaften Personen, vgl. Art. 55, 56 des Entwurfs) wurde nur noch insoweit umgesetzt, als die Wahl des Senats entsprechend der von der verfassungsgebenden Versammlung verabschiedeten Formulierung des Art. 57 I Cost. ausschließlich auf regionaler Basis („su base regionale") zu erfolgen hatte, wobei jeder Region ein Senator für 200.000 Einwohner oder für einen 100.000 übersteigen-

---

[133] So der Abgeordnete Nobili am 24. September 1947, zitiert nach Mattarella, AöR 108 (1983), S. 374, Fn.12.
[134] Stern, StaatsR Bd. II, S. 113.
[135] Mattarella, AöR 108 (1983), S. 373/374, Fn. 11.
[136] Ausführlich dazu Mortati, La seconda Camera, S. 481 ff..
[137] V. Beyme, Italien, S. 41.

den Restbetrag zugewiesen wurde (Art. 57 II Cost. a.F.[138]). Ferner mußte gem. Art. 57 III Cost. jede Region mindestens sechs Senatoren stellen, mit Ausnahme des Aostatals, das nur einen Senator entsenden konnte. Den Kritikern dieser Änderung, für die die Bezugnahme auf die „base regionale" in der Endfassung des Artikel 57 Cost. jede Bedeutung verloren hat, hält der Abgeordnete MORTATI entgegen, daß die Formel unterschiedlich ausgelegt werden könne und Anwendungen zulasse, „die heute unvorhersehbar sein mögen, aber durch den Gesetzgeber von morgen entwickelt werden könnten"[139].

Ähnlich kontrovers gestaltete sich auch die Diskussion, inwieweit die beiden Kammern zusätzlich in ihrer Struktur unterschieden werden sollten. Dabei galt es, der völligen Homogenität in der Zusammensetzung der beiden Kammern entgegenzusteuern „senza però approfondire il divario fino a renderlo incolmabile"[140]. Auch den Abgeordneten, die den paritätischen Bicameralismus uneingeschränkt befürworteten, war klar, daß seine verfassungsrechtliche Ausgestaltung eine Gradwanderung darstellte. Wollte man nämlich zulassen, daß die Unterschiede in der Zusammensetzung beider Kammern zu radikalen Gegensätzen innerhalb des Parlaments führen, „so setzt man den Staat der Lähmung oder gar Auflösung aus"[141]. Eine nur geringfügige strukturelle Differenzierung hingegen ließe die zweite Kammer als ein nutzloses Duplikat der ersten erscheinen. Vor dem Hintergrund dieser Problematik einigte sich die verfassungsgebende Versammlung schließlich auf die Einführung eines höheren aktiven und passiven Wahlalters (nämlich 25 bzw. 40 Jahre) für die Senatswahlen und legte für den Senat zudem eine sechsjährige Amtsperiode im Unterschied zur fünfjährigen des Abgeordnetenhauses fest. Das unterschiedlich konzipierte Wahlrecht[142] zu beiden Häusern sowie die aus der ursprünglichen Fassung des Art. 57 Cost.[143] folgende geringere Zahl von Sitzen im Senat sollte eine weitere Differenzierung bewirken. Schließlich fand auch das Institut der Senatoren auf Lebenszeit Eingang in den Verfassungstext (Art. 59 Cost.), so daß zum einen jeder ehemalige Präsident der Republik dem Senat angehören sollte, zum anderen der Präsident

[138] Zur Änderung des Art. 57 Cost siehe oben, I, 1, S. 15.
[139] Zitiert nach Mattarella, AöR 108 (1983), S. 375.
[140] Paladin, Diritto costituzionale, S. 284 („...ohne jedoch die Verschiedenheit dergestalt zu vertiefen, daß sie unüberbrückbar wird.").
[141] Mortati, Istituzioni Bd. 1, S. 449.
[142] Siehe oben, I, 2, S. 17.
[143] Siehe oben, I, 1, S. 15.

der Republik fünf Persönlichkeiten zu Senatoren auf Lebenszeit ernennen konnte, die sich in besonderem Maße verdient gemacht hatten[144].

b) Die Befugnisse von Abgeordnetenhaus und Senat

Bei allen Kontroversen hinsichtlich der Struktur der zu schaffenden Kammern war man sich im Ergebnis einig, daß diese sich nicht auf der Ebene der Befugnisse voneinander unterscheiden sollten. Dieser Konsens resultierte aus der Überlegung, daß nach der von der Costituente schließlich verabschiedeten Regelung der Artikel 56 und 57 Cost. die Zusammensetzung beider Teile des Parlaments unmittelbar vom Wahlvolk bestimmt werden sollte und damit beide Kammern gleichermaßen demokratisch legitimiert waren[145]. Anders als etwa unter dem Statuto Albertino, das die Ernennung der Senatoren durch den König vorsah und dadurch die Einflußnahme des Monarchen auf das Parlament gewährleisten sollte, war, wurde argumentiert, in der neuen Verfassung für eine Differenzierung oder gar Abstufung der Kompetenzen beider Kammern kein Raum[146]. Die Formulierung des Art. 70 Cost. „Die gesetzgebende Gewalt wird von den beiden Kammern gemeinsam ausgeübt" zeugt (in Verbindung mit Artikel 72-74 Cost.) – ebenso wie die Artikel 77-82, 83, 104, 135 Cost. – von der konsequenten Umsetzung dieses Postulats und stellt neben der Vorschrift des Art. 94 Cost., die die Regierung dem Vertrauens- beziehungsweise Mißtrauensvotum beider Kammern unterstellt, den Kern des italienischen „bicameralismo perfetto" dar.

Dabei erkannten die mit der Ausarbeitung des Verfassungsentwurfes betrauten Mitglieder der Costituente durchaus die Schwierigkeiten, die sich aus der völli-

---

[144] Zur Regelung des Art. 59 II Cost., daß der Staatspräsident fünf Senatoren auf Lebenszeit ernennen kann, existiert sowohl eine restriktive, als auch eine extensive Auslegung. Erstere geht davon aus, daß die Zahl der vom Staatsoberhaupt ernannten Senatoren fünf nicht überschreiten darf, so daß – wenn dieses Kontingent bereits erfüllt ist – der neugewählte Staatspräsident mit einer eigenen Ernennung erst warten muß, daß einer dieser Senatoren auf Lebenszeit wieder ausscheidet; letztere will hingegen jedem Staatsoberhaupt die Ernennung von fünf Senatoren zugestehen. In der Praxis ist die Ernennung unterschiedlich gehandhabt worden: Während die Präsidenten Pertini und Cossiga der extensiven Auslegung gefolgt sind, neigte Scalfaro dem restriktiven Verständnis des Ernennungsrechts zu (dazu Manzella, in Manuale, S. 123; Paladin, Diritto costituzionale, S. 469 f.).

[145] Um die gleichgestaltete demokratische Legitimation beider Kammern zu beschreiben, verwendet Moretti (in Comm. breve, Art. 55, S. 358) die Metapher von den „Ästen, die vom selben Stamm ausgehen".

[146] Das Statuto Albertino sah hingegen für den Senat im Verhältnis zur Abgeordnetenkammer geringfügig modifizierte Kompetenzen vor: So stand dem Senat gem. Art. 10 des Statuts kein Initiativrecht im Rahmen der Haushaltsgesetzgebung („l'iniziativa delle leggi finanziarie e di bilancio") zu, dazu Mortati, Istituzioni Bd. 1, S. 450 f.; F. Rescigno, Bicameralismo, S. 7.

gen verfassungsrechtlichen Gleichstellung der beiden Kammern insbesondere für die gesetzgeberische Arbeit des Parlaments ergeben konnten. Ihr Entwurf eröffnete daher in Artikel 70 dem Staatspräsidenten die Möglichkeit, im Konfliktfall, das heißt für den Fall, daß eine der Kammern sich innerhalb einer bestimmten Frist nicht zu einem von der anderen Kammer verabschiedeten Gesetzentwurf geäußert hatte oder diesen endgültig ablehnte, einen Volksentscheid herbeizuführen. In der Schlußabstimmung über die Verfassung konnte sich diese Regelung jedoch nicht durchsetzen: Es überwog die Auffassung, daß innerhalb einer parlamentarischen Demokratie der Dissens einzelner Organe durch systemimmanente Mechanismen der Konfliktbewältigung überwunden werden müsse[147].

c) Die Funktion der zweiten Kammer

Breiten Raum nimmt in der Debatte um die Bildung und Beschaffenheit der zweiten Kammer die Frage nach dem Stellenwert ihrer Repräsentativfunktion ein. Denjenigen, die die Schaffung einer zweiten Kammer als Regulativ verstanden wissen wollen, das den übermäßigen Einfluß der sonst mit der Gesetzgebung allein betrauten ersten Kammer eindämmen soll, hält allen voran der Abgeordnete MORTATI[148] die Perfektionierung der Mechanismen der Repräsentation als zentrales politisches Ziel des Zweikammersystems entgegen. Für MORTATI ist allein die bicamerale Volksvertretung in der Lage, die komplexe Struktur des sozialen Körpers in der modernen Gesellschaft abzubilden. Nur sie könne nämlich einerseits sicherstellen, daß die unterschiedlichen in der Gesellschaft vorherrschenden Interessen und Bestrebungen im Plenum Widerhall fänden, andererseits aber auch gewährleisten, daß keiner politischen Strömung mehr Gewicht zukomme als den anderen. Das Prinzip der parlamentarischen Repräsentation werde durch die Präsenz der politischen Parteien im Plenum allein nicht verwirklicht, da diese sich weit von der großen Masse des Wahlvolkes entfernt hätten, zu Abstraktion und Dogmatismus neigten und nur über unzureichende technisch-politische Fähigkeiten verfügten. Der Verfassungsrechtler will das paritätische Zweikammersystem als „Element der Integration und Stabilitätsfaktor"[149] verstanden wissen, da es gewährleiste, daß neue politische Strömungen erst dann parlamentarischen Einfluß erlangen könnten, wenn sie sich in

[147] Mortati, Istituzioni Bd. 1, S. 451.

[148] Ausführlich erörtert Mortati seine Ansichten in seinen Aufsätzen, La seconda Camera, S. 477 ff. und Il potere legislativo, S. 427 ff..

[149] Mortati, Il potere legislativo, S. 434.

der Gesellschaft verfestigt hätten, das System also vor allzu jähen Änderungen der politischen Vorgaben und Programme geschützt werde. Hinter dieser Interpretation tritt eine andere Deutung zurück, die den mäßigenden Einfluß einer zweiten „Camera di ripensamento” oder „Camera di raffreddamento” auf übereilt getroffene Entscheidungen der ersten Kammer in den Vordergrund stellt und den Sinn des Bicameralismus vor allem in einer größeren technischen Perfektionierung der eingebrachten Gesetzesentwürfe sieht[150].

2. Das Zweikammersystem in der Verfassungspraxis Italiens

Im parlamentarischen Alltag der letzten Jahrzehnte hat das italienische Zweikammersystem gravierende Schwachstellen gezeigt. Im Mittelpunkt der Kritik steht dabei die seit Inkratftreten der Verfassung schrittweise vollzogene strukturelle Angleichung der beiden Kammern. Bereits mit der vorzeitigen Auflösung des Senats und den anschließenden zeitgleichen Neuwahlen zu Abgeordnetenhaus und Senat in den Jahren 1953 und 1958 war die unterschiedliche Mandatsperiode beider Kammern und damit ein grundsätzliches Unterscheidungsmerkmal aufgegeben worden. Mit der Änderung der ursprünglichen Fassung des Artikel 60 Cost. durch verfassungsänderndes Gesetz vom 9. Februar 1963 Nr. 2, der nunmehr für beide Kammern eine fünfjährige Mandatszeit vorsah, wurde das von der Assemblea costituente gewollte Konzept einer Art „mid term election”, das eine differenzierte Zusammensetzung beider Häuser gewährleisten sollte, endgültig aufgegeben. Mit den Wahlgesetzen aus dem Jahr 1948, die zwar *de lege* für den Senat im Unterschied zur proportional zu besetzenden Abgeordnetenkammer das Mehrheitswahlrecht vorsahen, *de facto* aber das Verhältniswahlrecht auch für die Senatswahlen einführten[151], setzte sich die Aufweichung der von den Gründungsvätern gewollten strukturellen Unterschiede fort. Das Ergebnis dieser Entwicklung war, daß beide Kammern „nicht nur hinsichtlich der von ihnen ausgeübten Befugnisse identisch sind, sondern auch hinsichtlich ihrer repräsentativen Struktur”[152].

---

[150] Mortati (Istituzioni Bd. 1, S. 448) sieht den Vorteil einer „Kammer der Überlegung“ bzw. einer „Kammer der Abkühlung“ in der „Möglichkeit, im Rahmen der Perfektionierung des Gesetzeswerkes auf eine größere Zahl von Fähigkeiten zurückzugreifen, indem jenes eine doppelte Prüfung durchläuft” sowie in der „Nützlichkeit, entflammte Emotionen, von denen einzelne Gesetzesvorhaben begleitet sein können, `abzukühlen', indem der Gang des zur Verabschiedung notwendigen Verfahrens verlangsamt wird”.

[151] Siehe oben, I, 2, S. 17.

[152] Amato, zitiert nach Mattarella, AöR 108 (1983), S. 371.

Auch nach der Reform des Wahlrechts aus dem Jahr 1993, die das Verfahren der Wahl zu Abgeordnetenhaus und Senat lediglich marginal differenziert[153], erweist sich das italienische Zweikammersystem daher als Paradoxon. Zwar sind erstmals seit den letzten Wahlen 1994 geringfügige Unterschiede in der Zusammensetzung beider Kammern auszumachen[154], dennoch hat nach Ansicht vieler Kritiker der italienische „bicameralismo“ heute keine Berechtigung mehr[155]. Diejenigen, die im Senat eine „assemblea di riflessione” sehen wollten, „capace di recare un contributo di maggiore ponderazione”[156], haben einsehen müssen, daß diese Kammer nicht parteipolitisch neutral sein kann, sondern der Senat ebenso wie das Abgeordnetenhaus in seiner Arbeit durch die bis in jüngste Zeit fast identische parteipolitische Zusammensetzung beider Häuser geprägt wird. Die Vorzüge, die die Verfassungstheoretiker der Costituente in dem von ihnen konzipierten Zweikammersystem sahen, treten vor seinen offensichtlichen Schwächen gerade im Bereich des Schwerpunktes der parlamentarischen Arbeit, nämlich der Legislativfunktion, mehr und mehr in den Hintergrund[157].

a) Die Schwächen des paritätischen Zweikammersystems im italienischen Gesetzgebungsverfahren

In diesem Zusammenhang steht vor allem die mangelnde Effizienz und die Langsamkeit des „doppelten” Gesetzgebungsverfahrens im Mittelpunkt der Kritik, die dem System den Begriff der „lentocrazia” eingebracht hat. Daneben wird der spezifische Entscheidungsmechanismus innerhalb des italienischen Zwei-

---

[153] Zu den Einzelheiten der Wahlrechtsreform siehe oben, I, 6, S. 23 ff..

[154] Siehe oben, I, 6, S. 24.

[155] So etwa Barile/Cheli/Grassi, S. 190 f.; Hine (Governing Italy, S. 190) schreibt hierzu: „The Senate, with a higher average age, and the curiosity of its small number of life senators (...), has a calmer, more authoritive, and less partisan tone. But the impact of this on political life is small. The real problem is that the revising and checking benefits of a second chamber have been purchased at a high price: the duplication in a second chamber of allmost all of the technical obstacles and political difficulties (...)”; a.A. Berti, Manuale di interpretazione costituzionale, S. 547 f., der u.a. auf die Garantiefunktion beider Kammern für die Rechtmäßigkeit des Gesetzgebungsverfahrens verweist; für Longi (Elementi, S.42/43) verhindert der „bicameralismo“ grundsätzlich „daß sich das sogenannte 'regime di assemblea' herausbildet, das eine echte parlamentarische Diktatur darstellt, und welches leichter zu errichten ist, wenn es nur eine einzige Kammer gibt, die das Vertrauensverhältnis mit der Regierung und die Gesetzgebung ausübt”

[156] Mortati, Istituzioni Bd. 1, S. 453, .. „fähig eine gesteigerte Abwägung beizutragen”

[157] Pagani (Quad. cost., 1991, S. 101) formuliert hierzu : „Der Kompromiß der verfassungsgebenden Versammlung zwischen dem von der Linken vorgeschlagenen Einkammermodell und dem Zweikammermodell, das von der politischen Mitte favorisiert wurde und eine regionale Prägung trug, wird von vielen für die Hauptursache der Dysfunktion der Legislative gehalten.”; zum selben Ergebnis kommt auch F. Rescigno, Bicameralismo, S. 40.

kammersystems aber auch für „Qualitätsdefizite" der vom Parlament verabschiedeten Gesetze verantwortlich gemacht.

aa) Negative Auswirkungen der „navette" auf das Gesetzgebungsverfahren

Da beide Kammern mit identischen Legislativkompetenzen ausgestattet sind, muß jeder Gesetzentwurf – sofern seine Prüfung und Annahme gem. Art. 72 III Cost. nicht einem legiferierenden Ausschuß („Commissione in sede deliberante") übertragen wird[158] –, zunächst Artikel für Artikel, abschließend als Ganzes in einer Endabstimmung (Art. 72 I Cost.) von beiden Kammern verabschiedet werden. Nimmt eine der Kammern jedoch den von der anderen vorgelegten Gesetestext nur in geänderter Form an, wobei das Recht, Änderungsanträge einzubringen, jedem einzelnen Abgeordneten beziehungsweise Senator zusteht[159], so muß wiederum die erste Kammer über den geänderten Entwurf abstimmen. Dabei sind den Kammern von der Verfassung keine Grenzen gesetzt, wie oft sie innerhalb eines einzigen Verfahrens von ihrem Änderungsrecht („potere di emendamento") Gebrauch machen; ein vermittelndes Organ, etwa vergleichbar dem Vermittlungsausschuß des Artikel 77 GG[160], kennt das italienische Verfassungsrecht nicht. Eingeschränkt wird das „potere di emendamento" von Abgeordnetenhaus und Senat lediglich marginal durch die Geschäftsordnungen („regolamenti") beider Häuser. Gemäß Art. 70 II R.C. und Art. 104 R.S. können die Kammern, wenn ihnen ein bereits verabschiedeter und von der anderen Kammer teilweise modifizierter Gesetzestext vorgelegt wird, nur noch über die vorgeschlagenen Änderungen abstimmen. Soweit Senat und Abgeordnetenhaus ein-

---

[158] Die Arbeit der „Commissioni in sede deliberante" und ihre Bedeutung für das Gesetzgebungsverfahren wird ausführlich unter B, IV, 2, S. 82 ff. behandelt.

[159] Das Änderungsrecht steht weiterhin der Regierung sowie der Commissione referente zu, vgl. Art. 85 II, 86 V R.C., Art.100 II R.S..

[160] Zur Zusammensetzung und zum Verfahren des Vermittlungsausschusses Stern, StaatsR Bd. II, S. 98 ff.; Zeh, in HdbStR Bd. II, § 42, Rdnr. 53 ff.. Das „Ausgleichprinzip" im deutschen Gesetzgebungsverfahren ist jedoch nicht auf die Arbeit des Vermittlungsausschusses beschränkt. Für Regierungsinitiativen bestimmt das GG darüber hinaus bereits zu Beginn des Gesetzgebungsverfahrens, daß Vorlagen der Bundesregierung zunächst dem Bundesrat zur Stellungnahme binnen einer Frist von sechs Wochen zuzuleiten sind (Art.76 II 1, 2 GG), und eröffnet damit die Möglichkeit, die Auffassung des Bundesrates schon frühzeitig in das Verfahren einzubringen. Im Rahmen ihrer Stellungnahme kann die Länderkammer für den Fall eines zustimmungsbedürftigen Gesetzes damit schon frühzeitig signalisieren, ob sie ihre Zustimmung geben wird; die Regierung hat im Gegenzug die Möglichkeit, die vom Bundesrat beanstandeten Passagen zu ändern und sie – dann als neue Initiative – erneut dem Bundesrat vorzulegen. Umstritten, aber im Ergebnis verfassungsgemäß ist die in diesem Zusammenhang gelegentlich zu beobachtende Praxis, Regierungsvorlagen „aus der Mitte des Bundestages" einbringen zu lassen, um die in Art. 76 II 2 GG vorgesehene Sechswochenfrist zu umgehen (dazu Ossenbühl, in HdbStR Bd.III, § 63 Rdnr.23 m.w.N.).

zelne Artikel bereits übereinstimmend angenommen haben, ist eine erneute Diskussion beziehungsweise Abänderung dieser Passagen grundsätzlich nicht mehr möglich[161].
In diesem Zusammenhang müssen auch die nachteiligen Auswirkungen des sogenannten „effetto ghigliottina"[162] auf das Gesetzgebungsverfahren erwähnt werden, der im Einzelfall die Verweildauer eines Gesetzentwurfes innerhalb der parlamentarischen Institutionen zusätzlich verzögern kann. Da die Verabschiedung eines Gesetzes oft mehrfach durch Änderungsanträge hinausgeschoben wird, besteht gerade gegen Ende einer Legislaturperiode vermehrt die Gefahr, daß Entwürfe verfallen, die im Zeitpunkt des Regierungswechsels noch nicht abschließend von beiden Kammern gebilligt worden sind[163]. Das Institut der „rêpechage"[164], das durch die Reform der parlamentarischen Geschäftsordnungen 1971 eingeführt worden ist (Art. 107 R.C. und Art. 81 R.S.), und für diese Gesetzesentwürfe zu Beginn einer neuen Legislaturperiode ein beschleunigtes Verfahren[165] vorsieht, hat hier nur bedingt Abhilfe geschaffen.

---

[161] Von diesem Grundsatz kann nur in zwei Fällen abgewichen werden, nämlich erstens, wenn nachträglich erfolgte Änderungen die Anpassung bereits eingangs übereinstimmend verabschiedeter Vorschriften zur Finanzierung des Gesetzes erfordern; zum zweiten wird dann eine Änderung bereits von beiden Kammern verabschiedeter Gesetzespassagen für zulässig erachtet, wenn während des laufenden Gesetzgebungsverfahrens ein Urteil der Corte costituzionale (auch) den Gesetzentwurf betrifft und Änderungen notwendig macht; dazu Lippolis in Martines/De Caro/Lippolis/Moretti, S. 366. Manzella (in Manuale, S.158) weist jedoch darauf hin, daß jeder Kammer natürlich die Möglichkeit bleibt, die Annahme des Gesetzes in der Schlußabstimmung zu verweigern.

[162] F. Rescigno, Bicameralismo, S.39.

[163] Sogenannter Grundsatz der Diskontinuität, dazu Ossenbühl, in HdbStR Bd., § 63 Rdnr. 39. Dieser hat im deutschen Verfassungsrecht mit § 125 S.1 GOBT ausdrücklich Erwähnung gefunden.

[164] „Repêchage" (frz.) ist das Substantiv zu „repêcher" = herausfischen.

[165] Dieses Verfahren unterscheidet sich von dem „Eilverfahren" des Art. 72 II Cost. i.V. mit Art. 69 R.C. und Art. 77 R.S., bei dem im Abgeordnetenhaus auf Antrag der Regierung, eines Fraktionsvorsitzenden („Presidente di Gruppo") oder von zehn Abgeordneten die Dringlichkeit eines Gesetzentwurfes erklärt werden kann; im Senat kann dieser Antrag vom Präsidenten des mit dem Entwurf befaßten Ausschusses, von acht Senatoren oder von demjenigen gestellt werden, der den Entwurf eingebracht hat. Beim Verfahren der „repêchage" ist zunächst zwischen zwei Konstellationen zu unterscheiden, nämlich erstens, daß ein Gesetzesvorhaben bereits von einer Kammer oder dem nach Art. 72 III Cost. zuständigen legiferierenden Ausschuß („Commissione in sede deliberante") gebilligt worden ist und zweitens, daß der Entwurf lediglich den beratenden Ausschuß („Commissione in sede referente") passiert hat. Im ersten Fall ist vorgesehen, daß – wird der von der jeweiligen Kammer bereits gebilligte Entwurf innerhalb der ersten sechs Monate der neuen Legislaturperiode eingebracht – der Antrag auf Erklärung der Dringlichkeit und Durchführung eines beschleunigten Verfahrens (vgl. Art. 107 I, Art. 81 II-IV R.S.) im Abgeordnetenhaus von der Regierung beziehungsweise einem Fraktionsvorsitzenden, im Senat von der Regierung oder zwanzig Senatoren gestellt werden kann. Im zweiten Fall kann der beratende Ausschuß, dem ein bereits in der vergangenen Legislaturperiode im Ausschuß behandelter Entwurf in den ersten sechs (bzw. sieben, Art. 81 V R.S.) Monaten der neuen Legislaturperiode vorgelegt wird, nach vorheriger summarischer Prüfung entscheiden, der Kammer unter Verwendung des damals erstellten Gutachtens den unveränderten Text vorzulegen (siehe zum ganzen Verfahren ausführlich Lippolis, in Martines/De Caro/Lippolis/Moretti, S. 389 ff.. Ausführungen zur Entstehung des Instituts der „repêchage" finden sich bei Tosi, Diritto parlamentare, S. 29 ff.).

Im übrigen kann das als „navette" (oder „spola"[166]) bezeichnete Hin und Her der Gesetzentwürfe im Parlament im Einzelfall aber nicht nur den Zeitraum, innerhalb dessen ein Gesetz normalerweise verabschiedet wird, vervielfachen, sondern führt zudem häufig auch dazu, daß programmatische Leitlinien des ursprünglichen Entwurfes, von der parlamentarischen Opposition durch unzählige Änderungsanträge „verwässert", nur in deutlich abgeschwächter Form umgesetzt werden können. Handelt es sich bei diesen Entwürfen um grundlegende Gesetzesinitiativen der Regierung, so vermögen die paritätischen Legislativbefugnisse beider Kammern – eingesetzt „a fini ostruzionistici"[167]– mittelbar die Umsetzung des Regierungsprogrammes durch die Regierung zu behindern und gefährden damit die Regierbarkeit. Die verfassungsrechtliche „Notbremse", die der Regierung in dieser Situation verbleibt, um den Gesetzestext in der von ihr konzipierten Form zur Verabschiedung zu bringen, nämlich die Verbindung der Abstimmung über den ursprünglichen Entwurf mit der Vertrauensfrage[168], verdeutlicht zusätzlich das stabilitätsgefährdende Potential, das die paritätische Konzeption des italienischen „bicameralismo" im Bereich des Gesetzgebungsverfahrens birgt.

bb) Legislative „Qualitätsdefizite" im Zweikammersystem

Die hohe gesetzgeberische „Produktivität" des italienischen Parlaments, die sich in einem enormen „Gesetzesausstoß" äußert und nach Ansicht der Anhänger des *status quo* von der Effektivität der italienischen Legislative zeugt, vermag die aufgezeigten negativen Auswirkungen, die die paritätische Gesetzgebungskompetenz von Abgeordnetenhaus und Senat auf die politische Gestaltungsfreiheit der Regierung hat, nicht zu kaschieren. Vielmehr offenbart sich hier eine weitere Schwachstelle der italienischen Legislative: Die notwendige Mitwirkung beider Kammern an der Gesetzgebung verbunden mit der hohen Zahl von Parlamentsmitgliedern[169] insgesamt – allein 630 Abgeordnete und 315 gewählte Senatoren zuzüglich der Senatoren auf Lebenszeit sind im Parlament vertreten (Art. 56, 57, 59 Cost.) – erleichtert die Einflußnahme von Interessengruppen und Lobbyisten, da sich durch beide Faktoren die Zahl der potentiellen Anlaufstellen vergrößert.

---

[166] „Navette" (frz.) und „spola" (ital.) sind mit „Weberschiffchen" zu übersetzen.
[167] „Zu obstruktionistischen Zwecken", Paladin, Diritto costituzionale, S. 333 f..
[168] Ausführlich zur Vertrauensfrage, siehe unten Drittes Kapitel, D, IV, 2, b, S. 203 ff..
[169] Die Mitgliederzahl des Deutschen Bundestages beträgt 656, nach der Bundestagswahl vom 27. 9. 1998 verfügt das Parlament aufgrund von 13 Überhangmandaten über 669 Sitze. Auch diese im Vergleich zum italienischen Parlament geringere Mitgliederzahl ist in jüngster Zeit vielfach kritisiert worden und soll im Wege einer Parlamentsreform weiter verringert werden.

Verstärkt durch weitreichende Änderungsbefugnisse der einzelnen Abgeordneten im Gesetzesverfahren, durch ein umfassendes Initiativrecht und durch die zunehmende Verlagerung der Legislativfunktion in die Ausschüsse[170] hat dieser Umstand entscheidend dazu beigetragen, daß die rege Gesetzestätigkeit des italienischen Parlaments in den letzten Jahren durch ein Übermaß an „Sektorengesetzen"[171], die, verächtlich als „leggine" („Gesetzchen") bezeichnet den Interessen einer bestimmten politischen Klientel dienen, geprägt wird, die Anzahl von richtungsbestimmenden Gesetzen („leggi di indirizzo") sowie umfassend regelnden Gesetzen („leggi organiche") jedoch mehr und mehr zurückgegangen ist.
Dabei handelt es sich bei der vielfach beklagten „Gesetzesinflation" und dem Mangel an grundlegenden, dauerhaft konzipierten Regelungen sicherlich nicht um ein spezifisch italienisches Phänomen, dessen Ursache allein dem „bicameralismo" anzulasten wäre. Das „Übermaß an Gesetzgebung" hat sich im Zuge der wachsenden Komplexität des gesellschaftlichen Miteinanders und des technischen Fortschritts allgemein zu einem Kernproblem des modernen Rechtsstaats entwickelt und zu der Erkenntnis geführt, daß „mit dem ständig zunehmenden Umfang der Gesetzesproduktion die Gesetzgebung selbst zum größten Problem der Gesetzgebung geworden ist"[172]. Im verfassungspolitischen Alltag Italiens birgt diese „Krise der Legislative" jedoch zusätzliche Sprengkraft, da sie die Nachteile, die die paritätisch ausgestaltete Gesetzgebungsbefugnis für die Funktionsfähigkeit der Legislative mit sich bringt, massiv verstärkt.

b) Die Rolle des Bundesrates im Gesetzgebungsverfahren des Grundgesetzes

Auch hierzulande stößt nicht erst in jüngster Zeit die Rolle des Bundesrates im Gesetzgebungsverfahren auf Kritik[173].
Obgleich der Bundesrat im Gegensatz zum italienischen Senat nicht als „zweite Kammer"[174] konzipiert worden ist, verfügt er gemäß Art.77 II-IV GG nach dem

---

[170] Siehe dazu unten, B, IV, S. 71 ff..
[171] Mattarella, AöR 108 (1983), S. 383.
[172] Noll, Gesetzgebungslehre, S.164.
[173] Massive Kritik kommt schon 1976 von Jahn, ZParl 7 (1976), S. 295 ff.; dagegen Herzog, ZParl 7 (1976), S. 298 ff.. V.Beyme, Der Gesetzgeber, S. 298, konstatiert mit Blick auf die wechselnden Bundesratsmehrheiten lapidar: „Beide Lager haben das föderale Konkordanzprinzip für parteistaatliche Mehrheitspolitik gelegentlich eingespannt".
[174] Dies deshalb, weil anders als im italienischen Zweikammersystem die Kompetenzen von Bundestag und

Gesetzesbeschluß des Bundestages über beachtliche Mitentscheidungsrechte im weiteren Gesetzgebungsprozeß. So ist bei den sogenannten Zustimmungsgesetzen, die etwa 55-60% der Bundesgesetze ausmachen, ein Zustandekommen ohne Zustimmung des Bundesrates unmöglich, während bei den sogenannten Einspruchsgesetzen, die etwa 40-45% der Bundesgesetze ausmachen, das Votum des Bundesrates durch den Bundestag überstimmt werden kann.
Sind die parteipolitischen Mehrheitsverhältnisse in Bundestag und Bundesrat diametral zueinander, so sehen sich die Regierungsfraktionen innerhalb des Gesetzgebungsverfahrens mit einer oppositionsgeführten Länderkammer konfrontiert, der sich in diesem Gremium die Möglichkeit bietet, unliebsame Gesetzesvorhaben, die den Bundestag mit Regierungsmehrheit passiert haben – soweit es sich um Zustimmungsgesetze handelt – zu stoppen, andernfalls das Verfahren durch ihren Einspruch zu verzögern. Damit wird die Institution Bundesrat, dessen Funktion und *raison d'être* im Verfassungsgefüge von den Autoren des Grundgesetzes im sogenannten Herrenchiemseer Konvent dahingehend beschrieben wurde, „daß neben dem Parlament eine weitere Kammer bestehen soll, durch die [..] das Element Land zur Geltung kommt"[175], im Einzelfall als Instrument der Opposition, zum Blockadefaktor der Regierungspolitik[176], zum

---

Bundesrat nicht identisch sind. Zum Streit um die Terminologie, Herzog in HdbStR Bd.II, § 44, Rdnr. 29 m.w.N..

[175] Unter den Mitgliedern des Herrenchiemseer Konvents wurde diskutiert, den Bundesrat (bzw. für die Anhänger des Senatsmodells, den Senat) tendenziell dem parteipolitischen Einfluß zu entziehen. Die Ursache dieser Bestrebungen lag in den unheilvollen Entwicklungen der Weimarer Zeit. Die Parteienzersplitterung des Weimarer Reichstages, die zur parlamentarischen wie legislativen Handlungsunfähigkeit der Volksvertretung geführt hatte, wurde in Kontrast zur Sachlichkeit des Reichsrates gesehen, der bis zu seiner Auflösung im Jahr 1933 voll funktionsfähig war. In der Begründung für den Bundesratsvorschlag heißt es dazu u.a.: „Auch wo nur eine Partei die Regierung (d.i. die Landesregierung, Anm. d. Verf.) stellt, werden die Entschließungen dieser Regierung doch von dem objektiven Gesetz ihrer Stelle geprägt, und die von ihr entsandten Mitglieder werden in Distanz zur Tagespolitik ihrer Partei die politischen Gesamtkräfte des Landes und seine dauernden Interessen zum Ausdruck bringen", nach Reuter, Praxishandbuch BR, Art. 50, Rdnr. 81.

[176] Unter Verweis auf die damals aktuelle Gesetzgebungsstatistik kommt Klein, AöR 108 (1983) noch zu dem Ergebnis, daß der Bundesrat kein „Blockadeinstrument" darstellt. Die verfassungsrechtliche Zulässigkeit einer derartigen parteipolitischen Instrumentalisierung des Bundesrates durch die Opposition ist im übrigen umstritten. Nach Ansicht von Maunz, in Maunz/Dürig, Art. 50 Rdnr. 25, muß der Parteieneinfluß im Bundesrat substantiell beschränkt werden: Das Grundgesetz wolle keinen „Parteienbundesstaat" schaffen, in dem aus den Ländern parteipolitische Opposition gegen die Bundesregierung stattfinde; vielmehr sei nach dem Willen des Grundgesetzes die Trennung zwischen dem Bundestag, in dem das Volk nach Parteien gegliedert repräsentiert werde, und dem Bundesrat, wo es nach Ländern gegliedert in Erscheinung trete, aufrechtzuerhalten. Andere Autoren (etwa Reuter, Praxishandbuch des Bundesrates, Art. 50 Rdnr. 85; Laufer, ZParl 1 (1969-70), S. 326) haben keinen Zweifel an der verfassungrechtlichen Zulässigkeit parteipolitischer Einflußnahme im Bundesrat. Sie sind der Auffassung, der Bundesrat könne in einem Staat, der die Parteien zu integrierenden Bestandteilen des Verfassungssystems gemacht habe, kein „parteipolitisches Neutrum" sein. Im übrigen werde eine solche Forderung der Stellung der politischen Parteien im Verfassungsgefüge nicht gerecht, da ihre verfassungsrechtlich institutionalisierte Mitwirkung auf Länderebene dann just in dem Moment ende, in

„Gegenparlament der Volksvertretung"[177]. Diese Entwicklung hat weitreichende Folgen für die Funktionsfähigkeit der Legislative und damit letztlich auch für die politischen Gestaltungsmöglichkeiten der Regierung, die zur Umsetzung ihrer Aufgaben und Ziele die Rechtssetzung als Instrument der politischen Gestaltungsfreiheit dringend benötigt. Die Bewertung ACHTERBERGS[178], der dem Bundesrat bescheinigt, er habe – unabhängig von der jeweiligen politischen Konstellation – gemeinsam mit dem Vermittlungsausschuß seine Aufgabe als „Integrationsorgan par excellence" erfüllt, kann daher nicht uneingeschränkt überzeugen. Stabilitätsgefährdende Tendenzen, wie sie dem Dualismus des italienischen Zweikammersystems entspringen, hat die parteipolitische Einflußnahme der Opposition im Bundesrat bisher jedoch bisher nicht gezeigt[179].

3. Die faktische Überwindung des italienischen Zweikammersystems in der Staatspraxis

In der italienischen Staatspraxis hat sich mit dem „Phänomen" der sogenannten „Commissioni bicamerali"[180] ein Instrument herausgebildet, das als „Artikulation" des Gesamtorgans Parlament den rigiden Dualismus der beiden Kammern jedenfalls in den Bereichen überwinden will, in denen – anders als im Gesetzge-

---

dem die Länder an der Gestaltung des Bundeswillens mitwirken könnten. Ferner müsse auch die politische Stellung der Länderregierungen und damit der Mitglieder des Bundesrates berücksichtigt werden, die gegenüber ihrer politischen Basis, der Mehrheit im Landtag, verantwortlich seien und damit schwerlich eine parteipolitische Abstinenz im Bundesrat realisieren könnten (Reuter, ebda). Vermittelnd Frowein (Bundesrat, S. 120), für den das System, „wie die bundesstaatliche Konstruktion überhaupt, nicht zuletzt darauf [beruht], daß der legitime und in Art. 21 GG verfassungsrechtlich anerkannte Parteieinfluß durch die Kompetenzaufteilung auf Bund und Länder in gewissem Umfang gebrochen wird".

[177] Albert Oswald (SPD), hessischer Ministerpräsident, in: Parlamentarisch-Politischer Pressedienst vom 14. 12. 1971. Nach Ansicht von v. Beyme (Der Gesetzgeber, S. 366) sind die Länderinteressen im Bundesrat „vielfach im Sinne parteipolitischer Koalitionen funktionalisiert". Als Beispiel für die Blockade der Regierungspolitik durch die Opposition im Bundesrat kann etwa das Scheitern der von der Regierungskoalition aus CDU/CSU und FDP erarbeiteten großen Steuerreform in der vergangenen Legislaturperiode herangezogen werden.

[178] Achterberg, VVDStRL 38 (1983), S. 99.

[179] H.-P. Schneider (in HdbVerfR, § 13, Rdnr. 142) gibt jedoch zu bedenken, ob die auch in Deutschland gegenwärtig diskutierten Probleme der Regierbarkeit nicht zum Teil ihre Ursache im Verhältnis von Bundestag und Bundesrat haben. Zur Begründung verweist er darauf, daß wegen der unterschiedlichen Mehrheitsverhältnisse in Bundestag und Bundesrat de facto eine Allparteienkoalition bestehe, „deren Kompromisse – häufig erst im Vermittlungsausschuß geschlossen – eine klare und kraftvolle Regierungspolitik zwangsläufig bis zur Unkenntlichkeit verwässern".

[180] Einen Überblick über die verschiedenen „Commissioni bicamerali" gibt F. Rescigno, Bicameralismo, S. 45 f.. Nicht unter die Kategorie der „Commissioni bicamerali" fallen die sogenannten „Commissioni miste", da in ihnen neben Abgeordneten beider Kammern auch sonstige Experten und Verwaltungsfachleute sitzen, die nicht durch Wahlen legitimiert worden sind.

bungsverfahren – eine „doppelte Entscheidung" nicht von der Verfassung gefordert wird und gleichzeitig „die eindeutige Ausübung der Parlamentsgewalt" nottut[181]. Diese bicameralen Ausschüsse, die paritätisch im Hinblick auf die Zusammensetzung des gesamten Parlaments mit Abgeordneten und Senatoren besetzt sind, sind erstmals gegen Ende der sechsten Legislaturperiode in Erscheinung getreten und haben sich allmählich zu einer dritten Kraft neben Abgeordnetenhaus und Senat entwickelt.

Die verfassungsrechtliche Zulässigkeit dieser Ausschüsse ist nicht unproblematisch[182], da die italienische Verfassung in Artikel 126 nur die Einrichtung eines Ausschusses für regionale Fragen („Commissione bicamerale per le questione regionali") vorsieht, die übrigen Ausschüsse hingegen ihre Legitimation lediglich auf einfache Gesetze[183] oder parlamentarische Anträge („mozioni")[184] gründen können. Anhand ihrer Aufgaben werden diese Gremien in drei Gruppen eingeteilt, den „Commissioni di vigilanza e controllo", die Informations- und Kontrollfunktionen ausüben, den „Commissioni di vigilanza e indirizzo", deren Tätigkeit zur Gestaltung des „indirizzo politico", der gesamtpolitischen Ausrichtung der Regierung beitragen soll, sowie den „Commissioni consultive", die im wesentlichen die Regierung in Fragen der auf der Grundlage von Delegationsgesetzen i.S. des Art. 76 Cost. zu erlassenden „decreti legislativi" (Gesetzes-

[181] So Manzella, in Manuale, S. 125. Ebenso Barile/Cheli/Grassi, S. 191, 192: „Das Zweikammersystem wird teilweise durch die Einrichtung und die Funktion der Commissioni bicamerali überwunden". Daneben bieten aber auch einige Vorschriften der Geschäftsordnungen der Kammern Ansätze für eine verstärkte Koodination. So erleichtert etwa die in Art. 118 bis III R.C., Art. 125 bis III R.S. vorgesehene Möglichkeit der gemeinsamen Prüfung des „Haushaltspakets" durch die Haushaltsausschüsse die Abstimmung unter den Kammern. Dasselbe Ziel verfolgen auch Art. 78 R.C., 51 III R.S.; nach diesen Vorschriften informieren sich die Kammerpräsidenten gegenseitig, falls auf die Tagesordnung eines gesetzesberatenden Ausschusses ein Gesetzesvorhaben gesetzt wird, das in identischer oder ähnlicher Form bereits der jeweils anderen Kammer vorgelegen hat.

[182] Einige problematische Beispiele nennt Paladin, Diritto costituzionale, S. 369 ff.. Nach Auffassung von F. Rescigno, Bicameralismo, S. 47, ergibt sich die Zulässigkeit der Commissioni bicamerali aus der Struktur des italienischen Zweikammersystems, das - um effizient funktionieren zu können - als „bicameralismo coordinato" zu verstehen ist; die insoweit notwendige Koordinierung beider Kammern erlaubt im Rahmen des Organisationsrechts der Kammern (vgl. Art. 64 I Cost.) auch die Schaffung von entsprechenden Koordinationsorganen, solange die in der Verfasung verankerte obligatorische Funktionstrennung nicht aufgeweicht wird (d.h. solange etwa getrennte Abstimmungen im Gesetzgebungsverfahren beziehungsweise im Fall des Art. 94 Cost. bei der Vertrauensabstimmung gewährleistet sind).

[183] Mit Ausnahme der „Commissione inquirente", die durch „legge costituzionale" (Verfassungsgesetz Nr.1 1953) eingerichtet und gleichfalls durch „legge costituzionale" (vom 16. Januar 1989, Nr. 1) aufgelöst worden ist. Ihre Aufgabe war es, dem Parlament in gemeinsamer Sitzung Bericht über Anklagen („accuse") betreffend den Staatschef und die Minister zu erstatten, dazu Paladin, Diritto costituzionale, S. 370.

[184] Auf diesem Wege wurden etwa mehrere Untersuchungsausschüsse („Commissioni d'inchiesta") und im Jahr 1983 die „Commissione per le riforme istituzionali" eingesetzt, dazu Manzella, in Manuale, S. 125.

verordnungen) beraten. Sieht man von der nach Ansicht einiger Autoren zweifelhaften Legitimation[185] der „Zweikammerausschüsse" einmal ab, fällt das Urteil der Verfassungsjuristen über die Arbeit dieser Institutionen überwiegend positiv aus. Die Ausschüsse, so heißt es[186], seien ein effizientes Mittel, um das parlamentarische Procedere zu rationalisieren und die Entscheidungsabläufe zu straffen „favorendo gli elementi di coordinamento e di integrazione fra le due camere"[187]. An der Notwendigkeit, das italienische Zweikammersystem umfassend zu reformieren, können jedoch die positiven Tendenzen, die die Arbeit der Ausschüsse für die Koordination beider Kammern – auch im Vorfeld des eigentlichen Gesetzgebungsverfahrens – hervorbringt, nichts ändern.

4. Ansätze zu einer Reform des italienischen Zweikammersystems

In dem von der „Commissione parlamentare per le riforme costituzionali" vorgelegten, aktuellen Entwurf einer Reform der italienischen Verfassung[188] wird die Idee eines „paritätischen Zweikammersystems" zugunsten erweiterter Kompetenzen für die Abgeordnetenkammer nunmehr im wesentlichen aufgegeben[189]. Für das Gesetzgebungsverfahren sieht Art. 93 des Entwurfes in seiner geänderten Fassung zwar grundsätzlich vor, daß die von der Kammer verabschiedeten

---

[185] Unter anderem wird auch die uneinheitliche Zusammensetzung der Ausschüsse gerügt (so von Manzella, in Manuale, S. 126): Einige Gesetze, die die Einrichtung einer „Commissione bicamerale" vorsehen, orientieren sich hinsichtlich der Zusammensetzung an den Mehrheitsverhältnissen der Fraktionen im Parlament (so besteht etwa das „Comitato per il controllo sui servizi di informazione e di sicurezza e sul segreto di stato" nur aus Vertretern der größten Fraktionen); andere Gesetze legen hingegen ausdrücklich fest, daß alle Fraktionen vertreten sein sollen (etwa das Gesetz über die Einrichtung einer „Commissione di vigilanza sui servizi radiotelevisivi").

[186] Etwa bei Barile/Cheli/Grassi, S. 192; F. Rescigno, Bicameralismo, S. 46 f..

[187] „Indem sie die koordinierenden und integrierenden Elemente im Verhältnis beider Kammern unterstützen", so F. Rescigno, Bicameralismo, S. 43.

[188] Der mit der Verfassungsänderung befaßte Ausschuß ist durch Art. 1 des Gesetzes vom 24. 1. 1997, Nr. 1 eingesetzt worden. Der erste Entwurf zur Neufassung des Teils II der italienischen Verfassung (angenommen am 30. 6. 1997) ist unter Berücksichtigung der eingebrachten Änderungsvorschläge überarbeitet worden und liegt jetzt in der Fassung vom 4. 11. 1997 vor. Beide Entwürfe sind abgedruckt bei Panunzio, I costituzionalisti e le riforme, Appendice, S. 493 ff.. Im Rahmen dieser Arbeit werden sie als „Entwurf", beziehungsweise als „geänderter Entwurf" der Verfassungsreform zitiert; weicht der geänderte Entwurf inhaltlich von der ursprünglichen Fassung ab, so wird nur die aktualisierte Fassung erwähnt.

[189] Als Kern der Reform kann dabei in diesem Zusammenhang die Vorschrift des Art. 76 des Entwurfes (bzw. Art. 74 des geänderten Entwurfes) gelten, der – indem er Mißtrauensvotum und Vertrauensfrage auf die Abgeordnetenkammer beschränkt – das parlamentarische Vertrauensverhältnis (in Ermangelung anderer Instrumentarien wie etwa der Wahl des Regierungschefs oder dem im Entwurf gleichfalls abgeschafften initialen Vertrauensvotum der Kammern) nunmehr allein zwischen Regierung und der „Camera dei deputati" etabliert. Zu der geplanten Reform des Zweikammersystems siehe die von Panunzio, I costituzionalisti e le riforme, S. 161 ff., 185 ff. gesammelten Beiträge.

Gesetzesvorhaben dem Senat zugeleitet werden, der dann – sofern ein Drittel seiner Mitglieder dies innerhalb einer Frist von zehn Tagen beantragt – den Entwurf prüft. Über die Änderungsvorschläge der zweiten Kammer, die innerhalb der folgenden dreißig Tage vorgebracht werden müssen, entscheidet dann aber die Abgeordnetenkammer definitiv. Kurze Fristen und die endgültige Entscheidungskompetenz der „Camera dei deputati" sollen damit das mehrfache Hin und Her der Gesetzentwürfe („navette") verhindern und das Gesetzgebungsverfahren insgesamt deutlich abkürzen. Mit Ausnahme der in Art. 90 des Reformvorhabens gesondert aufgeführten Gesetzentwürfe, die auch weiterhin von beiden Kammern angenommen werden müssen[190], würde der Senat damit lediglich zu einer Kammer „di eventuale riflessione"[191].

B. Stabilitätsgefährdende Mechanismen innerhalb des Gesetzgebungsverfahrens

Im demokratischen Verfassungsstaat erweist sich die Gesetzgebung als das zentrale Instrument zur Durchsetzung politischer Zielvorstellungen[192]; der vielzitierte Satz „gouverner c'est légiférer"[193] mag hier nur als ein Indiz für die herausgehobene Stellung des Gesetzgebungsprozesses gelten. Auf dieser Grundlage gewinnt die Funktionsfähigkeit des Gesetzgebungsverfahrens eine immense Bedeutung für die politische Gestaltungsfreiheit der Regierung und damit letztlich auch für die Regierbarkeit eines Staatswesens. Mit der Feststellung: „Heutzutage verliert jede Regierung in kurzer Zeit ihre Aktionsfähigkeit, wenn die Gesetzgebungsmaschinerie nicht in ihrem Sinn läuft", hat SCHNEIDER[194] diesen engen Zusammenhang zwischen der Gesetzgebung auf der einen Seite und der Regierbarkeit auf der anderen Seite mithin zutreffend beschrieben.

---

[190] Aber auch dann soll das Verfahren deutlich rationalisiert werden. Gem. Art. 94 II des Reformentwurfes werden, für den Fall, daß die zweite Kammer einen geänderten Text annimmt, die geänderten Passagen des Gesetzesvorhabens einem paritätisch mit Mitgliedern beider Kammern besetztem Ausschuß zugewiesen. Der von diesem Ausschuß formulierte Text wird dann beiden Kammern zur Schlußabstimmung vorgelegt.

[191] Von einer „Kammer, die nur eventuell nachdenkt" spricht Mazziotti di Celso, bei Panunzio, I costituzionalisti e le riforme, S. 163. Teilweise soll diese Kammer auch eine geänderte Zusammensetzung erhalten; gem. Art. 89 des Entwurfes tagt die Kammer bei der Prüfung bestimmter Gesetzesvorlage „in sessione speciale", d.h. an den Beratungen nehmen dann auch eigens gewählte Kommunal-, Provinz- und Regionalräte teil.

[192] So auch Klein, in HdbStR Bd. II, § 40 Rdnr.17; Tosi (Diritto parlamentare, S. 269) schreibt hierzu: „Das formelle Gesetz ist das Instrument, das die feierlichste Form des politischen Willensaktes – verstanden als Ausdruck des Willens, der formal dem Staat zuzuschreiben ist – realisiert.".

[193] Zit. nach H. Schneider, VVDStRL 8 (1950), S. 31.

[194] H. Schneider, VVDStRL 8 (1950), S. 31.

Ein Blick auf die italienische Gesetzgebung der letzten Jahrzehnte zeigt allerdings, daß die Gesetzgebungsmaschinerie Italiens mehr als „überholungsbedürftig" ist. So ist es der Regierung in der Vergangenheit immer weniger gelungen, ihr Regierungsprogramm im Wege der ordentlichen Gesetzgebung in Zusammenarbeit mit dem Parlament umzusetzen; neben den (eher seltenen) parlamentarischen Niederlagen zentraler Gesetzesinitiativen der Regierung *in toto*, hat dabei vor allem das „Verwässern" richtungsweisender Regierungsentwürfe innerhalb des Gesetzgebungsverfahrens den legislativen Impuls der italienischen Regierung nachhaltig geschwächt. Die Flut von gesetzesvertretenden Notverordnungen („decreti-legge"), die sich in der Praxis bei weitem nicht auf die von der Verfassung ursprünglich vorgesehenen Tatbestände beschränken[195], zeugt von den Anstrengungen der Regierung, den parlamentarischen Antagonismus zu überwinden und die vorhandenen legislativen Instrumentarien in ihrem Sinne zu nutzen. Große Reformvorhaben scheitern allerdings oft nicht nur am Widerstand der Opposition oder Gegnern in den eigenen Reihen, sondern auch daran, daß die Gesetze in technischer Hinsicht mangelhaft konzipiert und unzureichend mit bereits bestehenden Gesetzen abgestimmt sind[196]. DELL`ACQUA bringt die Kritik am maroden Zustand der italienischen Gesetzgebung auf den Punkt, wenn er schreibt: „La fabbrica delle leggi, infatti, lavora a ciclo continuo producendo norme del tutto prive di un`effettiva programmazione funzionale e materiale"[197]. Die vielbeschworene „Krise der Gesetzgebung"[198], als deren Symptome neben

[195] Dazu unten, Drittes Kapitel, D, IV, 2, c, S. 212 ff..

[196] Hine (Governing Italy, S. 179) weist im übrigen darauf hin, daß auch die mangelhafte Umsetzung geltenden Rechts zur mißlichen Lage der Gesetzgebung in Italien beiträgt.

[197] Dell`Acqua, St. parl. e di pol. cost. 1996, S. 9, („Die Gesetzesfabrik arbeitet in der Tat ununterbrochen und produziert dabei Normen, die bar jeder funktionalen und materiellen Programmatik sind").

[198] Das Problem der „Krise der Gesetzgebung" ist jedoch nicht nur auf Italien beschränkt, sondern zeigt sich mit ähnlichen Symptomen in vielen Staaten, in denen der Gesetzgeber die Herausforderungen der modernen Gesellschaft mit einer Normenflut beantwortet. Auch in Deutschland ist etwa die ständige Zunahme von Gesetzen und Verordnungen und die mangelnde Koordination der neuen Bestimmungen mit dem geltenden Recht seit langem bekannt. Ausführungen zu diesem Problem finden sich etwa bei Herzog (Staat und Recht, S. 180), der für den Bereich der Steuergesetzgebung vom „Furor teutonicus legislativus" spricht; zur Kritik an der Gesetzesflut siehe auch Schulze-Fielitz, Parlamentarische Gesetzgebung, S. 9 ff.. Ein probates Mittel gegen dieses Phänomen hat auch der deutsche Gesetzgeber bisher nicht gefunden. Interessant sind in diesem Zusammenhang die Ausführungen von Böhret/Hugger (Praxistest, S. 11, 13 ff.), die für einen Praxistest von Gesetzentwürfen, d.h. für die praxisbezogene Ermittlung von potentiellen Vollzugsdefiziten eines Gesetzes plädieren und diese Methode anhand eines Entwurfes eines Jugendhilfegesetzes des BMJFG aus dem Jahre 1974 aufzeigen (dies., Test und Prüfung, S. 13 ff. mit Beispielen zu den „Auswüchsen der perfektionistischen Gesetzesarbeit"). Erinnert sei an dieser Stelle ferner an den Vorschlag des früheren Bundesjustizministers Schmidt-Jortzig, vor allem im Bereich der Steuer- und Subventionsgesetzgebung „Gesetze mit Verfalldatum" (mit einer Verfallszeit von fünf oder zehn Jahren) einzuführen, um die Normenflut

der „elefantiasi legislativa"[199] vor allem die mangelnde Qualität der Normen genannt werden, ist sicherlich kein typisch italienisches Problem, doch hat sie in Italien besonders groteske Formen angenommen. So können Experten die genaue Zahl der in Italien geltenden Gesetze angesichts der Normenflut nur ungefähr beziffern; die Schätzungen schwanken zwischen einhunderttausend, hundertfünfzigtausend, teilweise sogar zweihunderttausend Bestimmungen. Eine Untersuchung aus dem Jahre 1994, die sich auf eine achtundfünfzibändige Gesetzessammlung der „Leggi d'Italia"[200] stützt, hat allein zwanzigtausend Regelungen „di rilievo essenziale", das heißt von grundsätzlicher Bedeutung ausgemacht, die insgesamt dreihundertfünfzig verschiedene Bereiche des öffentlichen Lebens regeln[201]: „Fatta la legge, trovato l'inganno"[202], so beschreibt ein Sprichwort die typische Reaktion der Bürger Italiens auf diesen undurchdringlichen Gesetzesdschungel.

I. Die Ursachen der „Krise der Gesetzgebung" in Italien

Sucht man nach den Ursachen der italienischen Gesetzgebungskrise, so lassen sich – neben den bereits erörterten negativen Auswirkungen des „bicameralismo perfetto" – unterschiedliche Erklärungsansätze aufzeigen.

In seiner Analyse des italienischen Gesetzgebungsverfahrens kommt HINE etwa zu dem Ergebnis, daß die traditionell enge Verwurzelung der italienischen Parlamentarier in ihrem Wahlkreis eine wichtige Rolle beim Niedergang der Legislative in Italien spielt. Die starke Bindung zwischen dem einzelnen Abgeordneten und seinem Wahlkreis habe eine parlamentarische Klasse hervorgebracht, „deren Horizont provinziell, wenn nicht gar beschränkt ist", und die sich aus

---

einzudämmen und die Qualität der Gesetze zu verbessern (in „Die liberale Depesche", September 1996; „Berliner Morgenpost" vom 15. 7. 1996).

199 Di Ciolo/Ciaurro, Appendice, S.39; der Begriff „elefantiasi" bezeichnet ursprünglich ein Krankheitsbild, bei dem die Extremitäten unförmig anschwellen (Elephantiasis), im übertragenen Sinne wird der Begriff im italienischen verwendet, um übermäßige Auswüchse einer Sache oder Organisationsstruktur zu bezeichnen (vgl. Il grande dizionario Garzanti della lingua italiana). Nach Ansicht von Di Ciolo/Ciaurro (ebda, S. 38) läßt sich die „Gesetzesinflation" auch auf die politische Kultur Italiens zurückführen, die im Parlament den Sitz für die umfassende Regelung aller Angelegenheiten des Landes und seiner Bürger sieht.

200 Veröffentlicht von De Agostini, „Il Sole 24 ore".

201 Diese Zahlen finden sich bei Di Ciolo/Ciaurro, Appendice, S. 39, Fn. 8, der zum Vergleich die Zahl der in Frankreich, Deutschland und Österreich geltenden Gesetze mit siebentausend, fünftausend beziehungsweise zwölftausend angibt. Nach P. Weber (ZParl 28 (1997), S. 742) beträgt die Zahl der in Italien geltenden Gesetze insgesamt circa 150.000.

202 Das Sprichwort lautet in der Übersetzung: „Kaum ist ein Gesetz gemacht worden, so weiß man schon, wie man es umgehen kann".

Furcht, die eigene politische Klientel zu verprellen, nicht auf ein klar strukturiertes Regierungsprogramm einlasse, welches „gleichermaßen Gewinner und Verlierer unter den Wählern hervorbringen würde”[203]. Dieses eher soziologische, denn juristische Phänomen ist sicherlich eine Ursache dafür, daß Sektorengesetze („leggini"), die – etwa in Form von finanziellen Vergünstigungen, Subventionen, etc. – den Interessen einer bestimmten politischen Klientel zu dienen bestimmt sind, einen Großteil der „legislativen Hyperaktivität”[204] ausmachen, während andererseits zentrale und umfangreiche Reformvorhaben der Regierung im Gesetzgebungsverfahren zum Scheitern verurteilt sind.
Andere Autoren verweisen hingegen auf die traditionell wichtige Rolle, die die Interessenverbände und insbesondere die Gewerkschaften im politischen Alltag Italiens und damit auch im Bereich der Gesetzgebung einnehmen[205]; erinnert wird in diesem Zusammenhang etwa an die großangelegten Generalstreiks[206], mit der die Gewerkschaften in der Vergangenheit mehr als einmal unliebsame gesetzgeberische Reformvorhaben der Regierung zu Fall gebracht haben.
Nach Ansicht von DE VERGOTTINI[207] liegt im Zusammenwirken von Regierung und Gewerkschaften zudem ein weiterer Schwachpunkt des Legislativprozesses. Da in der Praxis „la concertazione”[208], das heißt die „außerparlamentarische Absprache” zwischen Regierung und Gewerkschaften in der Sozial- und Lohnpolitik konstant praktiziert werde, habe sich ein Verfahren etabliert, bei dem häufig die von den Beteiligten bereits im Vorfeld des Gesetzgebungspro-

---

[203] Hine, Governing Italy, S. 174.
[204] Hine, Governing Italy, S. 174. Manzella (Il parlamento, S. 336) beklagt in diesem Zusammenhang, daß „in keinem anderen westlichen Land der Bereich der Regelungen in Gesetzesform so ausgeufert und so unbegründet” ist wie in Italien.
[205] Vgl. etwa De Vergottini, Diritto costituzionale, S. 457 f.. Zu den „parteien- und verbändestaatlichen Arbeitsbedingungen der parlamentarischen Demokratie” allgemein konstatiert Badura (Parteienstaatliche Demokratie, S. 17 f.), „daß das Gesetz zwar nach Form und Technik als ein Akt obrigkeitlicher Entscheidung ergeht, als ein Vorgang der vernunftgeleiteten Rechtserzeugung eines einheitlichen Subjekts, des Staates, aber in der Sache selbst durch Prozesse des sozialen Drucks, des Interessenausgleichs und des Kompromisses geprägt wird.” Zur Einflußnahme von Interessenträgern in der Demokratie siehe auch Böckenförde, Politische Funktion, S. 225 ff..
[206] Erwähnt seien hier etwa die von den Gewerkschaften organisierten Massenproteste im Sommer 1994 gegen die beabsichtigte Rentenreform der Regierung Berlusconi, die diese ursprünglich gemeinsam mit dem Haushaltsgesetz verabschieden wollte. Die Gewerkschaften gingen, gestärkt durch koalitionsinterne Querelen, als Sieger aus der Kraftprobe hervor und zwangen Berlusconi dazu, das Reformvorhaben vom Haushaltsentwurf abzutrennen und zu vertagen.
[207] De Vergottini, Diritto costituzionale, S. 457 f.. Zur originären Aufgabe des Gesetzes schreibt De Vergottini (ebda), daß es „nach dem Buchstaben und dem Geist der Verfassung das Produkt des parlamentarischen Willens sein müsse, das, ohne den Einfluß und die Bedingungen von Partikularinteressen zuzulassen, im Dienste der allgemeinen Interessen des Landes steht”. Nach seiner Auffassung haben sich in der Vergangenheit die Absprachen zwischen der Regierung und den Gewerkschaften bisweilen auch positiv auf die Gesetzgebung ausgewirkt, nämlich dann, wenn dem Parlament noch die Möglichkeit einer eigenständigen gesetzgeberischen Entscheidung verblieben ist.

zesses bis in alle Einzelheiten ausgehandelten Maßnahmen vom Parlament nur noch in Gesetzesform gebracht würden. Diese „legislazione negoziata" berge die Gefahr, daß die Mitwirkung des Parlaments im Gesetzgebungsverfahren zu einer bloßen Formalität werde, die Entscheidungen aufgreife, die zwischen der Regierung und der durch das Gesetz betroffenen Gewerkschaft außerhalb des Parlaments ausgehandelt worden seien[209].

In Italien mehren sich jedoch in den letzten Jahren kritische Stimmen, die auch dem in Art. 70 ff. Cost. verankerten „procedimento legislativo", das heißt dem Ablauf des Gesetzgebungsverfahrens, eine Mitschuld an der „Krise der Gesetzgebung" und damit mittelbar auch der politischen Instabilität Italiens anlasten und auf diesem Sektor tiefgreifende Reformen fordern. Dabei werden vor allem die „zeitraubenden und undurchsichtigen Prozeduren des Gesetzgebungsverfahrens" gerügt, die die italienischen Kammern „dem Spiel organisierter Gruppen und Lobbies"[210] aussetzen und gleichzeitig den Einfluß der Regierung im Gesetzgebungsverfahren mehr und mehr beschneiden. Es würde allerdings den Rahmen der vorliegenden Arbeit sprengen, wollte man das italienische Gesetzgebungsverfahren in all seinen Einzelheiten analysieren. Daher sollen nach einer kurzen Darstellung seines Ablaufes lediglich die Institute des Gesetzgebungsverfahrens näher beleuchtet werden, die – wie das Recht der Gesetzesinitiative und die Verlagerung der Gesetzgebung in die Parlamentsausschüsse – besonders im Kreuzfeuer der Kritik stehen.

II. Das „procedimento legislativo" im Überblick

Gemäß Artikel 70 Cost. wird die Legislativfunktion von beiden Kammern gemeinsam ausgeübt[211]. Eingeleitet wird das Gesetzgebungsverfahren mit der Gesetzesinitiative (Art. 71 Cost.)[212], die von der italienischen Verfassung – anders

---

[208] Von concertare = fig. Absprachen suchen, meist im Geheimen.

[209] Manzella (Il parlamento, S. 336) sieht allgemein die Rolle des Parlaments im Gesetzgebungsverfahren „auf halbem Wege zwischen dem `Schattensystem´ der Interessen und ihrer jeweiligen Lobbies und dem `Schattensystem´ der Parteien. Weitere Ursachen der Mißstände in der Gesetzgebung Italiens nennen auch Pergoraro/Rinella, Rass. parl. 1998, S. 20 ff..

[210] Die Zitate stammen von P.Weber, ZParl, 28 (1997), S. 742.

[211] Daneben existiert die Rechtssetzungsbefugnis der Regierung, Art. 76, 77 Cost. und der Regionen (Art.117, 123 Cost.). Nach Achterberg (Parlamentsrecht, S. 75) besitzt das Parlament im demokratischen Verfassungsstaat zwar kein „Rechtssetzungsmonopol", aber die „Rechtssetzungsprärogative".

[212] In der Literatur ist im einzelnen umstritten, in welche Phasen sich das „procedimento legislativo" aufgliedert; allerdings kann auf eine ausführliche Stellungnahme zu dieser Problematik im Rahmen dieser Arbeit verzichtet werden, da die Kontroverse für die vorliegende Thematik ohne Belang ist. Die Verfasserin bedient sich der Terminologie von Paladin (Diritto costituzionale, S. 318), der das Verfah-

als noch unter dem Statuto Albertino, das das Initiativrecht nur für den König[213] und das Parlament vorsah – einer Vielzahl von Berechtigten zugestanden wird[214]. So nennt Art. 71 Cost. bereits neben der Regierung und jedem einzelnen Parlamentarier auch das Volk als Träger des Initiativrechts, daneben sind gem. Art. 99 III Cost. der „Consiglio Nazionale dell`economia e del lavoro" (CNEL)[215] und gem. Art. 121 II Cost. die Regionen initiativberechtigt[216].

Die zweite Phase[217] des Gesetzgebungsverfahrens, die Prüfung und Annahme des Gesetzes, ist von der italienischen Verfassung sehr differenziert ausgestaltet worden. Eine zentrale Rolle spielen dabei die „Commissioni permanenti", die ständigen Ausschüsse beider Häuser, die innerhalb der ihnen durch die Geschäftsordnungen zugewiesenen sachlichen Zuständigkeitsbereiche (Art. 22 I R.C., Art. 22 R.S.) unterschiedliche Funktionen bei der Rechtssetzung wahrnehmen.
Neben dem normalen[218] Verfahren des Art. 72 I Cost., das nach der Prüfung des Gesetzesvorhabens durch den für das Sachgebiet zuständigen Ausschuß „in sede

---

ren in die drei Phasen „Initiative", „Verabschiedung" und „Verkündung/Veröffentlichung" einteilt. Zum Stand der Diskussion Paladin, ebda, S. 317 ff..

[213] Gem. Art. 10 des Statuts gebührte „la proposizione delle leggi", die Gesetzesinitiative, „al Re ed a ciascuna delle due camere". Schon bald entwickelte sich das Initiativrecht des Königs jedoch zur Regierungsinitiative, da der Monarch sich darauf beschränkte, die vom Ministerrat konzipierten Gesetzentwürfe zu unterzeichnen; parallel dazu wurde aus dem formal jeder einzelnen Kammer zustehenden Initiativrecht in der Parlamentspraxis ein Vorschlagsrecht jedes einzelnen Parlamentariers, dazu Paladin, Diritto costituzionale, S. 321 f..

[214] Daher wird heute auch vom „carattere diffuso" des Initiativrechts gesprochen, vgl. Paladin, Diritto costituzionale, S. 322.

[215] Die Aufgaben des CNEL, des Nationalen Rates für Wirtschaft und Arbeit, liegen in der Beratung der Regierung und der Kammern im Bereich Wirtschaft und Soziales, vgl Art. 99 II Cost. i.V. mit dem Gesetz Nr. 33 vom 10. Januar 1957. Im historischen Vergleich der Aufgabenstruktur des CNEL mit der des 1920 geschaffenen Reichswirtschaftsrat der Weimarer Republik lassen sich deutliche Parallelen erkennen. Auch der Reichswirtschaftsrat besaß ein Vorschlags- und Beratungsrecht im Bereich der Sozial- und der Wirtschaftsgesetzgebung: Zum einen sollte die Reichsregierung sozialpolitische und wirtschaftspolitische Gesetzentwürfe dem Reichswirtschaftsrat zur Begutachtung vorlegen, darüber hinaus besaß der Reichswirtschaftsrat in diesem Bereich auch das Recht der Gesetzesinitiative und konnte demnach eigene sozial- und wirtschaftspolitische Gesetzentwürfe einbringen.

[216] Teilweise wird darüber hinaus aus Art. 133 I Cost. ein Initiativrecht der Gemeinden bei der Änderung der Provinzialbezirke bzw. der Schaffung neuer Provinzen im Bereich einer Region hergeleitet. Nach ganz h.A. (etwa Paladin, Diritto costituzionale, S. 329 f.) ist jedoch davon auszugehen, daß die „iniziativa comunale" untechnisch aufgefaßt werden muß und lediglich die Möglichkeit der Gemeinden formuliert, „initiativ" tätig zu werden und ihr Anliegen an einen der in der Verfassung genannten „echten" Initiativberechtigten heranzutragen.

[217] Siehe oben, Fn. 213 (S. 46).

[218] Diese Terminologie ist von der Verfassung selbst gewählt, die in Art. 72 IV Cost. von der „procedura normale" spricht und diese Art des Gesetzgebungsverfahrens als Regelfall gegenüber den besonderen Verfahren des Art. 72 II und III Cost. verstanden wissen wollte. Ein besonderes Verfahren ist ferner für die Verabschiedung von „leggi di revisione della Costituzione e le altre leggi costituzionali"

referente"[219] die Annahme des Entwurfes zunächst Artikel für Artikel sowie anschließend die Schlußabstimmung[220] über den gesamten Gesetzestext im Plenum vorsieht, existieren noch zwei weitere Verfahrenswege, an deren Ende ebenfalls die Verabschiedung des Gesetzes steht. Ausgehend von der Reichweite der Legislativkompetenz der zuständigen Kommission unterscheidet man im einzelnen die „procedura per Commissione deliberante" (auch als Verfahren „in sede legislativa" bezeichnet) und die „procedura per Commissione redigente" (auch „procedimento misto" genannt). Während dem Ausschuß, der „in sede deliberante" tätig wird, auch die Verabschiedung des Gesetzes obliegt (Art. 72 III Cost.), übernimmt im Fall des „procedimento misto" hingegen der Ausschuß die

---

(Art. 138 Cost.), d.h. von verfassungsändernden Gesetzen sowie sonstigen Gesetzen mit Verfassungsrang vorgesehen. Gem. Art. 138 Cost. werden diese Gesetze in jeder Kammer in zwei Durchgängen verabschiedet, zwischen denen jeweils ein Zeitraum von drei Monaten liegen muß. Die Geschäftsordnungen von Abgeordnetenkammer und Senat (Art. 97 ff. R.C., Art. 121 ff. R.S.) stellen dabei zum Ablauf des Verfahrens klar, daß jede Kammer über die jeweils vom anderen Haus verabschiedete Fassung des Gesetzentwurfs zu befinden hat und daß zwischen den Beratungen innerhalb einer Kammer mindestens drei Monate liegen müssen. Zur Verabschiedung ist im zweiten Durchlauf in beiden Kammern die absolute Mehrheit ihrer Mitglieder erforderlich (Art. 100 I R.C., Art. 124 I R.S.); Änderungen des Entwurfs sind in diesem Verfahrensstadium nicht mehr möglich (Art. 123 R.S., Art. 99 R.C.). Wenn innerhalb von drei Monaten nach Veröffentlichung des Gesetzes ein Fünftel der Mitglieder einer Kammer, fünf Regionalräte oder 150.000 Wähler eine Volksabstimmung befürworten, so wird über das Gesetz im Rahmen eines Referendums entschieden. Die Volksabstimmung entfällt, wenn in beiden Kammern im zweiten Durchgang zwei Drittel der Mitglieder für das Gesetz votiert haben. Grundsätzlich zur Natur der „legge costituzionale" und zum Gesetzgebungsverfahren Paladin, Diritto costituzionale, S. 157 ff., 348 ff..

[219] Die Bezeichnung in sede „referente" greift eine spezielle Funktion dieses Ausschußtypes auf, der sich nämlich – im Gegensatz zur „Commissione in sede legislativa" – auf die Vorberatung und Bearbeitung des Gesetzesvorhabens beschränkt. Die im Ausschuß erarbeiteten Ergebnisse werden in Form einer „relazione", eines Berichts, den Abgeordneten sowohl schriftlich als auch mündlich im Rahmen der Gesetzesberatung zur Kenntnis gebracht. Ausführlich zur Arbeit der „referierenden Ausschüsse" siehe unten, B, IV, 1, S. 73 ff..

[220] Die getrennte Abstimmung über jeden einzelnen Artikel einerseits und den Gesetzestext als Ganzes andererseits findet ihre Ursache darin, daß im italienischen Gesetzgebungsverfahren traditionell das Recht der Parlamentarier, Änderungsanträge einzubringen eine große Rolle spielt und insbesondere von der Opposition exzessiv genutzt wird. Da somit am Ende des Verfahrens häufig einzelne Artikel des Gesetzesvorhabens dergestalt verändert worden sind, daß sich grundsätzliche Inhalte und Intentionen des ursprünglichen Entwurfes verschoben haben, gibt die Schlußabstimmung („votazione finale") den Abgeordneten und Senatoren die Möglichkeit, diesem Umstand Rechnung zu tragen und die Annahme des Gesetzes gänzlich zu verweigern. Auf die Diskussion des Gesetzentwurfes folgt allerdings nicht zwangsläufig die Phase der Verabschiedung; die Geschäftsordnungen beider Kammern sehen verfahrensrechtliche Möglichkeiten vor, um die weitere Prüfung des Gesetzes zu verzögern oder sogar insgesamt zu verhindern. Im einzelnen kann mittels einer von der Plenumsmehrheit unterstützten „questione pregiudiziale" die Erörterung einer bestimmten Sachfrage im Rahmen der Diskussion verhindert, mittels der „questione sospensiva" hingegen aufgeschoben werden (Art. 40 R.C., Art. 93 R.S.). Schließlich kann gem. Art. 96 R.S. jeder Senator vor Beginn der Prüfung der einzelnen Gesetzesartikel vorschlagen, nicht in die Prüfungsphase einzutreten („proposta di non passare all'esame degli articoli"); wird dieser Vorschlag von der Kammer angenommen, so wird das Gesetzesvorhaben insgesamt nicht weiter verfolgt. In der Geschäftsordnung der Kammer ist diese verfahrensrechtliche Option hingegen abgeschafft worden.

definitive Ausarbeitung des Gesetzestextes, der anschließend im Plenum verabschiedet wird[221]. Zusätzlich können in jedem Verfahren weitere Ausschüsse in beratender Funktion, das heißt „in sede consultiva" herangezogen werden, um zu der Gesetzesvorlage in Form eines Gutachtens Stellung zu nehmen (Art. 38 R.S., Art. 73 R.C.).

Gemäß Art. 72 IV Cost. ist das Verfahren „in sede referente" allerdings zwingend vorgeschrieben, soweit es sich um Gesetzesentwürfe über Verfassungs- und Wahlfragen, über die Übertragung von Rechtssetzungsbefugnissen, über die Ermächtigung zur Ratifizierung internationaler Verträge sowie um Entwürfe über die Genehmigung von Haushaltsabschlüssen und -voranschlägen handelt[222]. Bei allen übrigen Gesetzentwürfen obliegt hingegen die Entscheidung, welchem Ausschuß das Vorhaben zugewiesen werden soll[223] und in welcher Funktion der sachlich zuständige Ausschuß tätig wird, grundsätzlich[224] dem Prä-

---

[221] Das Institut einer „Commissione in sede redigente" ist in der italienischen Verfassung nicht vorgesehen, sondern findet seine Rechtsgrundlage ausschließlich in den parlamentarischen Geschäftsordnungen (vgl. Art. 96 R.C., Art. 36, 42 R.S.). Dabei ist die Bezeichnung „in sede redigente" irreführend, da sich die Tätigkeit des Ausschusses nicht auf das Abfassen eines Gesetzentwurfes beschränkt, sondern darüber hinaus mit der Diskussion und Abstimmung von Änderungsanträgen einen Bereich umfaßt, der im normalen Verfahren nach Art. 72 I Cost. auch dem Plenum übertragen ist; das Recht der Kammern, Gesetzentwürfe im Rahmen der Beratung im Plenum zu ändern, wird insoweit in diesen Ausschüssen „monopolisiert" (so Paladin, Diritto costituzionale, S. 340). Allerdings kann in beiden Kammern das Plenum Kriterien für die Formulierung des Gesetzentwurfes durch den Ausschuß vorgeben. Die Zuweisung an eine „Commissione in sede redigente" nimmt im Abgeordnetenhaus das Plenum im Anschluß an die Vorberatung des Entwurfs „in sede referente" vor, während im Senat allein der Präsident der Kammer diese Entscheidung treffen kann. Die endgültige Annahme des Gesetzes erfolgt – wie im normalen Verfahren nach Art. 72 I Cost. – in beiden Kammern durch die Schlußabstimmung („votazione finale"). Bei der Zuweisung der Gesetzesvorhaben an eine Kommission „in sede redigente" gilt in beiden Kammern der Parlamentsvorbehalt, der in Art. 72 IV Cost. verankert ist (Art. 35 I i.V. mit Art. 36 I R.S., Art. 96 VI R.C.). Da das gemischte Verfahren in der Praxis nur von geringer Bedeutung ist (vgl. Servizio Studi della Camera dei Deputati I, Rass. parl. 1998, S. 489), beschränkt sich die Verf. auf diese kurze Darstellung seiner Grundzüge. Mit dem „procedimento misto" beschäftigt sich ausführlich Fontana, Die Gesetzgebung in Italien, S. 91 ff.; die Verfassungsmäßigkeit des Verfahrens wird u.a. diskutiert von Paladin, Diritto costituzionale, S. 340 f..

[222] Ergänzend zu Art. 72 IV Cost. verbietet Art. 35 I R.S. ausdrücklich die Zuweisung an einen gesetzgebenden Ausschuß, soweit es sich um Gesetzentwürfe handelt, die die Umwandlung eines „decretolegge" zum Inhalt haben oder aber der Kammer nach Maßgabe des Art. 74 Cost. vom Präsidenten der Republik erneut vorgelegt worden sind.

[223] Die Geschäftsordnungen sehen darüber hinaus aber auch die Zuweisung an mehrere verschiedene Ausschüsse gleichzeitig vor (Art. 72 I, III R.C., Art. 34 II R.S.), die den Gesetzentwurf dann auch gemeinsam beraten können.

[224] Eine Ausnahme bildet im Fall des „procedimento misto" Art. 96 I R.C., der die Entscheidung über die Zuweisung dem Plenum überträgt. In beiden Geschäftsordnungen (Art. 72 II R.C., Art. 76 R.S.) wird ferner eine Zuweisung für die Gesetzesvorhaben insgesamt ausgeschlossen, die den Inhalt eines innerhalb der letzten sechs Monate bereits von der Kammer abgelehnten Entwurfes aufgreifen. Dadurch soll gewährleistet werden, daß sich die Ausschüsse nicht mit Gesetzesvorhaben beschäftigen

sidenten der jeweiligen Kammer[225]. Die Geschäftsordnungen der beiden Häuser des Parlaments haben diese Kompetenz ihres Präsidenten im einzelnen sehr unterschiedlich ausgestaltet: Während die Entscheidungsbefugnis des Senatspräsidenten über die Zuweisung eines Gesetzesvorhabens in dieser Phase uneingeschränkt besteht (vgl. Art. 34 I, 35 I R.S.), kann die Abgeordnetenkammer gegen den diesbezüglichen Vorschlag ihres Präsidenten vorgehen[226].

Neben den Verfahren „in sede referente", „in sede deliberante" und „in sede redigente" hat die italienische Verfassung mit der „procedura d`urgenza" einen weiteren Verfahrenstypus geschaffen (vgl. Art. 72 II Cost., Art. 69 R.C., Art. 77 R.S.), der sich allerdings vom Normalfall des Art. 72 I Cost. lediglich durch kürzere Fristen unterscheidet. Gemäß Art. 81 II R.C. und Art. 77 I 2 R.S. wird der für die Präsentation des Gutachtens durch den referierenden Ausschuß vorgesehene Zeitrahmen halbiert[227], während der Ablauf von Debatte und Abstimmung unverändert bleibt.

---

müssen, deren Annahme in ähnlicher Form erst kürzlich abgelehnt worden ist und die daher jedenfalls wenige Monate später auch nur wenig Aussicht auf Erfolg haben.

[225] Da die Präsidenten von Abgeordnetenhaus und Senat somit gerade im Gesetzgebungsverfahren über weitreichende Möglichkeiten der Einflußnahme verfügen, ist die Besetzung dieses Amtes von großer politischer Bedeutung. Seit den siebziger Jahren gehörte der Präsident der Abgeordnetenkammer (nicht des Senats) traditionell der Opposition an; in der XII. und XIII. Legislaturperiode haben jeweils Vertreter der Mehrheit dieses Amt versehen. Die parteipolitische Zugehörigkeit ist jedoch in diesem Fall sekundär, da die Kammerpräsidenten als Organe „super partes" gesehen werden (Manzella, in Manuale, S.131, Paladin, Diritto costituzionale, S. 308). Die Stellung der Präsidenten von Abgeordnetenhaus und Senat setzt mithin eine große Akzeptanz innerhalb der Kammer voraus, die sich auch im Verfahren zur Wahl der Kammerpräsidenten niederschlägt. Gem. Art. 4 II R.C. ist der Kandidat zum Präsidenten des Abgeordnetenhauses gewählt, der im ersten Wahlgang zwei Drittel der Kammermitglieder hinter sich bringt, im zweiten Wahlgang zwei Drittel der abgegebenen Stimmen auf sich vereinigt; ab dem dritten Wahlgang genügt die absolute Mehrheit der Stimmen. Im Senat (Art. 4 R.S.) soll in den ersten beiden Wahlgängen die absolute Mehrheit der Kammermitglieder erforderlich sein, im dritten Wahlgang genügt die Mehrheit der abgegebenen Stimmen. Kommt diese Mehrheit auch im dritten Wahlgang nicht zu Stande, so findet eine Stichwahl zwischen den beiden Kandidaten mit der höchsten Stimmenzahl statt, wobei nunmehr die (einfache) Mehrheit der Stimmen ausreicht.

[226] So können im Abgeordnetenhaus ein Fraktionsvorsitzender oder zehn Abgeordnete die Zuweisung an einen anderen Ausschuß „in sede referente" verlangen als vom Kammerpräsidenten vorgeschlagen; über den abweichenden Vorschlag wird dann im Plenum abgestimmt (Art. 72 I R.C.). Die Zuweisung an einen Ausschuß „in sede deliberante" soll gem. Art. 92 I R.C. vom Kammerpräsidenten lediglich vorgeschlagen werden können, und zwar nur dann, wenn das Gesetzesvorhaben „Fragen von nicht grundsätzlicher Bedeutung" betrifft; stößt der Vorschlag des Kammerpräsidenten auf Widerspruch, so entscheidet die Kammer über die Zuweisung. Die Entscheidung der Kammer unterbleibt und das Vorhaben wird direkt einer „Commissione in sede referente" zugewiesen, wenn sich die Regierung oder ein Zehntel der Kammermitglieder gegen die Entscheidung des Kammerpräsidenten stellt. Zum Ganzen siehe auch Di Ciolo/Ciaurro, S. 375 ff..

[227] Gem. Art. 81 II 2 R.C. finden die verkürzten Fristen allerdings keine Anwendung auf die in Abschnitt XXVII der Geschäftsordnung geregelte Materie der Haushaltsgesetzgebung.

Hat die eine Kammer den Gesetzentwurf abschließend verabschiedet[228], so wird er zur Beratung und Verabschiedung der zweiten Kammer zugeleitet; dabei ist die zweite Kammer in der Wahl des Verfahrens nicht an die Art und Weise der Beratung und Verabschiedung (d.i. in „commissione referente“, „redigente“, „deliberante“ oder aber im beschleunigten Verfahren) des Gesetzestextes in der ersten Kammer gebunden.
Seinen Abschluß findet das Gesetzgebungsverfahren mit der „promulgazione”, der Verkündung des Gesetzes durch den Staatspräsidenten (Art. 73 I, 87 V Cost.) und der anschließenden „pubblicazione” (Veröffentlichung)[229] gem. Art. 73 III Cost.
Sofern der Gesetzestext selbst keine abweichende Regelung enthält, tritt das Gesetz am fünfzehnten Tag nach der Veröffentlichung in Kraft (Art. 73 III Cost.).

III. Das Recht der Gesetzesinitiative in Theorie und Praxis

Im Bereich des Gesetzgebungsverfahrens soll zunächst das in der Verfassung verankerte Initiativrecht darauf untersucht werden, ob es sich im parlamentarischen Alltag für die Regierung als potentiell stabilitätsgefährdend erweist.

---

[228] Die Verfassung legt in Art. 64 III Cost. die Grundzüge des Abstimmungsverfahrens im allgemeinen und damit auch für das Gesetzgebungsverfahren im Parlament fest. Danach sind die Abstimmungen jeder einzelnen Kammer beziehungsweise des Parlaments als Ganzem nicht gültig, wenn nicht die Mehrheit der Mitglieder anwesend ist und – außer in den Fällen, in denen eine spezielle Mehrheit vorgeschrieben ist – wenn nicht die Mehrheit der Anwesenden für den zur Abstimmung gestellten Tagesordnungspunkt gestimmt hat (die Beschlußfähigkeit der Kammer wird grundsätzlich vorausgesetzt; nur auf Antrag oder im Rahmen einer „qualifizierten Abstimmung”, in der die Stimmenverhältnisse dokumentiert werden, ist die Beschlußunfähigkeit zu prüfen, vgl. Art. 46 I, IV R.C.; Art. 107 II, III R.S.). Ergänzende Vorschriften zum Abstimmungsverfahren finden sich darüber hinaus in den Geschäftsordnungen der Kammern. Gem. Art. 48 R.C., 107 R.S. ist in beiden Kammern für die Verabschiedung eines Gesetzes die Zustimmung der Mehrheit der Anwesenden erforderlich. Dabei gelten gem. Art. 48 II i.V. mit Abs. 1 R.C. in der Abgeordnetenkammer diejenigen Abgeordneten, die sich der Stimme enthalten, als nicht anwesend; da durch dieses Verfahren das notwendige Quorum „der Mehrheit der Anwesenden” leichter zu erreichen ist (im Gegensatz zum Verfahren im Senat, bei dem die Enthaltungen den Gegenstimmen gleichgestellt sind), profitieren insbesondere schwache Mehrheiten von diesem Abstimmungsmodus.

[229] Das italienische Recht sieht ein System der doppelten Veröffentlichung vor, das ursprünglich auf Gesetze der faschistischen Ära zurückgeht und im Kern in den achtziger Jahren bestätigt worden ist: Danach erfolgt neben der Veröffentlichung des Gesetzestextes in der „Gazzetta ufficiale della Repubblica italiana” auch die Aufnahme der Normen in die „Raccolta ufficiale”, die amtliche Gesetzessammlung. Zum Stellenwert und zu den juristischen Konsequenzen der Veröffentlichung in den beiden Publikationsorganen siehe Paladin, Diritto costituzionale, 345 ff..

1. Die verfassungsrechtliche Konzeption des Initiativrechts

Das Recht der Gesetzesinitiative in Italien wird allenthalben als Ausdruck eines pluralistischen Staatsverständnisses gesehen, das im Gegensatz zum „monismo" die totale Konzentration der Macht in den Händen der Regierung und der sie unterstützenden Mehrheit vermeidet[230]. Diese Wertung ergibt sich zunächst einmal aus dem verhältnismäßig großen Kreis von Initiativberechtigten; gestützt wird sie des weiteren durch den Grundsatz der „pari efficacia formale", der formellen Gleichrangigkeit der verschiedenen Initiativen, der sogenannte „corsie preferenziali" für einzelne Initiativen im Regelfall[231] nicht vorsieht.
Gemäß Art. 68 I R.C., 73 R.S. müssen alle Gesetzesentwürfe, die bei der Abgeordnetenkammer oder dem Senat eingehen, – sofern sie in einzelne Artikel gegliedert sind und damit den von der Verfassung vorgeschriebenen formellen Anforderungen[232] genügen –, der Versammlung angekündigt, gedruckt und unter den Mitgliedern des Plenums verteilt werden; ferner werden sie unverzüglich auf die allgemeine Tagesordnung („l'ordine del giorno generale") gesetzt. Mit diesem Procedere nimmt das Gesetzgebungsverfahren seinen Lauf und zwar unabhängig davon, von welchem der in Art.71 i.V. mit Art. 99, 121 Cost. genannten Initiativberechtigten der eingebrachte Entwurf stammt[233]. Auch für den weiteren „iter formativo" des Gesetzesvorhabens existieren weder in der Verfassung selbst noch in den Geschäftsordnungen der Kammern Regelungen, die eine dif-

---

[230] Tosi, Diritto parlamentare, S. 270.

[231] Ein „verfahrensrechtlicher Sonderweg" gilt nur für die Initiativen im Bereich der Haushaltsgesetzgebung, siehe unten, Drittes Kapitel, D, IV, 2, a, bb, S. 201 (Fn. 807).

[232] Die Verfassung verlangt in Art. 71 II die Abfassung des Gesetzentwurfes in Artikeln ausdrücklich nur für die Volksinitiative; es ist jedoch allgemein anerkannt, daß diese formellen Anforderungen auch für die anderen Initiativen gelten, Cerrone, in Comm. breve, Art. 71, S. 429. Ob diese Anforderungen erfüllt sind entscheidet der Präsident der jeweiligen Kammer; die Befugnis der Präsidenten über die „ricevibilità dei testi" zu entscheiden, ist für den Senat in Art 8 (Satz 2) R.S. ausdrücklich erwähnt. Neben den formellen Kriterien der Abfassung des Gesetzentwurfes prüft der Kammerpräsident ferner, ob die Initiative von einem der nach der Verfassung Initiativberechtigten stammt und ob das besondere Verfahren beim Zustandekommen einer Regierungsinitiative eingehalten wurde: Dieses sieht zunächst vor, daß der Entwurf des beziehungsweise der zuständigen Minister vom gesamten Ministerrat angenommen werden muß (Art. 2 III b des Gesetzes Nr. 400/1988). Um den Entwurf anschließend einer der beiden Kammern zuzuleiten, ist eine Autorisation mittels eines entsprechenden Dekretes durch den Präsidenten der Republik erforderlich (Art. 87 IV Cost.). Die „autorizzazione" gewährt dem Präsidenten nach h.A. lediglich die Möglichkeit, die Regierung aufzufordern, bestimmte Gesetzesinitiativen nicht oder in anderer Form zu ergreifen. Abgesehen von offensichtlichen und schweren Verstößen gegen die Verfassung kommt dem Präsidenten damit in dieser Phase kein allgemeines Prüfungsrecht zu; ein solches eröffnet vielmehr am Ende des Gesetzgebungsverfahrens die Vorschrift des Art. 74 Cost., dazu ausführlich Cuocolo, in Enc. Dir., Bd. XXI (1971), Stichwort: „iniziativa legislativa", S. 624 ff..

ferenzierte oder gar abgestufte Behandlung der eingegangenen Gesetzentwürfe vorsehen. Nach Auffassung von CERRONE[234] zeigt sich das Recht der Gesetzesinitiative in der italienischen Verfassung damit als „maggiormente garantista"[235]. Die Gefahr, die ein solches System für die Regierbarkeit des Staates mit sich bringen kann, liegt auf der Hand. Gerade der moderne Staat mit seinem hochdifferenzierten Verwaltungsaufbau bedarf zur Bewältigung der komplexen Sachaufgaben einer effizienten und koordinierten Normsetzung. Daher ist die Regierung darauf angewiesen, daß ihre „Legislativimpulse", das heißt die von ihr in Übereinstimmung mit dem Regierungsprogramm ausgearbeiteten Gesetzentwürfe, auch zügig umgesetzt und nicht durch abweichende Entwürfe permanent konterkariert oder verwässert werden[236]. Laut HERZOG[237] gilt „es heute als ausgemacht", daß man „ohne den direkten und vor allem verläßlichen Zugriff auf die Gesetzgebung auch nicht regieren könne". In einer parlamentarischen Demokratie, die das Recht der Gesetzesinitiative einer Vielzahl von Berechtigten zugesteht und die Gleichberechtigung der einzelnen Initiativberechtigten statuiert, erscheint dieses Primat der Regierung gefährdet. Dies gilt insbesondere für das politische System Italiens, das mit seiner heterogenen Parteienlandschaft und dem ausgeprägten „Sektierertum" der politischen Kräfte, sich auch im Bereich der Gesetzgebung zum Tummelplatz der Einzelinteressen entwickelt hat.

2. Das stabilitätsgefährdende Potential des parlamentarischen Initiativrechts

In der Praxis hat sich allerdings gezeigt, daß einzig das Initiativrecht des einzelnen Parlamentariers[238] den Rechtssetzungsanspruch der Regierung faktisch zu behindern vermag, da die übrigen Initiativberechtigten in der Vergangenheit nur

---

[233] Ein Gesetzentwurf kann allerdings von demjenigen, der ihn eingebracht hat bis zu seiner Annahme durch eine Kammer zurückgezogen werden. Bei Regierungsentwürfen muß ein diesbezüglicher Entschluß des Ministerrates vorliegen (Art. 2 III b) Gesetz Nr. 400/1988).

[234] Cerrone, in Comm. breve, Art. 71, S. 431.

[235] „Garantista" (ital.), adj. zu „garantismo"; dieser Begriff bezeichnet eine politische und juristische Auffassung, die der Garantie der Bürger- und Freiheitsrechte höchste Bedeutung beimißt.

[236] Badura (in HdbStR Bd.I, § 23, Rdnr. 60) bringt die Bedeutung des Initiativrechts der Regierung im Parlamentarismus auf den Punkt, wenn er formuliert: „Die Funktionsfähigkeit des Parlaments als Gesetzgeber ist davon abhängig, daß die Gesetzesinitiative der Regierung zusteht und auch im Regelfall durch die Regierung (mit der Vorarbeit der Regierungsparteien und der Ministerialbürokratie) ausgeübt wird."

[237] Herzog in Maunz/Dürig, Art. 63, Rdnr. 56.

[238] Barile/Cheli/Grassi (S. 378) weisen darauf hin, daß die parlamentarischen Initiativen normalerweise von mehreren Parlamentariern gemeinsam vorgelegt werden, die teilweise derselben, teilweise aber auch unterschiedlichen Fraktionen („Gruppi parlamentari") angehören.

äußerst selten von ihrem Initiativrecht Gebrauch gemacht haben[239]. Die Parlamentarier hingegen, die mit mehr als zwei Dritteln aller vorgelegten Gesetzesentwürfe den Hauptanteil aller Gesetzesinititativen einbringen[240], müssen sich den Vorwurf gefallen lassen, diese seien typischer Ausdruck der Einflußnahme von Interessenverbänden und Lobbyisten[241] und gefährdeten durch die mangelnde Koordination mit dem Regierungsprogramm sowie durch die finanziellen Lasten, die sich aus den Entwürfen für den Staatshaushalt ergeben, die Regierungsarbeit.

a) Exkurs: Das „Versandenlassen" der Gesetzesinitiativen durch die Kammern

Umstritten ist angesichts der ständig wachsenden Zahl von parlamentarischen Gesetzesinitiativen, welche Pflichten sich für Abgeordnetenhaus beziehungsweise Senat aus der Vorlage eines Gesetzentwurfes ergeben. In den Geschäftsordnungen beider Kammern ist in diesem Zusammenhang lediglich von der „Verpflichtung" der referierenden Ausschüsse die Rede, ihre Stellungnahmen innerhalb einer bestimmten Frist dem Plenum vorzulegen[242]; nicht geregelt wird hingegen, inwieweit die Kammer selbst gehalten ist, den Gesetzesentwurf tat-

---

[239] Paladin, Diritto costituzionale, S. 322.

[240] Einen genauen Überblick über das zahlenmäßige Verhältnis von Regierungs-/Parlamentsinitiativen in den Legislaturperioden I - XI geben die Tabellen bei Dickmann, Riv. trim. dir. pubbl. 1995, S. 55. Betrachtet man das Verhältnis von Regierungsinitiativen und parlamentarischen Initiativen im deutschen Gesetzgebungsverfahren, so zeigt sich ein völlig anderes Bild. Etwa die Hälfte der Gesetzesvorschläge wird hier mittlerweile von der Regierung eingebracht, der Rest entfällt vorwiegend auf den Bundestag und, mit einigem Abstand, auf den Bundesrat (vgl. Statistische Angaben, abgedruckt in v.Münch/Kunig, Anh. zu Art. 77). Die Regierung nimmt damit für den Bereich der Gesetzesinitiativen eine eindeutige Vormachtstellung ein.

[241] Cantelli/Mortara/Movia, S. 156, konstatieren, daß 44 % der verabschiedeten Gesetze, die auf eine parlamentarische Initiative zurückgehen, einzelne Gruppen begünstigen. Allgemein ist im italienischen Gesetzgebungsverfahren die Einflußnahme von Interessenverbänden und Lobbyisten traditionell besonders stark ausgeprägt. Fontana (Die Gesetzgebung in Italien, S.17 f.) weist etwa auf die dominante Rolle der Gewerkschaften hin, denen im Laufe der letzten Jahre nach zahlreichen Arbeitskämpfen eine mitbestimmende Rolle bei der Festlegung der nationalen Wirtschaftspolitik eingeräumt werden mußte. Für das Gesetzgebungsverfahren bedeutet das, daß die Gewerkschaften, mit denen die Regierung in ständigen Verhandlungen steht, kontrollieren, daß das Initiativrecht der Regierung im Sinne der erzielten Einigungen ausgeübt wird und die entsprechenden Gesetzentwürfe auch zur Einsichtnahme vorgelegt werden. Auch in Deutschland ist der Einfluß der Interessenvertreter auf das Gesetzgebungsverfahren nicht zu unterschätzen. Dabei muß jedoch zwischen dem klassischen Lobbyismus einerseits und der Notwendigkeit, außerparlamentarischen Sachverstand in das Gesetzgebungsverfahren einfließen zu lassen andererseits, unterschieden werden. Letzteres wird etwa durch die Vorschrift des Art. 24 GGO II gewährleistet, derzufolge bei der Vorbereitung von Regierungsinitiativen die Vertretungen der beteiligten Fachkreise oder Verbände frühzeitig herangezogen werden können.

[242] Vgl. Art. 81 R.C. und Art. 44 I R.S., wiedergegegeben in der nachfolgenden Fn..

sächlich auf die Tagesordnung zu setzen und zu beraten. Teilweise wird hierzu unter Berufung auf die Formulierung des Art. 72 I Cost., beziehungsweise der Art. 81 I R.C. und 44 I R.S.[243] die Ansicht vertreten, daß die Kammern verpflichtet seien, jeden einzelnen Entwurf zu beraten und abschließend über ihn zu befinden[244]. Dies hätte jedoch bei der ständig steigenden Anzahl zumeist parlamentarischer Initiativen zur Folge, daß die Gesetzgebungsmaschinerie von Abgeordnetenhaus wie Senat schlicht überbeansprucht würde und die Kammern schon aufgrund ihrer organisatorischen Strukturen und der personellen Ausstattung nicht in der Lage wären, die vorgelegten Entwürfe – selbst wenn es sich um dringliche Gesetzesvorhaben der Regierung handelt – entsprechend zu bearbeiten.

Die Gegner dieser Auffassung[245] halten denn auch eine Beratungs- beziehungsweise Beschlußpflicht der Kammern für wenig realistisch. Sie gehen vielmehr davon aus, daß die Vorlage eines Entwurfes „la facoltà di dare impulso al procedimento"[246] bietet, ohne daß die Initiative letztlich in der Lage wäre, die tatsächliche Ausübung der Legislativfunktion durch die Kammern zu beeinflussen[247]. CERRONE[248] schreibt hierzu: „In einem System, das durch eine Mehrheit von Initiativberechtigten gekennzeichnet ist, deren Initiativen jedenfalls in formeller Hinsicht die gleiche Wirkung zukommt, scheint es notwendig, daß die Kammern unter den Initiativen, die ihnen vorgelegt werden, auswählen und entscheiden können, welche Entwürfe gestoppt und welche hingegen in der Sache

243 Art. 72 I Cost. lautet: „Jeder Gesetzentwurf, der einer der Kammern vorliegt, wird gemäß ihrer Geschäftsordnung von einem Ausschuß geprüft und danach von der Kammer selbst, die ihn Artikel für Artikel und durch eine Endabstimmung annimmt."
Art. 81 I R.C. lautet: „Die Stellungnahmen der Ausschüsse zu den Gesetzesvorhaben, die in das Arbeitsprogramm der Kammer bereits aufgenommen worden sind, müssen innerhalb von zwei Monaten nach Beginn der Prüfung 'in sede referente' vorgelegt werden." Diese Frist verkürzt sich im beschleunigten Verfahren auf einen Monat, beziehungsweise für die Entwürfe zur Konversion eines „decreto legge" auf fünfzehn Tage (Art. 81 II R.C.).
Art. 44 I R.S. lautet: „Die Stellungnahmen der Ausschüsse zu den Gesetzentwürfen, die ihnen 'in sede referente' und 'redigente' zugewiesen worden sind, müssen innerhalb von höchstens zwei Monaten nach Zuweisung präsentiert werden".
Vgl. auch Art. 79 VIII R.C., der ebenfalls vom „obbligo", d.h. der Verpflichtung des Ausschusses zur Berichterstattung spricht.

244 So etwa Cuocolo, Saggio sull' iniziativa legialativa, S. 105 ff..

245 Siehe Cerrone, in Comm. breve, Art. 71, S. 429 f. m.w.N. sowie De Vergottini, Diritto costituzionale, S. 463; Di Ciolo/Ciaurro, S. 373.

246 Cerrone, in Comm. breve, Art. 71, S. 429 („..die Möglichkeit, das Verfahren anzustoßen").

247 Eine wichtige Ausnahme von dem freien Auswahlermessen der Kammern bildet allerdings der Entwurf des jährlichen Haushaltsgesetzes; hier wird eine verfassungsrechtliche Pflicht zur Behandlung der Vorlage angenommen (De Vergottini, Diritto costituzionale, S. 463).

248 Cerrone, in Comm. breve, Art. 71, S. 430.

beraten werden sollten". „La prassi dell'insabbiamento[249] delle iniziative" findet nach dieser Ansicht ihre Rechtfertigung in der Autonomie der Kammern, die unter anderem beinhalte, daß sie die ihnen zugewiesenen Aufgaben mit der größtmöglichen organisatorischen Freiheit erfüllen könnten; dies bedeute ebenfalls die freie Entscheidung der Kammern darüber, welche Gesetzentwürfe als Tagungsordnungspunkt in den Sitzungskalender aufgenommen werden sollten und welche nicht[250]. Für PALADIN ist denn auch die Beratung einer Gesetzesvorlage durch eine Kammer „il frutto di un insindacabile scelta politica"[251]. Nach Ansicht von CUOCOLO[252] sind „zunächst das Versandenlassen und dann am Ende der Legislaturperiode die Tatsache, daß ein Großteil der Gesetzesvorhaben verfällt, die effizientesten Instrumente, um das System gegen die chaotische und unkontrollierte Vermehrung von Gesetzesvorhaben zu schützen, die andernfalls – bei strikter Anwendung der parlamentarischen Geschäftsordnungen – die schon jetzt mühsame Tätigkeit der Kammern vollständig lähmen würde".

Die herrschende Praxis scheint diese Auffassung zu bestätigen: Nach einer Studie von CANTELLI/MORTARA/MOVIA sind während der ersten vier Legislaturperioden insgesamt 38,6% der Initiativen in den Kammern „versandet" und am Ende der jeweiligen Legislaturperiode verfallen[253], wohingegen nur 0,4% (Abgeordnetenkammer) beziehungsweise 0,8% (Senat) der Gesetzesvorlagen von den Parlamentariern ausdrücklich verworfen wurden[254].

---

[249] Der Terminus „prassi dell'insabbiamento" bezeichnet die im italienischen Parlament gängige Praxis, die Behandlung eines eingebrachten Gesetzentwurfes so lange hinauszuschieben, bis dieser am Ende der Legislaturperiode verfällt, mithin „versandet" ist.

[250] Paladin, Diritto costituzionale, S. 320.

[251] Paladin, Diritto costituzionale, S. 321 („Frucht einer unüberprüfbaren politischen Auswahl").

[252] Cuocolo, in Enc. Dir., Bd.XXI (1971), Stichwort: „Iniziativa legislativa", S. 643.

[253] Dabei ist ein Teil dieser Gesetzesinitiativen auch auf der Ebene der referierenden Ausschüsse „versandet" (Paladin, Diritto costituzionale, S. 320), obwohl die parlamentarischen Geschäftsordnungen die Ausschüsse zur Beratung der vorgelegten Entwürfe verpflichten (siehe oben, Fn. 243 (S. 56)). Im Senat sieht Art. 44 III R.S. zusätzlich für das Verfahren „in sede referente" vor, daß nach Ablauf der Frist des Art. 44 I R.S. der Gesetzentwurf gegebenenfalls auch ohne die Stellungnahme des Ausschusses umgehend zu beraten ist, um ein „Verschleppen" des Vorhabens im Ausschuß zu vermeiden; in der Praxis zeigt diese „Hürde" jedoch wenig Wirkung. Die entsprechende Regelung in der Geschäftsordnung des Abgeordnetenhaus wurde 1997 aufgehoben; allerdings soll nunmehr durch Art. 23 V R.C. gewährleistet werden, daß durch umsichtige Zeitplanung bei der Erstellung des Arbeitsprogrammes der Kammer ein Gesetzesentwurf unmittelbar nach Ablauf der Frist des Art. 81 R.C. im Plenum behandelt wird.

[254] Die Zahl der Gesetzesinitiativen, die durchschnittlich während der ersten vier Legislaturperioden jeweils am Ende einer Legislaturperiode verfallen sind, liegt sogar noch höher, da zusätzlich 3% der Initiativen nach vorheriger Annahme durch das Abgeordnetenhaus beziehungsweise 1,6% nach vorheriger Annahme durch den Senat verfallen sind (Cantelli/Mortara/Movia, S. 142). Laut Cantelli/Mortara/Movia handelt es sich bei den Gesetzesvorhaben, die am Ende der Legislaturperiode verfallen, häufig um die Entwürfe, bei denen die im Parlament vertretenen politischen Kräfte keine Eini-

Dem deutschen Verfassungsrecht ist ein solches „Wahlrecht", wie es von den Kammern des italienischen Parlamentes praktiziert wird, fremd. Der Bundestag ist nach dem Einbringen einer Gesetzesvorlage verpflichtet, sich in angemessener Frist mit dieser zu befassen[255]. Das Bundesverfassungsgericht hat bereits im Jahr 1952 klargestellt, daß es zum Inhalt des grundgesetzlichen Initiativrechts gehört, „daß das Gesetzgebungsorgan sich mit seinem [sc. des Initianten] Gesetzesvorschlag beschäftigt. Es muß darüber beraten und Beschluß fassen"[256]. Würde eine Vorlage – wie beim „insabbiamento" im italienischen Parlamentsalltag üblich – in einem Ausschuß des Deutschen Bundestages „vergraben"[257], so wäre demnach die Verletzung des in Art. 76 I GG verankerten Initiativrechts die Folge; ebenso wäre es grundgesetzwidrig, die Behandlung einer Vorlage im Ausschuß ohne sachlich vertretbaren Grund auf unbestimmte Zeit zu vertagen[258]. Nach der Verfassungsänderung 1994 schreibt Art. 76 III 6 GG die Pflicht zur Beratung und Beschlußfassung des Bundestages für Vorlagen des Bundesrates – deren pflichtgemäße Behandlung im Plenum im Gegensatz zu den Initiativen der anderen Berechtigten in der Praxis als einzige problematisch war[259] – sogar ausdrücklich vor.

Dennoch fehlt es hierzulande an der in Italien zu beobachtenden „Flut von Gesetzesinitiativen". Dies mag zum einen daran liegen, daß das Recht zur Gesetzesinitiative nach dem Grundgesetz, neben der Bundesregierung und dem Bundesrat, nicht dem einzelnen Parlamentarier, sondern „Abgeordneten aus der Mitte des Bundestages" (Art. 76 I GG) zusteht. Über das erforderliche Quorum des Art. 76 I GG trifft das Grundgesetz keine Aussage; aus § 76 I GOBT ergibt sich aber, daß „Vorlagen" von Mitgliedern des Bundestages, zu denen auch Gesetzentwürfe gezählt werden, von einer Fraktion oder von fünf vom Hundert der Mitglieder des Bundestages (Fraktionsstärke) unterzeichnet sein müssen. Damit

---

gung erzielt haben; für diesen Fall gehe die Tendenz eher dahin, einen Gesetzentwurf zu „ignorieren", statt ihn ausdrücklich zu verwerfen.

[255] So Ossenbühl, in HdbStR Bd. III, § 63 Rdnr. 29. Stern (StaatsR Bd. II, S. 618) weist darauf hin, daß der Bundestag in seiner Entscheidung, daß eine bestimmte Vorlage auf die Tagesordnung gesetzt wird, zwar autonom ist. Die mißbräuchliche Nichtbehandlung einer Vorlage wertet er jedoch als einen Verstoß gegen die Verfassungsorgantreuepflicht. Vgl. auch schon Triepel (AöR 39 (1920), S. 476), für den das „Recht der Initiative" begriffsnotwendig beinhaltet, daß der Urheber die Behandlung des von ihm eingebrachten Gesetzenwurfes verlangen kann.

[256] BVerfGE 1, 144 (153). Der Bundestag muß selbst dann über die Gesetzesvorlage beschließen, wenn er sie für verfassungswidrig hält (Troßmann, JöR n.F. 28 (1979), S. 31).

[257] Bryde, in v.Münch/Kunig, Art. 76, Rdnr. 4.

[258] Pieroth, in Jarass/Pieroth, Art. 76, Rdnr. 4; Maunz in Maunz/Dürig, Art. 76, Rdnr. 23.

[259] So Bryde, in v.Münch/Kunig, Art. 76, Rdnr. 4. Nach seiner Ansicht hat die Bundesregierung bereits über die Bundestagsmehrheit hinreichenden Einfluß auf die Behandlung ihrer Vorlagen, während Antragsteller aus der Mitte des Bundestages die Debatte ihrer Vorlagen mit Hilfe der Geschäftsordnung (§§ 20 IV, 60 III GOBT) erzwingen können.

wird gewährleistet, daß nur die Gesetzesinitiativen „aus der Mitte des Bundestages” eingebracht werden können, über die bereits ein gewisser zahlenmäßiger Konsens besteht. Auswüchse des Lobbyismus, wie sie in Italien in der Möglichkeit des einzelnen Abgeordneten gründen, den Interessen seiner Klientel durch eine eigens auf diese zugeschnittene Gesetzesinitiative Vorschub zu leisten, werden damit bereits durch das notwendige Quorum des Art. 76 I GG i.V. mit § 76 I GOBT verhindert.
Zum anderen muß aber auch an dieser Stelle auf die mangelnde Homogenität in der Zusammensetzung des italienischen Parlaments sowie auf die traditionell stärker ausgeprägten Mitspracherechte der Interessenverbände im italienischen Gesetzgebungsverfahren[260] verwiesen werden, die sicherlich ihren Teil zur mißbräuchlichen Ausübung des parlamentarischen Initiativrechts beitragen.

b) Parlamentarisches Initiativrecht und finanzielle Stabilität

Nach wie vor im Zentrum der Kritik stehen auch die negativen Folgen, die die Flut der zumeist von Partikularinteressen geprägten parlamentarischen Initiativen vor allem für die finanzielle Stabilität des italienischen Gemeinwesens mit sich bringt.

aa) Das Instrument der „presa in considerazione”

In diesem Zusammenhang wird hervorgehoben, daß nach der Abschaffung der sogenannten „presa in considerazione” im Zuge der Reform der Geschäftsordnung der „Camera dei deputati” im Jahre 1971, kein Kontrollmechanismus mehr existiert, der die Kostenfolgen einer parlamentarischen Gesetzesinitiative zu überwachen vermag. Gemäß Art. 133 IV der Geschäftsordnung des Abgeordnetenhauses aus dem Jahre 1948 war für die Gesetzesentwürfe einzelner Abgeordneter, die zu Mehrausgaben führten, zwingend eine Beratung im Plenum vorgesehen, bevor die Initiative das weitere Gesetzgebungsverfahren durchlaufen konnte[261]. PALADIN weist allerdings zu Recht auf die geringe Tragweite der „presa in considerazione” hin, da sie sich in der Abgeordnetenkammer zu einer puren Formalität ohne echten Kontrollcharakter entwickelte und eine ent-

---

[260] Siehe oben, Fn. 241 (S. 55).
[261] Ausführlich zum Institut der „presa in considerazione”, Cuocolo, in Enc. Dir., Bd.XXI (1971), Stichwort: Iniziativa legislativa, S. 639 ff..

sprechende Regelung für die Geschäftsordnung des Senates sogar gänzlich fehlte[262].

bb) Die Hürde des Art. 81 IV Cost.

Gegenwärtig stellt einzig die Vorschrift des Art. 81 IV Cost. ein Hindernis für allzu „ausgabenfreudige" Parlamentarier dar. Sie sieht vor, daß jedes Gesetz, das zu höheren Staatsausgaben führt, aufzuzeigen hat, wie die zur Deckung der Mehrausgaben erforderlichen finanziellen Mittel aufgebracht werden können. Es besteht zwar in der Literatur Einigkeit darüber, daß diesem Grundsatz auch bereits im Stadium der Gesetzesinitiative entsprochen werden muß[263]; ein Verstoß gegen das Postulat des Artikel 81 IV Cost. kann jedoch nach allgemeiner Auffassung nicht zur „irricevibilità finanziaria"[264], das heißt zur Unzulässigkeit eines vorgelegten Gesetzesentwurfes in Folge der mangelnden finanziellen Deckung führen. Da im Regelfall einzig die Regierung über die aktuellen Wirtschaftsdaten verfügt und den Staatshaushalt zu überblicken vermag, würde nämlich bei einer strikten Handhabung des Deckungsgebots das Initiativrecht der übrigen Berechtigten in unzulässiger Weise ausgehöhlt[265].
Ein Vergleich mit dem deutschen Verfassungsrecht zeigt, daß der Bundesgesetzgeber diesem Problem mit Art. 96 III, IV GOBT ausdrücklich Rechnung

---

262 Paladin, Diritto costituzionale, S. 325 f.; ebenso Di Ciolo/Ciaurro, S. 371f..

263 Für diese Ansicht spricht auch die Entstehungsgeschichte des Art. 81 IV Cost., der im Rahmen der Beratung über das Institut der Gesetzesinitiative eingeführt wurde. Vor dem Hintergrund der Entwicklung, daß die Abgeordneten , um ihre Popularität bei den Wählern zu steigern – ohne Rücksicht auf die Finanzierbarkeit der Vorhaben – mehr und mehr kostenträchtige Gesetzentwürfe präsentierten, hatte der Abgeordnete Einaudi in der verfassungsgebenden Versammlung sogar ursprünglich vorgeschlagen, die mit Kosten verbundene Gesetzesinitiative allein der Regierung zuzugestehen (Salerno, in Comm. breve, Art. 81, S. 505).

264 Eine solche existiert etwa im französischen Recht, vgl. Art. 40 der frz. Verfassung aus dem Jahre 1958.

265 Lippolis, in Martines/De Caro/Lippolis/Moretti, S. 330. Diesem Ansatz trägt die Vorschrift des Art. 76-bis R.S. Rechnung, die vorsieht, daß Gesetzentwürfe der Regierung, der Regionen oder des CNEL, die erhöhte Ausgaben vorsehen, aber keinen Finanzierungsplan enthalten, nicht dem zuständigen Ausschuß zugewiesen werden können (Abs. 1), beziehungsweise, daß kostenträchtige Änderungsvorschläge der Regierung im Gesetzgebungsverfahren, die ebenfalls keinen Kostenplan enthalten, nicht vorgebracht werden können (Abs. 2). Lippolis (ebda) weist zu Recht darauf hin, daß eine entsprechende Regelung für die parlamentarische Initiative und die Volksinitiative nicht geschaffen wurde, da diese Initiativberechtigten die erforderlichen Informationen nur von Seiten der Regierung erhalten könnten, die Regierung also in diesem Fall als „Schiedsrichter für die Praktikabilität der Initiative" agieren müsse. Gem. Art. 76 bis III R.S. kann jedoch im Fall einer parlamentarischen Initiative oder einer Volksinitiative die Kommission, die mit dem Gesetzesvorhaben befaßt ist, oder aber die Haushaltskommission von der Regierung die Vorlage einer Stellungnahme zur Finanzierbarkeit verlangen.

getragen hat. Gem. Art. 96 III GOBT müssen alle Vorlagen, die wegen ihrer grundsätzlichen Bedeutung oder ihres finanziellen Umfanges geeignet sind, auf die öffentlichen Finanzen des Bundes oder der Länder erheblich einzuwirken (Finanzvorlagen)[266], sofern sie von Mitgliedern des Bundestages eingebracht werden, in der Begründung lediglich die finanziellen Auswirkungen darlegen. Der Vorschlag zur Deckung der Mindereinnahmen oder Mehrausgaben obliegt jedoch dem Haushaltsausschuß, dem die Finanzvorlage nach der ersten Beratung im Plenum zugeleitet wird (Art. 96 II, IV GO BT); von den initiativberechtigten Parlamentariern wird ein Deckungsvorschlag nicht verlangt[267].

Anders als die italienische Verfassung enthält das Grundgesetz allerdings mit der Vorschrift des Art. 113 gleichsam eine „technische Notbremse", um der realpolitisch verständlichen Neigung zu verstärkten Ausgaben des um seine Wiederwahl besorgten Parlamentariers im Gesetzgebungsverfahren im Interesse einer soliden öffentlichen Finanzpolitik entgegenzutreten[268]. Versagt die Regierung die gem. Art. 113 I 1 GG erforderliche Zustimmung zu Gesetzen, „welche die von der Bundesregierung vorgeschlagenen Ausgaben des Haushaltsplanes erhöhen oder neue Ausgaben in sich schließen oder für die Zukunft mit sich bringen", so kann sie mit diesem Veto – jedenfalls theoretisch – das entsprechende Gesetzesvorhaben stoppen. In der Praxis wird jedoch eine vom Parlament abhängige und im Konfliktfall abwählbare Regierung eine solche „Bremswirkung" gegenüber der sie tragenden Parlamentsmehrheit kaum riskie-

---

Obwohl eine vergleichbare Regelung fehlt, wird in der Praxis im Abgeordnetenhaus genauso verfahren (Lippolis, in Martines/De Caro/Lippolis/Moretti, S. 330).

[266] Der Begriff der Finanzvorlage des Art. 96 GOBT ist abzugrenzen von den Haushaltsvorlagen. Darunter fallen der Entwurf des Haushaltsgesetzes und des Haushaltsplans, Änderungsvorlagen zu diesen Entwürfen (Ergänzungsvorlagen), Vorlagen zur Änderung des Haushaltsgesetzes und des Haushaltsplans (Nachtragshaushaltsvorlagen) sowie sonstige den Haushalt betreffende Vorlagen (Art. 95 I 1 GO BT).

[267] Da Art. 76 GG das Initiativrecht nicht begrenzt, wäre es unzulässig, die Abgeordneten durch eine Vorschrift in der parlamentarischen Geschäftsordnung zu verpflichten, für kostenwirksame Gesetzesvorhaben einen Deckungsvorschlag vorzulegen. „Es widerspricht aber dem Art. 76 I GG, daß das unbeschränkte Initiativrecht durch die Statuierung einer Deckungspflicht in der Geschäftsordnung sachlich beschränkt wird", so BVerfG (E 1, 144 (161), das in der Vorschrift des § 96 III GOBT a.F., die die Verbindung des Initiativantrags mit einem Deckungsvorschlag verlangte, einen Verstoß gegen Art. 76 I GG gesehen hat.

[268] Eine der Vorschrift des Art. 113 GG vergleichbare Intention findet sich nunmehr allerdings in Art. 112 V des Reformentwurfes (bzw. in Art. 103 V des geänderten Entwurfes) der italienischen Verfassung. Danach kann das Parlament gesetzliche Regelungen, die zu gesteigerten Ausgaben führen und die die Regierung ablehnt, nur mit der absoluten Mehrheit der Mitglieder annehmen.

ren; das Verfahren des Art. 113 GG ist denn auch in der deutschen Staatspraxis bisher praktisch bedeutungslos geblieben[269].

cc) Die parlamentarischen Geschäftsordnungen als Regulativ

Somit wird der Gefahr, daß parlamentarische Gesetzesinitiativen den finanziellen Interessen bestimmter „pressure groups" zu dienen bestimmt sind und – im Widerspruch mit dem Programm der Regierung stehend – unkontrollierbare Staatsausgaben mit sich bringen, allein durch entsprechende Regelungen in den parlamentarischen Geschäftsordnungen, das heißt „in via di disciplina procedurale"[270], begegnet. Gemäß Artikel 74 I R.C. und 40 III R.S. müssen alle Gesetzentwürfe, die zusätzliche Ausgaben mit sich bringen außer dem sachlich zuständigen Ausschuß auch der jeweiligen „Commissione bilancio e programmazione"[271] zugeleitet werden, die ein Gutachten zu den finanziellen Aspekten des Gesetzesvorhabens verfaßt und dieses für den weiteren Fortgang des Gesetzgebungsverfahrens gemeinsam mit dem Entwurf dem Plenum beziehungsweise dem zuständigen Ausschuß zuleitet. Ist der Entwurf der zuständigen „Commissione in sede deliberante" zugewiesen und hält sich dieser gesetzgebende Ausschuß nicht an die Empfehlung der „Commissione bilancio e programmazione", von der Verabschiedung des Entwurfes in der vorgelegten Fassung abzusehen, so wird das Gesetzesvorhaben wieder dem Plenum zugewiesen (Art. 93 III R.C., Art. 40 V R.S.). Gleiches gilt nach der Geschäftsordnung des Senats (Art. 40 V R.S.), wenn ein Ausschuß „in sede redigente" mit einem Gesetzentwurf befaßt ist und den Änderungsvorgaben der „Commissione bilancio e programmazione" nicht nachkommt. Die Geschäftsordnung des Abgeordnetenhauses (Art. 96 IV) sieht für diesen Fall ein abweichendes Verfahren vor: Wird eine kritische Stellungnahme des Haushaltsausschusses nicht berücksichtigt, so formuliert der Präsident dieses Ausschusses einen entsprechenden Tagesordnungspunkt, über den dann im Plenum abgestimmt wird. Falls sich die Abgeordneten für den Vor-

---

[269] Stern, StaatsR Bd. II, S. 1223. Nur ein einziges Mal ist bisher auf Art. 113 GG zurückgegriffen worden (dazu Mußgnug, Der Beitrag des GG, S. 73, Fn. 46). Ders. (ebda, S. 74) führt im übrigen die in der Praxis äußerst geringe Bedeutung der Vorschrift auf die politische Situation der Bundesrepublik zurück. Nach seiner Ansicht ist Art. 113 auf die Situation der Minderheitsregierung zugeschnitten, in der er „von ausschlaggebender Wichtigkeit" wäre.

[270] Salerno, in Comm. breve, Art. 81, S. 505.

[271] Die Einrichtung eines Haushaltsausschusses ist in den Geschäftsordnungen von Abgeordnetenhaus und Senat jeweils in Art. 22 vorgesehen. Gemäß Art. 22 R.C. ist dieser Ausschuß zuständig für „Bilancio, tesoro e programmazione" (Haushalt und Finanzplanung), gem. Art. 22 R.S. erstreckt sich die Kompetenz des sogenannten fünften Ausschusses auf die Sachgebiete „Programmazione economica, bilancio" (Wirtschaftsplanung, Haushalt).

schlag des Präsidenten des Haushaltsausschusses aussprechen, muß der sachlich zuständige Ausschuß das Gesetzesvorhaben erneut prüfen und die Vorlage unter Berücksichtigung der Kritik der „Commissione bilancio" überarbeiten. Auch die Geschäftsordnungen der Kammern enthalten damit kein echtes verfahrensrechtliches Hindernis[272], sondern vertrauen lediglich auf eine differenziertere Abwägung und Beratung der Entwürfe im Plenum.

Anders verfährt auch hier die Geschäftsordnung des Bundestages. Gemäß Art. 96 IV 4 GO BT wird die Finanzvorlage für den Fall, daß der Haushaltsausschuß keinen Deckungsvorschlag machen kann, dem Bundestag vorgelegt, der nach Begründung durch einen Antragsteller lediglich über die Möglichkeit einer Dekkung berät und beschließt. Verneint auch der Bundestag die Möglichkeit zur Deckung, so gilt die Vorlage als erledigt (Art. 96 IV 5 GO BT) und kann nicht weiter verfolgt werden.

3. Die „Suprematie" der Regierungsinitiative in der Staatspraxis

„Il vero limite" für das parlamentarische Initiativrecht wird allerdings in der faktisch geringeren Durchsetzungskraft parlamentarischer Gesetzesvorlagen im Vergleich mit der Erfolgsbilanz von Regierungsinitiativen gesehen.[273] In einer diesbezüglichen Analyse der ersten vier Legislaturperioden hat sich gezeigt, daß nur 18, 4 % der eingebrachten parlamentarischen Initiativen, aber 82, 5 % der Regierungsinitiativen Gesetz geworden sind[274]. Diese faktische „Übermacht"

[272] Nach Ansicht von Manzella (in Manuale, S. 155) besteht die eigentliche Sanktion für die Mißachtung der Vorgaben der „Commissioni in sede consultiva", der beratenden Ausschüsse, darin, daß die diesbezügliche Prüfung des Entwurfes in das bereits ausgearbeitete Arbeitsprogramm („l'ordine dei lavori") des Parlaments aufgenommen werden muß und dadurch das gesamte Verfahren unter Umständen sehr verzögert werden kann.
[273] Paladin, Diritto costituzionale, S. 326, („die wahre Grenze").
[274] Cantelli/Mortara/Movia, S. 144. Ergänzend weisen die Autoren darauf hin (vgl. S. 186, 233), daß die Regierungsinitiativen im untersuchten Zeitraum das Gesetzgebungsverfahren wesentlich schneller durchlaufen haben als die parlamentarischen Initiativen, so daß also grundsätzlich die Gefahr, daß ein Regierungsentwurf am Ende der Legislaturperiode verfällt, geringer ist als bei der parlamentarischen Initiative. Vergleicht man diese Zahlen mit dem Zahlenverhältnis im deutschen Parlament, so zeigt sich ein ähnliches Bild: So wurden in der 12. Legislaturperiode 348 Gesetzesinitiativen (von ursprünglich 413 dem Bundesrat zugeleiteten Gesetzesvorlagen) der Bundesregierung Gesetz, während nur 85 der zunächst 297 beim Bundestag eingebrachten Vorlagen „aus der Mitte des Bundestages" schließlich vom Bundespräsidenten ausgefertigt und verkündet wurden (aus: Statistische Angaben, v.Münch/Kunig, Anh. zu Art. 77).

der Kabinettsentwürfe hat sich auch in den folgenden Legislaturperioden bestätigt[275].
Nach herrschender Auffassung existiert denn auch – ungeachtet der von der Verfassung postulierten formalen Gleichrangigkeit aller Initiativen – im Gesetzgebungsalltag eine „supremazia dell`iniziativa governativa di ordine politico, tecnico e giuridico-costituzionale"[276].

a) Das „Vertrauensverhältnis" zwischen Regierung und Parlament

Die Vormachtstellung der Regierungsinitiative beruht dabei in erster Linie auf dem besonderen Verhältnis von Regierung und Parlament in einem parlamentarischen Regierungssystem[277]. Dessen institutionelle Voraussetzung ist, daß die Verfassung einerseits die Regierung mit einem eigenen Wirkungskreis selbständiger politischer Handlungsvollmacht betraut, und andererseits die Verantwortlichkeit der Regierung gegenüber dem Parlament vorsieht[278].
In der italienischen Verfassung wird dieses Vertrauensverhältnis durch die „mozione di fiducia" des Art. 94 Cost. begründet, mit der jede der beiden Kammern innerhalb von zehn Tagen nach Bildung der Regierung dieser auf der Grundlage des vor beiden Häusern erläuterten Regierungsprogrammes das Vertrauen ausspricht. Die Bindungswirkung, die sich aus diesem Vertrauensverhältnis ergibt, ist wechselseitig: Einerseits begründet der Vertrauenstatbestand die Verpflichtung der Regierung, das vom Parlament gebilligte Regierungsprogramm umzu-

---

[275] Vgl. Barile/Cheli/Grassi, S. 377; Longi, Elementi, S. 141.
[276] Die Formulierung („eine Vormachtsstellung der Regierungsinitiative in politischer, technischer und verfassungsrechtlicher Hinsicht") stammt von Paladin (Diritto costituzionale, S. 322); so auch im Ergebnis Longi, Elementi, S. 141; Cuocolo, in Enc. Dir., Bd. XXI (1971), Stichwort: „Iniziativa legislativa", S. 614 ff.; Ciarlo, St. parl. e di pol. cost. 1996, S. 57.
[277] Paladin, Diritto costituzionale, S. 323. Nach Ansicht von Meyn (in v.Münch/Kunig, Art. 62, Rdnr. 5) stellt das parlamentarische Regierungssystem im Hinblick auf das Gesetzgebungsverfahren unter dem Grundgesetz insofern einen verfassungsdogmatischen Widerspruch zum reinen Prinzip der Gewaltenteilung dar, als es „geradezu voraussetzt, daß die Mehrheit des Parlaments und die von ihr getragene Regierung gemeinsam die Gesetzgebung bestimmen, auch wenn die Regierung lediglich zu den Initiativberechtigten (Art. 76 I) gehört und die Entscheidung über die Rechtssetzung allein beim Bundestag (im Zusammenwirken mit dem Bundesrat) liegt". Daß das Grundgesetz „auch jenseits der Gesetzesinitiative" die Stellung der Regierung im Gesetzgebungsverfahren stark ausgestaltet hat, zeigt laut Meyn (ebda) beispielsweise die Rolle der Bundesregierung im Vermittlungsverfahren gem. Art. 77 II GG (zur Möglichkeit, das Scheitern eines Gesetzes mit Hilfe des Vermittlungsantrags i.S. des Art. 77 II GG zu verhindern, siehe Bryde, in v.Münch/Kunig, Art. 77, Rdnr. 16 f.).
[278] Badura, in HdbStR Bd. I, § 23, Rdnr. 10. Nach Stern (StaatsR Bd. I, S. 956) besteht „der typusbestimmende Gehalt dieses Prinzips" [sc. des parlamentarischen Regierungssystems] darin, „daß die Regierung auf das Vertrauen des Parlaments (jedenfalls seiner Mehrheit) gestützt sein muß (Vertrauenserfordernis) und daß dieses an der Staatsleitung wesentlichen Anteil hat (Staatsleitungsteilhabe)." Zum parlamentarischen Regierungssystem siehe auch unten, Drittes Kapitel, A, S. 109 ff..

setzen, andererseits ist die Mehrheit des Parlaments, die sich mit der „mozione di fiducia" hinter die Regierung gestellt hat, gehalten, die Regierungspolitik mitzutragen. Der Wille zu politischer Kontinuität bindet die Regierung an die parlamentarische Mehrheit und erhöht die Akzeptanz ihrer Gesetzesinitiativen im Parlament, die im Regelfall mit dem von der parlamentarischen Mehrheit unterstützten Programm der Regierung übereinstimmen[279].
Die Gesetzesinitiative stellt – neben den Rechtssetzungsbefugnissen der Regierung gem. Art. 76, 77 Cost. – das wichtigste Instrument zur Verwirklichung ihrer politischen Ziele dar. Blockiert das Parlament Gesetzentwürfe der Regierung, die der Realisierung ihres politischen Programmes dienen, so gefährdet es damit das zwischen den beiden Organen initial begründete Vertrauensverhältnis. Zwar sieht Art. 94 IV Cost. ausdrücklich vor, daß die Ablehnung einer Regierungsvorlage durch die Kammern die Regierung nicht zum Rücktritt verpflichtet; handelt es sich aber um Gesetzesinitiativen, die die Regierung als unabdingbar zur Verwirklichung ihres Programmes erachtet oder geht das Parlament dazu über, Vorlagen der Regierung systematisch zurückzuweisen, so muß dieses Verhalten der Kammern als Ausdruck des Mißtrauens gegenüber der Regierung gewertet werden. Die Verfassung gibt der Regierung in dieser politischen Krise mit der Vertrauensfrage ein äußerst effizientes Druckmittel an die Hand; sie kann damit ihr Verbleiben im Amt von der Annahme des von ihr eingebrachten Gesetzentwurfes abhängig machen[280].

b) Die Regierung als „interlocutore principale delle Camere"

Ein weiterer Vorteil der Regierungsinitiative ergibt sich aus der Stellung der Regierung als „interlocutore principale delle camere"[281].
Für das Gesetzgebungsverfahren statuieren Art. 59 R.S. und Art. 37 R.C. das Recht der Regierung, Vertreter in die Plenar- sowie die Ausschußsitzungen zu entsenden. Dieses Anwesenheitsrecht ermöglicht es der Regierung zunächst einmal grundsätzlich, den Gang der von ihr eingebrachten Gesetzesvorlagen zu überwachen und wenn nötig während des laufenden Verfahrens Einfluß zu nehmen. Ferner sehen Art. 23 III, IV R.C. und Art. 53 III R.S. vor, daß Regierungs-

---

[279] So Cuocolo, Saggio sull'iniziativa legislativa, S. 45, der jedoch anklingen läßt, daß die in der Theorie vorhandene programmatische Übereinstimmung von Regierung und Parlamentsmehrheit in der Praxis gerade im Fall von Koalitionsregierungen häufig durch *„arrières pensées"* gestört wird.
[280] Siehe ausführlich zur Vertrauensfrage unten, Drittes Kapitel, D, IV, 2, b, S. 203 ff..
[281] So auch Cerrone, in Comm. breve, Art. 71, S. 430 („hauptsächlicher Gesprächspartner der Kammern").

vertreter auch an der sogenannten „Conferenza dei presidenti di Gruppo"[282] teilnehmen und ein Mitspracherecht bei der diesem Gremium übertragenen Gestaltung des Sitzungsprogramms[283] der Kammern haben. Während die Geschäftsordnung des Senats den Grad der Einflußnahme durch die Regierung bei der Programmgestaltung eher vage formuliert[284], statuiert die neue Fassung des Art. 23 IV R.C. ausdrücklich, daß das Programm „sulla base delle indicazioni del Governo e delle proposte dei Gruppi" (auf der Grundlage der Hinweise der Regierung und der Vorschläge der Fraktionen) festgelegt wird. Somit ist die Regierung also berechtigt – vorbehaltlich der Annahme des Programmentwurfes gem. Art. 23 VI R.C. – konkrete Empfehlungen zu geben, welche Themen und damit natürlich auch welche Gesetzesvorhaben in der nächsten Zeit im Abgeordnetenhaus behandelt werden sollen. Ähnlich privilegiert wird die Regierung in der Geschäftsordnung des Abgeordnetenhauses auch bei der Erstellung des Sitzungskalenders; auch hier kann sie den Sitzungskalender jeweils für die kommenden drei Wochen[285] maßgeblich mitgestalten („Il calendario è predisposto sulla base delle indicazioni del Governo e delle proposte dei Gruppi", Art. 24 II R.C.)[286].

---

[282] Das Institut der „Konferenz der Fraktionsführer" (auch „Conferenza dei Capigruppo" genannt) existiert im italienischen Parlamentsrecht seit 1950. Art. 13 bis R.C. a.F. sah vor, daß der Kammerpräsident, wenn er es für notwendig erachtete, „l'ufficio di presidenza", die Präsidenten der ständigen Ausschüsse und die Fraktionsführer einberufen konnte, um den Ablauf der parlamentarischen Arbeit zu begutachten. In der Geschäftsordnung des Senats fehlte hingegen eine entsprechende Vorschrift, so daß sich das Institut hier im Wege der parlamentarischen Praxis etablierte. Mit der Reform der parlamentarischen Geschäftsordnungen 1971 wurden die Aufgaben der Konferenz weiter konkretisiert: So sollte sie sicherstellen, daß die Kammern sich an das System der kurz- und mittelfristigen Programmgestaltung der parlamentarischen Arbeit halten und die Fraktionen in die Gestaltung und die Ausführung des Arbeitsprogrammes der Kammern einbinden. Für Di Ciolo/Ciaurro (S. 270) hat mit der Schaffung der „Conferenza dei Capigruppo" die Organisation der Kammern auf Fraktionsebene Anerkennung gefunden und zur Überwindung der Zersplitterung im Parlament beigetragen. Auch heute liegt die Hauptaufgabe dieses Instituts im Bereich der Programmgestaltung (vgl. Art. 13, 23, 24 R.C., Art. 53, 54, 55 R.S.). Zur „programmazione dei lavori" siehe im einzelnen unter V, 1, S. 85 ff..

[283] Das Programm beinhaltet gem. Art. 23 IV R.C. die Zusammenstellung aller Themengebiete, mit denen die Kammmer sich befassen will und wird für jeweils zwei Monate (Art. 53 III 1 R.S.) beziehungsweise für mindestens zwei, höchstens aber drei Monate (Art. 23 II R.C.) festgelegt.

[284] Art. 53 III 1 R.S. lautet: „Das Arbeitsprogramm wird alle zwei Monate vom Präsidenten des Senats ausgearbeitet, wobei er die zweckmäßigen Kontakte mit dem Präsidenten des Abgeordnetenhauses, mit den Präsidenten der ständigen und der besonderen Ausschüsse und mit der Regierung herstellt, und dann der Konferenz der Fraktionsführer zur Annahme vorgelegt. Diese tagt in Anwesenheit der Vizepräsidenten des Senats und unter Mitwirkung eines Regierungsvertreters." Allerdings stellt Satz 2 ergänzend klar, daß bei der Abfassung des Programmes „le priorità indicate dal governo", die von der Regierung aufgezeigten Prioritäten, berücksichtigt werden.

[285] Gem. Art. 55 II R.S. hat der Sitzungskalender im Senat normalerweise „cadenza mensile", wird also jeweils für den kommenden Monat erstellt.

[286] Die entsprechende Formulierung in der Geschäftsordnung des Senats (Art. 55 I) sieht lediglich die Möglichkeit der Regierung vor, an der Annahme des Sitzungskalenders mitzuwirken. Sie lautet: „Der Präsident arbeitet einen Sitzungskalender aus und legt ihn zur Annahme der Konferenz der Fraktions-

c) Die „technische" Dominanz der Regierungsinitiative

In der Praxis gründet sich die Dominanz der Regierungsinitiative ferner auch darauf[287], daß die Exekutive bei der Ausarbeitung eines Gesetzentwurfes mit den Ministerien und ihrem administrativem Unterbau für die Konzeption eines Gesetzes nicht zu unterschätzende Ressourcen auf ihrer Seite hat. Sie verfügt damit – nicht nur in Italien[288] – über einen Apparat, der komplexe rechtliche und tatsächliche Zusammenhänge am besten einschätzen und in die Gestaltung einer Gesetzesvorlage einfließen lassen kann. Bei umfassenden Reformvorhaben wird sie aufgrund der ihr zur Verfügung stehenden Informationen als einzige der Initiativberechtigten in der Lage sein, die Notwendigkeit eines gesetzgeberischen Aktes zu erkennen und diesen – abgestimmt auf die nationalen Bedürfnisse und koordiniert mit der bereits existierenden Gesetzgebung – zu formulieren.
In diesem Zusammenhang gewinnen auch einige Verfahrensvorschriften zur „Connessione e concorrenza di iniziative legislative" (Konnexität und Konkurrenz von Gesetzesinitiativen) in den Geschäftsordnungen von Abgeordnetenhaus und Senat besondere Bedeutung.
Gemäß Art. 51 I R.S. und Art. 77 I R.C. müssen die beratenden Ausschüsse die Prüfung von Gesetzentwürfen, die identisch sind oder sich jedenfalls mit dersel-

---

führer vor, an der auch die Regierung mit einem eigenen Vertreter teilnimmt." Gem. Art. 55 VII R.S. kann die Regierung allerdings in dringenden Fällen beantragen, einen bestimmten Tagesordnungspunkt in den Sitzungskalender aufzunehmen, auch wenn dieser nicht Teil des Programms ist.

287 Nach Ansicht von Paladin (Diritto costituzionale, S. 324) wird die Vormachtstellung der Regierungsinitiative auch dadurch belegt, daß in der Geschäftsordnung des Abgeordnetenhauses die Gesetzesinitiativen der Regierung als „disegni di legge" (Gesetzentwürfe), diejenigen der anderen Initiativberechtigten hingegen als „proposte di legge" (Gesetzesvorschläge) bezeichnet werden. Daß dieser Unterschied jedoch rein terminologischer Natur ist, zeigt die Begrifflichkeit in der Verfassung selbst beziehungsweise in der Geschäftsordnung des Senats: In beiden Fällen werden nämlich die Gesetzesinitiativen ausnahmslos als „disegni di legge" bezeichnet (vgl. bspw. Art. 72 I Cost. : „Ogni disegno di legge...", Art. 51 I R.S.: „I disegni di legge aventi oggetti identici"..).

288 Laut Stern (StaatsR Bd. II, S. 618 f.) verfügt die Bundesregierung „über den Apparat, der die Erarbeitung von Entwürfen und die Beachtung komplexer rechtlicher und tatsächlicher Zusammenhänge am besten bewältigen kann. Der Erfolgsquotient ihrer Vorlagen liegt dementsprechend bei weitem höher als derjenige der anderen Initiatoren." Ossenbühl (in HdbStR Bd. III, § 63, Rdnr. 25) weist im Zusammenhang mit dem Initiativrecht „aus der Mitte des Bundestages" darauf hin, daß sich die Oppositionsfraktionen bei der Ausarbeitung eines Gesetzentwurfes in der Regel nicht nur ihres eigenen Mitarbeiterstabes und der Wissenschaftlichen Dienste des Bundestages bedienen, sondern auch auf das Arbeitspotential der von ihnen regierten Bundesländer zurückgreifen. Daneben kann sich die Opposition aber auch den Sachverstand einzelner Ministerialbeamter zunutzemachen. Trotz der gem. § 54 I 3 GGO II bestehenden Genehmigungspflicht für eine solche regierungsamtliche Beteiligung wird wegen der Gemeinwohlverpflichtung der Bundesregierung und der Neutralität des Beamtentums ein Mitwirkungsgebot angenommen (Stern, StaatsR Bd. II, S. 622). Zeh (Die Wissenschaftlichen Dienste des Deutschen Bundestages - ein Gesetzgebungshilfedienst?, S. 178 ff.) beschäftigt sich ausführlich mit den Aufgaben und der Arbeitsweise der Wissenschaftlichen Dienste auch im Hinblick auf die Frage nach dem Informationsgleichgewicht zwischen Parlament und Regierung in der Gesetzgebung.

ben Thematik befassen, zeitgleich auf die Tagesordnung setzen („abbinamento“). Absatz 2 des Art. 51 R.S. sieht darüber hinaus vor, daß die Diskussion eines parlamentarischen Gesetzentwurfes in dem mit der Beratung befaßten Ausschuß bis zu einem Monat lang ausgesetzt oder verschoben werden kann, wenn die Regierung ankündigt, daß sie eine eigene Vorlage mit demselben Regelungsgehalt vorlegen will. Ziel der „verbundenen" Prüfung im Ausschuß ist es, als Ausgangspunkt für das weitere Gesetzgebungsverfahren entweder einen der vorgelegten Texte auszuwählen oder aus den Entwürfen eine einzige Vorlage zu erarbeiten (Art. 77 III R.C.). Da, wie eingangs erläutert, in der Regel die Gesetzentwürfe der Regierung in rechtstechnischer Hinsicht eher geeignet sind, den Regelungsanforderungen zu entsprechen, „absorbiert" zumeist der Regierungsentwurf die von einem anderen Initianten eingebrachte Gesetzesvorlage.

d) Das ausschließliche Initiativrecht der Regierung

Schließlich steht in einigen Fällen *per se* das Recht der Gesetzesinitiative ausschließlich der Regierung zu[289].

So sieht Art. 81 I Cost. ausdrücklich vor, daß die Entwürfe für den jährlichen Haushalt und die Rechenschaftsberichte der Regierung („i bilanci e il rendiconto consuntivo“) vom Kabinett vorgelegt werden (sog. „iniziativa riservata")[290]. Ergänzend wird die Regierungsinitiative bei der Haushaltsgesetzgebung durch eine verfahrensrechtliche Besonderheit in den Geschäftsordnungen der Kammern privilegiert. Gemäß Art. 119 IV R.C. und Art. 126 XI R.S. dürfen im Zeitraum zwischen der Vorlage des Haushaltsentwurfes und seiner Verabschiedung im Plenum grundsätzlich keine anderen Gesetzesvorlagen in den Kommissionen oder im Plenum beraten werden, die Mehrausgaben oder verminderte Einnahmen zur Folge haben. Diese „sessione di bilancio" soll die ungestörte und zügige Verabschiedung des von der Regierung vorgelegten Haushaltsentwurfes gewährleisten.

Für die Gesetze zur Ratifizierung der internationalen Verträge des Artikel 80 Cost. fehlt zwar eine der Regelung des Artikel 81 Cost. entsprechende verfas-

---

[289] In Deutschland steht das Initiativrecht für Haushalts- und Vertragsgesetze allein der Bundesregierung zu; sonstige Initiativen auf dem Gebiet der Außenpolitik unterliegen keiner derartigen Bechränkung (Bryde, in v.Münch/Kunig, Art. 76, Rdnr. 5).

[290] Da das italienische Haushaltsrecht dem Haushaltsgesetz im eigentlichen Sinne weitere haushaltsrechtliche Gesetze zur Seite stellt (dazu unten, Fn. 792 (S. 196)), erstreckt sich das ausschließliche Initiativrecht der Regierung auch auf diese Entwürfe (dazu Zampetti, Riv. trim. dir. pubbl. 1995, S. 35). Dem Recht der Regierung, den Entwurf des Haushaltsgesetzes einzubringen, steht die Verpflichtung gegenüber, dieses Initiativrecht auch auszuüben („iniziativa vincolata“).

sungsrechtliche Vorgabe; hier ergibt sich aber bereits aus der Natur der Sache, daß die Regierung, die die politischen Verhandlungen führt, an deren Ende dann das betreffende Vertragswerk steht, *de facto* der einzig mögliche Initiativberechtigte ist[291]. Ähnlich verhält es sich auch mit dem Initiativrecht bei Gesetzentwürfen, die die Umwandlung eines „decreto-legge"[292] (Art. 77 Cost) zum Inhalt haben. Hier wird zwar in der Literatur kontrovers diskutiert, ob die Regierung ex Art. 77 II Cost. allein berechtigt sein soll, eine Gesetzesvorlage zur Konversion eines „decreto-legge" einzubringen, oder aber ob – für den Fall, daß die Regierung untätig bleibt – auch den anderen Initiativberechtigten dieses Recht zugestanden werden muß[293]. In der Praxis dürfte jedoch in erster Linie die Regierung selbst daran interessiert sein, daß die von ihr erlassene gesetzesvertretende Verordnung innerhalb der Frist des Artikel 77 III Cost. („innerhalb von sechzig Tagen") in ein ordentliches Gesetz umgewandelt wird, um ihre Geltung auch weiterhin zu gewährleisten[294].

4. Das Recht der Gesetzesinitiative – Eine Gefahr für Stabilität und Regierbarkeit?

Im Ergebnis kann sicherlich der Vorwurf, das Recht der Gesetzesinitiative sei „eine Wurzel der Störungen des politischen Systems in Italien"[295] in dieser Form keinen Bestand haben. Die Konzeption des Initiativrechts in der Verfassung und den Geschäftsordnungen der Kammern, die, wie oben dargestellt, durchaus Gefahren für die Stabilität und Regierbarkeit des italienischen Gemeinwesens birgt, hat im Verfassungsalltag weitestgehend pragmatische und stabilitätssichernde Korrekturen erfahren. Im Mittelpunkt dieser Entwicklung steht dabei die mehr politisch, denn verfassungsrechtlich motivierte, dominierende Rolle der Regierung, die in der Praxis in der Phase der Gesetzesinitiative als „comitato direttivo" der Kammern agiert[296]. Betrachtet man die unterschiedliche Erfolgsbilanz der parlamentarischen Gesetzesvorlagen und der Regierungsinitiativen, so zeigt sich, daß die Kernfunktion des parlamentarischen Initiativrechts nunmehr darin

---

[291] Paladin, Diritto costituzionale, S. 323. Daher wird teilweise auch hier von einer „iniziativa riservata" gesprochen (De Vergottini, Diritto costituzionale, S. 461).
[292] Dazu unten, Drittes Kapitel, D, IV, 2, c, S. 199 ff..
[293] Für das alleinige Initiativrecht der Regierung daher etwa De Vergottini, Diritto costituzionale, S. 461; Dickmann, Riv. trim. dir. pubbl. 1995, S.19.
[294] Unterbleibt die Konversion innerhalb der Frist, verlieren die Dekrete gem. Art. 77 III Cost. ihre Wirksamkeit „von Anfang an" („sin dall'inizio").
[295] So aber Mattarella, AöR 108 (1983), S. 391.
[296] Paladin, Diritto costituzionale, S. 330, („geschäftsführender Ausschuß, Vorstand").

liegt, Impulse zur Ausübung des Initiativrechts von Seiten der Regierung zu geben, ihr kommt demnach häufig „una sostanziale funzione di sollecitazione e di stimolo della stessa iniziativa governativa"[297] zu.
Nach Ansicht von LONGI haben die Parlamentarier jedoch ihre für den Bereich des Initiativrechts schwindende Einflußnahme im Gesetzgebungsverfahren kompensiert: Im Gesetzgebungsalltag äußere sich das dem einzelnen Parlamentarier verfassungsrechtlich garantierte Initiativrecht in Gestalt des „potere di emendamento"[298], also der Befugnis des einzelnen Abgeordneten, Änderungsanträge zu den Gesetzesvorlagen einzubringen, die bereits ihren Weg in die Kommissionen oder das Plenum gefunden haben. Die Gefahr, die von dieser Entwicklung für die Rolle der Regierungsinitiative im Gesetzgebungsverfahren ausgeht, bringen DI CIOLO/CIAURRO auf den Punkt, wenn sie schreiben: „La legislazione parlamentare, infatti, si svolge sopratutto attraverso gli emendamenti, che vengono a condizionare, spesso in modo pesante, le iniziative legislative del governo"[299].

Der von der „Commissione parlamentare per le riforme costituzionale" vorgelegte Reformentwurf der italienischen Verfassung soll nunmehr die Stellung der Regierung im Gesetzgebungsverfahren insgesamt stärken, indem er *de facto* ein beschleunigtes Verfahren für bestimmte entweder von der Regierung vorgelegte oder jedenfalls von ihr unterstützte Gesetzentwürfe vorsieht. Gemäß Art. 102 III des Entwurfes (Art. 95 IV des geänderten Entwurfes) soll nämlich die Regierung verlangen können, daß einem Gesetzentwurf bei der Aufnahme in die Tagesordnung („l'ordine del giorno") beider Kammern Vorrang gewährt wird und daß über ihn innerhalb einer bestimmten Frist entschieden wird (Satz 1). Nach Ablauf der Frist soll die Regierung weiterhin verlangen können, daß jede Kammer über den von der Regierung vorgeschlagenen beziehungsweise unterstützten Entwurf zunächst Artikel für Artikel beschließt und ihn anschließend in einer Schlußabstimmung verabschiedet (Satz 2). Mit diesen Regelungen stünde der Regierung demnach ein effizientes Mittel zur Verfügung, um das Verfahren für

---

297 Longi, Elementi, S. 141 („eine substantielle Funktion der Mahnung und des Ansporns für die Regierungsinitiative"); ebenso Cuocolo, Saggio sull'iniziativa legislativa, S. 61, der zum einen auf die stimulierende und kontrollierende Rolle der parlamentarischen Initiative, zum anderen auf ihre ergänzende Funktion („strumento di integrazione") gegenüber der Regierungsinitiative hinweist.
298 Longi, Elementi, S. 142; ebenso Manzella in Manuale, S. 157.
299 So Di Ciolo/Ciaurro, S. 479: „Die parlamentarische Gesetzgebung spielt sich in der Tat überwiegend durch die Änderungsanträge ab, die dann oftmals in gravierender Weise, die Gesetzesinitiativen der Regierung (mit)bestimmen." Ganz anders stellt sich die Situation hingegen im deutschen Gesetzgebungsverfahren dar. So kommt etwa Schulze-Fielitz (Theorie und Praxis, S. 352) in seiner Analyse zu dem Ergebnis, daß Änderungsanträge der Opposition in zweiter Lesung ohne Ausnahme erfolglos sind.

die Initiativen, die sie entweder selbst vorgelegt hat oder die – obwohl von einem anderen Initiativberechtigten eingebracht – der Realisierung des Regierungsprogrammes förderlich sind, zu beschleunigen. Gleichzeitig würde aber damit der im parlamentarischen Alltag bereits begonnene Abschied von der „pari efficacia formale", der formellen Gleichrangigkeit aller Initiativberechtigten[300] im Gesetzgebungsverfahren endgültig vollzogen.

IV. Die Rolle der Parlamentsausschüsse im Gesetzgebungsverfahren

Die italienische Verfassung hat den „Commissioni permanenti", den ständigen Ausschüssen[301], im Gesetzgebungsverfahren eine zentrale Rolle eingeräumt. Anders als das Grundgesetz, das in Art. 77 im Abschnitt über das Gesetzgebungsverfahren mit dem Vermittlungsausschuß nur einen Sonderfall erwähnt[302] und die Konstituierung weiterer ständiger Ausschüsse der Organisationshoheit des Bundestages überläßt[303] (§ 54 I GOBT), bestimmt Art. 72 Cost. mit seinen

[300] Das Reformvorhaben sieht auch Änderungen vor, die den Kreis der Initiativberechtigten betreffen. So soll gem. Art. 99 des Entwurfes (Art. 91 der geänderten Fassung) neben der Regierung, jedem Parlamentsmitglied und dem Volk auch jede Regionalversammlung („Assemblea regionale") initiativberechtigt sein. Nicht mehr erwähnt wird hingegen der „Consiglio Nazionale dell'economia e del lavoro" als Träger des Initiativrechts.

[301] Die Zusammensetzung und die Zuständigkeit der einzelnen Ausschüsse führen Art. 19 ff. R.C. und Art. 21 ff. R.S. aus. Außer für Regierungsmitglieder gehört es für die Parlamentarier zum Abgeordnetenstatus, mindestens in einem Ausschuß vertreten zu sein. Die Zuweisung der Ausschußmitglieder wird in erster Linie von den Fraktionen selbst (ihre Mitglieder werden gleichmäßig auf die vorhandenen Ausschüsse verteilt), im übrigen vom Kammerpräsidenten vorgenommen. Die Verfassung selbst legt in Art. 72 III lediglich für das dezentralisierte Verfahren fest, daß der Ausschuß „in sede deliberante" in seiner Zusammensetzung die Mehrheitsverhältnisse der Fraktionen im Parlament widerspiegeln muß. Erwähnenswert ist an dieser Stelle die parlamentarische Praxis, die sich zur Wahl des Präsidenten eines parlamentarischen Ausschusses herausgebildet hat. Bis zur XII. Legislaturperiode sind stets Vertreter der parlamentarischen Mehrheit in dieses Amt gewählt worden. Seit 1994 geht die Tendenz dahin, daß auch weiterhin die Präsidentschaft in Ausschüssen mit Gesetzgebungsaufgaben einem Vertreter der Mehrheit angetragen wird; die Opposition kommt hingegen in Kommissionen mit spezifischen Kontrollaufgaben zum Zuge. Hintergrund dieser Entwicklung ist, daß ein der Regierungsmehrheit zugehöriger Ausschußpräsident wegen seiner Rolle bei der Gestaltung des Arbeitsprogrammes des Ausschusses als Garant dafür gesehen wird, die Umsetzung des Regierungsprogrammes im Bereich der Gesetzgebung zu unterstützen (dazu Manzella, in Manuale, S. 131). Zur Geschichte der parlamentarischen Ausschüsse in Italien, siehe Tosi, Diritto parlamentare, S. 185 ff..

[302] Daneben sieht das Grundgesetz jedoch die Einrichtung einer Reihe weiterer Ausschüsse vor; im einzelnen handelt es sich dabei um die Untersuchungsausschüsse (Art. 44 GG), den Ausschuß für die Angelegenheiten der Europäischen Union (Art. 45 GG), die Ausschüsse für Auswärtiges und Verteidigung (Art. 45 a GG), den Petitionsausschuß (Art. 45 c GG) sowie den Gemeinsamen Ausschuß von Bundestag und Bundesrat (Art. 53 a GG).

[303] Achterberg, Parlamentsrecht, S. 146. Das Gesetzgebungsverfahren insgesamt wird vom Gundgesetz nur rudimentär geregelt, da sich hier lediglich Vorschriften zu den interorganrechtlichen Beziehungen im Gesetzgebungsprozeß finden. Der Ablauf der Gesetzgebungsarbeit innerhalb der an der Gesetzge-

Ausführungen zu der Tätigkeit der Ausschüsse „in sede referente" (Abs. 1) und „in sede deliberante" (Abs. 3) die beiden grundlegenden Funktionen der parlamentarischen Ausschüsse im italienischen Gesetzgebungsverfahren[304]. Grundsätzlich vergleichbar ist jedoch die zentrale Rolle, die die Kommissionen im deutschen wie im italienischen Gesetzgebungsverfahren spielen, auch wenn ihre Kompetenzen im einzelnen sehr unterschiedlich ausgeprägt sind. In Deutschland setzte sich bereits früh die Erkenntnis durch, daß Körperschaften von einer bestimmten Größe an ohne Verkleinerung kaum arbeitsfähig sind, mithin also die Existenz der Ausschüsse für die parlamentarische Arbeit gerade im Hinblick auf das Gesetzgebungsverfahren unentbehrlich ist. So fanden Ausschüsse über Art. 82 Preußische Verfassungsurkunde von 1850 Eingang in die Geschäftsordnungen des Reichstages, des Norddeutschen Bundes und des Deutschen Reiches[305] und wurden in der Weimarer Reichsverfassung und schließlich im Grundgesetz unstreitiger Bestandteil parlamentarischer Arbeitsweise[306]. Heute stellt die Arbeit der Ausschüsse das „Herzstück der parlamentarischen Tätigkeit"[307] namentlich im Gesetzgebungsverfahren dar, da in diesen vorbereitenden Beschlußorganen die eigentliche legislative Sacharbeit geleistet wird.

Auch wenn unbestritten ist, daß die Intensivierung der Staatstätigkeit und die damit verbundene steigende Quantität in der Gesetzgebungstätigkeit der modernen Gesellschaft eine Entlastung des Parlaments zwingend erforderlich macht, stößt die zunehmende Verlagerung der gesetzgeberischen Arbeit in die Kommissionen aber nicht auf ungeteilte Zustimmung. So wird beklagt, daß durch diese Entwicklung „ein sich selbst verstärkender Prozeß der Politiksegmentierung"[308] in Gang gekommen sei, da sich der Bundestag selbst – bedingt durch die unumgängliche Spezialisierung in der Arbeitsbewältigung – überwiegend

---

bung beteiligten Körperschaften ist hingegen Gegenstand der Geschäftsordnung dieser Organe (zu den rechtlichen Grundlagen des Gesetzgebungsverfahrens ausführlich Ossenbühl, in HdbStR § 63, Rdnr. 1ff.). In den Vorschriften der §§ 54 ff. GOBT finden sich die Regelungen zur inneren Organisation (grds. schreibt § 12 GOBT die Zusammensetzung im Verhältnis der Fraktionsstärke vor) und zum Aufgabenbereich der Ausschüsse.

[304] Zu den übrigen verfahrensrechtlichen „Varianten" siehe oben, II, S. 47 f..

[305] Gem. § 26 der Geschäftsordnung für den Reichstag vom 10. 2. 1876 konnte dieser Fachkommissionen bestellen. Zur historischen Entwicklung des Ausschußwesens in Deutschland siehe Vetter, Parlamentsausschüsse, S. 9 ff..

[306] So Stern, StaatsR Bd.II, S. 101. Einen Überblick über die Arbeit der ständigen Ausschüsse des Bundestages im Vergleich mit der italienischen Praxis gibt Schneider, Gesetzgebung, § 6, Rdnr. 118 ff..

[307] Böhm zit. nach Zeh, Die wissenschaftlichen Dienste des Deutschen Bundestages, in Fn.17, S. 186.

[308] Das Zitat stammt von Ellwein (in HdbVerfR (Vorauflage), S. 1114), der aber im Ergebnis die Entwicklung der Volksvertretung hin zum „Arbeitsparlament" positiv beurteilt hat. Nach seiner Auffassung entzieht sich der Bundestag nämlich keinesfalls der politischen Auseinandersetzung, sondern gibt ihr in den zahlreichen Ausschüssen im Detail viel mehr Gelegenheit als ein Parlament, in dem die Gesetzgebungsarbeit vornehmlich vom Plenum geleistet wird.

aus der politischen Auseinandersetzung verabschiedet habe und damit relevante Teile von Politik der öffentlichen Diskussion entzogen würden.
In Italien ist jedoch die Kritik, die im Hinblick auf die zentrale Stellung der ständigen Ausschüsse im Gesetzgebungsverfahren geäußert wird, von ganz anderer Qualität.
Ursprünglich konzipiert zur Vorbereitung des Rechtssetzungsaktes und zur Straffung des Gesetzgebungsverfahrens, wird die von der Verfassung gewollte Einflußnahme der „Commissioni parlamentari" im parlamentarischen Alltag für den desolaten Zustand der Gesetzgebung in Italien entscheidend (mit)verantwortlich gemacht. Dabei wird nicht nur der schwindende Einfluß der Regierung auf das Gesetzgebungsverfahren – mit seinen weitreichenden Folgen für die Regierbarkeit des Landes – auf die machtvolle Rolle der Ausschüsse im Gesetzgebungsverfahren zurückgeführt; Kritiker nennen in diesem Zusammenhang auch die mangelhafte Qualität der italienischen Normsetzung.

1. Die Aufgaben der „Commissione in sede referente" im Verfahren nach Art. 72 I Cost.

Das „normale" Gesetzgebungsverfahren des Art. 72 I Cost. sieht – wie bereits oben[309] beschrieben – in einem ersten Schritt (der sogenannten „fase dell`istruttoria"[310]) zunächst die Prüfung des Gesetzesvorhabens in einer Kommission „in sede referente" vor, während die Annahme des Entwurfes („l`approvazione“) im Plenum erfolgt. Mit dieser „Arbeitsteilung" zwischen Ausschuß und Plenum greift die italienische Verfassung ein im inner- wie außereuropäischen Verfassungsrecht häufig praktiziertes Modell auf. Dabei bildet der vom Ausschuß erarbeitete „testo base", verbunden mit einer gutachterlichen Stellungnahme („relazione“) im Plenum, die Grundlage für die Diskussion und die Abstimmung über das Gesetzesvorhaben in der Kammer; der „relazione" einer „Commissione in sede referente" kommt damit über die „fase

[309] Siehe oben unter II, S. 48 f..
[310] Diese Phase der „istruttoria" im Ausschuß umfaßt im einzelnen fünf Schritte (nach Manzella, in Manuale, S.154): 1. Erfassen des Regelungsbereiches, 2. Beschaffen der erforderlichen Sachkenntnis, 3. Bestimmung des Textes und seiner Artikel, 4. Einholen der Stellungnahmen der anderen Ausschüsse „in sede consultiva", 5. „esame referente", d.h. Diskussion des Vorhabens innerhalb des Ausschusses, an deren Ende die Ausarbeitung der gutachterlichen Stellungnahme („relazione“) steht. Dabei kann die definitive Ausarbeitung des Gesetzesvorhabens unter Berücksichtigung der vorgebrachten Änderungsvorschläge in den referierenden Ausschüssen von Abgeordnetenhaus und Senat einem „comitato", einem Unterausschuß (Art. 79 IX R.C., Art. 43 II R.S.) übertragen werden, das jeweils in seiner Zusammensetzung die proportionale Beteiligung der Minderheiten garantiert.

dell`istruttoria" hinaus eine zentrale Bedeutung für das weitere Gesetzgebungsverfahren zu[311].

a) Der Einfluß des referierenden Ausschusses auf das Gesetzesvorhaben

Häufig beschränkt sich die Arbeit der Kommission jedoch nicht nur darauf, einen eingebrachten Gesetzentwurf zu prüfen und ihn gegebenenfalls in inhaltlicher oder technischer Hinsicht zu überarbeiten[312]. Vielmehr führen Prüfung und Diskussion des Erstentwurfes vielfach dazu, daß schließlich in der Kommission ein völlig neuer Entwurf erarbeitet wird, der im Ergebnis sogar den gesetzgeberischen Intentionen des ursprünglichen Textes zuwiderlaufen kann (sog. „controprogetto"). Die Ursachen dieser Praxis sind überwiegend politischer Natur, da auf diese Weise zum einen die Ausschußmehrheit ihre Unzufriedenheit mit dem ursprünglichen Entwurf zum Ausdruck bringen, zum anderen der Notwendigkeit begegnet werden kann, eine Basis für die Verständigung mit der Opposition zu schaffen[313].

---

[311] So auch Cerrone,in Comm. breve, Art. 72, S. 437; Cervati in Comm. Branca, Art. 72, S. 121 ff..
Die besondere Rolle, die die „Commissione in sede referente" im Gesetzgebungsverfahren spielt, zeigt sich auch während der anschließenden Diskussion des Gesetzesvorhabens im Plenum. Gem. Art. 79 XII R.C. bestimmt der Ausschuß neben dem Referenten, der das ausschußintern erarbeitete Gesetzesvorhaben vorstellen soll, auch das sog. „Comitato dei nove", einen aus neun Ausschußmitgliedern bestehenden Unterausschuß. Dieser Ausschuß, der in seiner Zusammensetzung die proportionale Teilnahme der Minderheiten garantieren muß, soll zusammen mit dem Hauptreferenten umfassend den Entwurf im Plenum erläutern und zur Arbeit des Ausschusses Stellung nehmen; werden im Plenum weitere Änderungsanträge eingebracht, so ist es Aufgabe des Unterausschusses, diese vorzuberaten (Art. 79 XXII i.V.m. Art. 86 III R.C.). Ergänzend können die Fraktionen, die den Entwurf der Ausschußmehrheit nicht unterstützen, eigene Redner benennen, die ihre Stellungnahme auch schriftlich vorlegen müssen. In der Geschäftsordnung des Senats ist die Ernennung eines Unterausschusses (hier: „Sottocommissione dei sette") hingegen freigestellt, in Zusammensetzung und Aufgaben entspricht er jedoch dem „Comitato dei nove" des Abgeordnetenhauses. Ebenso wie im Abgeordnetenhaus ist auch im Senat die Präsentation von „relazioni" der von der Ausschußmehrheit abweichenden Minderheiten zulässig (Art. 43 VI R.S.), die von einem Referenten vor dem Plenum erläutert werden können.
Besondere Bedeutung für den weiteren Ablauf des Gesetzgebungsverfahrens kommt nach Ansicht von Longi (Elementi, S. 342) dem von den „comitati" erarbeiteten Entwürfen zu: Da dieser Text im wesentlichen „il punto massimo di mediazione" („den maximalen Punkt der Vermittlung") zwischen den Positionen der Mehrheit und den anderen Gruppen darstelle, herrsche hier teilweise ein derartiges Einvernehmen, daß der Ausschuß den Entwurf des Unterausschusses hinterher lediglich „ratifiziere". Für Lippolis, in Martines/De Caro/Lippolis/Moretti, S. 342, ist die Einschaltung der Unterausschüsse nicht unproblematisch; da die Tätigkeit dieser Gremien nicht öffentlich sei, böten sich hier verstärkt Einflußmöglichkeiten für Lobbyisten und Interessenverbände. Zur Arbeit der Unterausschüsse und sonstiger vorbereitender Beschlußgremien im deutschen Parlamentsrecht siehe Sträter, ZParl 8 (1977), S. 27 ff..

[312] Longi (Elementi, S. 337) verweist darauf, daß es in der Praxis eher selten vorkommt, daß ein Gesetzentwurf im großen und ganzen unverändert eine Kommission passiert.

[313] Paladin, Diritto costituzionale, S. 332.

Unter Umständen fungiert eine bei der Kammer eingebrachte Gesetzesinitiative sogar lediglich als Anregung für den Ausschuß „in sede referente", sich mit einer bestimmten Fragestellung auseinanderzusetzen und ein eigenständiges Gesetzesvorhaben auf den Weg zu bringen[314]. Nach Ansicht von PALADIN führt somit im Ergebnis die Einflußnahme der Ausschüsse auf die Konzeption des Gesetzestextes regelmäßig dazu, daß sie „im wesentlichen die anschließende Prüfung durch das Plenum monopolisieren"[315].
Die Befugnis des Ausschusses, den ihm ursprünglich vorgelegten Text durch einen neuen Entwurf oder einen Gegenentwurf zu ersetzen, entspringt dabei nach h.A. dem Initiativrecht des einzelnen Parlamentariers sowie seinem „potere di emendamento"[316]. Teilweise wird auch argumentiert, daß es sich im Hinblick auf die von der Verfassung vorgesehene formelle Gleichrangigkeit aller Gesetzesinitiativen geradezu „aufdränge", den Ausschüssen das Recht der inhaltlichen Koordination zuzugestehen, indem sie zwischen verschiedenen Entwürfen wählen oder aber eine Gesetzesvorlage von Grund auf überarbeiten[317]. Im Fall des „abbinamento"[318] statuiert Art. 77 III R.C[319] sogar ausdrücklich die Befugnis der Ausschüsse, aus mehreren Gesetzentwürfen, die entweder identisch oder aber thematisch eng verbunden sind, einen Text auszuwählen beziehungsweise eine neue, einheitliche Vorlage zu erarbeiten.

Die Gefahr, die dieses Verfahren gerade für die Gesetzgebungstätigkeit der Regierung birgt, liegt auf der Hand. Der Ausschuß „in sede referente" verfügt bei der Konzeption des „testo base", der die Diskussionsgrundlage für das weitere Verfahren darstellt, über einen unbegrenzten Entscheidungsspielraum. Seine Rolle wird sich daher regelmäßig nicht nur auf die „technische" Vorbereitung der Prüfung und Verabschiedung des Entwurfes im Plenum beschränken, sondern umfaßt ebenso „momenti di scelta politica" [320]. Vergegenwärtigt man sich in diesem Sinne, daß über das weitere Schicksal eines im Parlament einge-

---

[314] Longi, Elementi, S. 337.
[315] Paladin, Diritto costituzionale, S. 332, unter Berufung auf Elia.
[316] Etwa Paladin, S. 332, der ausgehend von dem Initiativ- bzw. Änderungsrecht des einzelnen Parlamentariers diese Befugnisse im Wege eines „Erst-recht-Schlusses" auf den Ausschuß übertragen wissen will.
[317] So Cervati, Comm. Branca, Art. 72, S. 122 f..
[318] Damit ist die in Art. 51 I R.S. und Art. 77 R.C. vorgesehene Verbindung der Prüfung von Gesetzesvorhaben mit identischem oder ähnlichem Regelungsgehalt gemeint, siehe oben, III, 3, c, S. 67 f..
[319] Eine solch ausdrückliche Regelung fehlt in der Geschäftsordnung des Senats, so daß sich hier das Recht der Kommission, im Rahmen der Diskussion identischer oder vergleichbarer Gesetzesvorhaben eine Auswahl zu treffen aus dem Initiativrecht beziehungsweise dem „potere di emendamento" ergibt.
[320] Cervati, in Comm. Branca, Art. 72, S. 124.

brachten Regierungsentwurfes zunächst[321] der Ausschuß, das heißt die einfache Mehrheit der anwesenden[322] Mitglieder (Art. 48 I R.C, Art.107 I R.S.) und damit ein nicht unbedingt für die Zusammensetzung der Kammer repräsentatives Gremium entscheidet[323], so offenbart sich aus Sicht der Regierung die besondere Problematik dieses Verfahrens. Gerade vor dem Hintergrund der traditionell instabilen Mehrheitsverhältnisse im italienischen Parlament, die sich auch in den ständigen Ausschüssen widerspiegeln, muß die Regierung stets damit rechnen, daß ihre Vorlage „in sede referente" substantielle Änderungen erfährt. Als besonders brisant erweist sich dabei die Praxis des Plenums, die in der referierenden Kommission getroffenen Rahmenvorgaben zu respektieren, so daß *de facto* grundsätzliche Entscheidungen bei der Behandlung einer Gesetzesvorlage durch einen Ausschuß „in sede referente" getroffen werden[324].

b) Die Stellung der Ausschüsse des Deutschen Bundestages im Gesetzgebungsverfahren

Auch im deutschen Parlamentsalltag ist der Einfluß, den die Ausschüsse des Bundestages auf die Gesetzgebung nehmen, nicht zu unterschätzen. In der Praxis liegt sogar der Schwerpunkt des Gesetzgebungsverfahrens, das gem. § 78 I GOBT für die Annahme eines Gesetzentwurfes grundsätzlich drei sogenannte „Lesungen"[325] der Gesetzesvorlage im Bundestag voraussetzt, in der Ausschuß-

---

[321] Die Regierung kann natürlich, ebenso wie alle anderen Initiatoren eines Gesetzesvorhabens, versuchen, im Rahmen der Diskussion des Gesetzentwurfes im Plenum durch Änderungsanträge wieder auf die ursprüngliche Fassung des Gesetzestextes zurückzukommen.

[322] Gem. Art. 30 I R.S. sind die Kommissionen „in sede referente" im Senat beschlußfähig, wenn ein Drittel der Mitglieder anwesend ist; in den referierenden Kommissionen des Abgeordnetenhauses reicht die Anwesenheit eines Viertels der Mitglieder zur Beschlußfähigkeit aus (Art. 46 R.C.).

[323] Zudem kann auch aus einem anderen Grund die Zusammensetzung der beratenden Ausschüsse jedenfalls im Abgeordnetenhaus von der des Plenums abweichen. Da gem. Art. 19 III R.C. jeder Abgeordnete nur in einem Ausschuß vertreten sein kann, können Fraktionen, deren Abgeordnetenzahl geringer als die Zahl der Ausschüsse ist, nicht in jedes Gremium einen Vertreter entsenden (anders aber Art. 21 II R.S.).

[324] Fontana, Die Gesetzgebung in Italien, S. 44 sowie Di Ciolo/Ciaurro, S. 422 jeweils unter Berufung auf Patrono. Allerdings kann die Regierung im Rahmen ihres Anwesenheitsrechts (Art. 37 R.C., 59 R.S.) den Gang der Ausschußberatungen „begleiten"; daneben eröffnen Art. 46 III R.S. und Art. 30 IV R.C., jedenfalls theoretisch, eine weitere Interventionsmöglichkeit. Beide Vorschriften, erlauben es der Regierung allgemein, den ständigen Ausschüssen Mitteilungen zukommen zu lassen.

[325] Die Vorschrift des § 78 I GOBT sieht für alle Gesetzentwürfe drei Beratungen vor, soweit es sich nicht um Verträge mit auswärtigen Staaten und ähnliche Verträge handelt, die die politischen Beziehungen des Bundes regeln oder sich auf Gegenstände der Bundesgesetzgebung beziehen; diese Vorlagen werden grundsätzlich in zwei Lesungen abgehandelt. Am Ende der ersten Lesung wird der Gesetzentwurf gem. § 80 I GOBT grundsätzlich einem Ausschuß überwiesen. Ausnahmsweise ist auch die Überweisung an mehrere Ausschüsse möglich, wobei dann aber ein federführender Ausschuß zu

beratung. So bezeichnet JEKEWITZ die gem. § 79 GOBT vorgesehene allgemeine Aussprache des Plenums im Rahmen der ersten Lesung als „weitgehend zum Ritual verkümmert" und sieht in den weiteren Lesungen und der Schlußabstimmung, deren Grundlage über § 81 I 2 GOBT regelmäßig die Ausschußempfehlung bildet, „nur den Vollzug früher [sc. im Ausschuß] gefallener Entscheidungen "[326]. Beschlußempfehlung und Ausschußbericht stellen damit, ohne verbindlich zu sein, die maßgebliche Grundlage für die Plenarberatungen dar und werden im allgemeinen nicht mehr wesentlich geändert[327].
Ein gravierender Unterschied zum italienischen *status quo* liegt aber in der Art und Weise, wie die Ausschüsse auf die Redaktion der von der Regierung eingebrachten Gesetzentwürfe Einfluß nehmen. Zwar gehen bei weitem nicht alle Regierungsvorlagen unverändert aus dem Ausschußverfahren hervor; ein großer Teil der vorgenommenen Änderungen bewegt sich aber „mit der Feinarbeit an Details" [328] im formellen Bereich, so daß materiell weitreichende Modifikationen „gemessen am Hauptziel des Regierungsentwurfes und abgesehen von Ausnahmen tendenziell eher marginal"[329] bleiben. Darüber hinaus stammen die im Ausschuß vorgenommenen Änderungen des Regierungsentwurfes häufig aus der Feder der Bundesregierung selbst, die auf diesem Wege „eine zwischenzeitlich erfolgte Meinungsänderung der Bundesregierung oder anderer maßgeblicher

---

bestimmen ist; im Benehmen mit dem federführenden Ausschuß können sich auch weitere Ausschüsse an der Beratung bestimmter Fragen der Vorlage gutachterlich beteiligen (§ 80 I 2 GOBT). Der (federführende) Ausschuß ist verpflichtet, dem Bundestag über die Vorlage schriftlichen Bericht zu erstatten (§§ 62 I, 63 I, 66 GOBT). In dem Bericht muß die Beschlußempfehlung (bspw. "Der Bundestag wolle beschließen, den Gesetzentwurf –Drs.xy– unverändert anzunehmen") nebst Begründung sowie die Ansicht der Minderheit und die Stellungnahme der beteiligten Ausschüsse enthalten sein (zur Arbeitsweise der Ausschüsse siehe ausführlich Schäfer, Der Bundestag, S. 117 ff.). Bei Finanzvorlagen soll gem. § 80 II S. 3 GOBT vor Eintritt in die zweite Beratung dem Haushaltsausschuß Gelegenheit zur Prüfung gegeben werden.

[326] AK-GG-Jekewitz, Art. 77, Rdnr. 8, 9; so im Ergebnis auch Schäfer, Der Bundestag, S. 115. Da in der zweiten Beratung häufig keine Änderungsanträge mehr vorgebracht werden, erfolgt die dritte Beratung in der Praxis regelmäßig direkt im Anschluß an die zweite Lesung (vgl. § 84 GOBT). Werden im Rahmen der zweiten Beratung Änderungen beschlossen, so läßt sie der Bundestagspräsident zusammenstellen; diese Beschlüsse dienen dann als Grundlage der dritten Beratung (§ 83 I, II GOBT). Für Schulze-Fielitz, Theorie und Praxis, S. 569, lassen sich die drei Lesungen als „institutionalisierte Aufrufe zur Selbstreflexion begreifen, die den Abgeordneten an seine politische Verantwortung binden".

[327] Ossenbühl, in HdbStR Bd. III, § 63, Rdnr. 37; Zeh, in ParlamentsR, § 39, Rdnr. 2.

[328] So das Ergebnis von Schulze-Fielitz (Theorie und Praxis, S. 305 ff.), der unter besonderer Berücksichtigung der Gesetzgebung des 9. Deutschen Bundestages den Schwerpunkt der im Ausschuß vorgenommenen Änderungen in der letzten Perfektionierung von Formalismen, Vereinfachungen und der Veränderung quantifizierbarer Größen (Zeiträumen, Fristen etc.) sieht.

[329] So Schulze-Fielitz, Theorie und Praxis, S. 312. Laut Herzog, VVDStRL 24 (1966), S. 198 f., ist es den Parlamenten aufgrund der Komplexität der Materie kaum noch möglich „die von den Fachleuten vorgelegten Entwürfe weiter als höchstens in Randfragen zu korrigieren"; in den „Kernfragen" bleibe, so Herzog, „nur die Alternative zwischen Annahme und Ablehnung".

Meinungsträger"[330] in das laufende Gesetzgebungsverfahren einbringt. Anders als im italienischen Parlament sind damit Gesetzentwürfe der Regierung im deutschen Gesetzgebungsverfahren „(prinzipiell) keine Diskussionsvorlagen (mehr), sondern sie erscheinen als durchzusetzende Gestaltungsentscheidungen der politischen Staatsführung"[331].

Als Ursache für diese unterschiedliche Arbeitsweise der parlamentarischen Ausschüsse in Italien und Deutschland können im wesentlichen zwei Faktoren genannt werden, die zum einen verfassungsrechtlich, zum anderen aber politisch motiviert sind.
Da Art. 76 GG die Initiativberechtigten abschließend aufführt, sind nur die dort genannten Organe befugt, das Recht der Gesetzesinitiative auszuüben. Die radikale Umgestaltung einer Gesetzesvorlage durch einen parlamentarischen Ausschuß hätte aber die Aushöhlung dieses grundgesetzlich garantierten Rechtes zur Folge und wäre im Ergebnis als „Inanspruchnahme eines Quasi-Initiativrechts"[332] durch den Ausschuß zu werten; ein solcher Vorgang könnte – anders als im italienischen Verfassungsrecht, das dem einzelnen Abgeordneten das Initiativrecht zugesteht – folgerichtig auch nicht mit der Geltendmachung des Initiativrechts der im Ausschuß vertretenen Parlamentarier legitimiert werden.
Darüber hinaus haben sich aber im deutschen Parlamentsrecht gerade im Hinblick auf die Regierungsinitiative Mechanismen etabliert, die bereits im Vorfeld des Gesetzgebungsprozesses den politischen Konsens hinsichtlich der Vorlage gewährleisten sollen[333]. So wird die Regierung mit den Fraktionen der Koalition zunächst klären, ob für das Vorhaben eine parlamentarische Mehrheit zu erwarten ist und gegebenfalls den beabsichtigten Entwurf entsprechend „vorstruktu-

---

330 Schulze-Fielitz, Theorie und Praxis, S. 345.
331 Schulze-Fielitz, Theorie und Praxis, S. 284.
332 AK-GG-Jekewitz, Art. 77, Rdnr. 6. Vgl. auch für das Initiativrecht nach der niedersächsischen Landesverfassung das Urteil des Nds.StGH vom 14. 2. 1979, DVBl. 1979, 507.
333 Zu einem allgemeinen politischen Konsens tragen sicherlich auch die Vorschriften der §§ 22 ff. GGO II über die Vorbereitung der Ministerialentwürfe bei. Gem. § 24 GGO II können etwa bereits frühzeitig die beteiligten Fachkreise und Spitzenverbände ebenso wie die kommunalen Spitzenverbände (§ 25 GGO II) unterrichtet werden. Gleichzeitig muß, sobald eine Unterrichtung i.S. des § 24 GGO II erfolgt ist, auch den Fraktionen beziehungsweise Abgeordneten des Bundestages grundsätzlich die Kenntnisnahme des Gesetzentwurfes ermöglicht werden. Funktionell wird die Konsensfindung aber auch durch zwei weitere Koordinaten des bundesdeutschen Parlamentsrechts erleichtert: Klare Mehrheitsverhältnisse im Plenum und eine verläßliche Fraktionsdisziplin verhindern für den Ablauf des Gesetzgebungsverfahrens relevante Alleingänge einzelner Abgeordneter oder politischer Gruppierungen (zur Fraktionsdisziplin siehe etwa AK-GG-Schneider, Art. 38, Rdnr. 37).

rieren" beziehungsweise davon gänzlich Abstand nehmen[334]. Zudem hat sich auch der im Rahmen der Ausschußarbeit zu erwartende „Kompromißbildungsprozeß" zumeist in informale Instanzen verlagert. Da der Einfluß der Opposition auf die Beschlußempfehlung wegen der deutlichen Mehrheitsverhältnisse im deutschen Bundestag in der Regel recht gering ist[335], sind für das weitere Schicksal des Regierungsentwurfs im wesentlichen nur Differenzen innerhalb der Regierungskoalition bedeutsam; diese werden jedoch in der parlamentarischen Praxis eher in Begleitverhandlungen zwischen den Mehrheitsfraktionen ausgeräumt als innerhalb der Ausschußsitzungen. In dieser Phase dominieren die Fraktionsarbeitskreise, die personell weitgehend identisch mit den Fachleuten im Bundestagsausschuß sind, und parallel zu den Ausschußberatungen (partei-) politische Grundsatzfragen der Gesetzentwürfe beraten; vor allem koalitionsintern offene Konflikte werden hier oft gemeinsam mit Vertretern der Regierung beigelegt[336]. Nach Ansicht von SCHULZE-FIELITZ[337] hat dieses Vorgehen zur Folge, daß „die entscheidenden, permanenten Einflüsse des Parlaments auf die Regierung und damit die Inhalte auch der Gesetzgebung [..] im Rahmen der Arbeit der (Mehrheits-)Fraktionen i.S. einer pragmatischen Zusammenarbeit von Politik und bürokratischem Sachverstand" erfolgen. Im Gegenzug erfahren regelmäßig nur koalitionsintern umstrittene Projekte, bei denen ein politischer Zeitdruck besteht und partei- und regierungsinterne Kontroversen im Vorfeld nicht ausdiskutiert werden konnten, während der Ausschußphase wesentliche Änderungen[338].

---

334 Zeh, Die wissenschaftlichen Dienste des Deutschen Bundestages – ein Gesetzgebungshilfedienst?, S. 179.

335 Laut Vetter (Parlamentsausschüsse, S. 137) ist insoweit die Entwicklung der Ausschüsse von objektiv und sachlich vorbereitenden Institutionen hin zu politischen Gremien die Ursache dafür, daß Ausschußbeschlüsse, die dem Willen der Parlamentsmehrheit widersprechen, ausgesprochen selten sind.

336 Die Fraktionsarbeitskreise und -gruppen betreuen die ihnen zugeordneten Fachausschüsse; dabei bilden die „Obleute" jeder Fraktion in den Fachausschüssen das organisatorische Scharnier zur Koordination zwischen Fraktion(svorstand) und Ausschuß(vertretern), zwischen den verschiedenen Ausschußmitgliedern aus derselben Fraktion untereinander und zwischen den Parteien im Ausschuß (Schulze-Fielitz, Theorie und Praxis, S. 348). Durch die Tätigkeit dieser Arbeitskreise wird die Haltung der Fraktion in den Ausschüssen wesentlich vorgeformt. Grundsätzlich zu Zuständigkeit und Verfahren der Fraktionsarbeitskreise und -gruppen, siehe Kürschner, Das Binnenrecht der Bundestagsfraktionen, S. 120 ff.. Den Einfluß der Parlamentsfraktionen bzw. Arbeitskreise auf die Ausschußarbeit beschreibt auch Vetter, Parlamentsausschüsse, S. 221 ff..

337 Schulze-Fielitz, Theorie und Praxis, S. 348. Auch materielle Änderungen der Regierungsvorlagen beruhen damit in aller Regel weniger auf den Ausschußberatungen als auf den koalitionsinternen Beratungen in den Regierungsfraktionen im Benehmen mit der Bundesregierung; von wenigen Ausnahmen abgesehen bleiben sie, gemessen am Hauptziel des Regierungsentwurfes, tendenziell eher marginal (ders., S. 112).

338 So Schulze-Fielitz, Theorie und Praxis, S. 346 f., 568.

c) Exkurs: Die „Qualitätssicherung" in den beratenden Ausschüssen des Abgeordnetenhauses

Im italienischen Parlamentsalltag wird auch die bereits eingangs erwähnte mangelnde „Qualität" der italienischen Gesetze zum Teil dem Verfahren „in sede referente" angelastet. Kritiker beklagen in diesem Zusammenhang, daß die Redaktion der Gesetze (drafting) in Italien „oft unbefriedigend" sei, da sie zum einen „von unfähigen Individuen verfaßt" würden, zum anderen aber auch die Entwürfe „häufig das Resultat von unausgewogenen Kompromissen und Transaktionen der verschiedenen parlamentarischen Kräfte" darstellten[339]. Die jüngste Reform der Geschäftsordnung des Abgeordnetenhauses vom 24. September 1997 setzt hier mit einer Reihe neuer Vorschriften an, die unter anderem die Phase „dell'istruttoria"[340] betreffen und damit die redaktionelle Arbeit der Ausschüsse „in sede referente" verbessern sollen[341].

Kernstück der Reform ist die Vorschrift des Art. 79 R.C.[342], der in seinem Absatz vier einige wesentliche Grundsätze formuliert, die im Rahmen der Voruntersuchung zu berücksichtigen sind. So soll zunächst geprüft werden (lit. a)), ob im Einzelfall die Legislative überhaupt tätig werden muß, oder ob das mit dem ordentlichen Gesetz verfolgte Ziel nicht durch andere Rechtsquellen erreicht werden kann. In einem zweiten Schritt (lit. b)) wird den Kommissionsmitgliedern aufgegeben, die Vereinbarkeit des vorgeschlagenen Entwurfs mit der Verfassung und mit dem Recht der Europäischen Union zu überprüfen und sicherzustellen, daß die Kompetenzen der Kommunen und der örtlichen Selbstverwaltung gewahrt sind. Ferner müssen nunmehr die mit dem Gesetz verfolgten Ziele klar definiert werden; zu prüfen ist in diesem Zusammenhang auch, ob die im Entwurf vorgesehenen Mittel mit dieser Zielsetzung übereinstimmen. Dabei

---

[339] De Vergottini, Diritto costituzionale, S. 458.

[340] Siehe oben, Fn. 310 (S. 70).

[341] In der Geschäftsordnung des Senats sucht man entsprechende Änderungen bislang vergebens. Bereits 1986 hatten der Ministerrat und die Präsidenten beider Kammern in einem ersten Rundschreiben die qualitative Verbesserung der Gesetzesredaktion angemahnt. Mit Rundschreiben vom 10. Januar 1997 haben sich die Präsidenten von Abgeordnetenhaus und Senat erneut an die Kammern gewandt, um mit Richtlinien zur „fase dell'istruttoria"den Ablauf der Voruntersuchung und -beratung des Gesetzestextes in den Ausschüssen zu intensivieren. Ziel dieser Empfehlungen soll dabei sein, die oft mäßige Qualität der Normen zu verbessern, die Koordination zwischen den einzelnen Gesetzen zu steigern und damit letzlich auch die Gesetzesflut im italienischen Parlament einzudämmen (dazu ausführlich Di Ciolo/Ciaurro, Appendice, S. 37 ff.). Um die Parlamentarier bei der Redaktion und Ausarbeitung der Gesetzentwürfe zu unterstützen, sind im übrigen in beiden Kammern sog. „servizi di assistenza" eingerichtet worden (dazu De Vergottini, Diritto costituzionale, S. 459).

[342] Neben den Neuerungen zur „fase dell'istruttoria" enthält die jüngste Reform der Geschäftsordnung des Abgeordnetenhauses auch geänderte Vorschriften zur „programmazione", der Programmplanung

sollen die Mitglieder der referierenden Ausschüsse im Rahmen der Voruntersuchung bedenken, inwieweit die für die Ausführung der Norm vorgesehenen Fristen angemessen sind und ob beziehungweise in welcher Höhe durch die neue Regelung finanzielle Lasten für die öffentliche Verwaltung, die Bürger und Unternehmen entstehen (lit. c)). In formeller Hinsicht formuliert Art. 79 IV R.C. nunmehr als konkretes Ziel der „fase dell'istruttoria" unmißverständliche und klare Definitionen und Bestimmungen in den Gesetzentwürfen sowie die Gliederung des Gesetzestextes in Artikel und Absätze. Ergänzt werden diese Regelungen des Art. 79 IV R.C. in Abs. XI R.C., der die Kommission verpflichtet, für die Koordination der neu geregelten Materie mit dem geltenden Recht Sorge zu tragen und auf die durch die Neuregelung abgeschafften Normen ausdrücklich hinzuweisen. Um die Arbeit der Ausschüsse in Übereinstimmung mit den in Art. 79 IV R.C. enthaltenen Anforderungen zu fördern, ist auch der Informationsaustausch zwischen der Regierung und den „Commissioni in sede referente" verbessert worden. Benötigt der Ausschuß im Rahmen der Voruntersuchung Daten und Informationen von Seiten der Regierung, so ist diese gehalten, das gewünschte Material etwa durch entsprechende technische Gutachten zur Verfügung zu stellen (Art. 79 V R.C.)[343].

Insgesamt soll die Neuregelung der Phase „dell'istruttoria" sicherstellen, daß die Gesetzesvorhaben in den Parlamentsausschüssen einer gründlichen Prüfung im Hinblick auf ihre Ausführbarkeit und ihre gesetzestechnische Qualität unterzogen werden[344]. Dabei wird dem einzelnen referierenden Ausschuß nunmehr auch

---

der Ausschußarbeit, die für den Ablauf des Gesetzgebungsverfahrens von Bedeutung sind. Siehe dazu im einzelnen unten, V, 1, b, S. 95 ff..

[343] Für den Fall, daß die Regierung diesem Verlangen ohne Angabe von Gründen nicht oder nur verspätet nachkommt, setzt die Kommission die weitere Beratung über einzelne Artikel des Gesetzentwurfes zunächst aus. Hier kann jedoch ein neuer Termin für die Präsentation der „relazione" im Plenum festgesetzt werden, wobei die verspätete bzw. unterlassene Herausgabe der erforderlichen Informationen durch die Regierung in dem Gutachten berücksichtigt wird (Art. 79 VII 2 R.C.).

[344] Für das deutsche Gesetzgebungsverfahren ist hier auf die Vorschrift des § 38 GGO II hinzuweisen, der für die Gesetzentwürfe der Bundesregierung die Prüfung auf ihre Rechtsförmlichkeit durch das Bundesministerium der Justiz (BMJ) vorsieht. Dieses Verfahren umfaßt zunächst die Erforderlichkeitsprüfung, also die Frage, ob der Gesetzgeber überhaupt tätig werden muß, sowie die Prüfung, ob die zu erlassende Norm mit nationalem und supranationalem Recht vereinbar ist. Daneben wird die Vorlage einer sogenannten Förmlichkeitsprüfung i.e.S. unterzogen, in der die Stimmigkeit der Verweisungen, Abkürzungen und Zitate ebenso untersucht wird wie beispielsweise die richtige Abfassung der Eingangs- und Schlußklauseln. Schließlich gilt es im Rahmen der sog. Verständlichkeitsprüfung die Vorschrift des § 35 I GGO II zu beachten, wonach Gesetze „sprachlich einwandfrei und soweit wie möglich für jedermann verständlich" gefaßt sein müssen. Ausführlich wird die Rechtsförmlichkeitsprüfung bei Regierungsinitiativen beschrieben von Bülow (in HdbVerfR, § 30, Rdnr. 36 ff.).

im Verhältnis zur Regierung, die ja Initiatorin eines großen Teils der Gesetzesvorhaben ist, „un ruolo di stimolo e di controllo"[345] zugewiesen.

2. Das dezentralisierte Verfahren der „Commissioni in sede deliberante"

Mit ihrer Entscheidung, in bestimmten Fällen das gesamte Gesetzgebungsverfahren einschließlich der Verabschiedung des Gesetzesentwurfes einer parlamentarischen Kommission zu übertragen, hat die verfassungsgebende Versammlung einen auch im europäischen Vergleich[346] außergewöhnlichen Weg beschritten.

Ursprünglich stammt das Institut der gesetzgebenden Ausschüsse aus der faschistischen Ära Italiens; durch dasselbe Gesetz (Nr. 129 aus dem Jahr 1939), das die Ersetzung der Abgeordnetenkammer durch die „Camera dei fasci e delle corporazioni" verfügte[347], wurde die Gesetzgebungskompetenz grundsätzlich[348] den ständigen Ausschüssen übertragen. Auch den Gründern der neuen italienischen Republik erschien die Einrichtung einer „Commissione in sede legislativa" opportun. Unter anderem hoffte man, durch die Vorschrift des Art. 72 III Cost. der bereits damals für die italienische Gesetzgebung typischen Flut von „leggini"[349] zu begegnen. Um die Kapazitäten der Kammern im Bereich der Gesetzgebung zu verstärken und um die „Maschinerie der Gesetzgebung" einfacher und effizienter zu gestalten[350], sollten Gesetzesvorhaben von untergeordneter Bedeutung auch weiterhin in einem Ausschuß verabschiedet werden können, so daß den Kammern ausreichend Gelegenheit blieb, sich mit wichtigen Gesetzesvorhaben selbst auseinanderzusetzen.

In der Praxis hat sich jedoch die ürsprüngliche Intention der Costituente, mit der Schaffung einer legiferierenden Kommisssion die „leggini" und ihre negativen Auswirkungen auf die gesetzgeberische Arbeit des Parlamentes zu bekämpfen,

---

[345] Servizio Studi della Camera dei Deputati I, in Rass. parl. 1998, S. 488, („..eine stimulierende und kontrollierende Rolle..").

[346] Eine vergleichbare Institution existiert lediglich im heutigen Spanien, vgl. Paladin, S.336. Interessant sind die Ausführungen von v. Lucius (AöR, 97 (1972), S. 568 ff.), der das deutsche und das italienische System vergleicht und über die Möglichkeit der Gesetzgebung durch Ausschüsse im deutschen Parlamentsrecht nachdenkt.

[347] Dazu oben, Erstes Kapitel , B, S. 10.

[348] Eine Ausnahme wurde nur für einzelne Gesetze von größerer Bedeutung gemacht, deren Verabschiedung auch weiterhin Aufgabe des Plenums blieb (Paladin, Diritto costituzionale, S. 336).

[349] Hine (Governing Italy, S. 177) weist darauf hin, daß die Gesetzgebungsflut in Italien (auch im Hinblick auf die „Sektorengesetze") ihren Höhepunkt in den Jahren 1910-1930 hatte.

[350] So die Begründung des Abgeordneten Perassi in der verfassungsgebenden Versammlung, zit. nach Paladin, Diritto costituzionale, S. 337.

in das Gegenteil verkehrt[351]. Obwohl das normale Gesetzgebungsverfahren und das dezentralisierte Verfahren des Art. 72 III Cost. verfassungssystematisch in einem „Regel-Ausnahme-Verhältnis" stehen, ist in der Praxis die Verabschiedung eines Gesetzentwurfes durch einen Ausschuß „in sede legislativa" zum Normalfall geworden[352]. Betrachtet man die durch einen legiferierenden Ausschuß verabschiedeten Gesetze, so ist dabei nicht nur der Anteil an „leggini", die einzelne Gruppen oder Personen (finanziell) begünstigen insgesamt, verglichen mit den anderen Verfahrensarten, überproportional hoch[353]. Auch die Ursache für andere Defizite des italienischen Gesetzgebungsprozesses – wie etwa die massive Einflußnahme der Opposition im Gesetzgebungsverfahren und die inflationäre Zunahme der verabschiedeten Gesetze – scheint zum Teil in Struktur und Arbeitsweise der gesetzgebenden Ausschüsse zu liegen.

a) Der Einfluß der Lobbies im dezentralisierten Verfahren

Diese Entwicklung wird vor allem darauf zurückgeführt, daß die gesetzgebenden Ausschüsse sich in der Praxis zum Hauptadressaten der „pressure groups" im Parlament entwickelt haben. Da das Verfahren innerhalb des Ausschusses weniger formalen Zwängen unterworfen ist und die Arbeit dieser Gremien nicht in dem Maße von der Öffentlichkeit verfolgt wird wie die Sitzungen des Plenums[354], werden hier in besonderem Maße Gesetze unter Vermittlung zwischen den unterschiedlichen Interessengruppen nach dem Grundsatz „do, ut des" ausgehandelt[355]. Dabei sind die gesetzgebenden Ausschüsse auch deshalb für Lob-

---

351 Zu den negativen Konsequenzen der Arbeit der gesetzgebenden Ausschüsse auf die italienische Rechtssetzung siehe auch v. Lucius, AöR 97 (1972), S. 587 ff..

352 Cervati, in Comm. Branca, Art. 72, S. 146. So lag der Anteil der im Ausschuß verabschiedeten Gesetze in der I. Legislaturperiode bei 74, 4 %, in der II. und III. bei 76, 3 %, in der IV bei 77, 1 % und in der V. Legislaturperiode bei 77, 6 %. Ab der VI. Legislaturperiode konnte zunächst eine rückläufige Tendenz beobachtet werden; so wurden etwa in der VIII. Legislaturperiode von 1047 Gesetzen nur 340 im Ausschuß, aber 707 im Plenum verabschiedet. Auch in den letzten Jahren war der Anteil der Ausschußgesetze beträchtlich: In der X. Legislaturperiode betrug er 54 %, während er in der nur zwei Jahre dauernden XI. Legislaturperiode immerhin noch bei 30, 8 % lag (Martines, Diritto costituzionale, S. 355). Zu den Zahlen im einzelnen siehe für den Zeitraum von der I. bis zur XI. Legislaturperiode die graphischen Übersichten bei Dickmann (Riv. trim. dir. pubbl., S. 56, 61).

353 Siehe Cantelli/Movia/Mortara, S. 170, 173. Diesen Mißstand beklagt auch Cervati, in Comm. Branca, Art. 72, S. 146; ebenso Martines, Diritto costituzionale, S. 355.

354 Die Öffentlichkeit der Sitzungen wird allerdings grundsätzlich gewahrt durch Art. 33 R.S., 65 R.C.. Danach werden zu den Sitzungen der Ausschüsse „in sede deliberante" stenografische Mitschriften verfaßt. Ferner wird der Öffentlichkeit und der Presse die Möglichkeit gegeben, über entsprechende audiovisuelle Einrichtungen die Sitzungen der legiferierenden Ausschüsse in getrennten Räumlichkeiten zu verfolgen.

355 Cantelli/Movia/Mortara, S. 166.

byisten so attraktiv, weil die Zahl ihrer Mitglieder überschaubar ist, und es sich daher ungleich einfacher gestaltet, die für die Verabschiedung eines bestimmten Gesetzentwurfes erforderliche (Ausschuß-)Mehrheit zu kontaktieren und sie im Sinne der jeweiligen Partikularinteressen zu überzeugen. Erleichtert wird diese Form der Kollusion, also der Absprachen zwischen Parlamentariern und Vertretern von Partikularinteressen, zudem durch die Tatsache, daß sich die Ausschüsse „in sede legislativa" stets nur mit den Gesetzesvorhaben beschäftigen, die in den durch Art. 22 R.S. und Art. 22 R.C. festgelegten sachlichen Zuständigkeitsbereich der „Commissioni permanenti" fallen, langjährige Kontakte zwischen den verschiedenen Interessenvertretern und „ihren" Ausschußmitgliedern also an der Tagesordnung sind. Auch die Abgeordneten selbst, die häufig gerade wegen ihrer Sachkenntnis in einen bestimmten Ausschuß berufen werden, haben sich in der Vergangenheit oft als Schwachstelle im Umgang mit den Lobbyisten erwiesen: Teilweise handelt es sich dabei um ausgewiesene Experten, die bereits lange Jahre auch außerhalb des Parlaments auf diesem einen Gebiet tätig waren und seit dieser Zeit einer bestimmten Interessenvertretung nahestehen[356].
Nach Ansicht von HINE[357] hat letztlich auch die Intention des Art. 72 III Cost., das Plenum durch die gesetzgeberische Arbeit der Ausschüsse zu entlasten, den Mißbrauch des dezentralisierten Verfahren zu lobbyistischen Zwecken gefördert. Gerade weil die Kammern nämlich mit Hilfe der Verlagerung ihrer legislativen Tätigkeit in die Kommissionen die ständig steigende Zahl parlamentarischer Gesetzentwürfe – wenn auch unter Schwierigkeiten – bewältigen könnten, seien in der Vergangenheit alle ernstzunehmenden Reformbemühungen gescheitert, die durch die Abschaffung der formellen Gleichrangigkeit von Regierungsinitiativen einerseits und Gesetzesvorhaben parlamentarischer „Hinterbänkler" andererseits die lobbyistischen Auswüchse im italienischen Gesetzgebungsverfahren begrenzen wollten.

b) Die Stellung der Opposition im Verfahren „in sede deliberante"

Auch ein weiterer Mißstand im italienischen Gesetzgebungsalltag, nämlich die massive Einflußnahme der Opposition bei der Verabschiedung von Gesetzen, wird jedenfalls teilweise dem Verfahren „in sede deliberante" angelastet und für die „Krise der Gesetzgebung" in Italien verantwortlich gemacht. In einem politischen Umfeld, das sich durch schwache, oftmals gespaltene parlamentarische

[356] Zur Einflußnahme der Lobbyisten im dezentralisierten Verfahren siehe auch v. Lucius (AöR 97 (1972), S. 589), der von den Ausschüssen als dem „Tummelplatz der Lobbyisten" spricht.

Mehrheiten und mangelnde Fraktionsdisziplin auszeichnet, erweist sich die Opposition häufig als größter Hemmschuh bei dem Versuch der Regierung, ihr Programm durch adäquate Gesetzgebungstätigkeit umzusetzen. Indem die oppositionellen Kräfte im Parlament wichtige Gesetzesvorhaben blockieren oder aber ihre Verabschiedung an elementare Zugeständnisse und Kompromisse binden, machen sie die Regierung durch das Schreckgespenst der drohenden Handlungsunfähigkeit erpreßbar. Nach Ansicht von PALADIN wird dieses negative Zusammenspiel von Regierung und Opposition durch die Struktur des dezentralisierten Verfahrens gefördert, da die „gesetzgebenden Ausschüsse 'per definizione' den Gesetzen der wechselseitigen Gefälligkeiten und der Kompromisse zwischen Mehrheit und Opposition gehorchen"[358]. In der parlamentarischen Praxis sind daher, so wird kritisiert, die legiferierenden Ausschüsse „für die in der parlamentarischen Arena aktiven politischen Kräfte zum bevorzugten Ort des 'verhandelten Austausches'" geworden[359]. Für PIZZORUSSO ist denn auch, mit Blick auf die italienische Gesetzgebung der vergangenen Jahrzehnte, die gesetzgebende Funktion der Parlamentsausschüsse eine der Hauptursachen dafür, daß „der essentielle Kern des Leitungsrechts der nationalen Politik demjenigen in die Hände gefallen ist, der auf die eine oder andere Weise in der Lage war, seinen eigenen Interessen Geltung zu verschaffen, und oft reichten einige wenige entschlossene und fähige Abgeordnete oder Senatoren aus, um die Regeln der Wirtschafts- und Sozialpolitik des Landes zu bestimmen, während die generellen Interessen der Allgemeinheit fast immer erst an zweiter Stelle standen"[360].

Als besonders wirksames „verfahrenstechnisches" Druckmittel der Regierungsgegner hat sich in diesem Zusammenhang die Regelung des Art. 72 III 2 Cost. (i.V. mit Art. 92 IV R.C., Art. 35 II R.S.) erwiesen, um die Änderung eines Gesetzesvorhabens auch gegen den Willen der Mehrheit durchzusetzen; sie sieht vor, daß neben der Regierung und einem Zehntel der Kammermitglieder auch ein Fünftel der Ausschußmitglieder verlangen kann, daß ein zunächst einem gesetzgebenden Ausschuß übertragenes Gesetzesvorhaben zur Verabschiedung an das Plenum zurücküberwiesen wird[361]. Die Opposition hat damit theoretisch die

---

[357] Hine, in Governing Italy, S. 178.
[358] Paladin, Diritto costituzionale, S. 339.
[359] Di Ciolo/Ciaurro, S. 422.
[360] Pizzorusso, Forma di Stato, S. 219.
[361] Dabei eröffnet Art. 72 III S. 2 Cost. zwei Alternativen der Rückübertragung an das Plenum: Zum einen kann verlangt werden, daß das Gesetzesvorhaben nunmehr in das normale Verfahren des Art. 72 I Cost. übergeht, mit der Folge, daß nunmehr die zuständige Kommission „in sede referente" tätig wird und anschließend die mehrstufige Verabschiedung im Plenum erfolgt; zum anderen kann lediglich die Schlußabstimmung dem Plenum übertragen werden, wobei die Abgeordneten zwar Erklärun-

Möglichkeit, die gesamte gesetzgeberische Arbeit der Kammern zu blockieren, indem sie bei sämtlichen Gesetzentwürfen, die einer „Commisssione in sede deliberante" zur Entscheidung übertragen werden sollen, die Überweisung an das Plenum veranlaßt[362]. Da die Kammerpräsidenten grundsätzlich bei „Gesetzesvorhaben, die nicht von besonderer allgemeiner Bedeutung sind"[363] die Verabschiedung im Ausschuß veranlassen, zentrale Gesetzesprojekte aber im Plenum verabschiedet werden sollen[364], würde besonders die Regierung, die in der Regel die Initiatorin der „großen" Gesetzgebung ist, unter einer solchen, von der Opposition künstlich geschaffenen Überlastung der Kammern leiden.

Zudem wird durch diese sogenannte „rimessione in aula" das gesamte Verfahren erheblich in die Länge gezogen[365]; besonders gegen Ende einer Legislaturperiode dürfte die Regierung daher zu inhaltlichen Konzessionen bei der Verabschiedung eines Gesetzes im dezentralisierten Verfahren bereit sein, um sich der „Gegenleistung" der Opposition, nämlich des Verzichts auf die Rückübertragung an das Plenum zu versichern und so den ansonsten drohenden Verfall des Gesetzesvorhabens abzuwenden[366].

gen zur Abstimmung („dichiarazioni di voto") abgeben können, Änderungen der Vorlage aber nicht mehr möglich sind. Tosi (Diritto parlamentare, S. 288, Fn. 11) weist darauf hin, daß seit dem Inkrafttreten der Verfassung von dieser zweiten Alternative noch nie Gebrauch gemacht worden ist; nach seiner Auffassung ist dieses Verfahren denn auch „dazu bestimmt unangewendet zu bleiben, weil es politisch fruchtlos ist", wenn sich innerhalb des Ausschusses Meinungsverschiedenheiten zwischen den einzelnen Gruppierungen offenbart haben und der Wille vorhanden ist, den Gesetzentwurf abzuändern.

362 Hine, Governing Italy, S. 178; Paladin, Diritto costituzionale, S. 339. Nach Einschätzung von De Vergottini (Diritto costituzionale, S. 468) ist „das Risiko der Rückübertragung eines Gesetzentwurfes an das Plenum fast immer die Triebfeder zu Kompromissen zwischen der Regierung und der Mehrheit auf der einen Seite und der Opposition auf der anderen Seite."

363 So sieht es für die Abgeordnetenkammer ausdrücklich Art. 92 I 1 R.C. vor.

364 Martines, Diritto costituzionale, S. 356 weist allerdings darauf hin, daß in der Praxis diese Vorgabe für die Zuweisung von Gesetzentwürfen kaum beachtet wird und weiterhin „alles" im Ausschuß verabschiedet wird. Laut Martines ergibt sich ferner aus der Vorgabe, „Gesetzesvorhaben, die von besonderer allgemeiner Bedeutung sind" im Plenum zu verabschieden, daß grundsätzlich nur „Gesetzesvorhaben von allgemeiner Bedeutung" (und damit nicht die berüchtigten Sektorengesetze) den Ausschüssen zu übertragen sind. Diese „Bremsfunktion" gegenüber den „leggini" habe sich aber ebenfalls nicht realisiert.

365 Wird ein Gesetzentwurf an das Plenum zurücküberwiesen, so muß dieser nämlich erst in das Arbeitsprogramm bzw. den Sitzungskalender der Kammer aufgenommen werden.

366 Laut Mortati, Istituzioni Bd. 2, S. 748, gründet sich der Verzicht der Opposition auf die Rückübertragung eines Gesetzentwurfes an das Plenum oft auf „accordi sottobanco fra maggioranza e opposizione" (auf „in Hinterzimmern" geschlossene Abmachungen zwischen Mehrheit und Opposition).

c) Dezentralisiertes Gesetzgebungsverfahren und „Gesetzesinflation"

Schließlich wird das Verfahren „in sede legislativa" auch für die bereits zu Beginn des Abschnitts angesprochene „Gesetzesinflation" in Italien verantwortlich gemacht.
Nach Ansicht der Kritiker[367] des dezentralisierten Verfahrens hat die mit der Schaffung der legiferierenden Ausschüsse vollzogene Aufsplitterung des Legislativorgans Parlament in zahlreiche „parlamentini"[368] die Koordination der Gesetzgebung in Übereinstimmung mit dem Regierungsprogramm erschwert. Da die einzelnen Ausschüsse weitgehend unabhängig voneinander legiferieren, leidet die Systematik der Gesetzgebung; es besteht die Gefahr, daß die Regierungspolitik durch eine Vielzahl von einzelnen Gesetzen nur fragmentarisch und unkoordiniert realisiert wird[369].
Hinzuweisen ist in diesem Zusammenhang ferner auf die sogenannte „amministrativizzazione della legge", eine weitere Besonderheit im italienischen Gesetzgebungsalltag, die ebenfalls als Ursache der unkoordinierten und qualitativ schlechten Gesetzgebung in Italien genannt wird.
Dieser Begriff bezeichnet die Tatasache, daß in Italien der Gesetzgeber eine bestimmte Materie häufig auch dann durch Gesetz („legge ordinaria") regelt, wenn die zu treffende Regelung eigentlich bloßen Verwaltungscharakter hat; statt jedoch im Wege der Verordnung tätig zu werden, wird ein sogenanntes Maßnahmegesetz („legge-provvedimento")[370] erlassen, das bei jeder Änderung der zu-

---

367 Etwa Mortati, Istituzioni, Bd. 2, S. 746 ff..
368 Mortati, Istituzioni, Bd. 2, S. 747. Die Abgeordnetenkammer verfügt über vierzehn „Commissioni permanenti" (Art. 22 R.C.), im Senat sind dreizehn ständige Kommissionen vorgesehen (Art. 22 R.S.), die alle „in sede deliberante" tätig werden können.
369 Mortati, Istituzioni, Bd. 2, S. 748.
370 Der politische Liberalismus des 19. Jahrhunderts forderte von einem Gesetz, daß es „entweder in abstrakter Situationsunabhängigkeit die Rechte und Pflichten des einzelnen festzulegen oder der Verwaltung durch eine abstrakte Ermächtigung die Grundlage für die Entscheidung über den Einzelfall zu geben", d.h. allgemein zu sein habe. In der heutigen Zeit ist es für die wirtschaftslenkende und sozialgestaltende Gesetzgebung des modernen Staates nicht ungewöhnlich, daß ein Gesetz wie eine „Maßnahme" der Exekutive eine bestimmte Situation selbst zu gestalten sucht. Ausgehend von dieser Konzeption ist der Begriff des Maßnahme-Gesetzes für solche Gesetze geprägt worden, die dem Leitbild der „Allgemeinheit des Gesetzes" nicht genügen (so Badura, Staatsrecht, Kap. F, Rdnr. 8). Beispiele zur italienischen „legge-provvedimento" bringt Paladin (Diritto costituzionale, S. 164). Nach dem Urteil vom 13. Mai 1957, Nr. 60 der „Corte costituzionale" ist die Praxis der Maßnahmegesetze verfassungsgemäß (dazu im einzelnen Paladin, ebda). Auch in Deutschland wird das „Maßnahme-Gesetz" als eine „durch die sozialen Staatsaufgaben bedingte und deswegen nicht als irregulär zu brandmarkende Erscheinungsform heutiger Gesetzgebung" hingenommen (Badura, Staatsrecht, Kap. F, Rdnr.8). „Hochkonjunktur" hatte das Maßnahmegesetz bereits zu Zeiten der Weimarer Republik. Dabei galt es innerhalb der h.L. als „selbstverständlich, daß der Reichstag mit seinen Gesetzen nicht nur im engeren Sinne Recht setzen, sondern auch situationsbezogen Innen-, Wirtschafts- und Sozial-

grundeliegenden Verhältnisse wiederum ein formelles Gesetz nötig macht. Mitursächlich für dieses Phänomen soll dabei zum einen der Umstand sein, daß die Ausschüsse als spezialisierte Gremien mit einer überschaubaren Mitgliederzahl im Gegensatz zum Plenum in der Lage seien, über technische Detailfragen zu entscheiden[371]. Diese Befähigung führe erfahrungsgemäß dazu, daß die Ausschußmitglieder sich nicht darauf beschränkten, nur die Grundprinzipien und Rahmenvorgaben der Regelung in dem Gesetzestext festzulegen, sondern auch weitergehende technische Detailprobleme in den Gesetzentwurf einbrächten[372]. Im übrigen, so wird argumentiert, sei dieses Ausufern der formellen Gesetzgebung im Bereich des materiellen Verwaltungsrechts nur deshalb möglich, weil durch das dezentralisierte Verfahren die Kapazität der Legislative enorm gesteigert worden sei und nur aus diesem Grund die große Zahl der Maßnahmegesetze vom Parlament überhaupt bewältigt werden könne.

Um dieser legislativen „Überregulierung" auch von Seiten der gesetzgebenden Ausschüsse Einhalt zu gebieten, ist in den vergangenen Jahren allerdings verstärkt auf die sogenannte „delegeficazione", das heißt die Ermächtigung der Regierung zum Erlaß von Verordnungen[373], zurückgegriffen worden. Die in Art. 17 II Gesetz Nr. 400/1988 enthaltene allgemeine Ermächtigung zugunsten der Regierung sowie die mit Gesetz Nr. 59/1997 vorgesehene Verabschiedung eines jährlichen „Gesetzes zum Erlaß von Verordnungen" („legge annuale di delegeficazione") zeigen das Bemühen des italienischen Gesetzgebers, das bedrohliche Ausmaß, das die vor allem in den gesetzgebenden Ausschüssen praktizierte „amministrativizzazione della legge" angenommen hat, einzuschränken.

---

politik betreiben durfte" (so Mußgnug, Parlament, Regierung und Verwaltung, S. 318; Beispiele für Maßnahmegesetze in Weimar nennt Huber, Bd. VI, S. 416 ff.)

371 Fontana, Die Gesetzgebung in Italien, S. 85.

372 Für Partsch (VVDStRL 16 (1958), S. 82) bedeutet das italienische Verfahren „in sede deliberante" im Ergebnis eine „Kapitulation der politischen Funktionen des Parlaments vor dem fachlichen Spezialistentum". Kritik zum Ablauf des deutschen Gesetzgebungsverfahrens äußert hingegen Herzog (Staat und Recht, S. 107), wenn er im Hinblick auf die „Gesetzesflut" schreibt, daß „in manchen Parlamentsausschüssen ein Perfektions- und Systematisierungstrieb herrscht, der im besseren Falle zum Kopfschütteln zwingt und im schlechteren Falle Blüten von parkinsonscher Lächerlichkeit treibt. Jeder, der mit solchen Gremien vertraut ist, kennt doch wohl die Szenen, in denen während einer ganz vernünftigen Beratung jemand das Wort ergreift und mit gewichtiger Stimme auf ein Randproblem hinweist, daß bei dieser Gelegenheit unbedingt noch geregelt werden müsse. Wenn in einer solchen Lage auch nur ein einziger ähnlich gewichtig mit dem Kopf nickt, ist das Malheur meist schon passiert – und wenn ein Unterausschuß oder gar eine Projektgruppe eingesetzt werden muß."

373 Diese Regierungsverordnungen („regolamenti del Governo") stehen in der Normenhierarchie unter den einfachen Gesetzen. Darin unterscheiden sie sich von den gesetzesvertretenden Verordnungen („decreti-legislativi"), die von der Regierung auf der Grundlage eines Delegationsgesetzes i.S. des Art. 76 Cost. („legge di delega") erlassen werden. Ausführlich zur „delegeficazione", Barile/Cheli/Grassi, S. 385 ff..

V. Die Reformen der „Regolamenti Parlamentari" und ihre Folgen für das Gesetzgebungsverfahren

„L`ostruzionismo", das heißt das Ausschöpfen aller verfahrensrechtlichen Möglichkeiten, um den parlamentarischen Entscheidungsprozeß zu verlangsamen, hat im italienischen Parlamentarismus eine lange Tradition[374]. Erstmals um die Jahrhundertwende im Abgeordnetenhaus praktiziert, wird der Obstruktionismus in den achtziger Jahren in der parlamentarischen Auseinandersetzung zwischen Regierung und Opposition systematisch von den Minderheiten instrumentalisiert[375], um Entscheidungen der Mehrheit zu blockieren. Neben den Redebeiträgen einzelner Abgeordneter, die „fino al limite della resistenza fisica"[376] in die Länge gezogen werden, dienen der Opposition vor allem unzählige Änderungsanträge dazu, das Gesetzgebungsverfahren zu verzögern; als weitere Taktik der Opposition etabliert sich der häufige Rückgriff auf qualifizierte Abstimmungen („votazioni qualificate"), die automatisch die Feststellung der Beschlußfähigkeit des Plenums nach sich ziehen und – für den Fall, daß das erforderliche Quorum nicht anwesend ist – die Vertagung der Sitzung zur Folge haben[377]. Als während der Plenardebatte über ein Gesetz zur Wahl der Regionalräte die Opposition von November 1967 bis Februar 1968 die Arbeit des Senats durch obstruktionistisches Verhalten völlig paralysiert[378], wird deutlich, daß in die Geschäftsordnungen des italienischen Parlaments („Regolamento della Camera dei deputati" und „Regolamento del Senato") adäquate „techniche antiostruzionistiche" Eingang finden und die in den „Regolamenti" zugunsten der parlamentarischen Minderheiten verankerten umfassenden verfahrensrechtlichen Garantien beschränkt werden müssen. Die Reformen der „Regolamenti parlamentari", die in den Jah-

---

[374] Zur Geschichte des Obstruktionismus siehe Bertolini, in Enc. Dir., Bd. XXXI (1981), Stichwort: „Ostruzionismo parlamentare", S. 476 ff..

[375] Das Phänomen des „ostruzionismo" verschärft sich erheblich mit dem Einzug einer kleinen Gruppe von Abgeordneten des „Partito radicale" im Jahr 1976 (Di Ciolo/Ciaurro, S. 471).

[376] De Caro Bonnella, Quad. cost. 1991, S. 293, („bis zur Grenze körperlichen Widerstandes").

[377] Als Konsequenz der oppositionellen Taktik, durch mangelnde Anwesenheit die Beschlußunfähigkeit der Kammer herbeizuführen und dadurch eine Sitzung „zu sprengen", ist im Zuge der Reform 1997 in die Geschäftsordnung des Abgeordnetenhauses die Vorschrift des Art. 48-bis aufgenommen worden, die in Absatz 1 die Pflicht der Abgeordneten, an der Arbeit der Kammer teilzunehmen, ausdrücklich feststellt und für den Fall der unentschuldigten Abwesenheit mit dem anteiligen Abzug der Sitzungsspesen droht (Abs. 3). Für den Senat ist die Pflicht der Senatoren, an der Arbeit des Plenums und der Ausschüsse teilzunehmen, in Art. 1 II R.S. festgehalten. Für Manzella, in Manuale, S. 139, ist die Abwesenheit einzelner Abgeordneter oder ganzer Fraktionen aber nach wie vor die „typische Waffe" der Opposition.

[378] Den Vorgang beschreibt De Caro Bonella (Quad. cost. 1991, S. 292 f.). Bei ihr (ebda, S. 293) findet sich auch ein Zitat des Senatspräsidneten Zelioli Landini, der für die Senatoren auf ihrem Weg zu den zahlreichen (Zwischen)Abstimmungen in diesem Verfahren das Bild von den „muli intorno alla macina" wählt, den Mauleseln, die gezwungen sind, rund um den Mühlstein zu laufen.

ren zwischen 1971 und 1990 (und für die Abgeordnetenkammer zuletzt 1997) unter dem Eindruck dieser oppositionellen Blockadepolitik ins Leben gerufen wurden, haben den parlamentarischen Entscheidungsprozeß entscheidend gestrafft und gleichzeitig die Stellung der Regierung im Verhältnis zum Parlament gestärkt; als besonders einschneidend haben sich die Neuerungen in den Geschäftsordnungen von Abgeordnetenkammer und Senat dabei für das Gesetzgebungsverfahren erwiesen[379].

1. „Programmazione dei lavori" und Reorganisation der parlamentarischen Arbeit

Im Mittelpunkt der Überlegungen stand dabei zunächst die Erkenntnis, daß die Organisation der parlamentarischen Arbeit von entscheidender Bedeutung für das effiziente Zusammenspiel von Regierung und Parlament ist[380]. Bis dahin hatte das parlamentarische System Italiens die Kammern stets als „padrone del proprio ordine del giorno"[381] aufgefaßt und ihnen bei der Gestaltung ihres Sitzungskalenders weitgehende Autonomie garantiert. Vor dem Hintergrund der verheerenden Folgen des „ostruzionismo" überwog jedoch die Einsicht, daß die den Kammern garantierte Eigenständigkeit im Zusammenhang mit einer ande-

---

[379] Die genannten Reformen haben die Geschäftsordnungen der Kammern grundlegend modifiziert. Es würde jedoch im Rahmen der vorliegenden Arbeit zu weit führen, die verschiedenen Reformen mit ihren zahlreichen Änderungen in allen Einzelheiten zu untersuchen; die Verf. beschränkt sich daher auf die Diskussion einiger ausgewählter Neuerungen. Die Reformen der „Regolamenti" werden aber ausführlich analysiert von De Caro, in Martines/De Caro/Lippolis/Moretti, S.175 ff. sowie in Quad. cost. 1991, S. 291 ff..

[380] Manzella (in Manuale, S. 129) bezeichnet die Organisation der parlamentarischen Arbeit als „Prüfstein für die Reife eines parlamentarischen Systems".

[381] Manzella (in Manuale, S. 129). Di Ciolo/Ciaurro weisen darauf hin, daß das Parlament auch in anderen parlamentarischen Demokratien nicht uneingeschränkt „Herr über die eigene Tagesordnung" ist. So beschränkt sich etwa in Großbritannien der „speaker" (Parlamentspräsident) darauf, das Programm umzusetzen, das ihm vom „leader of the house", der gleichzeitig Fraktionsführer und Regierungsmitglied ist, vorgegeben wird. Im Frankreich der V. Republik wird die Tagesordnung der Kammern ebenfalls stark durch die Regierung beeinflußt: So muß die Tagesordnung der Kammern vorrangig und in der von der Regierung festgelegten Reihenfolge die Gesetzesvorhaben enthalten, die entweder von der Regierung selbst eingebracht worden sind oder von dieser unterstützt werden. Die Tagesordnung des deutschen Bundestages wird gem. § 20 I GOBT grundsätzlich im Ältestenrat vereinbart und gilt, sofern kein Widerspruch erfolgt, mit Aufruf des ersten Tagesordnungspunktes als festgestellt. Dabei enthält § 20 IV GOBT lediglich ein „Privileg" zugunsten der Abgeordneten; ihre Vorlagen „müssen auf Verlangen der Antragsteller auf die Tagesordnung der nächsten Sitzung gesetzt und beraten werden, wenn seit der Verteilung der Drucksache (§ 123) mindestens drei Wochen vergangen sind." Die Bundesregierung selbst hat jedoch über die Bundestagsmehrheit, die sich auch in der Besetzung des Ältestenrats niederschlägt (vgl. §§ 6 I i.V. mit § 12 GOBT), hinreichenden Einfluß auf die Behandlung ihrer Vorlagen (so Bryde, in v.Münch/Kunig, Art. 76, Rdnr. 4). Dazu bereits oben, III, 2, a, S. 58, Fn. 259.

ren, viel zentraleren Garantie des Parlamentarismus gesehen werden müsse, nämlich dem Recht der Regierung zu regieren und dabei auch das gesamte gesetzgeberische Programm umzusetzen. Aufgabe der parlamentarischen Geschäftsordnungen sollte es nunmehr sein, vor allem durch die Reorganisation des Geschäftsganges der Kammern einen Ausgleich zwischen diesem Primat der Regierung einerseits und den Rechten der Opposition andererseits zu schaffen[382].

a) Die Reformen der Geschäftsordnung des Senats

Diesem Postulat wird im Senat erstmals mit der Reform des „Regolamento del Senato" im Jahr 1971 Rechnung getragen, die dem parlamentarischen Obstruktionismus nach Ansicht von Beobachtern „un sistema immunitario più difficile da eludere"[383] entgegensetzt.

Dabei stützte sich die Organisation der parlamentarischen Arbeit nunmehr im wesentlichen auf zwei Grundpfeiler, nämlich zum einen auf das Prinzip der „programmazione", der Programmgestaltung, und zum anderen auf den Grundsatz der „unanimità", der Einstimmigkeit in der „Conferenza dei Capigruppo" („Konferenz der Fraktionsführer“), die die Entscheidung über Arbeitsplan und Sitzungskalender zu treffen hatte. Durch eine systematische Programmgestaltung sollte die Arbeit des Senats langfristig mit der „nationalen Wirtschaftsplanung" („programmazione dell`economia nazionale“[384]) und darin eingebettet, mit der Politik der Regierung koordiniert werden. Das Erfordernis der Einstimmigkeit bei der Entscheidung über das Programm und den Sitzungskalender der Kammer zielte hingegen darauf ab, alle parlamentarischen Fraktionen in die Entscheidungsfindung verantwortlich einzubinden und letztlich einen Ausgleich zwischen den programmatischen Bedürfnissen von Regierung und parlamentarischer Mehrheit einerseits und der Opposition andererseits herbeizuführen.

---

[382] Dabei wird die autonome Programmgestaltung der Kammern jedoch nicht völlig aufgehoben. So kann etwa das Abgeordnetenhaus mit Dreiviertelmehrheit auch zu Beginn beziehungsweise während einer Sitzung einen neuen Tagesordnungspunkt beschließen (Art. 27 II R.C.).

[383] De Caro Bonnella, Quad. cost. 1991, („ein Abwehrsystem, das schwieriger zu umgehen ist").

[384] Die Idee, ein nationales Wirtschaftsprogramm zu schaffen, geht auf das Jahr 1965 zurück; in diesem Jahr wurde auch das „Comitato interministeriale per la programmazione economica" (CIPE) gegründet. Aufgabe des CIPE ist es, die Richtlinien der nationalen Wirtschaftspolitik zu bestimmen und die Grundzüge für die Ausarbeitung des nationalen Wirtschaftsprogrammes sowie die konzeptionellen Rahmenbedingungen des „progetto di bilancio", des Haushaltsentwurfes, vorzugeben; dabei steht diese Tätigkeit des CIPE unter dem Vorbehalt der letztlich verbindlichen Entscheidungen des Ministerrates (siehe dazu auch Paladin, Diritto costituzionale, S. 422 ff.).

Auch die heutige Fassung der Geschäftsordnung des Senats hält an der Methode der Programmgestaltung, mit der das Arbeitsprogramm der Kammer gem. Art. 53 I R.S. mittlerweile für eine zweimonatige Sitzungsperiode beschlossen wird und an der einstimmigen Entscheidung der „Conferenza dei Capigruppo" fest; der zur Entscheidung gestellte Programmentwurf wird dabei gem Art. 53 III R.S. vom Senatspräsidenten erarbeitet und berücksichtigt in seinem Inhalt „le priorità" der Regierung, das heißt die von der Regierung gesetzten sachlichen Schwerpunkte[385] sowie entsprechende Vorschläge der Fraktionen. Für den Fall, daß die gemeinsame Entscheidung der Fraktionsführer nicht zustandekommt, obliegt es dem Präsidenten der Kammer, einen Programmentwurf für eine Woche („schema dei lavori") auf der Basis der Empfehlungen der Fraktionsführerkonferenz dem Plenum vorzulegen, das dann über eventuelle Änderungen entscheidet (Art. 54 I R.S.). Diese Befugnis des „Presidente del Senato" ist dabei nur ein Indiz für das zentrale Bestreben der „Regolamenti parlamentari", die Position des Kammerpräsidenten zu stärken, um der traditionell weitreichenden Zersplitterung der parlamentarischen Gruppierungen entgegenzuwirken[386].
Parallel zur inhaltlichen Programmgestaltung wird seit 1971 mit Hilfe des durch die „Conferenza dei Capigruppo" beschlossenen Sitzungskalenders[387], der Anzahl und Datum der für jeden Programmpunkt angesetzten Sitzungen jeweils für einen Monat aufführt[388] („calendario dei lavori", Art. 55 R.S.), auch der zeitliche Ablauf der parlamentarischen Arbeit („organizzazione dei tempi") geregelt. Die Geschäftsordnungen beider Häuser hatten ursprünglich die Rechte des einzelnen Abgeordneten, an der Diskussion im Plenum durch eigene Redebeiträge teilzunehmen, kaum reglementiert[389], so daß regelmäßig gerade im Gesetzgebungs-

---

[385] Ein Vertreter der Regierung nimmt zudem gem. Art. 53 III 1 R.S. an der Konferenz der Fraktionsführer teil.

[386] Die Rolle der Kammerpräsidenten beschreibt ausführlich Longi, Elementi, S. 95 ff..

[387] Wird der Sitzungskalender einstimmig angenommen, so ist er definitiv und wird dem Plenum übermittelt; andernfalls entscheidet das Plenum über die vorgebrachten Änderungsvorschläge (Art. 55 III R.S.).

[388] Die Tagesordnung der einzelnen Sitzungen wird gem. Art. 56 II R.S. auf der Grundlage des Sitzungskalenders oder des sog. „schema dei lavori", des vom Senatspräsidenten gem. Art. 54 R.S. vorgelegten einwöchigen Arbeitsentwurfes festgelegt. Art. 83 R.S. stellt klar, daß der Senat grundsätzlich (mit Ausnahme der Fälle des Art. 56 IV, 151 R.S.) nicht über Themen beraten oder beschließen kann, die nicht auf der Tagesordnung der Sitzung stehen.

[389] Dies galt vor allem für die vorrepublikanische Zeit. Die Geschäftsordnungen der Kammern zur Zeit des Statuto Albertino sahen weder eine Begrenzung der Zahl der Redner vor, die zu einem bestimmten Programmpunkt Stellung nehmen können, noch wurden die einzelnen Redebeiträge zeitlich beschränkt. Stattdessen kam das Verfahren der „chiusura" häufig zur Anwendung, mit dem die Kammern im Wege der Abstimmung eine Diskussion für beendet erklären konnten. Die Möglichkeit der „Chiusura della discussione" besteht auch in der aktuellen Geschäftsordnung der Kammern, und zwar gem. Art 99 III R.S. für den Fall, daß für die Diskussion entweder keine Zeitbegrenzung vorgegeben war oder diese überschritten wurde. Gem. Art. 99 IV R.S. kann allerdings auch nach der Entscheidung

verfahren der für die Behandlung eines bestimmten Gesetzentwurfes veranschlagte Zeitrahmen überschritten wurde. Damit die vorgesehenen Termine und Fristen auch eingehalten werden konnten, eröffnete die Geschäftsordnung nunmehr die Möglichkeit, die nach dem Sitzungskalender für die Diskussion eines bestimmten Tagesordnungspunktes zur Verfügung stehende Redezeit an die einzelnen, im Parlament vertretenen Fraktionen entsprechend der Fraktionsstärke aufzuteilen („contingentamento dei tempi")[390]; mit einer weiteren Reform im Jahr 1981 wird dieses Verfahren zur Regel (vgl. Art. 55 V R.S.). Ferner sind heute auch die einzelnen Redebeiträge der Abgeordneten im Plenum strengen Zeitvorgaben unterworfen[391], während gleichzeitig im Rahmen der Diskussion der Kammer grundsätzlich jeder Senator nur ein einziges Mal das Wort ergreifen kann (Art. 86 R.S.) und darüber hinaus in vielen Fällen[392] nur noch einem Mitglied pro Fraktion die Gelegenheit zur Stellungnahme eingeräumt wird Dieses Prinzip der „begrenzten Debatte" („dibattito limitato") beeinflußt auch die Phase des Gesetzgebungsverfahrens, die der Diskussion der einzelnen Artikel des Gesetzentwurfes gewidmet ist, da hier für jeden Senator nur noch eine Wortmeldung pro Artikel – unabhängig von der Zahl der von ihm eingebrachten Änderungsanträge – zulässig ist (Art.100 IX 1 R.S.)[393]. Die übrigen Voraussetzungen der „presentazione degli emendamenti" (Einbringen der Änderungsan-

---

der Kammer für die „chiusura" für jede Fraktion, die bis dahin noch nicht Stellung genommen hat, ein Senator das Wort ergreifen; eine ähnliche Regelung enthält die Geschäftsordnung des Abgeordnetenhauses, die in Art. 44 II R.C. festlegt, daß nach dem Schluß der Diskussion noch ein Redner je Fraktion das Wort ergreifen kann (Manzella, in Manuale, S. 141).

[390] Gem. Art. 55 VI R.S. trifft die „Conferenza dei Capigruppo" die Entscheidung darüber, wieviel Redezeit die einzelnen Fraktionen pro Programmpunkt erhalten; gleichzeitig legt sie bereits den Termin für die Abstimmung fest. Die Redezeit wird in beiden Kammern grundsätzlich auf der Grundlage der Fraktionsgröße zugeteilt. In der jüngsten Praxis hat sich jedoch gezeigt, daß auch das politische Interesse der Fraktionen an dem jeweiligen Verfahren von Bedeutung ist: So haben bereits mehrfach Fraktionen, die der parlamentarischen Mehrheit angehörten und im Einzelfall ein gesteigertes Interesse daran hatten, daß das laufende Gesetzgebungsverfahren möglichst schnell abgeschlossen wird, eine Begrenzung ihrer Redezeiten zugunsten der Opposition akzeptiert (so Manzella, in Manuale, S. 130). Hat eine Fraktion die ihr zugeteilte Redezeit ausgeschöpft, so darf ihr nicht mehr das Wort erteilt werden. Allerdings kann gem. Art. 84 I R.S. den Senatoren, deren Standpunkt von dem der Fraktion abweicht, das Wort erteilt werden, ohne daß dieser Beitrag auf die Redezeit der Gesamtfraktion angerechnet wird.

[391] Die Dauer der einzelnen Redebeiträge in der parlamentarischen Debatte darf gem. Art. 89 I R.S. zwanzig Minuten nicht überschreiten; darüber hinaus gibt es aber noch einige spezielle Vorschriften. So dürfen etwa gem. Art. 84 V R.S. Senatoren, die Erklärungen und Mitteilungen abgeben oder Anfragen stellen wollen, die nicht auf der Tagesordnung stehen, mit Genehmigung des Senatspräsidenten höchstens zehn Minuten sprechen. Gleiches gilt für die Redner, die zum Antrag auf Ergänzung oder Änderung des Sitzungskalenders Stellung nehmen wollen (Art. 55 VII R.S.). Weitere Zeitbeschränkungen sehen beispielsweise Art. 55 III, Art. 151-bis IV, V, 149 II, 156 II R.S. vor.

[392] Beispielhaft können hier genannt werden Art. 53 IV, V; 77 I, II; 99 II, III R.S.

[393] Art. 100 IX 1 R.S. stellt klar, daß für sämtliche, zu einem bestimmten Artikel vorgebrachte Änderungsanträge nur eine einheitliche Diskussion stattfindet.

träge) und die Phase der „votazione degli emendamenti", der Abstimmung über die Änderungsanträge, wurden im Zuge der Reformen ebenfalls neu geregelt, um eine effektive und zügige Diskussion beziehungsweise Abstimmung im Gesetzgebungsverfahren zu gewährleisten. So müssen die Änderungsanträge grundsätzlich mindestens vierundzwanzig Stunden vor Beginn der Sitzung, in der der zu ändernde Artikel behandelt wird, schriftlich beim Präsidium des Senats eingereicht werden[394]; diese Frist gilt nur dann nicht, wenn der Änderungsantrag von der Regierung oder dem am Gesetzgebungsverfahren beteiligten Ausschuß stammt (Art. 100 VI R.S.). Parallel dazu wird die Abstimmung über „emendamenti" und „subemendamenti"[395] entscheidend systematisiert: Gemäß Art. 102 II R.S. sind nunmehr zunächst die Änderungsanträge zu bescheiden, die den betreffenden Gesetzartikel gänzlich aufheben[396]; danach folgt die Abstimmung über die übrigen Anträge, die – beginnend mit dem Änderungsvorschlag, der sich am weitesten von der ursprünglichen Fassung entfernt – der Reihe nach zur Entscheidung gestellt werden (Art. 102 II R.S.)[397].
Insgesamt sind mit den dargestellten Reformen des „Regolamento del Senato" wesentliche Instrumente des „ostruzionismo" bekämpft worden, mit deren Hilfe die Opposition die Umsetzung der parlamentarischen Programmgestaltung, und damit letztlich auch des Regierungsprogramms, nachhaltig behindert hatte. In ihrer Analyse der Reformen des „Regolamento del Senato" kommt DE CARO BONNELLA denn auch zu dem Schluß, daß der parlamentarische Obstruktionismus in den vergangenen zwanzig Jahren im Senat nie den Punkt „di intensa

[394] Gem. Art. 100 IV R.S. kann unbeschadet dieser Frist ein Antrag bis eine Stunde vor Sitzungsbeginn vorgebracht werden, wenn er von mindestens acht Senatoren unterschrieben ist. Steht ein solcher Antrag darüber hinaus in Verbindung mit einem bereits eingebrachten oder bereits verabschiedeten Antrag, so kann er noch während der laufenden Sitzung eingebracht werden (Art. 100 V R.S.). Hinzuweisen ist an dieser Stelle kurz auf die Befugnis des Senatspräsidenten aus Art. 100 VIII R.S.. Dieser kann nämlich, durch unanfechtbaren Beschluß, entscheiden, daß zum einen Änderungsanträge, die keine wirkliche Änderung bringen, nicht zugelassen werden und zum anderen, daß bloß formale Änderungsanträge im Verfahren nach Art. 103 R.S. („Correzioni di forma e coordonamento finale") behandelt werden. Gem. Art. 103 R.S. können nämlich der Senatspräsident, der Vertreter der Regierung oder jeder einzelne Senator vor Beginn der Schlußabstimmung auf formale Korrekturen hinweisen, die die Form und die Koordinierung des Gesetzentwurfes betreffen. Zum Zweck des „coordinamento finale" kann die Schlußabstimmung in diesem Fall verschoben und der Entwurf erneut an den Ausschuß überwiesen werden (Art. 103 II R.S.).

[395] Der Begriff „subemendamenti" bezeichnet die Änderung eines Änderungsantrages; gem. Art. 102 III R.S. wird im Rahmen der Abstimmung zunächst über „subemendamenti" und erst anschließend über den ursprünglichen Änderungsantrag abgestimmt.

[396] Wird nur ein einziger Änderungsantrag vorgebracht, der auf die Aufhebung des Artikels zielt, so wird über die Beibehaltung der ursprünglichen Fassung abgestimmt.

[397] Gem. Art. 97 R.S. kann im übrigen der Senatspräsident nunmehr verbindlich Änderungsanträge, die unzureichend formuliert oder sachfremd sind oder aber im Widerspruch zu bereits getroffenen Entscheidungen der Kammer stehen, zurückweisen.

drammaticità" erreicht habe; die Regierung, so schreibt sie weiter, habe vielmehr im Senat „una solida sponda istituzionale"[398] gefunden.

b) Die Reformen der Geschäftsordnung der Abgeordnetenkammer

Im Abgeordnetenhaus erwies sich der Kampf gegen die „techniche ostruzionistiche" der Opposition[399] als ungleich schwieriger. So wurde auch hier mit Art. 23, 24 R.C. a.F. bereits 1971 das System der „programmazione dei lavori parlamentari" im Abgeordnetenhaus eingeführt, die das Arbeitsprogamm der Kammer festlegen und für seine pünktliche Umsetzung im Sitzungskalender Sorge tragen sollte. Die Entscheidung über die Programmgestaltung oblag, ebenso wie im Senat, der „Conferenza dei Capigruppo", die diesen Beschluß einstimmig treffen mußte. In der Praxis gestaltete es sich allerdings äußerst schwierig, auf dieser Grundlage das Arbeitsprogramm zu verabschieden, da die erforderliche Einstimmigkeit nur selten erreicht wurde und – anders als in der zweiten Kammer – der Präsident der Abgeordnetenkammer in diesem Fall lediglich die Tagesordnung des nächsten Sitzungstages bekanntgeben konnte, die dann vom Plenum angenommen wurde. Ideologische und programmatische Meinungsverschiedenheiten zwischen den einzelnen parlamentarischen Fraktionen führten in dieser Periode dazu, daß die Kammer überwiegend ohne Programm und Sitzungskalender arbeiten und die Tagesordnung der Sitzungen Tag für Tag festlegen mußte[400]. Erst die weitere Reform 1981[401], die für den Fall, daß eine ein-

[398] Quad. cost. 1991, S. 29, („ein solides, institutionelles Ufer"). Nach Ansicht von De Caro Bonnella zeigt sich der Erfolg im Kampf gegen den Obstruktionismus im Senat unter anderem daran, daß in den zwei Jahren nach der Reform 1988 kein einziges „decreto-legge" an der sechzigtägigen Frist, die Art. 77 III Cost. für die Verabschiedung des Konversionsgesetzes vorsieht, gescheitert ist. Daß an den Vorgaben des Sitzungskalenders in der parlamentarischen Praxis konsequent festgehalten wird, zeigt etwa die Diskussion um die Konversion eines „decreto-legge" im Jahr 1989. Damals hatte die Konferenz der Fraktionsführer zunächst einstimmig die Zuteilung der Redezeiten festgelegt und das Datum für die Abstimmung bestimmt. Obwohl an dem für die Abstimmung vorgesehenen Tag noch hunderte von Änderungsanträgen nicht erörtert worden waren, ist der Kammerpräsident dennoch zur Abstimmung übergegangen. Die Kammer, vom Präsidenten zu seiner Vorgehensweise befragt, hat den ursprünglich festgelegten Zeitablauf mehrheitlich bestätigt, so daß das „decreto-legge" pünktlich, d.h. innerhalb der von Art. 77 III Cost. vorgesehenen Frist in ein ordentliches Gesetz umgewandelt werden konnte.

[399] Der Begriff der „Opposition" meint in diesem Zusammenhang nicht nur die parlamentarische Minderheit als Gegenspieler zur Regierungsmehrheit. Die mangelnde Fraktionsdisziplin im italienischen Parlament und unklare Mehrheitsverhältnisse, die dazu führen, daß die Regierung inhaltlich und programmatisch der Opposition zugehörige Parteien entweder als Koalitionspartner akzeptieren muß oder aber auf ihre Duldung angewiesen ist, sind Ursache dafür, daß die italienische Regierung häufig auch mit einer „Opposition" innerhalb des Regierungslagers konfrontiert ist.

[400] Zwischen 1971 und 1981 gelang nur in drei Fällen die reguläre Annahme des Programms (De Caro Bonella, Quad. cost. 1991, S. 300).

stimmige Entscheidung nicht zustandekam, ein Vorschlagsrecht des Kammerpräsidenten[402] vorsah, verhalf der Idee der „programmazione" auch im Abgeordnetenhaus zum Durchbruch[403]. Gleichzeitig wurde jetzt auch erstmals versucht, das Entscheidungsverfahren im Plenum zu rationalisieren, um die Auswüchse des „ostruzionismo sistematico"[404] zu bekämpfen. Durch die Regelung, daß ein Gesetzesartikel samt der dazugehörigen Änderungsanträge („emendamenti") im Rahmen einer einheitlichen Diskussion behandelt wird, in deren

---

[401] Nach 1971 hat die Geschäftsordnung des Abgeordnetenhauses in den Jahren 1981, 1983, 1986, 1989, 1990 und zuletzt 1997 zum Teil tiefgreifende Änderungen erfahren. Mit den Reformen zwischen 1971 und 1990 befaßt sich ausführlich De Caro Bonella (Quad. cost. 1991, S. 291 ff.); die jüngste Reform 1997 wird von Di Ciolo/Ciaurro (Appendice, S.1 ff.), analysiert.

[402] In der Fassung des „Regolamento della Camera" von 1981 übernimmt der Kammerpräsident eine zentrale Rolle bei der Programmgestaltung. Kommt die einstimmige Entscheidung der Fraktionsführerkonferenz nicht zustande, so formuliert der Präsident einen Vorschlag zu Programm und Sitzungskalender, der die Empfehlungen der Regierung sowie die Vorschläge von Mehrheit und Opposition berücksichtigt. Dem Plenum wird zwar die Gelegenheit gegeben, zu dem Entwurf Stellung zu nehmen; letztlich hat aber der Programmvorschlag des Kammerpräsidenten verbindlichen Charakter und kann nicht mehr von der Kammer verändert werden.

[403] Die Idee der „programmazione" wird aber zunächst noch durch zahlreiche „explosive" Verfahrensregelungen konterkariert, die im Zuge der Reform 1971 Eingang in die Geschäftsordnung des Abgeordnetenhauses gefunden haben und in den folgenden Jahren den „ostruzionismo" auf die Spitze treiben. So werden etwa allen Fraktionsführern, unabhängig von der zahlenmäßigen Stärke ihrer Fraktion, dieselben Verfahrensrechte zuerkannt; gleichzeitig wird das Rederecht der einzelnen Parlamentarier über Gebühr ausgedehnt: Für die Diskussionsbeiträge im allgemeinen werden fünfundvierzig Minuten zugestanden, pro Artikel oder Änderungsantrag kann noch einmal zwanzig Minuten gesprochen werden; dabei können auf Antrag eines Fraktionsführers diese Zeitvorgaben noch verlängert werden. Schließlich erweist sich auch die Stellung des Kammerpräsidenten in der Geschäftsordnung von 1971 als außerordentlich schwach (dazu De Caro Bonella, Quad. cost. 1991, S. 300 f.).

[404] Für De Caro Bonella (Quad. cost. 1991, S. 301) wird der parlamentarische Obstruktionismus im Abgeordnetenhaus in der Zeit nach 1979 systematisch eingesetzt, das heißt die verfahrensrechtlichen Regelungen werden gezielt eingesetzt, um die Entscheidung der Kammer zu verzögern. „Die allgemeine Übereinkunft von der 'Außergewöhnlichkeit' der obstruktionistischen Mittel", so konstatiert De Caro Bonella, „wird überwunden". Von den zahlreichen Beispielen, die De Caro Bonnella (ebda) hierzu anführt, seien nur zwei genannt: Im Jahr 1980 lähmt eine Marathonsitzung, in der insgesamt 157 Stunden um die Konversion eines „decreto-legge" über Maßnahmen gegen den Terrorismus gerungen wird, die Kammer für einen Zeitraum von zehn Tagen. Im selben Jahr zieht sich eine andere Sitzung der Kammer, in der die Konversion eines „decreto-legge" zum polizeilichen Arrest beschlossen werden soll, 161 Stunden hin. Die Methoden, mit denen es der Opposition gelingt, das Verfahren der Kammer in die Länge zu ziehen, sind dabei vielfältig. Neben dem Antrag auf Erweiterung der allgemeinen Diskussion (mit der Folge, daß neue Wortmeldungen möglich sind) und der in jeder Phase des Verfahrens erneuerten Anfrage, die in der Geschäftsordnung enthaltenen Zeitvorgaben überschreiten zu können, erfreut sich vor allem der „ostruzionismo indiretto" wachsender Beliebtheit. So gibt es etwa zum stenografischen Protokoll der vorangegangenen Sitzung, das zu Beginn des Sitzungstages verlesen wird, Wortmeldungen „um den Gedankengang zu erhellen"; der Übertragung eines Gesetzesvorhabens an einen gesetzgebenden Ausschuß wird widersprochen und die Diskussion der Sachgebiete, die unmittelbar vor den eigentlich kontroversen Punkten angesetzt ist, wird in die Länge gezogen. Schließlich führt der außer der Reihe und an einem Montag (an dem die Kammersitzungen normalerweise eher spärlich besucht sind) gestellte Antrag auf Schließung der Diskussion („chiusura") häufig zur Vertagung der Sitzung, da die in diesem Fall zu prüfende Beschlußfähigkeit der Kammer nicht gegeben ist.

Verlauf jeder Abgeordnete nur ein einziges Mal Stellung nehmen kann[405] und durch die seit 1983 beziehungsweise 1990 mögliche Beschränkung der Redezeiten pro Fraktion („contingentamento dei tempi")[406] wurde der Ablauf der Plenardebatte allmählich ebenso wie im Senat gestrafft und dadurch sichergestellt, daß die zeitlichen Vorgaben, die Programm und Sitzungskalender für den Ablauf des Gesetzgebungsverfahrens formulieren, eingehalten werden können. Einschneidende verfahrensrechtliche Änderungen bei der Behandlung der „emendamenti" garantieren nunmehr „den Schutz des Rechts der Mehrheit und der Regierung, zu einer Entscheidung zu gelangen"[407].

Bemerkenswert ist schließlich auch die neue Rolle der Regierung bei der Programmgestaltung der Abgeordnetenkammer „non più da invitato ma da protagonista"[408], die die Reform der Geschäftsordnung 1990 hervorbringt. Erstmals werden jetzt Arbeitsplan und Sitzungskalender „sulla base delle indicazioni", das heißt „auf der Grundlage der Hinweise" der Regierung sowie der Vorschläge der Fraktionen formuliert (Art. 23 IV, 24 II R.C.).

aa) Das aktuelle Verfahren zur Gestaltung des Arbeitsprogrammes

Mit der jüngsten Novellierung des „Regolamento della Camera" im September 1997 hat die Reorganisation der parlamentarischen Arbeit im Abgeordnetenhaus ihren vorläufigen Abschluß gefunden. Im Mittelpunkt dieser neuerlichen Reform stand vor allem das Bestreben, die Arbeit der Kammer durch einige Ände-

---

[405] Mit der Reform aus dem Jahr 1986 werden für diesen Redebeitrag ebenso wie für die Dauer der Wortmeldung innerhalb der „discussione sulle linee generali del progetto" („Diskussion über die Grundzüge des Gesetzesvorhabens") nur noch dreißig Minuten veranschlagt.

[406] Das Prinzip des „contingentamento dei tempi", der Beschränkung der Redezeiten, wurde 1983 zunächst nur für die Haushaltsdebatte eingeführt. Als allgemeines Organisationsprinzip im zeitlichen Ablauf der Plenardebatten steht die fraktionsweise Zuteilung der Redezeit erst seit der Reform von 1990 zur Verfügung.

[407] Manzella, in Manuale, S. 157. Dabei wird zunächst – entsprechend dem Verfahren im Senat (siehe oben, 1, a, S. 91 f.) – der Abstimmungsmodus systematisiert. Gem. 87 III R.C. wird von allen eingebrachten Änderungsanträgen stets zuerst über den Antrag abgestimmt, der sich am weitesten von der vorliegenden Fassung des betreffenden Artikels entfernt. Somit steht an erster Stelle die Abstimmung über den Antrag, der den jeweiligen Artikel in Gänze aufhebt, sodann folgt die Abstimmung über die übrigen Anträge. In dieselbe Richtung zielt auch Art. 85 VIII R.C., wonach Änderungsanträge, die sich nur auf der Ebene von Zahlen oder Daten unterscheiden, grundsätzlich ebenfalls nach dem System des Art. 87 III R.C. behandelt werden. Allerdings beschränkt der Kammerpräsident in diesem Fall die Abstimmung auf die Entscheidung über den Antrag mit der größten bzw. mit der geringsten Abweichung sowie auf einige weitere ausgewählte Änderungsvorschläge; alle übrigen Änderungsanträge werden dann „absorbiert". Zur Straffung der Abstimmungsphase trägt ferner Art. 89 R.C. bei, der dem Kammerpräsidenten die Möglichkeit einräumt, sachfremde oder durch den Verlauf der Diskussion bereits überholte Änderungsanträge nicht zuzulassen.

[408] De Caro Bonella, Quad. cost. 1991, S. 308, (.. „nicht mehr als Gast sondern als Protagonist"..).

rungen im Bereich der „programmazione" noch effizienter zu gestalten und die zeitlichen Abläufe im Plenum – insbesondere mit Blick auf das Gesetzgebungsverfahren – zu straffen.
Auch nach der neuen Fassung des Regolamento wird der Arbeitsplan[409] auf der Grundlage der Empfehlungen der Regierung[410] und der Vorschläge der Fraktionen erstellt; bereits in diesem Stadium soll dabei nicht nur die Reihenfolge der einzelnen Vorhaben entsprechend ihrer Dringlichkeit festgelegt, sondern – unter Berücksichtigung der zur Verfügung stehenden Zeit einerseits und der Komplexität der Materie andererseits – auch schon der Zeitraum angegeben werden, in dem die Terminierung der einzelnen Projekte auf der Tagesordnung vorgesehen ist (Art. 23 IV R.C.). Durch Art. 23 V R.C. soll zudem gewährleistet werden, daß die Terminierung der Beratung von Gesetzesvorhaben im Plenum mit den Arbeitsabläufen der „Commissioni in sede referente", der beratenden Ausschüsse in Einklang gebracht wird. Vorgesehen ist nunmehr ausdrücklich, daß die Behandlung eines Gesetzesvorhabens grundsätzlich dann auf dem Programm des Plenums zu stehen hat, wenn die Zweimonatsfrist, die Art. 81 I R.C. dem beratenden Ausschuß für die Ausarbeitung der „relazione" einräumt, abgelaufen ist[411]. Neuerlich geändert wurde auch das Abstimmungsverfahren bei der Entscheidung über Arbeitsprogramm und Sitzungskalender in der Konferenz der Fraktionsführer; statt des „principio di unanimità" reicht nunmehr eine qualifizierte Mehrheit für die Annahme des Entwurfs aus. Danach ist gem. Art. 23 VI 1 R.C. ein Programmentwurf dann angenommen, wenn die Zahl der Abgeordneten der parlamentarischen Fraktionen, deren Führer für die Annahme stimmen, drei Vierteln der Mitglieder der Abgeordnetenkammer insgesamt entspricht[412].

---

[409] Gem. Art. 23 II R.C. wird der Arbeitsplan für einen Zeitraum von mindestens zwei, höchstens aber drei Monaten erstellt; der Sitzungskalender hingegen geht jeweils über drei Wochen (Art. 24 I Satz 1 R.C.), daran schließt sich (außer während der „sessione di bilancio", der Beratung über den Haushaltsentwurf) eine sitzungsfreie Woche an. Gem. Art. 23 IX R.C. wird das Arbeitsprogramm der Kammer mindestens einmal im Monat auf den neuesten Stand gebracht, um etwa die verspätete Präsentation der gutachterlichen Stellungnahme durch einen referierenden Ausschuß i.S. des Art. 79 VII R.C. zu berücksichtigen und die Beratung des betreffenden Entwurfes im Plenum entsprechend zu verschieben.

[410] Die Regierung hat ihre Hinweise zum Arbeitsprogramm dem Kammerpräsidenten und den Fraktionsführern mindestens zwei Tage vor der Fraktionsführerkonferenz und nach Priorität geordnet mitzuteilen (Art. 23 III 3 R.C.).

[411] Von dieser Frist kann gem. Art. 23 V 2 R.C. nur abgewichen werden, wenn der Ausschuß die Prüfung des Gesetzesvorhabens bereits vorher abgeschlossen hat oder die Fraktionsführerkonferenz dies einstimmig beschließt, ferner auch in den Fällen der Art. 70 II, 91, 99 R.C., wenn nämlich die Kammer bereits zuvor mit dem Vorhaben befaßt war.

[412] Einen Teil der insgesamt verfügbaren Zeit gewährt der Kammerpräsident im übrigen den Fraktionen, die das vorgelegte Programm nicht unterstützen, damit auch die von ihnen favorisierten Programmpunkte in das Arbeitsprogramm der Kammer einfließen können (Art. 23 VI 2 R.C.).

Kommt die qualifizierte Mehrheit des Art. 23 VI 1 R.C. nicht zustande, so erstellt der Kammerpräsident selbst das Programm, muß sich dabei aber zum einen an die inhaltlichen Vorgaben halten, die Art. 23 IV, V R.C. für die Annahme des Entwurfs durch die Fraktionsführerkonferenz statuiert (Art. 23 VI 3 R.C.)[413]; zum anderen ist er gehalten, die Programmvorschläge der Opposition angemessen zu berücksichtigen[414].

bb) Das aktuelle Verfahren zur Gestaltung des Sitzungskalenders

Als Kernstück der Reform[415] erweist sich – jedenfalls mit Blick auf die Programmgestaltung der Kammer – die Neufassung des Art. 24 VII R.C., der bei der Konzeption des Sitzungskalenders[416] das Prinzip des „contingentamento dei tempi" erstmals verbindlich vorschreibt. Im einzelnen legt die Konferenz der Fraktionsführer zunächst fest[417], wieviel Zeit für die im Sitzungskalender angesetzten Vorhaben, mit Rücksicht auf den Umfang der Materie, zur Verfügung stehen soll. Vier Fünftel der Redezeit werden nunmehr den Fraktionen[418] und ein Fünftel den einzelnen Abgeordneten[419] zugewiesen (Art. 24 VII 2 und 3 R.C.). Dabei stellt Art. 24 VIII i.V. mit Art. 39 R.C. allerdings klar, daß jede

---

413 Siehe oben, 1, b, aa, S. 98.

414 Art. 23 VI 3 R.C. verweist insoweit auf Art. 24 III R.C. Dort ist in bezug auf die Ausarbeitung des Sitzungskalenders vorgesehen, daß der Kammerpräsident ein Fünftel der im betreffenden Zeitraum zu behandelnden Programmpunkte oder ein Fünftel der insgesamt dem Plenum zur Verfügung stehenden Zeit für die Opposition reserviert.

415 So Di Ciolo/Ciaurro (Appendice, S. 44), die vom „nucleo centrale", vom „zentralen Kern" der Reform sprechen.

416 Das Verfahren zur Ausarbeitung und Annahme des Sitzungskalenders gleicht der Konzeption des Programmentwurfs der Kammer. Der Sitzungskalender wird auf der Grundlage der Regierungsempfehlungen und der Vorschläge der Fraktionen erstellt und mit der qualifizierten Mehrheit des Art. 24 II 2 R.C. angenommen; kommt diese Mehrheit nicht zustande, obliegt die Gestaltung dem Kammerpräsidenten. Dabei hat er ein Fünftel der nach dem Kalender zu behandelnden Programmpunkte oder ein Fünftel der insgesamt im Kalender vorgesehenen Zeit für die Opposition zu reservieren. Schließlich legt Art. 24 III 3 R.C. fest, daß insgesamt nicht mehr als die Hälfte der zur Verfügung stehenden Zeit für Gesetzentwürfe zur Konversion von „decreti-legge" veranschlagt werden dürfen. Bei der Berechnung der Zeiten und der Zahl der Programmpunkte dürfen bestimmte Gesetze, wie etwa die Gesetze zum Haushaltsentwurf („legge finanziaria" und „bilancio" bzw. die mit dem Haushaltsentwurf verbundenen Gesetze) sowie die Entwürfe zum Recht der Europäischen Gemeinschaft nicht berücksichtigt werden (dazu Di Ciolo/Ciaurro, Appendice, S. 44).

417 Die Entscheidung der Fraktionsführer fällt mit der qualifizierten Mehrheit des Art. 24 VII 1 i.V. mit Abs. 2 (Satz 2) R.C. Kommt die erforderliche Mehrheit nicht zustande, so entscheidet der Kammerpräsident nach Maßgabe des Art. 24 IX R.C..

418 Die Zuweisung der Redezeit erfolgt „zu einem Teil gleichmäßig an alle Fraktionen, zum anderen Teil im Verhältnis zur Fraktionsstärke" (Art. 24 VII 2).

419 Die Abgeordneten haben hier die Gelegenheit zu Wortbeiträgen „a titolo personale", das heißt zur persönlichen Stellungnahme.

Fraktion für die „discussione sulle linee generali dei progetti", das heißt für die allgemeine Diskussion eines Gesetzesvorhabens, mindestens dreißig Minuten erhalten muß. Hinzuweisen ist in diesem Zusammenhang schließlich auf die in Art. 24 VII 5 R.C. enthaltene Regelung, daß bei der Beratung von Regierungsinitiativen im Plenum der Opposition insgesamt mehr Redezeit zugewiesen werden soll als der parlamentarischen Mehrheit, die ja in der Regel das Vorhaben unterstützt und daher an einer umfangreichen Debatte kein Interesse hat. Dieses Procedere hatte sich bereits in der Vergangenheit in der parlamentarischen Praxis etabliert, da so der Opposition mehr Raum für kritische Stellungnahmen gegeben werden konnte, ohne das Gesetzgebungsverfahren insgesamt zusätzlich in die Länge zu ziehen.

cc) Die Umsetzung von Arbeitsprogramm und Sitzungskalender im Gesetzgebungsverfahren nach der Reform 1997

Neben den Vorschriften zur effektiveren Gestaltung der „Programmazione dei lavori" enthält die jüngste Novellierung auch einige Änderungen zur Diskussion und Abstimmung im Gesetzgebungsverfahren. Ziel dieser Neuregelung ist es wiederum, in Übereinstimmung mit der verbesserten Technik der Programmgestaltung das Gesetzgebungsverfahren effizienter zu gestalten und die verfahrensrechtlichen Voraussetzungen dafür zu schaffen, daß die zeitlichen Vorgaben von Arbeitsprogramm und Sitzungskalender auch realisiert werden können.
Dies wird etwa erreicht durch die Neufassung des Art. 83 I 1 R.C., der die möglichen Wortmeldungen innerhalb der allgemeinen Diskussion dahingehend einschränkt, daß er neben der Regierung und einem Abgeordneten pro Fraktion, jeweils nur einem Redner der Ausschußmehrheit und einem der Minderheit[420] das Wort zugesteht und gleichzeitig den maximalen Zeitrahmen für die einzelnen Redebeiträge auf zwanzig Minuten festsetzt. Daneben erteilt der Kammerpräsident jeweils einem Vertreter der im „Gruppo misto" zusammengefaßten, unterschiedlichen politischen Gruppierungen das Wort sowie den Abgeordneten, die vom Standpunkt ihrer Fraktion abweichen wollen (Art. 83 I 2 R.C.)[421]; die

[420] Der Begriff der „relatori di minoranza" bzw. „relatori di maggioranza" bezieht sich auf Art. 79 XII, XIV R.C.. Danach können die Fraktionen innerhalb einer „Commissione in sede referente", die die Stellungnahme der Ausschußmehrheit zu einem bestimmten Gesetzentwurf nicht teilen, (entweder einzeln oder zusammen mit anderen) einen eigenen Redner („relatore di minoranza") bestimmen, der ihren abweichenden Standpunkt neben dem Redner der Ausschußmehrheit im Plenum darstellt.
[421] Über Modalität und Dauer dieser Redebeiträge entscheidet dabei der Kammerpräsident.

anschließende Diskussion der einzelnen Gesetzesartikel im Plenum war bereits vorher entsprechend reglementiert[422].

Erneut rationalisiert wurde die Möglichkeit, im Rahmen der Diskussion zu den eingebrachten Änderungsanträgen[423] Stellung zu nehmen[424]. Der Wille, den exzessiven Gebrauch des „potere di emendamento"[425] zu begrenzen, hat in diesem Bereich noch weitere Neuerungen hervorgebracht. Entgegen der jahrelangen parlamentarischen Praxis stellt Art. 86 I 1 R.C. nunmehr ausdrücklich fest, daß „articoli aggiuntivi" und „emendamenti" grundsätzlich im federführenden Ausschuß eingebracht und behandelt werden[426]; im Plenum dürfen neue oder vom Ausschuß zurückgewiesene Änderungsanträge nur dann innerhalb der Frist des Art. 86 I 2 R.C. und damit bis einen Tag vor Beginn der Debatte, präsentiert werden, wenn sie in einem sachlichen Zusammenhang mit dem ursprünglichen Gesetzentwurf oder mit einem von der Kommission bereits zugelassenem Änderungsantrag stehen[427].

---

[422] Gem. Art. 85 II 1 R.C. kann jeder Abgeordnete nur einmal und nicht mehr als zwanzig Minuten reden (in bestimmten Fällen kann gem. Satz 2 und 3 diese Zeitspanne verdoppelt werden), unabhängig davon, wieviele Änderungsanträge er eingebracht hat.

[423] Der Begriff „Änderungsantrag" umfaßt hier die Änderung bestimmter Artikel einer Gesetzesvorlage („emendamenti"), die Änderung bestimmter „emendamenti" („subemendamenti") sowie die Ergänzung des ursprünglichen Entwurfes durch zusätzliche Artikel („articoli aggiuntivi").

[424] Hier ist zunächst die Vorschrift des Art. 85 V R.C. zu nennen, die die Stellungnahme zu Änderungsanträgen i.S. des Art. 86 V R.C. regelt, d.h. von solchen, die von der Regierung oder dem federführenden Ausschuß entgegen der Einbringungsfrist des Art. 86 I 2 R.C. noch bis zum Beginn der Abstimmung über den betreffenden Artikel beziehungsweise den dazugehörigen Änderungsantrag vorgebracht worden sind (siehe unten Fn. 427 (S. 101)). Danach kann zu jedem dieser Änderungsanträge nur ein Abgeordneter pro Fraktion nicht länger als zehn Minuten Stellung nehmen; wenn gefordert erteilt der Kammerpräsident darüber hinaus das Wort jeweils einem Vertreter der verschiedenen Gruppierungen des „Gruppo misto". Gem. Art. 86 VII R.C. wird im übrigen hinsichtlich aller eingebrachten Änderungsvorschläge („emendamenti", „subemendamenti", „articoli aggiuntivi") jeweils einem Abgeordneten pro Fraktion die Möglichkeit einer maximal fünfminütigen „dichiarazione di voto" („Abstimmungserklärung") eröffnet. Ausgenommen hiervon sind nur die Abgeordneten, die den betreffenden Änderungsantrag selbst eingebracht und bereits zuvor Stellung genommen haben; auch hier kann der Kammerpräsident Vertreter des „Gruppo misto" sowie die Abgeordneten berücksichtigen, die eine von ihrer Fraktion abweichende Wahlempfehlung abgeben wollen.

[425] Manzella (in Manuale, S. 156) bezeichnet „die Präsentation einer künstlich in die Höhe getriebenen Zahl von Änderungsanträgen und den Anspruch, diese Anträge einen nach dem anderen darstellen zu wollen" als „das am meisten angewandte obstruktionistische Verhalten" in der parlamentarischen Tradition Italiens.

[426] Soweit sie höhere Ausgaben oder die Verringerung der Einnahmen nach sich ziehen, werden sie ferner unverzüglich dem Haushaltsausschuß zur Prüfung der finanziellen Konsequenzen überwiesen (Art. 86 II 1 R.C.). Im übrigen obliegt ihre Begutachtung dem in Art. 79 R.C. vorgesehenen „Comitato dei nove" (siehe oben, Fn. 311 (S. 74)), das unmittelbar vor Beginn der Diskussion zu diesem Zweck vom Ausschußvorsitzenden zusammengerufen wird (Art. 86 III R.C.); alternativ kann der Vorsitzende die Prüfung auch dem gesamten Ausschuß übertragen.

[427] „Subemendamenti" hingegen können noch bis eine Stunde vor Beginn der Sitzung eingebracht werden; sie werden gem. Art 86 IV i.V. mit III R.C. ebenfalls entweder vom „Comitato dei nove" oder dem gesamten Ausschuß begutachtet, die zu diesem Zweck einen kurzen Aufschub der Abstimmung

dd) Die Organisation der Ausschußtätigkeit nach der jüngsten Reform

Die Einführung der „programmazione dei lavori" in Abgeordnetenhaus und Senat hat auch die Organisation der parlamentarischen Arbeit in den am Gesetzgebungsverfahren beteiligten Ausschüssen nachhaltig beeinflußt. Im Gegensatz zu den Kammern selbst, in denen eine zentrale Rolle bei der Gestaltung von Programm und Sitzungskalender dem Kammerpräsidenten zukommt, obliegt für den Geschäftsbereich der Ausschüsse diese Aufgabe dem sogenannten „ufficio di presidenza"[428] des jeweiligen ständigen Ausschusses. Dabei sind gem. Art. 29 II 1 R.S.und Art. 25 II 1 R.C. die Ausschüsse in Abgeordnetenkammer und Senat gehalten, bei der Gestaltung ihres Arbeitsprogrammes die Gesetzentwürfe und die übrigen Vorhaben, die Gegenstand von Programm und Sitzungskalender der Kammern selbst sind, vordringlich zu berücksichtigen.

Während die Geschäftsordnung des Senats die Ausführung dieser Vorgabe nicht weiter konkretisiert, enthält die 1997 geänderte Fassung des Art. 25 R.C. präzise Regelungen, um die reibungslose Koordination des Arbeitsprogrammes der Kammer einerseits und der Ausschüsse andererseits zu gewährleisten. So stellt etwa Art. 25 II 1 R.C. ausdrücklich klar, daß die Fristen, die Programm und Sitzungskalender der Kammer für die Behandlung eines bestimmten Vorhabens vorsehen, auch bei der Erstellung von Arbeitsplan und Sitzungskalender des jeweiligen Ausschusses zu berücksichtigen sind; ergänzend werden die Ausschüsse in Art. 25 II 2 R.C. aufgefordert, den für die Behandlung einer bestimmten Materie veranschlagten Zeitrahmen angemessen zu gestalten. Darüber hinaus legt Absatz 2, Satz 3 fest, daß die Gesetzesvorhaben, die Teil des Arbeitsprogrammes der Kammer sind, bereits auf die Tagesordnung der ersten Sitzung des zuständigen Ausschusses „in sede referente" zu setzen sind, die nach der Bekanntgabe von Programm und Sitzungskalender des Abgeordnetenhauses vorgesehen ist.

Erwähnenswert ist in diesem Zusammenhang ferner, daß die Geschäftsordnung der Abgeordnetenkammer nunmehr auch die Möglichkeiten der Regierung gestärkt hat, auf die Programmgestaltung des Ausschusses Einfluß zu nehmen.

---

im Plenum beantragen können. Ein „Privileg" begründet Art. 86 V R.C. zugunsten des federführenden Ausschusses und der Regierung: Beide dürfen nämlich „emendamenti, subemendamenti e articoli aggiuntivi" noch bis zu dem Zeitpunkt einbringen, in dem die Abstimmung über den Artikel, auf den sie sich beziehen, beginnt. Den Abgeordneten ist dann unter bestimmten Voraussetzungen die Einbringung von „subemendamenti" zu diesen vom Ausschuß oder der Regierung präsentierten „emendamenti" bzw. „articoli aggiuntivi" auch noch während der Sitzung möglich (vgl. Art. 86 V, Satz 2-4 R.C.).

Parallel zur Regelung der Art. 23 III 1 R.C. und 24 I 2 R.C., die ein Anwesenheitsrecht eines Regierungsvertreters in den entsprechenden Sitzungen der Kammer selbst gewähren, eröffnet Art. 25 I 2 R.C. der Regierung auch die Möglichkeit, an der Sitzung des Ausschusses, in der Arbeitsprogramm und Sitzungskalender beschlossen werden, mit einem Repräsentanten teilzunehmen.

2. Exkurs: Die geheime Abstimmung als Instrument des „ostruzionismo"

Mit der Abschaffung des „voto segreto", der geheimen Abstimmung bei der Verabschiedung eines Gesetzes ist bereits 1988 ein „klassisches" Instrument des „ostruzionismo" aus den parlamentarischen Geschäftsordnungen verschwunden. Die geheime Abstimmung, die vor allem in den siebziger und achtziger Jahren als „increasingly painful thorn in the government's flesh" [429] empfunden wurde, hatte ihren Ursprung schon in der vorfaschistischen Ära und sollte zu Zeiten des Statuto Albertino die freie Entscheidung der Abgeordneten auch gegenüber der seinerzeit in Italien allmächtigen katholischen Kirche gewährleisten. Da die Verfassung nur für das Vertrauens- beziehungsweise Mißtrauensvotum des Art. 94 die Art der Abstimmung, nämlich die namentliche Abstimmung („voto per appello nominale") vorschreibt, oblag die Entscheidung, welches Verfahren bei der Verabschiedung eines Gesetzes Anwendung finden sollte, den Kammern.

a) Der Mißbrauch des „voto segreto" im Gesetzgebungsverfahren

Die Geschäftsordnung des Abgeordnetenhauses übernahm die Regelung des Statuto Albertino, so daß bis zur Reform 1988 die geheime Abstimmung für die letzte Phase der Verabschiedung eines Gesetzestextes, nämlich die Abstimmung über den Text als Ganzes, obligatorisch war. Als Abstimmungsmodus über einzelne Artikel des Gesetzesvorhabens war zwar in beiden Häusern grundsätzlich das offene Abstimmungsverfahren[430] vorgesehen; auf Antrag der Abgeordneten

---

[428] Das „ufficio di presidenza" besteht aus dem Ausschußvorsitzenden, den zwei Vizevorsitzenden und zwei Sekretären und wird von dem jeweiligen Ausschuß in seiner ersten Sitzung gewählt (Art. 27 I R.S., Art. 20 I R.C.).

[429] Hine, Governing Italy, S. 191.

[430] Heute wird dies durch Art. 49 R.C. I, 1 quater, Art. 113 IV i.V. mit VII R.S. geregelt. Im Abgeordnetenhaus erfolgt die Schlußabstimmung im Gesetzgebungsverfahren grundsätzlich im elektronischen Verfahren, wobei die Namen der Abgeordneten registriert werden. Betrifft die Abstimmung die Wahl einer Person, so ist sie immer geheim (Art. 49 I i.V. mit Art. 51 I R.C.). Im übrigen kann die geheime Abstimmung angeordnet werden, wenn dreißig Abgeordnete oder einer bzw. mehrere Fraktionsführer,

konnte jedoch auch hier die Abstimmung im Geheimen durchgeführt werden. Dabei lag das für den Antrag erforderliche Quorum so niedrig, daß selbst kleine Oppositionsparteien – notfalls unterstützt durch gleichgesinnte Minderheiten – das geheime Verfahren durchsetzen konnten. Für die Opposition ebenso wie für „Dissidenten" in den Reihen der Regierungskoalition bot sich auf diesem Weg eine „gefahrlose" Möglichkeit, die Verabschiedung eines von der Regierung unterstützten Gesetzesvorhabens zu torpedieren, indem, geschützt durch das geheime Abstimmungsverfahren, zentralen Artikeln des Entwurfes die Zustimmung verweigert wurde. Die ebenfalls mögliche Ablehnung des gesamten Gesetzesvorhabens in der Schlußabstimmung wurde insgesamt seltener praktiziert; sie signalisierte ungleich deutlicher den Zusammenbruch der parlamentarischen Mehrheit und barg damit – besonders schmerzlich für die Gegner in den eigenen Reihen – eher das Risiko des Regierungsrücktritts und damit auch der vorzeitigen Beendigung der Koalition.

b) Das Zusammenspiel von „voto segreto" und „questione di fiducia"

Große Probleme bereitete der Regierung auch das Zusammenspiel des „voto segreto" einerseits und der Vertrauensfrage („questione di fiducia") andererseits. Die Vertrauensfrage, die bereits seit der Mitte des letzten Jahrhunderts im italienischen Parlament gewohnheitsrechtlich anerkannt war[431], wurde mit der Reform 1971 in der Geschäftsordnung des Abgeordnetenhauses (Art. 116 R.C.) erstmals kodifiziert. Zwar verbot Art. 116 IV R.C. unter anderem, die Vertrauensfrage in den Verfahren zu stellen, in denen die Geschäftsordnung zwingend eine geheime Abstimmung vorsah, so daß die Regierung die Vertrauensfrage nicht mit der Schlußabstimmung über ein Gesetz verbinden konnte, die bis 1988 stets geheim durchgeführt werden mußte. Anders verhielt es sich aber dann, wenn das zu verabschiedende Gesetz nur aus einem einzigen Artikel bestand, da in diesem Fall die geheime Abstimmung nicht obligatorisch war, sondern ledig-

die diese Zahl von Abgeordneten vertreten, dies beantragen und wenn die Abstimmung die Freiheitsrechte oder das Recht der Familie berührt. Ferner ist die geheime Abstimmung bei Änderungen der Geschäftsordnung und bei der Einrichtung von Untersuchungsausschüsse auf Antrag zulässig und kann schließlich auch bei ordentlichen Gesetzen durchgeführt werden, die Verfassungsorgane oder Organe der Regionen betreffen sowie bei Wahlgesetzen. Im Senat wird grundsätzlich „per alzata di mano" (durch Handaufheben, Art. 113 I) abgestimmt. Im übrigen entsprechen die Regeln zur geheimen Abstimmung im Gesetzgebungsverfahren, die auf Antrag von zwanzig Senatoren durchgeführt wird, weitgehend denen im Abgeordnetenhaus. Die unterschiedlichen Abstimmungsverfahren im italienischen Parlament werden ausführlich erläutert von Di Ciolo/Ciaurro, S. 307 ff. und von Longi, Elementi, S. 217 ff..

[431] Vgl. Erstes Kapitel, A, S. 8 f..

lich beantragt werden konnte. Vor allem bei der Verabschiedung der Gesetze zur Konversion eines „decreto-legge", die regelmäßig nur aus einem einzigen Artikel bestehen, geriet die Regierung durch diese Regelung unter Druck. Hatte die Kammer zunächst den Gesetzesartikel, mit dem die Regierung die Vertrauensfrage verbunden hatte, in der gem. Art. 116 R.C. vorgeschriebenen offenen Abstimmung mehrheitlich angenommen, so konnten unmittelbar danach in der Schlußabstimmung über das Gesetz die als „franchi tiratori" (Heckenschützen) bezeichneten Gegner des Vorhabens in den Reihen der Regierungsmehrheit, diesmal geschützt durch die geheime Abstimmung, ihre Zustimmung verweigern. Der Rücktritt von zwei italienischen Regierungen 1980 und 1986[432], die nach bestandenem Vertrauensvotum eine Niederlage in der Schlußabstimmung im Gesetzgebungsverfahren hinnehmen mußten, bereitete den Weg für die Änderung der „Regolamenti parlamentari", die heute gem. Art. 49 I, 1-bis - 1-quinquies R.C., Art. 113 III, IV R.S. die geheime Abstimmung nur noch in Ausnahmefällen[433] vorsehen.

VI. Fazit: Der Beitrag des Gesetzgebungsverfahrens zur „Unregierbarkeit" Italiens

Betrachtet man das italienische Gesetzgebungsverfahren im Rahmen einer Gesamtschau, so fällt es zum gegenwärtigen Zeitpunkt schwer, ein abschließendes Urteil über den Beitrag des „procedimento legislativo" zur „Unregierbarkeit" des italienischen Systems zu formulieren. Trotz der in diesem Abschnitt dargestellten Fehlfunktionen der italienischen Legislative, deren Ursprung (auch) im Ablauf des Gesetzgebungsverfahrens begründet liegt, werden der „legislative output" und seine Folgen für die Regierbarkeit des Landes heute positiver beurteilt als noch vor einigen Jahren. Die Ursachen für diese „Trendwende" sind vielfältig. So haben etwa Regierung und Legislative in Italien in den vergangenen Jahren unter dem Eindruck der rigiden Vorgaben des Vertrages von Maastricht[434] gestanden, und diese besondere Konstellation und die damit verbundene

[432] Es handelt sich dabei um die Regierungen unter den Präsidenten des Ministerrates Cossiga und Craxi, die am 30. 9. 1980 bzw. am 26. 6. 1986 zurückgetreten sind (siehe dazu Di Ciolo/Ciaurro, S. 444, Fn. 9).

[433] Siehe oben, Fn. 430, S. 103.

[434] Zu nennen sind hier insbesondere die im Vertrag von Maastricht für das Haushaltsjahr 1998 festgelegten Parameter für die Neuverschuldung der Mitgliedsstaaten (3,0 %) und das Verhältnis von Haushaltsdefizit/Staatsverschuldung und Bruttoinlandsprodukt, das nach den Kriterien von Maastricht 60 % nicht überschreiten darf. Für Italien beträgt die Staatsverschuldung in Prozent der Wirtschaftslei-

Notwendigkeit gesetzgeberischer Reformen hat sicherlich auch zu dem „Burgfrieden" beigetragen, der aus der Sicht der italienischen Regierung zur Zeit das Gesetzgebungsverfahren im Palazzo Montecitorio und dem Palazzo Madama prägt. Zweifellos positiv hat sich auch die Verabschiedung mehrerer „grandi deleghe", das heißt umfangreicher Delegationsgesetze i.S. des Art. 76 Cost. ausgewirkt, in denen das Parlament der Regierung die Befugnis zu weitreichenden gesetzgeberischen Reformen für den Bereich der öffentlichen Verwaltung sowie des Gesundheits- und Steuerwesens übertrug[435]. Die Ergebnisse dieser Reformen sind – nicht nur für italienische Verhältnisse – beeindruckend; eine Analyse der gesetzgeberischen Aktivität des Abgeordnetenhauses für das Jahr 1998 zeigt, daß „die Delegationsgesetze eine Restrukturierung ermöglicht haben, die nur schwerlich auf dem normalen parlamentarischen Weg hätte realisiert werden können"[436].

Auch der vom Wissenschaftlichen Dienst der Abgeordnetenkammer für die Monate Januar und Februar 1998 veröffentlichte Bericht über die Tendenzen in der italienischen Gesetzgebung[437] gibt jedenfalls Anlaß zu vorsichtigem Optimismus, wenn er unter anderem die erstarkte Rolle der Regierung im gesetzgeberischen Prozeß konstatiert. Dennoch bleibt das Verhältnis zwischen Regierung und Parlament im Gesetzgebungsverfahren ambivalent, und auch die jüngsten Reformen haben es nicht vermocht, den Zentralismus des Parlaments, der das Verhältnis von Exekutive und Legislative in Italien traditionell bestimmt, zu durchbrechen. Trotz umfassender Reformen der parlamentarischen Geschäftsordnungen hat daher die eher pessimistische Einschätzung von DI CIOLO/CIAURRO, daß „i poteri attribuiti al Governo dai vigenti Regolamenti

---

stung (Bruttoinlandsprodukt) für das Jahr 1999 116,0 %, im Vergleich dazu werden für Deutschland lediglich 59,5 % veranschlagt (Quelle: SZ vom 30. 9. 1998, S. 25).

[435] Gem. Art. 76 kann die Regierung auf der Grundlage eines Delegationsgesetzes „decreti-legislativi", d.h. Verordnungen mit Gesetzeskraft erlassen. Dabei muß das Delegationsgesetz die Prinzipien und richtungsweisenden Kriterien für die zu erlassende gesetzliche Regelung enthalten, und darf nur für eine begrenzte Zeit und für klar definierte Sachfragen erlassen werden (Cervati, in Enc. Dir. Bd. XXIII (1973), S. 949 ff.). Die Reichweite der vom Parlament in den letzten Jahren vorgenommenen Delegationen ist in der Literatur teilweise auf Kritik gestoßen. So bezeichnet etwa Zampetti (Quad. Cost. 1991, S. 172) die Delegationspraxis als „attribuzione in bianco", als Blankovollmacht für die Regierung. Zur Verordnungspraxis der Regierung Amato siehe im einzelnen Lupo, Riv. trim. dir. pubbl. 1994, S. 85 ff..

[436] Servizio Studi della Camera dei deputati I, Rass. parl. 1998, S. 487. Dieses positive Resümee wird vor allem darauf zurückgeführt, daß die von der Regierung auf der Grundlage der Delegationsgesetze erlassenen Normen durch einen „organischen Charakter" geprägt sind und für ihre Ausführung klar umrissenene Zeitvorgaben enthalten. Parallel zur Zunahme der Delegationsgesetze ist in den vergangenen Jahren auch die „delegeficazione", das heißt die gesetzliche Ermächtigung an die Adresse der Regierung, auf dem Verordnungswege tätig zu werden, mehr und mehr praktiziert worden (siehe oben, IV, 2, c, S. 87 f.).

[437] Servizio Studi della Camera dei deputati I, II, Rass. parl 1998, S. 487 ff..

parlamentari non sono certamente tali e tanti da far definire il Governo come il vero e indiscusso leader della legislazione in Parlamento"[438] auch weiterhin Bestand.

Große Hoffnungen werden allerdings nach wie vor in die jüngste Reform der Geschäftsordnung der Abgeordnetenkammer gesetzt, die mit zahlreichen Änderungen zur „programmazione dei lavori" und zur „istruttoria legislativa" positive Impulse für einen effizienten Ablauf des Gesetzgebungsverfahrens und damit letztlich für die Qualität der Gesetzgebung in Italien geben soll.
Der Blick auf die Gesetzgebungstätigkeit der Abgeordnetenkammer zeigt hier durchaus vielversprechende Ergebnisse: So haben etwa die verbesserten Möglichkeiten der „programmazione" dazu geführt, daß in den ersten beiden Monaten 1998 92% (im Monat Januar) beziehungsweise 95 % (im Monat Februar) der terminierten Vorhaben innerhalb der dafür festgesetzten Zeit angenommen worden sind. Nicht ganz so reibungslos gestaltet sich hingegen weiterhin das Zusammenspiel zwischen der Abgeordnetenkammer einerseits und den beratenden Ausschüssen andererseits. Zwar hat hier die Änderung des Art. 81 R.C., der nunmehr die Verweildauer von Gesetzesvorhaben, die auf dem Programm der Kammer stehen, in der „Commissione in sede referente" von vier auf zwei Monate reduziert, den Gesetzgebungsprozeß erneut gestrafft. Das Phänomen der „dispersione legislativa"[439] ist trotz verbesserter Möglichkeiten bei der Koordination aber keinesfalls aus dem parlamentarischen Alltag verschwunden, sondern äußert sich nach wie vor in dem Umstand, daß eine beträchtliche Anzahl von Gesetzesvorhaben nicht in das Arbeitsprogramm des Plenums aufgenommen wird, obgleich sie das Verfahren im zuständigen Ausschuß bereits durchlaufen hat[440].

Eher zögerlich werden bisher die Regelungen zur „istruttoria legislativa" angenommen, von denen man sich „un ruolo di stimolo e di controllo"[441] im Verhältnis der referierenden Ausschüsse zur Regierung erhofft hat und die eine Prüfung

---

[438] Di Ciolo/Ciaurro, S. 478. („Die Befugnisse, die der Regierung von den geltenden parlamentarischen Geschäftsordnungen zugestanden werden, sind sicherlich nicht so beschaffen, daß sie die Regierung zum echten und unbestrittenen 'leader' der Gesetzgebung im Parlament machen"). Zum Problem der parteipolitischen Einflußnahme auf das Gesetzgebungsverfahren, Di Palma, Surviving without Governing, S. 132 ff..
[439] Servizio Studi della Camera dei Deputati I, Rass. parl. 1998, S. 489 („Aufsplitterung in der Gesetzgebung").
[440] Das Servizio Studi della Camera dei deputati (I) gibt die Zahl der Gesetzesvorhaben in dieser Phase am Stichtag 16. 3. 1998 mit insgesamt 49 an (Rass. parl. 1998, S. 489 f.).
[441] Servizio Studi della Camera dei Deputati I, in Rass. parl, S. 488 („eine Rolle der Stimulation und Kontrolle").

aller im Ausschuß zu begutachtenden Gesetzesvorlagen auf ihre gesetzestechnische Qualität und ihre Vereinbarkeit mit dem geltenden Recht gewährleisten sollen. Auf wenig Resonanz ist zunächst auch die Einrichtung eines „Comitato per la legislazione"[442] für die Abgeordnetenkammer gestoßen, dem auf Antrag eines Fünftels der Mitglieder eines referierenden Ausschusses ein Gesetzentwurf zwecks „Qualitätskontrolle" vorgelegt wird: In den ersten drei Monaten nach Inkrafttreten der Reform des „Regolamento della Camera" hat in gerade mal drei Fällen ein beratender Ausschuß ein ihm zugewiesenes Gesetzesvorhaben an das „Comitato per la legislazione" überwiesen.

Im Ergebnis bleibt abzuwarten, ob sich die positiven Tendenzen der jüngsten Vergangenheit im italienischen Gesetzgebungsverfahren fortsetzen werden. Einen wichtigen Beitrag könnte hier die geplante Verfassungsreform leisten, die mit der Abschaffung des Instituts der „Commissione in sede deliberante" eine der zentralen Ursachen der italienischen Gesetzgebungskrise bekämpfen will[443].

---

[442] Der „Ausschuß für die Gesetzgebung" ist nunmehr in Art. 16-bis R.C. vorgesehen. Gem. Art. 16 – bis I R.C. setzt er sich aus acht Abgeordneten zusammen, die vom Präsidenten der Abgeordnetenkammer ausgewählt werden und die gleichberechtigte Vertretung von Mehrheit und Opposition gewährleisten sollen. Der Vorsitz dieses Ausschusses wird reihum von seinen Mitgliedern jeweils für einen Zeitraum von sechs Monaten wahrgenommen (Art. 16 II R.C.). Aufgabe des Comitato ist es gem. Art. 16 III R.C., zu den vorgelegten Gesetzentwürfen Gutachten zu erstellen, die Aufschluß über die gesetzestechnische Qualität des analysierten Textes und seine Vereinbarkeit mit dem geltenden Recht geben. Diese schriftliche Stellungnahme wird dem Gutachten des federführenden Ausschusses beigefügt; für den Fall, daß dieser den Empfehlungen des Gremiums bei der Redaktion des Gesetzentwurfes nicht folgt, hat er die Gründe dafür in seinem Gutachten dem Plenum mitzuteilen (Art. 16 V, VI R.C.).

[443] Vgl. Art. 102 I des Entwurfs (bzw. Art. 95 I des geänderten Entwurfes). Siehe dazu auch den Diskussionsbeitrag von Mazziotti di Celso, bei Panunzio, I costituzionalisti e le riforme, S. 168. Zur Rolle des Parlaments im Reformentwurf allgemein Sicardi, Dir. pubbl., S. 739 ff..

Drittes Kapitel: Die Stellung der Regierung in der Verfassung

Die essentielle Bedeutung, die der Regierung in einem Staatswesen zukommt, verdeutlicht STERN[444], wenn er die Regierung „als Kern der staatlichen Handlungsfähigkeit" und damit „als 'politische Gewalt' schlechthin" bezeichnet. Im Mittelpunkt der Diskussion um die Stabilität und die Regierbarkeit des italienischen Gemeinwesens steht daher zwangsläufig die Rolle der Regierung („governo") und insbesondere des Ministerpräsidenten („presidente del consiglio dei ministri"), wie sie sich in Verfassungstheorie und Verfassungspraxis darstellt.

A. Die Rolle der Regierung im parlamentarischen Regierungssystem

Charakteristisch für das verfassungsrechtliche Verhältnis von Parlament und Regierung in einem parlamentarischen Regierungssystem[445] sind die wechselseitigen Rechte und Pflichten dieser beiden Verfassungsorgane. Auf der einen Seite findet sich die Abhängigkeit der Regierung vom Vertrauen des Parlaments und damit ihre Verantwortlichkeit gegenüber der gewählten Volksvertretung, auf der anderen Seite steht das Postulat der Eigenständigkeit und Selbständigkeit des politisch leitenden Exekutivorgans, das durch parlamentarische Mitregierung nicht gelähmt werden soll. Dabei fungiert die selbständige Entscheidungsbefugnis der Regierung als *condicio sine qua non* des parlamentarischen Regierungssystems, denn nur wer über selbständige politische Handlungsvollmacht verfügt, kann auch verantwortlich gemacht werden[446]. Die zentrale Stellung, die die Regierung in einem parlamentarischen Regierungssystem einnimmt, verdeutlicht BADURA, wenn er schreibt: „Die institutionelle Voraussetzung des parlamentarischen Regierungssystems ist, daß die Verfassung die Regierung als staatsleitendes Verfassungsorgan mit einer gegenüber dem Parlament selbständigen Stellung ausgestaltet und die Regierung mit einem eigenen Wirkungskreis betraut, in dem sie durch Entscheidungen des Parlaments nicht gebunden oder

[444] Stern, in StaatsR Bd. II, S. 681.

[445] Stern (StaatsR Bd. I, S. 956) schreibt zum Begriff des parlamentarischen Regierungssystems: „Das parlamentarische Regierungssystem ist [..] ein Mantelbegriff für eine bestimmte Regierungsform eines Staates. Geprägt wird es durch einen Zusammenhang von Rechtsnormen, Institutionen und Verhaltensweisen. Der typusbestimmende Gehalt dieses Prinzips besteht darin, daß die Regierung auf das Vertrauen des Parlaments (jedenfalls seiner Mehrheit) gestützt sein muß (Vertrauenserfordernis) und daß dieses an der Staatsleitung wesentlichen Anteil hat (Staatsleitungsteilhabe)."

[446] So bereits grundlegend BVerfGE 9, 268 ff. (281 f.); Stern, StaatsR Bd.I, S. 966; Schröder, in Jura 1982, S. 451; vgl. a. den Diskussionsbeitrag von Mußgnug, VVDStRL 35 (1977), S. 336.

ersetzt werden kann"[447]. Auch in einer parlamentarischen Demokratie, in der die Auffassung der Regierung in aller Regel mit der der Parlamentsmehrheit harmoniert, bleibt ein Spannungsfeld zwischen dem Parlament als dem obersten Gesetzgebungs- und Kontrollorgan und der Regierung als Spitze der Exekutive bestehen[448]. In diesem Spannungsfeld muß die Selbständigkeit des politisch leitenden Exekutivorgans gewährleistet sein; sie darf durch die in zahlreichen Bereichen der Staatsleitung notwendige parlamentarische Interaktion nicht aufgehoben werden. „Gerade im modernen Massen- und Sozialstaat", so konstatiert FRIESENHAHN zu Recht, ist „kraftvolles und wirksames Handeln der Exekutive [..] erforderlich"[449]. Aufgabe der Regierung ist es in diesem Sinne, „in Verantwortlichkeit gegenüber der Volksvertretung und, von ihr getragen, der gesamten Staatstätigkeit eine bestimmte Richtung zu geben und für die Einhaltung dieser Linie durch die ihr unterstellten Instanzen zu sorgen"[450].

Das Bundesverfassungsgericht hat sich bereits in einer Entscheidung aus dem Jahr 1959 mit der staatsleitenden Funktion und der Entscheidungsbefugnis der Regierung im Zusammenwirken mit dem Parlament auseinandergesetzt. Darin kommt es zu dem Schluß, daß „die selbständige politische Entscheidungsgewalt der Regierung, ihre Funktionsfähigkeit zur Erfüllung ihrer verfassungsmäßigen Aufgaben, ihre Sachverantwortung gegenüber Volk und Parlament [..] zwingende Gebote der demokratischen, rechtsstaatlichen Verfassung [sind]"[451].

Im Geltungsbereich des Grundgesetzes stand die vom höchsten deutschen Gericht eingeforderte politische Entscheidungsautonomie der Regierung nie wirklich in Frage, hat doch schon seit den Zeiten KONRAD ADENAUERS die starke Stellung des bundesdeutschen Regierungschefs, auch im Verhältnis zum Bundestag, den Begriff der „Kanzlerdemokratie"[452] geprägt.

Betrachtet man hingegen das Schicksal der italienischen Nachkriegsregierungen, so darf bezweifelt werden, daß dieses im Zusammenspiel mit dem Parlament

---

[447] Badura, in HdbStR Bd. I, S. 958. Diese selbständige politische Entscheidungsvollmacht unterscheidet die Regierung von der Verwaltung, „die von der Verfassung selbst als Ausführung der Gesetze aufgefaßt wird, selbst dort, wo die Verwaltung nach Maßgabe der Gesetze ein selbständiges Gestaltungs- und Planungsermessen einschließt" (Badura, StaatsR, Abschn. E, Rdnr. 18).

[448] So BVerfGE 10, 4 (17); vgl. auch Friesenhahn, VVDStRL 16 (1958), S. 35.

[449] Friesenhahn, VVDStRL 16 (1958), S. 34.

[450] Kaufmann, VVDStRL 9 (1952), S. 7.

[451] BVerfGE 9, 268 (281).

[452] Daß aber kein Monopol des Bundeskanzlers oder der Bundesregierung zur Entscheidung politischer Grundsatzfragen besteht, ergibt sich schon aus der Verfassung, die sowohl Bundestag wie auch Bundeskanzler bzw. Bundesregierung im Einzelfall die Befugnis zum Erlaß politischer Richtlinienentscheidungen einräumt. Friesenhahn hat für das Zusammenspiel von Regierung und Parlament den Begriff der Staatsleitung „zur gesamten Hand" geprägt (VVDStRL 16 (1958), S. 38).

erforderliche Primat der Regierung im parlamentarischen Regierungssystems Italiens umgesetzt worden ist. Die zentrale Stellung des Parlaments im Gesetzgebungsverfahren[453] und weitreichende Untersuchungs- und Kontrollbefugnisse[454] der Parlamentarier haben in der Praxis den Führungsanspruch der italienischen Exekutive stets behindert. Doch die Gründe für die latente Führungsschwäche italienischer Regierungen liegen tiefer: Historische und soziologische Rahmenbedingungen, aber auch die verfassungsrechtliche Konzeption der Regierungsstruktur haben dazu geführt, daß „starke Regierungen" in der italienischen Nachkriegsgeschichte die große Ausnahme waren[455]. Die Ursachen dieser Entwicklung sollen im folgenden Abschnitt einer eingehenden Analyse unterzogen werden.

B. Die Konzeption der „Regierung" in der verfassungsgebenden Versammlung

Zunächst hatte die Costituente, die noch unter dem Einfluß des durch die autoritären Strukturen des italienischen Faschismus ausgelösten „Tyrannenkomplexes"[456] ihre Arbeit aufnahm, nicht von ungefähr für ein parlamentarisches System mit weitreichenden „checks and balances" votiert[457]. Die italienische Nachkriegsgesellschaft stand zudem unter dem Eindruck tiefgreifender ideologischer Gegensätze, die sich insbesondere in der programmatischen Auseinandersetzung der verschiedenen Parteien widerspiegelten und damit die integrative Funktion der künftigen Verfassung in den Mittelpunkt der Diskussion stellten. Zur Polarisierung der Parteienlandschaft hatte dabei zum einen „la crisi della secolarizzazione" beigetragen, die als Folge der schwindenen Vormachtstellung der bis dato allgegenwärtigen katholischen Kirche Italiens die schwierige Koexistenz „tra due culture, laica e confessionale, che credevano in valori diversi,

---

[453] Siehe Zweites Kapitel, B, S. 42 ff..

[454] Neben der „interrogazione" (Befragung der Regierung) und der „interpellanza" („Interpellation", in der die Regierung zu den Motiven ihres politischen Handelns Rede und Antwort stehen muß) sind hier vor allem die „inchieste", die Untersuchungen, zu nennen, die den Kammern gem. Art. 82 Cost. bei „Sachfragen von öffentlichem Interesse" gestattet sind und mit Hilfe der „commissioni d'inchiesta" („Untersuchungsausschüsse") durchgeführt werden. Diese Institute werden im einzelnen geregelt durch Art. 145 ff. R.S., Art. 128 ff., 136 ff. R.C. sowie durch Art. 162, 140 ff. R.C. Ausführlich zu „interrogazione" und „interpellanza", Chimenti, Il controllo parlamentare nell'ordinamento italiano, S. 179 ff.; zu den Untersuchungsbefugnissen der Kammern siehe Pace, Il potere d'inchiesta delle assemblee legislative, S. 103 ff..

[455] Eine hegemoniale Regierungsführung wird retrospektiv nur dem ersten Ministerpräsidenten Italiens Alcide De Gasperi zuerkannt (Paladin, Diritto costituzionale, S. 402).

[456] Der Begriff stammt von Federico Mancino, zit. nach Merkel, ZParl 18 (1987), S. 524.

[457] Merkel, ZParl 18 (1987), S. 524.

se non opposti"[458] hervorbrachte. Zum anderen gerieten die politischen Gruppierungen auch in Italien zunehmend unter den Einfluß der weltpolitischen Lage nach dem zweiten Weltkrieg, die durch die ideologische Kontroverse zwischen dem kapitalistischen Westen und dem moskautreuen Osten Europas geprägt war. Das Parteiensystem jener Jahre mit der Democrazia Cristiana, den Liberalen und den Republikanern auf der einen Seite, die geschlossen für den Anschluß Italiens an den westlichen Block plädierten, und der kommunistischen Partei auf der anderen Seite, die sich klar nach Moskau orientierte[459], erwies sich als Spiegelbild einer ideologischen Zerrissenheit, die nicht nur das Handeln der politischen Klasse Italiens, sondern ebenso die politische Meinungsbildung seiner Bürger lange Zeit bestimmte. So konstatiert FERRARIS[460], daß sich die Dialektik der ideologischen Konfrontation zwischen Ost und West jahrzehntelang auch auf die italienische Innenpolitik ausgewirkt hat[461].

Das von der Costituente geschaffene Regierungssystem, das seinen „Akzent auf Konsens und Vermittlung"[462] setzt und dieser „Konsensdemokratie" auch die Chance auf eine klare Führungsrolle des Regierungschefs opfert, wird als unmittelbare Folge dieses politischen wie weltanschaulichen Pluralismus in der italienischen Gesellschaft gesehen. PITRUZELLA kommt denn auch zu dem Schluß, daß „'die Demokratie der Vermittlung', die die Dynamik der Regierungsform in Italien charakterisiert hat, den Bedürfnissen nach Integration in einer Gesellschaft und einem politischen System entgegenkommt, das durch tiefe Klüfte durchzogen wird"[463].

Durch die weltanschauliche Heterogenität der italienischen Nachkriegsgesellschaft waren Kontroversen zwischen den auch in der verfassungsgebenden Versammlung vertretenen verschiedenen politischen Lagern um die Ausgestaltung des künftigen Regierungssystems vorprogrammiert, die nur im Wege eines

---

458 Pitruzella, in Comm. Branca, Art. 92 -93, S. 9, (.. „zwischen zwei Kulturen, der der Laien und der der Gläubigen, die an unterschiedliche, wenn nicht gar gegensätzliche Werte glaubten").

459 Dazu Scoppola, Introduzione, S. 29.

460 Ferraris, Politik und Zeitgeschichte, 34 (1994), S. 3.

461 Anders stellte sich die politische Situation im Nachkriegsdeutschland dar, in dem sich frühzeitig ein breiter politischer Grundkonsens entwickelte. Dies führt Friedrich (DVBl. 1980, S. 508 f.) unter anderem darauf zurück, daß die allgemeine Ablehnung des im Osten Deutschlands beschrittenen Weges und die Zugehörigkeit der Bundesrepublik zur Gemeinschaft der westlichen Demokratien trotz großer politischer Differenzen zwischen Regierung und Opposition nie in Frage gestellt worden ist.

462 Pitruzella, in Comm. Branca, Art. 92-93, S. 6 f..

463 Pitruzella, in Comm. Branca, Art. 92-93, S. 7. Nach Ansicht von Amato (zitiert nach Pitruzella, ebda, S. 9) hat die italienische Verfassung es vorgezogen, ein System zu schaffen, „das dazu gemacht ist, alle Seiten das Zusammenleben zu lehren", indem es „Brücken" baut, „über die eines Tages die Gegner in der Lage wären, sich zu treffen"

„compromesso aperto"[464] überwindbar schienen; gleichzeitig zeigte sich jedoch – vor dem Hintergrund der eklatanten Regierungsinstabilität unter dem Albertinischen Statut mehr als verständlich – quer durch alle politischen Gruppierungen das Bemühen, mit der neu zu schaffenden Verfassungsordnung die Stabilität künftiger Regierungen zu gewährleisten[465].
In der zweiten Unterkommission der Costituente, die unter anderem mit der Stellung der Regierung in der neuen Verfassung befaßt war, setzte die Linke dem Ruf der DC nach einer deutlichen Vormachtstellung des Ministerpräsidenten im Regierungsgefüge „il principio di collegialità" entgegen, das sie als unumgänglichen Garanten einer bereits damals absehbaren Koalitionsregierung sah. Der (gemeinsame) Wunsch nach einer möglichst exakt proportionalen Repräsentanz möglichst aller gesellschaftlichen Interessen führte darüber hinaus dazu, daß im Verfassungsentwurf die Entscheidungsstruktur und Kompetenzausstattung der Regierung hinter dem Schutz politischer und gesellschaftlicher Minoritäten zurücktrat[466]. Im Ergebnis glaubte man sich allerdings für ein parlamentarisches System zu entscheiden, „ausgestaltet durch verfassungsrechtliche Bestimmungen, die geeignet sind, das Bedürfnis nach Stabilität des Regierungshandelns zu schützen und eine Ausartung des Parlamentarismus zu vermeiden"[467].

---

[464] Merlini, in Manuale, S. 188 (..eines „offenen Kompromisses"); Pitruzella (in Comm. Branca, Art. 92-93, S. 8) verdeutlicht die politische und historische Situation Italiens, die die Entstehung der Verfassung in besonderem Maße beeinflußt hat, wenn er schreibt: „Die Verfassung [..] findet ihren Ursprung in einem sozialen und politischen Umfeld, das durch auffallende Trennungen zerrissen ist. In der Tat mußten noch die sozioökonomischen *cleavages* der Vorkriegszeit überwunden werden, mit ihren historischen Brüchen zwischen Besitzenden und Lohnempfängern, zwischen Nord und Süd, zwischen Landwirtschaft und Industrie und teilweise auch zwischen den Zentren und der Peripherie. So stellte sich erneut das Problem der sozialen Integration, das das politische System des liberalen Italiens, nach einer weit verbreiteten Auffassung, nicht hatte lösen können, da es den Prozeß des *Nation-building* nicht vollendet hatte."

[465] Villone, in Comm. Branca, Art. 94, S. 241.

[466] Die Arbeit der Costituente beleuchtet ausführlich v. Beyme, Regierungssysteme, S. 339 ff..; dazu auch Merlini, in Manuale, S. 187 ff..

[467] So der vom Abgeordneten Perassi eingebrachte Tagesordnungspunkt der zweiten Unterkommission vom 5. September 1946, zitiert nach Pitruzella (in Comm. Branca, Art. 92-93, S. 11). V. Beyme vertritt noch 1973 die Auffassung (Regierungssysteme, S. 349), daß sich trotz aller Krisen die italienische Verfassung bewährt habe. Italien sei, so schreibt er, „[..] neben dem quietistischen deutschen und dem turbulenten französischen einen Mittelweg in der Evolution seines parlamentarischen Systems gegangen, der einen dauerhaften Klassen- und Parteikompromiß schaffen kann."

C. Die italienische Regierung in der politischen Wirklichkeit

I. Das Phänomen der „conventio ad excludendum" und des „consociativismo"

Die politischen Ereignisse in der mehr als fünzigjährigen Nachkriegsgeschichte Italiens haben wohl zur Genüge bewiesen, daß die nach der Überzeugung der Gründerväter in der Verfassung angelegte Regierungsstabilität im italienischen Verfassungsalltag Utopie geblieben ist. Doch hat sich ebenso gezeigt, daß die Ursachen der Instabilität italienischer Regierungen vielfältiger Natur sind und einseitige „Schuldzuweisungen" verbieten. Zu nennen sind hier sicherlich die instabilen Mehrheitsverhältnisse im italienischen Parlament, die – durch das bis zur Wahlrechtsreform 1993 geltende Verhältniswahlrecht jedenfalls gefördert[468]– in der traditionell heterogenen Parteienlandschaft Italiens begründet liegen und als permanentes Element die Bildung von Koalitionsregierungen[469] in den Regierungsalltag eingeführt haben. Dabei führte oft auch die traditionell geringe Fraktionsdisziplin der italienischen Parlamentarier dazu, daß knappe parlamentarische Mehrheiten um jeden Preis vermieden wurden, indem man – notfalls auch unter Einschluß des politischen Gegners – verstärkt Mehrparteienkoalitionen gründete[470].

Zudem war die Koalitionsbildung[471] jahrzehntelang mehr von politischen und ideologischen Grabenkämpfen beeinflußt, als von pragmatischen, mehrheitsfördernden Erwägungen geleitet. Die Tatsache, daß die wichtigsten Oppositionskräfte lange Zeit eine fundamentale Alternative zum politischen System der Republik Italien anstrebten[472], ließ die Regierungskräfte mehr und mehr als „Ver-

---

[468] Siehe dazu oben, Zweites Kapitel, A, I, 5, S. 21 ff..

[469] Paladin (Diritto costituzionale, S. 402) betont, daß es in Italien – mit Ausnahme der „Governi dei tecnici", die völlig oder jedenfalls ganz überwiegend mit parteilosen Experten besetzt waren – stets „Koalitionsregierungen" gegeben hat. Diese Wertung schließt nach seiner Ansicht auch die sog. „Gabinetti monocolori" der DC, d.h. die ausschließlich mit christdemokratischen Politikern besetzten Kabinette ein, da in diesem Fall die Verständigung zwischen den politischen Mehrheitsparteien innerhalb der Koalition durch das notwendige Einvernehmen zwischen den unterschiedlichen Strömungen innerhalb der DC ersetzt wurde; vgl. auch De Vergottini, Diritto costituzionale, S. 525.

[470] Hine, Governing Italy, S.105.

[471] Die Komplexität der italienischen Parteien- bzw. Koalitionsstruktur läßt an dieser Stelle nur einen kurzen Abriß der Entwicklung nach dem 2.Weltkrieg zu. Neben einer ausführlichen Analyse der Koalitionsbildung in Italien findet sich bei Hine (Governing Italy, S. 96 ff.) auch ein tabellarischer Überblick über das Koalitionsverhalten italienischer Parteien von 1945-1992.

[472] Sowohl Kommunisten als auch Neofaschisten stellten, jedenfalls in den Anfangsjahren der Republik, das demokratische System zugunsten einer kommunistischen Staatsstruktur beziehungsweise eines autoritären Regimes in Frage.

teidiger der Staatsordnung" auftreten, während die Opposition mit dem „Anti-Staat" gleichgesetzt wurde[473]. In diesem politischen Klima sahen sich die staatstragenden Kräfte gezwungen, der Gefahr, die von den Systemgegenern für die staatliche Ordnung ausging, durch koalitionstaktische Strategien zu begegnen. So bestand etwa bis in die 70er Jahre ein allgemeiner Konsens unter den Parteien des politischen Zentrums, daß die radikale und „antisystemische" Opposition der Kommunisten und Neofaschisten[474] nicht regierungsfähig sei und von einer Regierungsbeteiligung ausgeschlossen werden müsse (sog. „Conventio ad excludendum")[475], obwohl zeitweilig ein bedeutendes Stimmenpotential durch die radikalen Parteien besetzt wurde[476]. Da in dieser politischen Konstellation keine Partei allein die Regierung stellen konnte, regierten in diesen Jahren Koalitionen zwischen der DC und kleineren Parteien der politischen Mitte im Wechsel mit christdemokratischen Minderheitsregierungen.

In einer zweiten Phase, in der seit 1963 Mitte-Links-Koalitionen die Regierung stellten, legte der verbreitete Wunsch nach größerer Regierungsstabilität den Grundstein für eine Entwicklung, die unter der Bezeichnung „consociativismo"[477] mehr und mehr eine faktische Beteiligung der Opposition an der Regierung mit sich brachte und die tatsächliche politische Handlungsfähigkeit Italiens auf Jahre hinaus lähmen sollte: Bei Differenzen innerhalb der Regierungskoalition konnte diese zwar auf die Unterstützung der Opposition rechnen, mußte sich jedoch die parlamentarische Zustimmung – etwa bei Gesetzesvorhaben – durch Zugeständnisse an die jeweilige Klientel der Oppositionsparteien teuer erkaufen. Umfassende gesetzgeberische Reformvorhaben hatten in diesem parlamentarischen Klima wenig Aussicht auf Erfolg, da die programmatischen Differenzen zwischen Regierungslager und Opposition unter der „parlamentarischen Oberfläche" weiterhin bestanden und nur punktuell und zum Zwecke der Mehrheitsbeschaffung überbrückt wurden. Das Bestreben der politischen Klasse Italiens, durch die Teilhabe der Opposition an der Regierungsarbeit stabile Mehrheiten zu schaffen und dadurch die Bildung stabiler Regierungen zu ge-

---

[473] P. Weber, ZParl Sonderband, S. 178.

[474] Anfangs fielen auch die Sozialisten unter diesen „institutionellen Bann". Eine Regierungsbeteiligung der Kommunisten erfolgte trotz ihres starken Wählerpotentials erstmals in den Jahren 1976-79 mit der sogenannten Regierungskoalition der „nationalen Solidarität" aus DC, PCI, PSI.

[475] Zur „conventio ad excludendum" siehe auch Bonini, Storia costituzionale della Repubblica, S. 55 ff..

[476] Während der Stimmanteil des MSI nicht besonders ins Gewicht fiel (diese Partei konnte bei den Parlamentswahlen zwischen 1948 und 1992 durchschnittlich 5% der Wählerstimmen erringen), entschied sich bis zur ihrer Spaltung kontinuierlich ungefähr ein Viertel der Wähler für die Kommunistische Partei; bei den Wahlen 1976 konnte der PCI sogar 34, 4 % der Stimmen für sich verbuchen.

[477] Zum Problemkreis des italienischen „consociativismo" siehe etwa die Ausführungen von Ferraris (Revolution, S. 10 ff.).

währleisten, ging in diesen Jahren eindeutig zu Lasten der Handlungsfähigkeit des italienischen Staates und seiner Institutionen[478].
Als ebenso schwerwiegend für die Regierbarkeit Italiens erwies sich eine weitere Folge dieser politischen Strategien der staatstragenden Kräfte: Indem die herrschende politische Klasse Italiens zunächst durch strikte Ausgrenzung oppositioneller Gruppen, später durch ihre partielle Beteiligung am Regierungsgeschäft die Bildung einer schlagkräftigen parlamentarischen Opposition verhindert hatte, mußte sie bis in die jüngste Zeit eine echte Regierungsalternative nicht fürchten.

II. Koalitionsfähigkeit und Koalitionsverhalten der italienischen Parteien

Als gleichermaßen problematisch für die politische Handlungsfähigkeit der italienischen Exekutive und die Instabilität der italienischen Regierungen hat sich in der Vergangenheit auch die mangelnde Koalitionsfähigkeit der politischen Parteien erwiesen.
Bereits in den Gründungsjahren der italienischen Republik traten als Ursache für die häufigen innerkoalitionären Zerwürfnisse einer amtierenden Regierung im wesentlichen zwei Mechanismen hervor, die teilweise auch heute noch das Koalitionsverhalten italienischer Parteien maßgeblich prägen. Zum einen zwängte das „ideologische Korsett" der „conventio ad excludendum" die Parteien in Koalitionen, die neben dem gemeinsamen Interesse, eine parlamentarische Mehrheit zu bilden, wenig gemeinsam hatten. Der Ausschluß der radikalen Parteien von der Regierungsbildung führte im Ergebnis lange Jahre zu einer Instrumentalisierung der Bildung von Koalitionen, die ihre politische Legitimation nicht aus ihrer ideologischen und programmatischen Nähe, sondern überwiegend aus der Opposition gegen die antisystemische Ideologie von Kommunisten und Neofaschisten zogen[479]. Die Logik der „conventio ad excludendum", die eine Mehrheit jenseits der radikalen Parteien bis in die 90er Jahre nur mit Hilfe der DC und der kleineren Parteien der Mitte („centro") beziehungsweise des Mittelinks-Blocks („centrosinistra") ermöglichte, verhalf damit im Ergebnis gerade den kleineren politischen Gruppierungen innerhalb der Regierungskoalition zu

---

[478] Vgl. auch P.Weber (ZParl, Sonderband, S. 179), für den „die unvermeidlichen Rückwirkungen dieser Politik auf die Glaubwürdigkeit und Effizienz der Institutionen nicht unwesentlich zur progressiven Aushöhlung des Herrschaftssystems beitrugen".
[479] Di Palma (Surviving without Governing, S. 247 f.) bezeichnet diesen Zusammenschluß als „negative Coalitions", da sie allein durch die politische Situation und das Fehlen von Koalitionsalternativen vorgegeben wurden.

einem politischen Gewicht, das die realen Mehrheitsverhältnisse im Parlament ad absurdum führte[480]. Zum anderen gewann für die Frage nach der Koalitionsfähigkeit italienischer Parteien das für den deutschen Staatsrechtler absurd anmutende Phänomen des „sistema di sottopartiti" große Bedeutung, dessen Einfluß auf das Parteiengefüge mit dem Begriff der „correntocrazia" [481] sehr anschaulich erfaßt wird. Die zentrale und äußerst machtvolle Rolle, die den unterschiedlichen Strömungen innerhalb einer Partei auch heute noch zukommt, hat, in Verbindung mit einer traditionell schwachen Fraktionsdisziplin, sicherlich mit dazu beigetragen, daß sich die Bildung langlebiger, funktionsfähiger (Regierungs-)Koalitionen im italienischen Verfassungsalltag bis heute als utopisch erweist. Die Schwierigkeit, nicht nur im Rahmen der Koalitionsvereinbarungen das Einverständnis der innerparteilichen Minderheit im Hinblick auf das künftige Regierungsprogramm zu gewährleisten[482], sondern auch während einer Legislaturperiode „die Gefolgschaft" divergierender, parteiinterner Gruppierungen innerhalb der Regierungspartei(en) sicherzustellen und Spaltungstendenzen entgegenzuwirken[483], hat in der Vergangenheit mehr als einmal zum Sturz der Regierung geführt[484].

[480] Gleichzeitig verfestigte diese institutionalisierte Ausgrenzung noch bis zur Auflösung der Kommunistischen Partei Italiens im Jahr 1991 die unangefochtene Hegemonialstellung der DC, deren Wähler, nach einem berühmten Ausspruch des Journalisten Indro Montanelli, sich teilweise „die Nase zugehalten und DC gewählt" hatten, um den Einfluß der Kommunisten zu beschränken (zit. nach P.Weber, ZParl, Sonderband, S. 181).

[481] Der Begriff findet sich etwa bei Seißelberg (Republik Italien, S. 250) und v. Beyme (in FS Loewenstein, S. 61) und kann mit „Herrschaft der (parteiinternen) Strömungen" übersetzt werden. Die Existenz dieser „correnti" ist dabei so unumstritten, daß bis in die jüngste Zeit bei der Besetzung von Ministerämtern und Staatssekretärsposten der innerparteiliche Proporz gewahrt wird (siehe dazu für die DC das Beispiel des VI. Kabinetts unter Andreotti, bei Seißelberg, Republik Italien, S. 250 f.). Umgekehrt sind mehrere Regierungen zu Fall gebracht worden, weil sich ein mächtiger parteiinterner Flügel nicht mehr angemessen in der Regierung vertreten fühlte, so etwa für die DC die Regierung Moro I und II, Andreotti II und Cossiga II. (Seißelberg, ebda, S. 251).

[482] Diese Gegner innerhalb der eigenen Partei haben sich in der Vergangenheit häufig der bis 1988 üblichen geheimen Abstimmung im Gesetzgebungsverfahren bedient (vgl. oben, Zweites Kapitel, B, V, 2, S. 103 f.), um etwa die Regierung nach überstandener Vertrauensfrage durch ein negatives Votum in der Schlußabstimmung über ein Konversionsgesetz zu Fall zu bringen („franchi tiratori").

[483] Die innerparteilichen Strömungen, die sogenannten „correnti", haben mit spektakulären Spaltungsbestrebungen gerade in jüngster Zeit Bewegung in die Parteienlandschaft Italiens gebracht. So führten die massiven Kontroversen innerhalb der neokommunistischen Partei (RC) über den Haushaltsentwurf der Regierung Prodi im Herbst 1998 zunächst zum Ende der bis dahin mit Hilfe der RC erfolgreich praktizierten Tolerierung der Minderheitsregierung und zum Sturz des regierenden „Ulivo"-Bündnisses; in einem zweiten Schritt bildeten sich aus den Befürwortern der weiteren Zusammenarbeit mit Prodi auf der einen Seite und den Gegnern der Tolerierung auf der anderen Seite zwei separate Parteien heraus. Zu nennen ist an dieser Stelle aber auch die UDR, die sich erst Anfang 1998 aus ehemaligen Mitgliedern von CCD, CDU, Forza Italia, Alleanza nazionale und dem „Ulivo"-Bündnis gegründet hat und bei der Regierungsbildung im Oktober 1998 bereits als „Zünglein an der Waage", als Mehrheitsbeschafferin der Regierung des Sozialisten D`Alema diente. Die Unterstützung der UDR für die Regierung D`Alema führte landesweit zu Protesten, da ihre Mitglieder noch bei den Wahlen

Eng damit verbunden ist eine weitere Besonderheit in der politischen Landschaft Italiens, der sogenannte „trasformismo", der die Eigenart der Parteien beschreibt, durch das Verschleiern programmatischer Gegensätze einen „klientelistischen Stimmenfang"[485] auch jenseits politischer Überzeugungen zum Zwecke des Machterhalts zu ermöglichen. Der oftmals ebenso spontane wie radikale Wechsel der Partei durch einzelne Abgeordnete oder – bezogen auf die Partei als Ganzes – des politischen Lagers, der in Italien an der Tagesordnung zu sein scheint, kann als (partei-)politisch folgenschwerste Konsequenz dieses wahltaktischen Verhaltens gelten[486].

D. Die verfassungsrechtliche Stellung der Regierung als Ursache für Instabilität und Unregierbarkeit

Nicht von der Hand zu weisen ist jedoch nach Ansicht zahlreicher Autoren schließlich auch die Verantwortung der „Assemblea costituente" und des von ihr geschaffenen Verfassungstextes für eine Entwicklung, die der im Oktober 1998 gestürzten Regierung Prodi mit einer Amtszeit von 876 Tagen die zweitlängste Regierungsdauer einer italienischen Nachkriegsregierung attestieren muß. Die verfassungsimmanenten Ursachen für die politische Schwäche italienischer Regierungen sollen daher im Folgenden eingehend analysiert werden.

1996 mehrheitlich (nämlich nur mit Ausnahme der ehemaligen Abgeordneten des „Ulivo"-Bündnisses) über die Liste des oppositionellen Freiheitspols in das Parlament eingezogen waren, und sie durch die Unterstützung der Linksdemokraten im Herbst 1998 „am Wählervotum vorbei" offensichtlich die Seiten gewechselt hatten.

[484] Als Beispiel für den stabilitätsgefährdenden Einfluß der innerparteilichen Strömungen sei hier auf die Krisen innerhalb der DC verwiesen, die zum Rücktritt der Regierung De Gasperi VI (1951), Scelba (1955) oder Fanfani II (1959) führten.

[485] Ferraris, Revolution, S. 16.

[486] Als Beispiel des italienischen „trasformismo" wird hier auf das oben (Fn. 483, S. 117) beschriebene Vorgehen der UDR verwiesen. Nach einer Formulierung von Romano (in Corriere della Sera vom 17. 10. 1998, S. 1) ist diese Partei lediglich „ein Prototyp, hergestellt in den unzerstörbaren Laboratorien des italienischen Transformismus". Daß die Parteienlandschaft Italiens „offen" ist und sich ständig wandelt, hat, neben dem „trasformismo", in jüngster Zeit auch andere Ursachen. So haben die zu Beginn der 90er Jahre als „tangentopoli" bekannt gewordenen Korruptionsskandale das Mißtrauen der Bürger in die etablierten Altparteien auf einen neuen Höhepunkt getrieben und einer weiteren Zersplitterung des Parteienspektrums den Weg bereitet: Mit der Lega Nord, den Grünen (Verdi), La Rete und der Rifondazione Comunista stießen in dieser Zeit gleich vier Neugründungen zum Kreis der Altparteien (dazu P. Weber, ZParl, Sonderband, S. 185), der durch die Nachfolgeparteien der 1994 aufgelösten DC (PPI, CCD) erneut erweitert werden sollte (siehe dazu das Schaubild bei P.Weber, ebda, S. 195).

I. Die Regierungsbildung in Italien

Die grundlegenden Bestimmungen zur Bildung einer Regierung sind in Artikel 92 der italienischen Verfassung niedergelegt. Absatz 1 stellt zunächst fest, daß die Regierung aus dem Präsidenten des Ministerrates („Presidente del Consiglio") und den Ministern besteht, die zusammen den Ministerrat („Consiglio dei Ministri") bilden[487]. Der Ministerpräsident wird gem. Art. 92 II Cost. vom Staatspräsidenten ernannt; letzterer ernennt auf Vorschlag des Regierungschefs auch die einzelnen Minister[488]. Die solchermaßen berufene Regierung muß innerhalb von zehn Tagen nach ihrer Bildung das Vertrauen beider Kammern des Parlaments erhalten (Art. 94 I, II Cost.). Da die Verfassung selbst keine Vorgaben zum Ablauf des Verfahrens enthält, läuft die Ernennung des Ministerpräsidenten nach einem festen, in der Verfassungspraxis konsolidierten Schema ab, dessen normative Grundlage von den „consuetudini costituzionali", dem verfassungsrechtlichen Gewohnheitsrecht gebildet wird[489].

1. Das Institut der „consultazioni" und „l'incarico"

Der Ernennung des Ministerpräsidenten gehen zunächst die sogenannten „consultazioni" voraus, in denen der Staatspräsident im Gespräch mit einem mehr oder weniger fest umrissenem Personenkreis[490] die Möglichkeit einer Regie-

---

[487] Die Verfassung trifft keine Aussage über die Ausgestaltung der Regierung im einzelnen, sondern überläßt diese Entscheidung dem einfachen Gesetzgeber. Dieser hat einige Regelungen, etwa über die Ernennung der Vizepräsidenten des Ministerrates, der Minister ohne Geschäftsbereich („senza portafoglio") oder der parlamentarischen Staatssekretäre („sottosegretari di stato"), im Gesetz vom 23. August 1988, Nr. 400 getroffen; weitere Bestimmungen, etwa zur Zahl der Minister oder der Aufteilung der Ressorts existieren nicht. Gem. Art. 6 I Gesetz Nr. 400/88 ist auch die Einrichtung eines sogenannten „Consiglio di gabinetto" möglich; diesem Organ, das den Ministerpräsidenten in allen Belangen der Regierungsführung unterstützen soll, gehören neben dem Regierungschef selbst nur eine bestimmte Anzahl von Ministern an (dazu De Vergottini, Diritto costituzionale, S. 546). Ursprünglich konzipiert, um die Homogenität des Regierungshandelns zu fördern, verstärkte es in der Praxis nur den Einfluß der Regierungsparteien, da diese letztlich und nicht etwa der Ministerpräsident über die Zusammensetzung des Gremiums entschieden. Seit Beginn der 90er Jahre haben die italienischen Regierungschefs daher auf die Einrichtung eines „Consiglio di gabinetto" verzichtet.

[488] Damit entspricht Art. 92 II Cost. der Vorschrift des Art. 53 WRV („Der Reichskanzler und auf seinen Vorschlag die Reichsminister werden vom Reichspräsidenten ernannt und entlassen").

[489] Nach Paladin (Diritto costituzionale, S. 376) läßt sich das gesamte Verfahren der Regierungsbildung in drei bzw. vier Phasen unterteilen, nämlich (1.) die Vorbereitungsphase (auch: „fase delle consultazioni"),(2.) die Konstituierungsphase (auch: „fase dell'incarico", Mandatserteilung), (3.) die „fase perfettiva" (Ernennungsphase) und schließlich (4.) die „fase integrativa dell'efficacia" (gekennzeichnet durch den Amtseid der neuen Regierung).

[490] Dabei handelt es sich ausnahmslos um Personen, die zentrale öffentliche Ämter bekleiden oder bekleidet haben. Da die Regierung das Vertrauensvotum des Parlaments gem. Art. 94 Cost. benötigt,

rungsbildung mit Blick auf die vorhandenen Mehrheitsverhältnisse im Parlament auslotet. Ziel dieser Sondierungsgespräche ist es, einen geeigneten Kandidaten für das Amt des Ministerpräsidenten zu finden, der – mit einer ausreichenden parlamentarischen Mehrheit versehen – auf der Grundlage seines Regierungsprogrammes das gem. Art. 94 Cost. erforderliche Vertrauensvotum der Kammern erhält.

Nach herrschender Ansicht[491] liegt hierin – nämlich im Erfordernis, nach Möglichkeit einen positiven Ausgang des Vertrauensvotums zu gewährleisten – auch die einzige Beschränkung, der das Staatsoberhaupt bei der Suche nach einem neuen Regierungschef unterworfen ist; die Reichweite des präsidentiellen Auswahlrechts hängt dabei ganz entscheidend von seinen vermittelnden und integrativen Fähigkeiten ab. Selbst der mutmaßliche Wählerwille, der sich in mehr oder weniger akzentuierten Parlamentsmehrheiten der verschiedenen Parteien äußert, bildet hier keine bindende Vorgabe; die zeitweilig vollzogene Abkehr von der Praxis, stets dem Kandidaten der Partei mit der relativen Mehrheit der Wählerstimmen das Mandat zur Regierungsbildung zu erteilen, zeugt von der großen Freiheit, die der Staatspräsident bei der Ernennung des Ministerpräsidenten in Anspruch nehmen kann[492]. Anders als in Deutschland stellt eine bereits vor der Wahl abgegebene Koalitionsaussage samt der Benennung eines Kandidaten für das Amt des Regierungschefs[493], die der Orientierung des Wählers dient und ihm darüber hinaus die Möglichkeit eröffnet, aktiv für eine Regierungsmehrheit und den von ihr vorgeschlagenen Regierungschef zu votieren, im

werden die Gespräche mit den Fraktionsvorsitzenden sowie – in Analogie zum Fall des Art. 88 Cost. (Paladin, in Enc. Dir., Bd. XIX (1970), Stichwort: Governo italiano, S. 681) – den Präsidenten beider Kammern als verfassungsrechtlich obligatorisch erachtet. In der Praxis werden jedoch auch weitere Persönlichkeiten kontaktiert, wie etwa die ehemaligen Ministerpräsidenten und vor allem die Generalsekretäre bzw. die Fraktionsvorsitzenden der im Parlament vertretenen Parteien (Paladin, Diritto costituzionale, S. 376 f.). Bei der Bildung der ersten Regierung der 13. Legislaturperiode ist dieses System um eine interessante Neuerung ergänzt worden: Erstmals hat hier der Staatspräsident die Gespräche mit den beiden Koalitionsblöcken („L'Ulivo" und „Polo") im Parlament geführt, die um die Mehrheit der Parlamentssitze gestritten hatten (Merlini, in Manuale, S. 197).

491 Siehe etwa Merlini, in Manuale, S. 198; Carusi, in Comm. breve, Art. 92, S. 569.

492 Eine rechtliche Verpflichtung, den Kandidaten der (relativen) parlamentarischen Mehrheit mit der Regierungsbildung zu beauftragen, existiert nicht. Eingehend zur Rolle des Staatspräsidenten bei der Regierungsbildung, siehe unten, Viertes Kapitel, B, II, 2, S. 240 ff.. V.Beyme (Regierungswechsel, S. 642) weist darauf hin, daß in einem stark fragmentierten Parteiensystem wie dem italienischen, Wahlen von vornherein nur eine geringe Indikationsfunktion für die Regierungsbildung haben.

493 In der politischen Praxis Deutschlands hat es sich eingebürgert, daß die Parteien bereits im Vorfeld einer Wahl einen Kanzlerkandidaten küren; Schneider/Zeh (in ParlamentsR, § 48, Rdnr. 64) wollen die Bundestagswahl daher als „Kanzlerplebiszit" verstanden wissen.

italienischen Parteiensystem eine Seltenheit dar[494]; üblich sind stattdessen „ad hoc" -Koalitionsvereinbarungen auf der Grundlage des Wahlergebnisses, die – da „aus der Not geboren"[495] und selten auch von einem programmatischen Konsens getragen – in der Praxis ebenso schnell wieder zerbrechen können[496].

In der Praxis ist allerdings der Beurteilungsspielraum, der dem Staatsoberhaupt bei der Auswahl des Kandidaten zukommt, dann am größten, wenn kein eindeutiger Wahlsieger auszumachen ist und sich im Laufe der Konsultationen unter den Parteien und ihren Strömungen vielfache Möglichkeiten zur Koalitionsbildung gezeigt haben. Im Gegenzug wird in der Regel der Kandidat, der bereits aufgrund des Wahlergebnisses eine (relative) Mehrheit im Parlament hinter sich weiß, am ehesten als Garant für die Bildung einer stabilen Regierung aus den Sondierungsgesprächen hervorgehen und „l'incarico"[497], das heißt den Auftrag zur Regierungsbildung erhalten[498].

---

494 In der italienischen Nachkriegsgeschichte sind mit dem Wahlbündnis aus Sozialisten und Kommunisten 1948, dem Zusammenschluß der Zentrumsparteien 1953, und der Kandidatur der Bündnisse „Ulivo" und „Polo della libertà" bei den Wahlen 1996 bis jetzt erst drei Koalitionsankündigungen bereits im Vorfeld der Wahl erfolgt. Walter Veltroni, bis zum Sturz der Regierung Prodi im Oktober 1998 Stellvertreter des Ministerpräsidenten, kommentierte denn auch den Wahlsieg des „Ölbaum-Bündnisses" wie folgt: „Die Ölbaum-Koalition hat mehr Stimmen bekommen als die Summen der Parteien, die ihr angehören, es war ein politisches Votum für die Koalition, ein absolutes Novum im Panorama Italiens." (zitiert nach P. Weber, ZParl 28 (1997), S. 115).

495 An dieser Stelle sei erneut auf die oben (C, I, S. 114 ff.) erläuterten Besonderheiten der Koalitionsstruktur Italiens, wie etwa die „conventio ad excludendum" verwiesen. So führte beispielsweise die Notwendigkeit, die Regierungsmehrheit „am linken und rechten politischen Pol vorbei" zu gewährleisten, dazu, daß mögliche Koalitionspartner der bis zu ihrer Auflösung 1994 stets (mit-)regierenden DC zwangsläufig an ihrem Potential als Mehrheitsbeschaffer gemessen wurden, wobei ideologische und programmatische Gegensätze jedenfalls in dieser Phase zurücktraten (siehe dazu, Pitruzella, in Comm. Branca, Art. 92-93, S. 32; Seißelberg, ZParl 24 (1993), S. 497).

496 Pitruzella (Dir. pubbl. 1996, S. 233) sieht aber auch die in jüngster Zeit bereits im Vorfeld der Parlamentswahlen gebildeten Wahlbündnisse der italienischen Parteien äußerst kritisch, wenn er schreibt: „Der opportunistische Charakter der Wahlbündnisse hat 'Ansammlungen' ins Leben gerufen, bar jeden politischen oder programmatischen Zusammenhalts, deren Partner im Gegenteil, um ihre eigene Identität zu bewahren, einen gewissen Grad an innerkoalitionären Differenzen aufrechterhalten müssen".

497 Zur Rechtsnatur des „incarico" siehe Pitruzella, in Comm. Branca, Art. 92-93, S. 80 f.; Paladin, Diritto costituzionale, S. 384 ff.. Nachdem in der ersten Phase der Republik „l'incarico" durch präsidentielles Dekret begründet wurde, erteilt der Staatspräsident den Auftrag zu Regierungsbildung seit den sechziger Jahren mündlich. In begründeten Fällen, etwa wenn sich die Verhandlungen des beauftragten Kandidaten über die Maßen in die Länge ziehen oder aber die für die Bildung einer parlamentarischen Mehrheit unverzichtbaren Parteien ausdrücklich eine Kooperation mit dem vorgeschlagenen Regierungschef ablehnen, ist der Widerruf („revoca") des Mandates durch den Staatspräsidenten möglich. In der Praxis wird das Mandat zur Regierungsbildung in der Regel „con riserva", das heißt unter dem Vorbehalt erteilt, daß der Ernannte auch in der Lage ist, eine mehrheitsfähige Regierung zu bilden (bisher akzeptierten mit Segni und Andreotti 1959 bzw. 1972 nur zwei Kandidaten den präsidentiellen Auftrag bedingungslos); gelingt die Regierungsbildung, so ist es üblich, daß der Staatsprä-

a) Das stabilitätsgefährdende Potential der Regierungsbildung

Im politischen Alltag der letzten Jahrzehnte hat sich die Phase der Regierungsbildung zeitweilig als äußerst heikel erwiesen. Das bis 1993 geltende Verhältniswahlrecht hatte oft keine eindeutigen Mehrheiten und demzufolge mit Blick auf die Regierungsbildung eine Vielzahl von Koalitionsmöglichkeiten hervorgebracht. Mehr als einmal in der italienischen Nachkriegsgeschichte ist denn auch der Kandidat, den der Staatspräsident auf der Grundlage der „consultazioni" mit der Bildung der neuen Regierung betraut hat, am mangelnden Vertrauensvotum der Volksvertretung gescheitert[499].

aa) Das „Machtvakuum" in der Regierungskrise

Daß der vom Staatsoberhaupt mit der Regierungsbildung beauftragte Politiker bereits im Vorfeld des Vertrauensvotums aufgeben muß, weil es ihm nicht gelingt, eine mehrheitsfähige Koalition zu bilden, ist dagegen fast schon an der Tagesordnung. In diesem Fall gibt er das Mandat an den Staatspräsidenten zurück, der dann erneut im Wege der Konsultationen versucht, einen aussichtsreichen Kandidaten für das Amt des Ministerpräsidenten zu bestimmen. Auf diese Weise kann das Verfahren, mit dessen Hilfe eigentlich schnellstmöglich die Regierungskrise beendet werden soll, im Einzelfall durchaus den gegenteiligen Effekt produzieren und erneut – ebenso wie im Fall des gescheiterten Vertrauensvotums – langwierige politische Sondierungsgespräche nach sich ziehen[500]. Eine zwingende zeitliche Begrenzung dieses Verfahrens, wie sie etwa die Fristen des

---

sident den Vorbehalt ausdrücklich aufhebt. Zur Diskussion um die rechtliche Qualität dieses Vorbehalts, siehe Paladin, Diritto costituzionale, S. 385 f..

[498] In der Vergangenheit haben einige Staatspräsidenten nach dem Abschluß der Konsultationen und vor der Beauftragung eines Kandidaten dem Präsidenten einer der beiden Kammern zusätzlich ein „mandato esplorativo" erteilt, um erneut die politische Situation zu sondieren. Nach Ansicht von Paladin handelt es sich dabei ausschließlich um ein taktisches Vorgehen, das es erlaubt, die endgültige Vergabe des „incarico" hinauszuzögern. Zu unterscheiden ist dieses „mandato esplorativo" vom sogenannten „pre-incarico" (vorläufiges Mandat), das teilweise dem Kandidaten der Mehrheit erteilt wird, um die politische Krise zu lösen, ihn aber gleichzeitig vor der Gefahr eines frühzeitigen Scheiterns der Verhandlungen schützen will.

[499] Nach 1945 haben insgesamt fünf Regierungen das Vertrauensvotum (einer) der Kammern nicht erhalten. Im einzelnen sind in dieser Phase die Regierungen unter den Ministerpräsidenten De Gasperi 1953, unter Fanfani 1954, unter Andreotti 1972 und '79 sowie erneut unter Fanfani im Jahr 1987 gescheitert (Quelle: Corriere della Sera v. 10. 10. 1998, S. 2).

[500] Problematisch gestaltet sich die Situation insbesondere dann, wenn mehrere Kandidaten hintereinander an der Regierungsbildung scheitern (vgl. Barile/Cheli/Grassi, S. 225).

Art. 63 III, IV GG für die Wahl des deutschen Bundeskanzlers[501] schaffen, enthält die italienische Verfassung nicht: Die Regelung des Art. 94 III Cost. verpflichtet die Regierung lediglich, sich binnen zehn Tagen nach der Übernahme der Regierungsgeschäfte dem Vertrauensvotum der Kammern zu stellen.
In dieser Phase der Regierungskrise entsteht im Spannungsfeld der alten, nicht mehr legitimierten und der zukünftigen, noch nicht konstituierten Regierung ein „Machtvakuum", das die Handlungsfähigkeit der Exekutive nachhaltig lähmt. Zur Illustration des Problems mag hier das Ergebnis einer Studie dienen, die sich mit der Dauer italienischer Regierungskrisen befaßt[502]. Danach betrug die Zeitspanne zwischen dem Fall der alten und der Berufung der neuen Regierung in den Jahren 1948–1986 durchschnittlich mehr als dreiunddreißig Tage; bei den neununddreißig Regierungskrisen, die Italien allein in dieser Zeit erlebt hat, kommt der Autor der Untersuchung zu der astronomisch anmutenden Zahl von dreieinhalb Jahren, in denen Italien über kein handlungsfähiges Kabinett verfügte[503].
Neben der „temporären Unregierbarkeit" birgt der Prozeß der Regierungsbildung in Italien aber noch eine weitere stabilitätsgefährdende Komponente. Da die Verfassung keine Bestimmungen über das Verfahren im Vorfeld der Ernennung des Ministerpräsidenten trifft, haben sich die Parteien nach Ansicht zahlreicher Kritiker in dieser verfassungsrechtlichen „Grauzone" zum wahren Entscheidungsträger über die personelle Zusammensetzung der italienischen Regierung aufschwingen können[504]. Das „letzte und entscheidende Wort" in den Sondierungsgesprächen des Staatspräsidenten mit den politischen Parteien ist denn

---

[501] Gem. Art. 63 III GG ist binnen vierzehn Tagen nach dem erfolglosen ersten Wahlgang ein zweiter Durchgang durchzuführen; führt auch dieser nicht zur Wahl eines neuen Kanzlers, so hat sich „unverzüglich" (vgl. § 121 I 1 BGB) der dritte Wahlgang anzuschließen (Art. 63 IV 1 GG). Der gewählte Kanzler ist schließlich vom Bundespräsidenten binnen sieben Tagen nach der Wahl zu ernennen (Art. 63 IV 2 GG). Ist der Kandidat nur mit relativer Mehrheit gewählt worden, so muß ihn das Staatsoberhaupt ebenfalls innerhalb von sieben Tagen ernennen oder aber den Bundestag auflösen (Art. 63 IV 3 GG). Für das Vorschlagsrecht des Bundespräsidenten, das regelmäßig das Wahlverfahren einleitet, enthält das GG zwar keine Frist; es ist jedoch allgemein anerkannt, daß das Staatsoberhaupt diese verfassungsrechtliche Pflicht binnen „angemessener Frist" zu erfüllen hat (Herzog, in Maunz/Dürig, Art. 63, Rdnr. 16). Übt der Bundespräsident sein Vorschlagsrecht nicht termingerecht aus, so hat er es „verwirkt", und der Bundestag kann sofort mit dem zweiten Durchgang des Art. 63 III GG beginnen (Mußgnug, Der Beitrag des GG, S. 64).

[502] Die Studie stammt von Battegazzore, zitiert nach Seißelberg, Republik Italien, S. 249 f..

[503] Seißelberg (Republik Italien, S. 249) führt aus, daß die Dauer von Regierungskrisen und damit letztlich die Dauer der Abwesenheit einer handlungsfähigen Regierung für Italien kennzeichnend ist. Zu den eingeschränkten Befugnissen der geschäftsführenden Regierung und der Regierung in Erwartung des Vertrauensvotums siehe unten, 3, a-c, S. 142 ff..

[504] P.Weber, ZParl 24 (1993). In diesem Zusammenhang ist von der Bildung eines „doppelten Vertrauens" zwischen Parteien und Regierung gesprochen worden, das gegenüber dem zwischen Parlament und Regierung bestehenden Vertrauen vorrangigen Charakter annimmt (bei Armaroli, Italiens Regierungen, S. 89).

auch in der Vergangenheit weitaus häufiger in den jeweiligen Parteizentralen als im Palazzo del Quirinale[505] gefallen und dürfte im Einzelfall eher von parteipolitischem Kleingeist als von staatspolitischer Räson getragen worden sein. Mit der sogenannten „Staffettenabrede" („patto della staffetta") wurde im Juni 1986 die Personalentscheidung über das Amt des Regierungschefs schließlich ganz offen von den Koalitionsparteien selbst im Rahmen der Koalitionsvereinbarungen getroffen: Dem zunächst zurückgetretenen sozialistischen Regierungschef Craxi sicherten die an der Regierung beteiligten Christdemokraten ihre weitere Unterstützung nur unter der Bedingung zu, daß die Regierung zu einem späteren Zeitpunkt zurücktrete, um dann einem Vertreter der Christdemokraten das Amt des Ministerpräsidenten zu überlassen[506].

bb) Der Einfluß des Staatspräsidenten auf die Regierungsbildung

Kritiker des *status quo* sehen in dem Verfahren zur Ernennung des „Presidente del Consiglio" aber noch eine weitere Schwachstelle des parlamentarischen Regierungssystems Italiens. Der beachtliche Ermessensspielraum des Staatsoberhauptes bei der Auswahl des Regierungschefs führe nämlich, so wird gerügt, zu einer wachsenden politischen Verantwortlichkeit der Regierung gegenüber dem Staatspräsidenten; dieses Verhältnis etabliere sich im Sinne einer „doppia fiducia" neben dem verfassungsrechtlich verankerten Vertrauensverhältnis von Regierung und Parlament und schwäche damit die Regierung, die als „Governo del presidente" erscheine[507]. In der Praxis ist diese Problematik lange Jahre über-

---

[505] Der Quirinal-Palast in Rom ist der Amtssitz des italienischen Staatspräsidenten.

[506] Dieser „Pakt der Staffettenübergabe" führte im Frühjahr 1988 allerdings erneut zu einer komplizierten Regierungskrise, da sich die Sozialisten nicht mehr an die Abmachung gebunden fühlten (dazu Pitruzella, in Comm. Branca, Art. 92-93 Cost., S. 75 f.).

[507] Auch der Reichskanzler der Weimarer Republik kannte diese „doppelte Abhängigkeit" einer „Regierung des Präsidenten". Die Weimarer Verfassung hatte sich für das (vermeintlich) „echte" parlamentarische System entschieden und suchte demgemäß, den parlamentarischen Einfluß auf die Regierungsbildung in Grenzen zu halten, um die eigenständige Position des Reichskabinetts gegenüber dem Parlament zu sichern. Das Recht des Reichspräsidenten, den Kanzler und (auf dessen Vorschlag hin) auch die Minister zu ernennen (Art. 53 WRV) sollte das Entstehen einer „Monopolmacht der Parteienmehrheit" (Huber, Bd. VI, S. 47) über die Regierungsbildung und die daraus folgende Abhängigkeit der Regierungs- von der Parlamentsmehrheit verhindern. Zwar ging auch die Weimarer Reichsverfassung stillschweigend davon aus, daß der Reichspräsident vor der Berufung einer neuen Regierungsmannschaft Kontakt zu den Führern der Reichstagsfraktionen aufnahm, um zu eruieren, ob der von ihm bevorzugte Kandidat und sein Kabinett auf das Vertrauen einer aussichtsreichen Mehrheit im Reichstag würden rechnen können. Nach herrschender Ansicht ergab sich aus diesen in der Praxis politisch notwendigen Konsultationen aber nicht die Verpflichtung des Reichspräsidenten, zwangsläufig den von der parlamentarischen Mehrheit nominierten Kandidaten zu ernennen. Eine bloß „formale Vollzugskompetenz" des Staatsoberhauptes wurde entschieden verneint; die Präsentation eines Kanz-

wiegend akademischer Natur gewesen[508]. Erstmals während der Amtszeit des Staatspräsidenten GRONCHI (1955-1962) wurde jedoch das Verhältnis von Staatsoberhaupt und Ministerpräsident im Hinblick auf die Regierungsbildung kontrovers diskutiert, da dieser weitgehende Kompetenzen bei der Regierungsbildung für sich beanspruchte[509].

Die Verfassung selbst hat mit dem obligatorischen Vertrauensvotum des Art. 94 Cost., dem sich die Regierung binnen zehn Tagen nach ihrer Ernennung stellen muß, sicherlich der Bildung „reiner" Präsidialregierungen vorgebeugt. Allerdings darf auch nicht verschwiegen werden, daß bei unklaren parlamentarischen Mehrheitsverhältnissen dem Ermessen des Staatspräsidenten bei der Auswahl des künftigen Regierungschefs eine gesteigerte Bedeutung zukommt und insoweit die Entstehung einer politischen Verantwortlichkeit der Regierung gegenüber dem Staatspräsidenten zwangsläufig begünstigt wird. Je offener sich demnach die politische Ausgangslage darstellt, umso größer ist die Gefahr, daß eine Regierung ihre Ernennung nicht nur auf das Wählervotum und das Postulat des parlamentarischen Vertrauensvotums, sondern auch und gerade auf das Vertrauen des Staatspräsidenten zurückführt. Diese Ausgangslage hat sich in jüngster Zeit im Vorfeld der Bildung der sogenannten „Governi dei tecnici" unter den Ministerpräsidenten CIAMPI und DINI gezeigt, deren Berufung an die Spitze der Regierung der Diskussion um die Rolle des präsidentiellen Vorschlagrechts neuen Auftrieb gegeben hat[510].

---

lerkandidaten durch die Reichstagsmehrheit widerspreche vielmehr dem „Geiste der Verfassung" (ausführlich Huber, Bd. VI, S. 47 ff.). Damit war das Weimarer Regierungssystem im Ergebnis ein „unecht parlamentarisches, ein bipolares, das notwendig zu 'Präsidenten-' oder 'Parlamentskanzlern' führen mußte" (Stern, StaatsR Bd.I, S. 979). Zur Stellung des Reichspräsidenten unter der WRV siehe auch unten, Viertes Kapitel, C, S. 253.

[508] Vgl. Paladin, Diritto costituzionale, S. 380 f..

[509] Gronchi war nämlich der Auffassung, daß es durchaus zu seinem Aufgabenbereich gehöre, sowohl an der Auswahl der zukünftigen Minister mitzuwirken, als auch das Regierungsprogramm inhaltlich mitzubestimmen. So erteilte er etwa am 15. 6. 1957 dem Senatspräsidenten Merzagora die Weisung, eine Mehrheit der Mitte zu suchen (v.Beyme, Regierungssysteme, S. 551). Insgesamt hatte Gronchi „wesentlich andere Auffassungen über die Natur seines Amtes" als seine Vorgänger; so versuchte er etwa auch, Einfluß auf die italienische Regierungspolitik zu nehmen (dazu Hermens, Verfassungslehre, S. 453).

[510] Bei den „Governi dei tecnici" haben (überwiegend) parteilose Mitglieder die Regierungsgeschäfte zur Umsetzung eines genau bestimmten Programms übernommen: Sowohl die Bildung als auch die Amtsführung der Regierungen Amato und Dini wurden durch die Einflußnahme des Staatspräsidenten Scalfaro maßgeblich geprägt (dazu Carusi, in Comm. breve, Art. 92, S. 569; Pitruzella, Dir. pubbl. 1996, S. 423 ff.; Labriola, Quad. cost. 1994, S. 27 ff.). Diese Problematik wird ausführlich im Zusammenhang mit der Stellung des italienischen Staatspräsidenten im Verfassungsgefüge (Viertes Kapitel, B, II, 2, S. 240 ff.) erörtert.

b) Die Phase der „Konsultationen" im deutschen Verfassungsrecht

Konsultationen im Vorfeld der Regierungbildung gehörten auch in Deutschland schon in der Weimarer Republik zum Verfassungsalltag[511]. Da der Reichspräsident zwar einerseits die Reichsregierung ernennen konnte (Art. 52 WRV), diese aber andererseits vom Vertrauen des Reichstages abhing (Art. 54 WRV), mußte er die Regierung so besetzen, daß vom Reichstag, wenn schon nicht die rückhaltlose Unterstützung, so doch zumindest die Tolerierung der Regierung erwartet werden konnte[512]. Damit war das Staatsoberhaupt der Weimarer Republik in der Praxis zu Sondierungsgesprächen mit den Führern der maßgeblichen Reichstagsfraktionen gezwungen, um einen geeigneten Kandidaten für das Amt des Regierungschefs zu ermitteln.

Obgleich der Parlamentarische Rat mit seiner Entscheidung für die parlamentarische Kanzlerwahl (Art. 63 GG) bewußt gegen die in der Weimarer Verfassung verankerte Kanzlerernennung durch das Staatsoberhaupt votiert hat, zeigen sich gegenüber dem italienischen System auch hier einige Parallelen im Hinblick auf das Vorschlagsrecht des Staatsoberhauptes einerseits und die Konsultationen im Vorfeld der Kanzlerwahl andererseits.
So ist es allgemein anerkannt, daß die Auswahl eines geeigneten Kanzlerkandidaten allein im politischen Ermessen[513] des Bundespräsidenten steht, obgleich er, im Einklang mit den Intentionen der Verfassung, möglichst rasch zu einer parlamentarisch legitimierten Regierung zu kommen, zwangsläufig seinen Vorschlag an den Mehrheitsverhältnissen im Bundestag ausrichten wird[514]. Unterschiedliche Ansichten werden in der staatsrechtlichen Doktrin allerdings zu der

---

[511] Siehe dazu etwa die Ausführungen von Mußgnug, Parlament, Regierung und Verwaltung, S. 314.

[512] Anschütz (WRV, Art. 53, S. 313) schreibt dazu, daß der Reichspräsident bei der Auswahl der zu ernennenden Personen „formell frei, materiell aber durch Art. 54 gebunden [ist], indem Ernennung und Vorschlag sich nur auf solche richten dürfen, von denen bekannt oder den Umständen nach anzunehmen ist, daß der Reichstag ihnen sein Vertrauen nicht versagen wird".

[513] Unterbreitet der Bundespräsident allerdings überhaupt keinen Vorschlag, so verstößt er gegen seine verfassungsrechtlichen Pflichten (Herzog in Maunz/Dürig, Art. 63, Rdnr. 16; Stern, StaatsR Bd. II, S. 251 m.w.N.). Ebenso ergeben sich rechtliche Begrenzungen des Vorschlagsrechts aus den Kriterien, die für die Ernennung zum Bundeskanzler maßgebend sind. So muß der Kandidat etwa die in § 15 BWahlG enthaltenen Wählbarkeitsvoraussetzungen erfüllen und darf keine verfassungsfeindlichen Ziele verfolgen (Schröder, in HdbStR Bd. II, § 51, Rdnr.12).

[514] Daher ist es auch in Deutschland üblich, daß der Bundespräsident Gespräche mit den Repräsentanten der politischen Parteien führt, um die Chancen einer Realisierung seines Vorschlags zu klären (Stern, StaatsR Bd. II, S. 251 f.). Ein Verzicht auf diese „Konsultationen" wäre allerdings ebenso zulässig; anders als im italienischen Verfassungsrecht, das bei unterlassenen Konsultationen einen „vizio del procedimento", einen Verfahrensfehler, annimmt. Sprechen die Kammern trotz dieses fehlerhaften Verfahrens der Regierung das Vertrauen aus, so gilt der Verfahrensfehler als geheilt (Vgl. Paladin, Diritto costituzionale, S. 378 ff.).

Frage vertreten, inwieweit der Bundespräsident in seiner in Art. 63 I GG verbrieften Kompetenz, dem Bundestag einen Kandidaten für die Wahl zum Bundeskanzler vorzuschlagen, an die personellen Vorgaben der parlamentarischen Mehrheit gebunden sein soll. Teilweise wird angenommen, daß sich das politische Ermessen des Bundespräsidenten auf den Vorschlag desjenigen Kandidaten reduziert, der voraussichtlich bereits im ersten Wahlgang die erforderliche absolute Mehrheit im Bundestag erreichen kann. Nach dieser Mindermeinung, derzufolge im Ergebnis die Ausübung des präsidialen Vorschlagsrechts einer Bindung an den im Rahmen von Koalitionsverhandlungen vereinbarten Mehrheitskandidaten unterliegt, wäre ein von den gegebenen Mehrheitsverhältnissen abweichender Vorschlag ermessensfehlerhaft und damit verfassungswidrig[515]; in Bezug auf die Prognose der Mehrheitsfähigkeit des Kandidaten verfügt der Bundespräsident allerdings auch nach dieser Auffassung über eine eigene Einschätzungsprärogative[516]. Für eine derartige „Verrechtlichung" des präsidialen Vorschlagsrechts bietet das Grundgesetz jedoch keinen Anhaltspunkt; im übrigen reicht, wie MEYN[517] formuliert, das „wohlerwogene eigene Amtsinteresse des Bundespräsidenten [..] als Sicherung jenseits verfassungsrechtlicher Pflichten" aus. Er wird bereits aus seiner vom Grundgesetz vorgegebenen Integrations- und Kontinuitätsfunktion heraus den Kandidaten vorschlagen, der am ehesten in der Lage ist, die Mehrheit des Bundestages im Zeitpunkt seiner Wahl und während der kommenden Legislaturperiode auf sich zu vereinigen[518]. In der Verfassungspraxis sind die Bundespräsidenten so denn auch vor jeder Kanzlerwahl mit den im Bundestag vertretenen Parteien und ihren Fraktionen in Kontakt getreten und haben den Vorschlag der mehrheitsfähigen Kräfte im Parlament übernommen[519].

---

[515] So etwa Schneider, in AK-GG, Art. 63, Rdnr. 4; Schenke (in BK, Art. 63, Rdnr. 52) kommt aus Art. 63 I GG zu einer „nicht nur politischen, sondern auch rechtlichen Bindung des Bundespräsidenten dergestalt [..], daß dieser dort, wo sich eine Parlamentsmehrheit gemäß der getroffenen Koalitionsvereinbarung eindeutig auf die Person des künftigen Kanzlers geeinigt hat, diese vorschlagen muß". In diesem Sinne wohl auch Küchenhoff (DÖV 1966, S. 679), der sich zur Begründung allerdings auf den „Verfassungsgrundsatz der verfassungspolitischen Stabilität" beruft.

[516] Nach Ansicht von Schneider (AK-GG, Art. 63, Rdnr. 4) darf der Bundespräsident daher selbst den Mehrheitskandidaten ablehnen, wenn ihm dessen Wahl „aus vertretbaren Gründen" nicht gesichert scheint; andererseits könnte er nach dieser Auffassung nur bei „evidenter Mehrheit" auch verfassungsgerichtlich gezwungen werden, sein Vorschlagsrecht im Sinne des Mehrheitskandidaten auszuüben.

[517] Meyn, in v.Münch/Kunig, Art. 63, Rdnr. 4.

[518] Nach Ansicht von Herzog (in Maunz/Dürig, Art. 63, Rdnr. 18) stehen bei der Wahrnehmung des präsidentiellen Vorschlagsrechts die politische Klugheit und der politische Takt des Amtsinhabers im Vordergrund.

[519] V.Beyme (Regierungssysteme, S. 551) erinnert allerdings an die nicht unproblematische Rolle von Bundespräsident Lübke, der aus seiner Vorliebe für eine große Koalition keinen Hehl gemacht hatte.

Aufgrund der unterschiedlichen politischen Rahmenbedingungen in Deutschland und Italien – das heißt insbesondere im Hinblick auf die deutlicher strukturierten Mehrheitsverhältnisse im deutschen Bundestag – hat sich diese erste Phase der Regierungsbildung unter dem Grundgesetz bis dato stets zügig und völlig unspektakulär vollzogen. Die „Geburtshilfefunktion", die STERN[520] dem Bundespräsidenten für den Fall attestiert, daß aus der Bundestagswahl keine Partei mit einer regierungsfähigen Mehrheit hervorgeht und auch eine mehrheitsfähige Koalition nicht zustandekommt, hat dementsprechend anders als in Italien im deutschen Verfassungsalltag bisher keinen juristischen oder politischen Zündstoff für die Regierbarkeit der Bundesrepublik geboten.

2. Die Legitimation der Regierung durch das Parlament

Ein zentraler Unterschied im Vergleich des italienischen mit dem deutschen Regierungssystem liegt zunächst vordergründig in der Art und Weise, wie die jeweilige Verfassung die Legitimation des vom Staatsoberhaupt vorgeschlagenen Regierungschefs und seines Kabinetts durch das Parlament ausgestaltet hat.
Der Wahl des Bundeskanzlers durch den Bundestag gem. Art. 63 GG steht in der italienischen Verfassung eine Investiturabstimmung in Form des sogenannten „voto di fiducia", des Vertrauensvotums für die neue Regierung gegenüber (Art. 94 I - III Cost.). Bereits auf den zweiten Blick zeigt sich jedoch, daß trotz verfahrensrechtlicher Unterschiede das Prinzip der Kabinettsbildung in beiden Ländern grundsätzlich identisch ist. Sowohl das Grundgesetz als auch die italienische Verfassung haben sich gegen die unumstößliche Ernennung des Regierungschefs durch das Staatsoberhaupt einerseits beziehungsweise die reine Parlamentswahl ohne Designationsrecht einer Institution außerhalb der Volksrepräsentation[521] andererseits entschieden und stattdessen mit der Designation beziehungsweise Ernennung des Regierungschefs durch das Staatsoberhaupt und seiner Bestätigung durch das Parlament eine dritte Variante der Kabinettsbildung gewählt[522].

---

[520] Stern, StaatsR Bd. II, S. 251.
[521] Dieses Verfahren, bei dem die Kabinettsbildung „ganz in die Hände der Nationalrepräsentation" (v. Beyme, Regierungssysteme, S. 500) gelegt wurde, war in Ländern üblich, in denen die Suprematie der Versammlung oberster Grundsatz des Parlamentarismus war (bspw. Frankreich 1871-1873).
[522] V.Beyme (Regierungssysteme, S. 499) bezeichnet diese drei Modelle als die in parlamentarischen Systemen „üblichen".

Im einzelnen müssen sich der italienische Ministerpräsident und seine Minister, die mit ihren Ernennungsurkunden versehen[523] zunächst durch den Amtseid die Annahme des ihnen übertragenen Amtes zum Ausdruck bringen[524], binnen zehn Tagen[525] den Kammern[526] zur Vertrauensabstimmung stellen. Über das Vertrauensvotum wird in Form einer „mozione motivata"[527], das heißt eines begründeten Antrags entschieden[528], der in der Regel auf das zuvor vom Ministerpräsi-

---

[523] Im einzelnen übergibt der Staatspräsident Ernennungsurkunden jeweils an den neuen Ministerpräsidenten und seine Minister; gleichzeitig nimmt er gleichfalls durch präsidentielles Dekret („decreto presidenziale") den Rücktritt der scheidenden Regierung an. Alle diese Dekrete des Staatsoberhauptes bedürfen zu ihrer Wirksamkeit der Gegenzeichnung des neuen Regierungschefs (vgl. Art. 89 Cost.). Die langjährige Verfassungspraxis, daß sämtliche Dekrete nicht mehr vom scheidenden „Presidente del Consiglio", sondern schon von seinem Nachfolger gegengezeichnet werden, ist mittlerweile von Art.1, II des Gesetzes Nr. 400/1988 aufgegriffen worden. Damit läuft die Gegenzeichnung der Ernennungs- bzw. Entlassungsurkunde des Regierungschefs im heutigen Italien ebenso ab wie unter der Weimarer Verfassung. Nach der Staatspraxis war auch in Weimar der neuberufene Kanzler für die gem. Art. 50 WRV erforderliche Gegenzeichnung seiner eigenen Ernennung sowie der Entlassung seines Vorgängers zuständig (Huber, Bd.VI, S. 318).

[524] Diese Funktion des Amtseids des Art. 93 Cost. wird betont von Paladin, Diritto costituzionale, S. 387 f.. Die Eidesformel wird heute durch Art. 1, III des Gesetzes vom Nr. 400/1988 vorgegeben. Mit der Vereidigung ist die Regierungsbildung abgeschlossen; das anschließende Vertauensvotum des Parlaments stellt nach h.A. keine aufschiebende Bedingung für die Amtsübernahme der Regierung dar. Vielmehr fungiert die Verweigerung des Vertrauensvotums durch die Kammern als auflösende Bedingung für die Ernennung der Regierung, in dem Sinne, daß diese dann zurücktreten muß. An der Wirksamkeit der von der Regierung nach der Vereidigung vollzogenen Akte ändert der Rücktritt aber nichts. Zu den Befugnissen des „Governo in attesa di fiducia" (Regierung in Erwartung des Vertrauensvotums) siehe im einzelnen unten, 3, c, S. 142 ff..

[525] Diese Frist beginnt in der Praxis ab der Vereidigung zu laufen (Paladin, Diritto costituzionale, S. 388, Fn.4; Galizia, in Enc. Dir. Bd. XVII (1968), Stichwort: „Fiducia parlamentare", S. 407). Diese von Art. 94 III Cost. vorgegebene Frist ist unumstößlich; läßt eine Regierung nach ihrem Amtsantritt zehn Tage verstreichen, ohne sich der Vertrauensabstimmung zu stellen, so muß sie zurücktreten (eine Ausnahme wird nur zugelassen, wenn die Regierung durch „höhere Gewalt" an ihrer staatsrechtlichen Pflicht gehindert wird). Falls sie dieser Pflicht nicht nachkommt, dürfte der Staatspräsident berechtigt sein, die Ernennung zu widerrufen (Galizia, ebda, S. 407).

[526] Im Zuge der absoluten verfassungsrechtlichen Gleichberechtigung beider Kammern kann die Regierung grundsätzlich frei entscheiden, welcher Kammer sie sich zuerst zur Vertrauensabstimmung stellt. In der Praxis hat sich hier das (allerdings nicht konsequent durchgehaltene) Verfahren eingebürgert, sich jeweils der Kammer zuerst zu stellen, die beim Amtsantritt der vorherigen Regierung als zweite befragt war.

[527] Bei dem Institut der „mozione" handelt es sich um eine Erklärung, die neben einer Stellungnahme ein bestimmtes Verlangen enthält, und Anstoß zu parlamentarischer Entscheidung gibt. Davon abzugrenzen ist die „risoluzione", mit der die Kammern lediglich zu einem bestimmten Diskussionsthema im Plenum Stellung beziehen können (Di Ciolo/Ciaurro, S. 545; Barile/Cheli/Grassi, S. 226).

[528] Anders als für den Mißtrauensantrag („mozione di sfiducia") verlangt die Verfassung in Art. 94 kein besonderes Stimmenquorum für die Einbringung des Vertrauensantrags, so daß die allgemeinen Vorschriften der Geschäftsordnungen maßgeblich sind. Im Senat kann damit ein Antrag von mindestens acht Senatoren (Art. 157 I 1 R.S.), in der Abgeordnetenkammer von zehn Abgeordneten oder einem Fraktionsführer eingebracht werden (Art. 110 I R.C). Art. 115 II R.C. und Art. 161 III R.S. halten allerdings abweichend vom normalen parlamentarischen Antragsverfahren fest, daß eine „mozione di fiducia" nicht durch Anträge zur Tagesordnung abgeändert werden kann und über sie auch nicht in einzelnen Teilen abgestimmt werden kann.

denten vorgestellte Regierungsprogramm Bezug nimmt[529]. Die Regierung hat das Vertrauen der jeweiligen Kammer erhalten, wenn sich die Mehrheit der Anwesenden[530] in namentlicher Abstimmung[531] für den Antrag ausspricht.

Demgegenüber steht die Wahl des Bundeskanzlers durch das Parlament im Mittelpunkt des deutschen Investiturverfahrens. Gem. Art. 63 I, II 1 GG ist der vom Bundespräsidenten vorgeschlagene Kandidat gewählt, wenn er die Stimmen der Mehrheit der Mitglieder des Bundestages (sog. Kanzlermehrheit) erhält[532]; dieses Wahlergebnis begründet gleichzeitig die Pflicht des Bundespräsi-

---

[529] Es wird in diesem Zusammenhang kontrovers diskutiert, ob ein Antrag „ob relationem", der lediglich auf die Regierungserklärung verweist, zulässig ist. Obwohl die Costituente diese Interpretation des Art. 94 II Cost. nicht ausgeschlossen hat, wird teilweise vertreten (vgl. Di Ciolo/Ciaurro, S. 542), daß ein solcher Antrag den Intentionen der Verfassung zuwiderlaufe, da das Parlament sich mittels der „mozione motivata" die Politik der Regierung ausdrücklich zu eigen machen solle. In der Praxis ist man nach langer „Abstinenz" erstmals wieder 1981 dazu übergegangen, den Antrag zur Vertrauensabstimmung mit ausdrücklicher Begründung zu formulieren (der Wortlaut des begründeten Antrags bei der Vertrauensabstimmung über die I. Regierung Spadolini in der Abgeordnetenkammer findet sich bei Villone, in Comm. Branca, Art. 94, S. 251, Fn. 8). Nach einer Mindermeinung (vgl. Villone, in Comm. Branca, Art. 94, S. 253, Fn. 4) sollen die Kammern in den begründeten Antrag auch Änderungen des Regierungsprogramms aufnehmen können; laut Villone liege es in diesem Fall an der Regierung, ob sie ein Vertrauensvotum auf dieser veränderten Grundlage für ausreichend halte oder stattdessen den Rücktritt wähle. Dieser Auffassung widerspricht Galizia (in Enc. Dir. Bd. XVII (1968), Stichwort: „Fiducia parlamentare", S. 411) mit der Begründung, daß die Ausarbeitung des Regierungsprogrammes allein der Regierung zustehe. So könnten die Fraktionsführer zwar zum einen während der Koalitionsverhandlungen ihren Einfluß auf das spätere Regierungsprogramm geltend machen, zum anderen auch noch in der Parlamentsdebatte unmittelbar vor der Vertrauensabstimmung versuchen, der Regierung eigene Inhalte nahezubringen; die „mozione motivata" dürfe hingegen nicht „zweckentfremdet" werden.

[530] Zu der unterschiedlichen Berechnung der „Mehrheit der Anwesenden" in Abgeordnetenkammer und Senat (vgl. Art. 48 R.C., Art. 107 R.S.) siehe oben, Fn. 228 (S. 52).

[531] Auch in diesem Punkt unterscheidet sich das Verfahren zur Berufung des Regierungschefs in Deutschland und Italien. Während Verfassung (Art. 94 II Cost.) und parlamentarische Geschäftsordnungen (Art. 161 I R.S., Art. 115 I R.C.) in Italien die namentliche Abstimmung vorschreiben, erfolgt die Wahl des Bundeskanzlers gem. § 4 S.1 i.V. mit § 49 GOBT mit verdeckten Stimmzetteln.

[532] Das Grundgesetz kennt eine Debatte über die Person des (designierten) Regierungschefs und sein Programm, wie sie in Italien im Vorfeld der Investitur erfolgt, nicht. Art. 63 I GG stellt insoweit unmißverständlich klar, daß der Bundeskanzler „ohne Aussprache" gewählt wird; die Aussprache über die Regierungspolitik ist in diesem Zeitpunkt schon mangels Regierungserklärung nicht möglich. Als Grund für das explizite Verbot einer Personaldebatte werden in der h.L. „Stilfragen" (Herzog, in Maunz/Dürig, Art. 63, Rdnr. 28) genannt, da die (kontroverse) Debatte über einen vom Bundespräsidenten vorgeschlagenen Kandidaten die Autorität des Staatsoberhauptes beschädigen könnte (Schneider, in AK-GG, Art. 63, Rdnr. 9). Teilweise wird allerdings vertreten (Schneider, ebda; BK-Schenke, Art. 63, Rdnr. 84), daß das Verbot des Art. 63 I GG nicht für den zweiten und dritten Wahlgang gelten soll. Zur Begründung wird zum einen angeführt, daß ein Kandidat, der aus der Mitte des Bundestages vorgeschlagen werde, selten unumstritten sein dürfte und somit eine Diskussion seiner Person, auch im Hinblick auf etwaige Alternativen, unumgänglich sei. Für Schenke (in BK, Art. 63, Rdnr. 84) will das Ausspracheverbot allein die Person des Bundespräsidenten schützen; da dieser nur im ersten Wahlgang durch sein Vorschlagsrecht involviert sei, habe der Verfassungsgeber ganz bewußt das Aussprecheverbot nur für die erste Wahlphase vorgesehen. Dagegen Herzog, in Maunz/Dürig, Art. 63,

denten, den Gewählten zu ernennen[533]. Kommt die in der ersten Wahlphase erforderliche Kanzlermehrheit nicht zustande, so geht das präsidiale Vorschlagsrecht auf den Bundestag über, der binnen vierzehn Tagen mit der absoluten Mehrheit einen Kandidaten zum neuen Kanzler küren kann. Für den Fall, daß auch aus dieser zweiten Wahlphase kein Mehrheitskanzler hervorgeht, läßt das Grundgesetz in der nunmehr folgenden dritten Wahlphase die relative Mehrheit für die Wahl eines neuen Regierungschefs genügen (Art. 63 IV S.1 GG); im Falle eines solchen „Minderheitskanzlers" räumt die Verfassung dem Bundespräsidenten allerdings die Möglichkeit ein, den Bundestag aufzulösen.

a) Der Einfluß der obligatorischen Investitur auf die Regierungsstabilität Italiens

Betrachtet man die unterschiedliche „Lebensdauer" deutscher und italienischer Regierungen, so kommt man nicht umhin, auch die in beiden Ländern unterschiedlich gestaltete obligatorische Investitur der Regierung auf ihre stabilitätsfördernde beziehungsweise -gefährdende Wirkung hin zu untersuchen[534].

aa) Die „mozione motivata" als Stabilitätsgarant?

In Italien hatten sich die Mitglieder der verfassungsgebenden Versammlung von der „Rationalisierung"[535] des Vertrauensverhältnisses zwischen Regierung und Parlament in Form des verfassungsrechtlich verankerten Vertrauensvotums ei-

---

Rdnr. 28; Schröder, in HdbStR Bd. II, § 51, Rdnr. 19, für die sich das Verbot des Art. 63 I GG auf das gesamte Kanzlerwahlverfahren erstreckt, da auch die Person des Kanzlerkandidaten geschützt werden müsse.

[533] Anders als in Italien bedarf die Ernennung des Bundeskanzlers durch den Bundespräsidenten nicht der Gegenzeichnung (Art. 58 2 GG). Da der Bundespräsident mit der Ernennung des Bundeskanzlers nur eine vom Bundestag durch die Kanzlerwahl bereits getroffene Entscheidung ausführt, besteht kein Grund, dieses Verhalten noch an die Billigung des Bundeskanzlers, und damit an die Billigung einer dem Parlament verantwortlichen Person zu binden (Hemmrich, in v.Münch/Kunig, Art. 63, Rdnr. 11).

[534] Nach Ansicht von v.Beyme (Regierungssysteme, S. 565) erhöht die obligatorische parlamentarische Investitur grundsätzlich die Kabinettsinstabilität, da sie u.a. bei mangelnder Parteidisziplin die Möglichkeit für einzelne Abgeordnete und Gruppen innerhalb der Parteien bietet, sich nicht an den in den Koalitionsverhandlungen vorher ausgehandelten Kompromiß zu halten.

[535] Der Begriff der „razionalizzazione" bezeichnet in diesem Zusammenhang die aus historischer Sicht zu beobachtende Tendenz, Verfahren, die untrennbar mit der Idee des parlamentarischen Regierungssystems verbunden sind und die zunächst lediglich gewohnheitsrechtlich verankert waren, nunmehr ausdrücklich in die Verfassung aufzunehmen.

nen Lösungsansatz im Kampf gegen die Probleme der Regierbarkeit[536] versprochen. Große Hoffnungen wurden dabei vor allem in das Institut der „mozione motivata" gesetzt, das der auch schon zu Zeiten des Statuto Albertino praktizierten Vertrauensabstimmung unbekannt war und das, verbunden mit dem ebenfalls in Art. 94 II Cost. vorgeschriebenen namentlichen Abstimmungsverfahren („votazione con appello nominale"), nicht nur eine gesteigerte Verantwortung des einzelnen Parlamentariers für das Regierungsprogramm gegenüber der Öffentlichkeit gewährleisten sollte[537]. Das Begründungserfordernis, so schreibt GALIZIA[538], diene dazu, „die politische Richtung auszumachen, um die sich die Mehrheit jenseits der bloßen Stimmenverhältnisse bildet"; die „mozione motivata" hebe damit letztlich die Gründe hervor, auf die sich die Zustimmung des Parlaments gegenüber der Regierung gründe[539]. Gerade in einem politisch heterogenen System wie dem italienischen, in dem die Tendenz zu Koalitionsregierungen und Minderheitsregierungen bereits zu Zeiten der Costituente absehbar war, sollte die formalisierte Begründung des parlamentarischen Vertrauensvotums die Homogenität der parlamentarischen Mehrheit über das formlose Niveau von Koalitionsvereinbarungen hinaus im Plenum fördern[540] und Regierung wie Parlament auf ein bestimmtes Programm verpflichten[541]. Daß die Verbindung des Vertrauensvotums mit einem begründeten Antrag allein jedoch nicht geeignet war, ein solides und stabiles Vertrauensverhältnis zwischen Regierung und Parlamentsmehrheit zu schaffen, zeigt schon die Übernahme der Regierungsgeschäfte durch das sogenannte „Governo della non sfiducia" im Jahr 1976, das heißt durch eine Regierung, bei der die für die Vertrauensabstimmung

---

[536] V.Beyme (Italien, S. 54) bezeichnet die Sicherung der Regierungsstabilität als „Hauptsorge" der Costituente: Im Königreich Italien hatten zwischen 1861 und 1919 insgesamt 53 Regierungen bestanden, die im Durchschnitt nur ein knappes Jahr amtierten.

[537] Bei der namentlichen Abstimmung wird jeder Abgeordnete (Senator) einzeln aufgerufen, um mit einem „ja" oder „nein" zu dem Antrag Stellung zu nehmen. Villone (Comm. Branca, Art. 94, S. 257) bezeichnet das Verfahren der namentlichen Abstimmung „als nützliches Instrument, um die Mehrheit zu individualisieren und zusammenzuschließen und die Achtung des Regierungspaktes zu garantieren"; ähnlich argumentiert auch Martines, Diritto pubblico, S. 267.

[538] Galizia, in Enc. Dir. Bd. XVII (1968), Stichwort: „Fiducia parlamentare", S. 410.

[539] Die Bedeutung der „mozione di fiducia" zeigt auch die Vorschrift des Art. 39 V R.C., der unter anderem für die Diskussion dieses Antrags die für Redebeiträge in einer Diskussion ansonsten übliche Zeitvorgabe von maximal dreißig Minuten (Art. 39 I R.C.) verdoppelt.

[540] Galizia, in Enc. Dir. Bd. XVII (1968), Stichwort: „Fiducia parlamentare", S. 411, Fn. 65.

[541] Pitruzella (in Comm. Branca, Art. 92- 93, S. 87) weist darauf hin, daß kein „Koalitionsrecht" existiert, mit dessen Hilfe die Beziehungen der Koalitionspartner reglementiert werden können. Insbesondere werden in die „accordi di coalizione", die Koalitionsvereinbarungen, keine Klauseln aufgenommen, die für einen bestimmten Fall die Auflösung der Koalition regeln, so daß die Beendigung des Koalitionsverhältnisses ausschließlich im Ermessen der an der Koalition beteiligten politischen Kräfte liegt.

des Art. 94 Cost. erforderliche Mehrheit im Abgeordnetenhaus nur durch Enthaltungen bestimmter Fraktionen zustandekam[542].
Doch selbst wenn die Mehrheit der Parlamentarier der Regierung zunächst auf der Grundlage der Regierungserklärung das Vertrauen ausgesprochen hat[543], darf eine „meßbare" stabilitätsfördernde Funktion der „mozione motivata" für das Verhältnis beider Organe jedenfalls im Hinblick auf den weiteren Verlauf der Legislaturperiode bezweifelt werden[544]. Denn es besteht in der Staatsrechtslehre ein allgemeiner Konsens dahingehend, daß das Regierungsprogramm, welches auf der Grundlage der Koalitionsvereinbarungen erstellt wird und das „indirizzo politico" (d.h. die politische Ausrichtung, die Grundlagen der Regierungspolitik[545]) enthält, in der Praxis auch nach dem initialen Vertrauensvotum der Kammern von den Koalitionspartnern noch ergänzt oder verändert werden kann[546]. Mangels einer rechtlichen Bindung an die Regierungserklärung ist die Regierung nur im Hinblick auf das Vertrauensverhältnis zum Parlament und seiner Mehrheit an das ursprüngliche Programm gebunden: Weicht sie zu stark davon ab, kann die parlamentarische Mehrheit der Regierung das Vertrauen entziehen und ihre Ablösung bewirken; genauso kann sie jedoch die Änderungen mittragen, etwa weil keine personelle Alternative zur amtierenden Regierung erkennbar ist. Auch umgekehrt ist eine Änderung des Programms auf Initiative der parlamentarischen Mehrheit hin möglich[547], wobei die Regierung – falls sie

---

[542] Die Rede ist von der vierten Regierung unter dem Christdemokraten Andreotti (29. 7. 1976 – 11. 3. 1978), dem in der Vertrauensabstimmung in der Abgeordnetenkammer 258 Ja-Stimmen, bei 44 Nein-Stimmen und 303 Enthaltungen, zur Investitur genügten (nach dem Abstimmungsmodus in der Abgeordnetenkammer wird durch Enthaltungen das notwendige Quorum für eine erfolgreiche Abstimmung gesenkt, vgl. Fn. 229 (S. 50)). Andreotti selbst hat vor diesem Hintergrund den Begriff des „Governo della non sfiducia", das heißt einer Regierung geprägt, „die nicht das Mißtrauen des Parlaments besitzt". Ein solches „voto di non sfiducia" ist damit vergleichbar den Tolerierungsvoten der Weimarer Republik (dazu unter b, S. 127 f.). Als wenig stabilitätsfördernd hat sich das obligatorische Vertrauensvotum des Art. 94 Cost. auch im Fall der Regierung Tambroni im Frühjahr 1960 erwiesen. Diese trat, nachdem ihr die Abgeordnetenkammer mehrheitlich das Vertrauen ausgesprochen hatte, umgehend zurück, da sie die Abstimmung nur durch die Stimmen der radikalen Neofaschisten hatte gewinnen können (dazu etwa Lippolis, in Martines/De Caro/Lippolis/Moretti, S. 279).

[543] In der Verfassungspraxis hat sich allerdings, entgegen den Vorgaben der Verfassung, statt der „mozione motivata" ein bloßer Verweis „ob relationem" durchgesetzt, der mit folgender Formulierung lediglich auf die Regierungserklärung Bezug nimmt: „Die Abgeordnetenkammer/der Senat hat die Erklärungen der Regierung gehört und die anliegenden Ausführungen zum Programm gelesen. Sie/er billigt sie und geht zur Tagesordnung über."(bei Manzella, in Manuale, S. 148).

[544] So auch Lippolis (in Martines/De Caro/Lippolis/Moretti, S. 281).

[545] Zu diesem Begriff siehe auch unten, Fn. 639 (S. 147).

[546] Dazu Carusi, in Comm. breve, Art. 94, S. 581 f.. Die völlige Aufgabe des ursprünglichen Regierungsprogramms im Laufe der Legislaturperiode wird dagegen für unzulässig gehalten (Merlini, in Manuale, S. 203).

[547] Etwa durch einen Antrag („mozione"), der auf eine von der Regierungspolitik abweichende Beschlußfassung gerichtet ist. Ebenso kann die parlamentarische Mehrheit natürlich auch auf eine Ände-

die Neuerungen nicht mittragen will – jederzeit zurücktreten kann. Der „mozione motivata" kommt damit im Ergebnis für die Stabilität des Vertrauensverhältnisses zwischen Regierung und Parlament eher die Bedeutung eines moralischen Appells zu; in der Praxis wird sie damit den hohen Erwartungen, die die verfassungsgebende Versammlung mit diesem Institut verband, sicherlich nicht gerecht.

bb) Obligatorische Investitur und Regierungsstabilität in der Staatspraxis

Insgesamt darf allerdings der Beitrag, den die Ausgestaltung der obligatorischen Investitur in der italienischen Verfassung zur Regierungsstabilität leisten kann, nicht überschätzt werden.

Der tatsächliche Rückhalt, den die Regierungsarbeit im Parlament findet, muß – dies hat der parlamentarische Alltag Italiens in den vergangenen fünfzig Jahren erwiesen – vielmehr an einer dauerhaften Kooperationsfähigkeit und dem Willen zur Kontinuität der parlamentarischen Mehrheit gemessen werden. Für die Natur des parlamentarischen Vertrauensverhältnisses bedeutet die „faktische Schlüsselposition" der politischen Parteien, daß „der Wandel des (parlamentarischen) Vertrauens in ein Verhältnis zwischen der Regierung und den Mehrheitsparteien [..] die Physiognomie des Systems bestimmt"[548]. Diese zentrale Rolle der Parteien für die Regierungsbildung, deren Zustand sich heute als elementarer Baustein stabiler Regierungsmehrheiten darstellt, war von der Costituente wohl nicht in ihr verfassungssystematisches Kalkül einbezogen worden. In einem pluralistischen und in sich instabilen Parteiensystem, wie es in Italien seit Gründung der Republik bis heute unverändert anzutreffen ist, hängt aber die integrative, die parlamentarische Mehrheit stabilisierende Funktion der Investitur maßgeblich von einer dauerhaften Bindungsfähigkeit der politischen Parteien ab[549]. Die „Einstandspflicht" der Parlamentarier für die amtierende Regierung, die sich nach dem Willen der Verfassungsväter aus ihrem positiven Vertrauensvotum ergeben soll, kann mithin dauerhaft nur Bestand haben, wenn sie sich nicht in einem punktuellen numerischen Zusammenhalt der parlamentarischen Mehrheit erschöpft, sondern auf einem echten programmatischen Konsens der

---

rung des Regierungsprogrammes hinwirken, indem sie der Regierung die Gefolgschaft bei der Verabschiedung zentraler Gesetzesvorhaben verweigert und diese durch ihr negatives Votum zu Fall bringt.

[548] Pitruzella, in Comm. Branca, Art. 92-93, S. 25.

[549] Als Beleg für diese Aussage mag die Feststellung gelten, daß zwischen 1948 und 1986 74,4 % der italienischen Kabinette aufgrund innerkoalitionärer Auseinandersetzungen gestürzt sind (Seißelberg, Republik Italien, S. 250).

Regierungsfraktionen basiert. Daß eine Mehrheit der Stimmen für die Regierung im Zeitpunkt des Vertrauensvotums nicht als Garant für ihre dauerhafte Handlungsfähigkeit gewertet werden kann, zeigt mehr als deutlich die italienische Verfassungspraxis, in der „la frequente `dissociazione tra la maggioranza di investitura e la maggioranza legislativa o di gestione`"[550], keine Seltenheit ist.
Im jüngsten Entwurf zur Reform der italienischen Verfassung fehlt das obligatorische initiale Vertrauensvotum ganz. Gemäß Art. 69 b des Entwurfes (Art. 66 b des geänderten Entwurfes) soll nach dem Willen der Reformer der Regierungschef vom Staatspräsidenten auf der Grundlage des Wahlergebnisses der Abgeordnetenkammer bestimmt werden, ohne daß es einer nachträglichen parlamentarischen Investitur bedarf.

b) Das „Vertrauensvotum" im Weimarer Reichstag

Als instruktiv erweist sich in diesem Zusammenhang ein kurzer Abstecher in das Regierungssystem der Weimarer Zeit. Auch dort wurde der Reichskanzler gem. Art. 53 WRV vom Reichspräsidenten ernannt und benötigte für seine Amtsführung das Vertrauens des Reichstages (Art. 54 WRV).
In den Anfangszeiten der Weimarer Republik hatte sich zunächst mit dem aus der Mitte des Reichstages von den Regierungsfraktionen eingebrachten „Vertrauensvotum" ein „Verfahren zur positiven Feststellung der Vertrauensmehrheit"[551] entwickelt. Nach Inkrafttreten der Reichsverfassung wurde diese Praxis vom Reichstag erst einmal aufgegeben, zumal der Wortlaut der einschlägigen Verfassungsnorm das Stellen einer förmlichen „Vertrauensfrage" beim Amtsantritt einer neuen Regierung nicht ausdrücklich verlangte[552]. Diese Rechtsauslegung war nach Auffassung der meisten Staatsrechtler der Weimarer Zeit durchaus verfassungskonform. Die herrschende Staatsrechtslehre verneinte die Pflicht des Parlaments zu einer Investiturabstimmung aus Art. 54 WRV; vielmehr wurde im Sinne dieser Doktrin das Vertrauen des Parlaments in die vom Reichspräsidenten berufene Reichsregierung bis zur Grenze eines Mißtrauensvotums vor-

---

[550] Carusi, in Comm. breve, Art. 94, S. 578 in Anlehnung an Galizia („die häufige Divergenz zwischen der Mehrheit im Zeitpunkt der Investitur und der Mehrheit bei der Gesetzgebung oder der Ausführung sonstiger Amtsgeschäfte").

[551] Huber, Bd.VI, S. 330. Auf diese Weise verfuhr die Nationalversammlung bei beiden Regierungsbildungen im Jahr 1919.

[552] So sahen die Regierungsfraktionen bereits bei der Bildung des ersten Reichskabinetts Hermann Müller (27. März 1920) von einem Vertrauensvotum ab, obwohl sie die Mehrheit im Reichstag besaßen.

ausgesetzt[553]. Mit dem Verzicht auf das Erfordernis eines förmlichen Vertrauensvotums war jedoch nunmehr der Weg für eine besonders problematische Variante der parlamentarischen Vertrauensbekundung frei. Da es angesichts ungesicherter Mehrheitsverhältnisse und mangelnder Fraktionsdisziplin häufig zweifelhaft war, ob die neue Regierung das Vertrauen der Mehrheit der Abgeordneten finden würde, setzte der Reichstag an die Stelle eines positiven Vertrauensvotums einen die Vertrauensfrage umgehenden Beschluß[554], um überhaupt eine arbeitsfähige Regierung zustandebringen zu können. In der Praxis führte dieses sogenannte „Tolerierungsvotum", das bei entsprechenden Stimmverhältnissen auch durch die Stimmenthaltung oder die Abwesenheit einer tolerierungsbereiten Fraktion zustandekommen konnte, zur wiederholten Einsetzung von Minderheitskabinetten[555], deren Rückhalt im Reichstag äußerst gering war. Gerade in dieser Situation erwies sich das von der herrschenden Lehre im Verhältnis von Regierung und Reichstag vermutete Vertrauen als „Fiktion", da die zur Tolerierung bereiten Fraktionen offensichtlich von Mißtrauen gegenüber dem Kabinett erfüllt waren und auf den Sturz der Regierung nur deshalb verzichteten, weil sie entweder die Berufung eines noch weniger genehmen Kabinetts oder die Auflösung des Reichstages befürchten mußten[556]. Das parlamentarische Regierungssystem der Weimarer Zeit wurde nicht zuletzt durch diese Konstellation der Kräfte im Reichstag gelähmt, bei der sich die Regierungskoalition und die entschiedene Opposition als zwei Minderheitsgruppierungen gegenüberstanden, „während eine in der Unentschiedenheit zwischen Koalition und Opposition verharrende dritte Minderheitsgruppe durch ihre Tolerierungstaktik das Schicksal der Regierung in der Schwebe hielt"[557]. Auch wenn somit der Verzicht auf ein förmliches Vertrauensvotum augenscheinlich Phasen von eklatanter Instabilität und Unregierbarkeit für die Weimarer Republik eingeleitet zu haben

---

[553] In diesem Sinne führte der Abgeordnete Dr. Kahl im Geschäftsordnungsausschuß des Reichstages vom 15. 10. 1924 aus, daß das Vertrauen des Reichstages in die Amtsführung der Regierung so lange vorauszusetzen sei, bis ein ausdrückliches Mißtrauensvotum die Regierung oder einen Minister zum Rücktritt veranlasse. Der Ausschuß folgte dieser Auffasung und wandte sich im Sinne der herrschenden Lehre gegen die Auslegung des Art. 54 WRV, wonach die Reichsregierung zu ihrer Amtsführung eines ausdrücklichen Vertrauensvotums des Reichstages bedarf (dazu Anschütz, WRV, Art. 54, S. 320). Siehe auch Thoma, in HdbDStR Bd. I, S. 507; H. Schneider, in HdbStR Bd.I, § 3, Rdnr. 61.

[554] Ein solcher Tolerierungsbeschluß konnte etwa die bloße Kenntnisnahme der Regierungserklärung durch den Reichstag beinhalten (Huber, Bd. VI, S. 331 mit weiteren Beispielen).

[555] Von den zwölf Minderheitskabinetten der Weimarer Zeit führten zehn ihr Amt auf der Grundlage von „Tolerierungsvoten" (Huber, Bd. VI, S. 332).

[556] Huber, Bd. VI, S. 333.

[557] Huber, Bd. VI, S. 333. Im Zusammenspiel mit der außerordentlichen starken Stellung des Reichpräsidenten bereitete (auch) diese Konstellation im Parlament den Weg für die sogenannten Präsidialkabinette der Weimarer Zeit, die – vom Reichspräsidenten eingesetzt – ihr politisches Überleben

scheint, erweist sich die Annahme eines echten Kausalverhältnisses dieser Komponenten oder gar der Umkehrschluß, daß eine parlamentarische Vertrauensabstimmung in jedem Fall als Garant für Stabilität und Regierbarkeit fungiert, verfehlt: Ein Blick auf das Schicksal der Regierungen der Weimarer Zeit, die sich einem förmlichen Vertrauensvotum zu Beginn ihrer Amtszeit gestellt haben, zeigt, daß die förmliche Investiturabstimmung „zur Stabilisierung der Kabinette [..] auch im Weimarer System nicht viel beitragen"[558] konnte[559].

c) Die Wahl des Bundeskanzlers im Deutschen Bundestag

Mit Blick auf die zahlreichen Regierungskrisen der Weimarer Zeit galt es für den Parlamentarischen Rat, dem Amt des Bundeskanzlers durch die in Art. 63 GG vorgesehene Wahl „eine klare und eindeutig bestimmte Legitimationsgrundlage"[560] zu geben, die gleichzeitig einen „festen Zusammenhang zwischen Parlament und Regierung"[561] schafft.

Untermauert wurde diese Zielvorgabe zunächst durch die in Art. 63 II 1 i.V. mit Art. 121 GG für den ersten und zweiten Wahlgang vorgesehene „Kanzlermehrheit", die den „Minderheitskanzler" nur im dritten Wahlgang als „ultima ratio" zuläßt[562]. Das Erfordernis, im Regelfall die absolute Mehrheit der Mitglieder des Bundestages hinter sich zu bringen, sollte dabei in besonderem Maße die Hand-

---

der „offenen Lethargie" (Herzog, in EvStL, Stichwort: Parlamentarisches System, S. 1482) des Reichstages verdankten. Siehe dazu auch unten, Viertes Kapitel, C, S. 237.

[558] V.Beyme, Regierungssysteme, S. 563.

[559] Nur fünf der acht Mehrheitskabinette der Weimarer Republik stützten sich auf positive Vertrauensvoten, nämlich die Kabinette Scheidemann (13. 2.– 21. 6. 1919) und Bauer (21. 6. 1919 – 26. 3. 1920), die beiden Kabinette Stresemann (12. 8. – 6. 10. und 6. 10. – 23. 11. 1923) sowie das vierte Kabinett Marx (29. 1. 1927 – 2. 6. 1928). Ein Blick auf die Regierungsdauer zeigt – vielleicht mit Ausnahme der Regierung Marx – daß sich das förmliche Vertrauensvotum im Weimarer Reichstag sicherlich nicht stabilitätsfördernd ausgewirkt hat. Eine vollständige Übersicht über die Reichskabinette der Weimarer Zeit findet sich bei Huber, Bd. VI, S. 328 f..

[560] Schröder, in Hdb StR Bd. II, § 51, Rdnr. 3

[561] Stern, StaatsR Bd. I, S. 980; diese besondere Bindung zwischen Parlament und Regierung bringt auch die Vorschrift des Art. 69 II GG zum Ausdruck, die „die Amtsperiode der Bundesregierung mit der Legislaturperiode des Bundestags synchronisiert" (Mußgnug, Der Beitrag des GG, S. 63). In der italienischen Verfassung sucht man eine solche Vorschrift vergeblich. Die Praxis aller italienischen Regierungen nach 1948, unmittelbar nach den Parlamentswahlen zurückzutreten, hat allerdings mittlerweile dazu geführt, daß sich eine Rücktrittspflicht aus verfassungsrechtlichem Gewohnheitsrecht ergibt (dazu Paladin, Diritto costituzionale, S. 395).

[562] Die in Art. 63 GG festgelegten Fristen (dazu im einzelnen oben, Fn. 501 (S. 123)) tragen dazu bei, daß sich die „Legitimationsgrundlage" für den Bundeskanzler möglichst rasch realisiert. Den positiven Einfluß der in Art. 63 GG getroffenen Fristenregelung zur Kanzlerwahl auf die Regierungsstabilität betont Mußgnug, Der Beitrag des GG, S. 63 ff.; siehe auch Badura, Staatsrecht, Kap. E, Rdnr. 93.

lungsfähigkeit der künftigen Regierung sicherstellen[563]. Ebenso fand mit der Vorschrift des Art. 69 II GG das für die parlamentarische Demokratie typische Prinzip der „Legitimationsabhängigkeit"[564] der Regierung vom Parlament Eingang in den Verfassungstext: Die ausdrückliche Koppelung der Amtsdauer der Bundesregierung an die Wahlperiode des Bundestages (Periodizitätsprinzip) verdeutlicht einmal mehr die Bemühungen des Parlamentarischen Rates, die Vertrauensbeziehung zwischen Parlament und Regierung weitestgehend zu „rationalisieren"[565].

aa) Kanzlerwahl und Regierungsstabilität

Die Frage, inwieweit diese „'stilreinere' Verwirklichung des parlamentarischen Systems"[566] jedoch zur Stabilität deutscher Nachkriegsregierungen beigetragen hat, ist mehr als spekulativ.
Denn zum einen trägt auch das Grundgesetz dem Umstand Rechnung, daß in der politischen Wirklichkeit und in Abhängigkeit von den Mehrheitsverhältnissen eine eindeutige Legitimationsgrundlage für die künftige Bundesregierung im Einzelfall nicht vorhanden sein kann[567]. Der Minderheitskanzler, dessen Wahl die Vorschrift des Art. 63 IV 1 GG für diesen Fall in der dritten Wahlphase der Kanzlerkür zuläßt, verfügt gerade nicht über die gefestigte Mehrheit im Parla-

---

[563] Meyn, in v.Münch/Kunig, Art. 63, Rdnr. 13. Interessant ist in diesem Zusammenhang die Kritik von Galizia (in Enc. Dir., Bd. XVII (1968), Stichwort: „Fiducia parlamentare", S. 400) am grundgesetzlichen Modus der Kanzlerwahl. Nach seiner Ansicht führt insbesondere das Verbot einer Aussprache im Parlament vor der Wahl dazu, daß das Entstehen einer „klaren, wechselseitigen formellen Verpflichtung zwischen Mehrheit und Kanzler" und ihr „Zusammengehen auf der Grundlage klar bestimmter Motive" gehindert wird. Problematisch gestalte sich das Verfahren auch für die parlamentarischen Minderheiten, denen die Möglichkeit verwehrt werde, ihren Standpunkt in die Dynamik des Prozesses einzubringen.

[564] Dazu Mager, in v.Münch/Kunig, Art. 69, Rdnr. 15.

[565] Nach Ansicht von Herzog (in Maunz/Dürig, Art. 69, Rdnr. 43) ist Art. 69 II GG Ausdruck dafür, daß „im System des Grundgesetzes die Regierung primär parlamentarischer Provenienz ist und nicht primär einer anderen politischen Größe zugeordnet ist". Daß das Ende der Amtszeit der alten Regierung nach Neuwahlen nicht zwangsläufig im Verfassungstext festgelegt werden muß, zeigt das italienische Beispiel: Die Notwendigkeit zurückzutreten ergibt sich hier bereits aus der in Art. 94 Cost. vorausgesetzten Vertrauensbeziehung zwischen Regierung und Parlament, die im Verhältnis zur amtierenden Regierung mit der Wahl der neuen Volksvertretung durchbrochen wird und durch die parlamentarische Investitur des Art. 94 III Cost. zugunsten der neuen Regierung erst wieder geschaffen werden muß. Die Rücktrittsverpflichtung der Regierung ist mittlerweile Bestandteil des verfassungsrechtlichen Gewohnheitsrechts (vgl. Fn. 561, (S. 137)). Zu dem Problemkreis „Parlamentsneuwahl und Beendigung des Amtes des Regierungschefs" siehe auch Peine, Der Staat 21 (1982), S. 335 ff..

[566] Schröder, in HdbStR Bd. II, § 51, Rdnr. 3.

[567] Die Entstehung einer Minderheitsregierung unter dem Grundgesetz beschreibt ausführlich Puhl, Die Minderheitsregierung nach dem Grundgesetz, S. 32 ff..

ment, die ein reibungsloser Zugriff auf die „Gesetzgebungsmaschinerie des Bundestages"[568] und damit die Regierbarkeit des Staates im weitesten Sinne voraussetzt. Die vielbeschworene stabilitätsfördernde Wirkung der Kanzlerwahl kommt damit im Ergebnis dem deutschen Minderheitskanzler sicherlich nicht zugute[569]. Zum anderen läßt eine Einschätzung, die die Kanzlerwahl als „Herzstück"[570] des deutschen parlamentarischen Systems sieht, außer Acht, daß sich mit Blick auf die gesamte Legislaturperiode eine stabile und vertrauensvolle Beziehung zwischen Regierung und Parlament nicht allein auf den Zeitpunkt der Investitur gründet, daß also selbst die von Art. 63 GG für die Legitimation des Kanzlers geforderte absolute Parlamentsmehrheit im Zeitpunkt der Wahl kein Garant für den dauerhaften Rückhalt des Regierungschefs im Bundestag sein kann. Von ungleich größerer Bedeutung für die Stabilität deutscher Nachkriegsregierungen dürfte daher die Feststellung sein, daß sich im Bundestag – anders als in Italien – die mit der Kanzlerwahl vollzogene Investitur des neuen Regierungschefs stets auf einen soliden parlamentarischen Konsens gründen konnte, der im wesentlichen[571] für die gesamte Legislaturperiode Bestand gehabt hat. Das Postulat des „Mehrheitskanzlers", das Art. 63 I, II GG aufstellt, ist nicht nur deshalb verwirklicht worden, weil bis dato alle Bundeskanzler im ersten Wahlgang mit eben dieser „Kanzlermehrheit" gewählt worden sind, sondern auch weil stabile Parteikonstellationen die Kanzlermehrheit im Vorfeld der Wahl auf der Grundlage von Koalitionsvereinbarungen zwischen den zukünftigen Regierungsparteien ebenso sichergestellt haben wie im Laufe der anschließenden Legislaturperiode[572]. Daß die stabilitätssichernde Rolle in diesem Zusammenhang eher den politischen Parteien als dem grundgesetzlichen Kanzlerwahlverfahren zukommt[573], wird auch dadurch belegt, daß sich im verfassungsrechtlichen Alltag der Entscheidungsprozeß über die Person des Kanzlers eindeutig verlagert hat: Da die Parteien ihre Kandidaten für das Amt des Bundeskanzlers bereits im Vorfeld der Bundestagswahl durch einen formellen innerparteilichen Wahlakt

[568] Herzog, in Maunz/Dürig, Art. 63, Rdnr. 56.

[569] In diesem Fall enthält das GG aber mit dem Auflösungsrecht des Bundespräsidenten in Art. 63 IV, S. 3 eine „Stabilitätsreserve"(Meyn, in v.Münch/Kunig, Art. 63, Rdnr. 24); er kann durch die Auflösung des Bundestages und die nachfolgenden Neuwahlen versuchen, stabilere Mehrheitsverhältnisse herbeizuführen.

[570] Die Formulierung stammt von Stern, StaatsR Bd.I, S. 979.

[571] Der Zerfall der sozialliberalen Koalition 1982 führte allerdings über ein von CDU und FDP auf den Weg gebrachtes Mißtrauensvotum zum Regierungswechsel.

[572] Nach Ansicht von Helms (ZParl 27 (1996), S. 707) ist denn auch davon auszugehen, daß „die markante Stabilität bundesdeutscher Regierungen vor allem auf der Struktur des Parteiensystems gründet".

[573] So ausdrücklich auch Herzog, Maunz/Dürig, Art. 65, Rdnr. 43; a.A. wohl Mußgnug, in HdbStR Bd. I, § 6, Rdnr. 66, für den die Bundesregierung „die Stabilität, die sie von der Weimarer Reichsregierung unterscheidet", neben dem in Art. 68 GG geregelten konstruktiven Mißtrauensvotum vor allem dem Verfahren der parlamentarischen Kanzlerwahl des Art. 63 GG „verdankt".

nominieren, wird die Wahlprozedur des Art. 63 GG in der parlamentarischen Praxis auf eine „reine Bestätigungsfunktion" reduziert, solange die ursprüngliche Parteikonzentration anhält[574].
Im Gegenzug darf allerdings auch der „heilsame Zwang"[575], den die parlamentarische Kanzlerwahl für das Verhältnis der parlamentarischen Mehrheit zur Regierung und umgekehrt entwickelt, nicht unterschätzt werden. „Der Bundestag", so formuliert MUSSGNUG mit Blick auf die Systematik des Art. 63 GG denn auch zu Recht, „muß sich seiner Verantwortung für die Regierbarkeit des Bundes stellen. Der Rückzug auf eine bloße Duldung der vom Staatsoberhaupt bestellten Regierung, die Schwachstelle des Weimarer Regierungssystems, ist ihm verbaut"[576]. Im Unterschied zum italienischen Parlament, das die bereits abgeschlossene Regierungsbildung durch seine parlamentarische Vertrauensbekundung im Nachhinein „absegnet", nehmen die Abgeordneten des Deutschen Bundestages damit durch ihr Stimmverhalten eine originäre „Kreationsfunktion"[577] wahr. Diese Pflicht des Parlaments, einen (Mehrheits-)Kanzler zu wählen und eine stabile Regierung hervorzubringen, wirkt in der Staatspraxis auch noch über den eigentlichen Zeitpunkt des Wahlaktes hinaus. So wird sich einerseits die Mehrheit im Parlament nicht sogleich wieder von dem gerade erst mit ihren Stimmen gewählten Regierungschef abwenden können, andererseits bleibt auch die Regierung zur Kooperation mit dieser Mehrheit verpflichtet, wenn sie deren Unterstützung im Parlament nicht gefährden möchte. Insoweit dürfte daher das Band aus politischer Verantwortung und Loyalität zwischen der Regierung und der parlamentarischen Mehrheit im Bundestag weitaus „fester gestrickt" sein als im italienischen Parlament.

bb) Die parlamentarische Investitur im tendenziell bipolaren Parteiensystem

Ob das Verfahren der Kanzlerwahl nach Art. 63 GG jedoch darüber hinaus eher die Regierungsstabilität fördert als das italienische System darf bezweifelt werden. Dies vor allem dehalb, weil das grundgesetzliche Investiturverfahren einer echten „Bewährungsprobe" durch unsichere Mehrheiten und instabile Koalitio-

[574] V.Beyme, Ministerverantwortlichkeit, S. 125, der schlußfolgert, daß nur bei einem Vielparteienparlament, in dem kein Pluralitätsprinzip eine eindeutige Indikation zugunsten einer bestimmten Partei für die Regierungsbildung schafft, dem Bundestag wieder eine größere Entscheidungsfreiheit zufiele.
[575] Mußgnug, Der Beitrag des GG, S. 67.
[576] Mußgnug, in HdbStR Bd. I, § 6, Rdnr. 66.
[577] Schneider/Zeh, in ParlamentsR, § 48, Rdnr. 62.

nen wie sie das italienische Parlament kennt, bisher nicht ausgesetzt war. Erst durch das tendenziell bipolare[578] bundesrepublikanische Parteiensystem, das als unabdingbare Basis für beständige Regierungskoalitionen zu sehen ist, hat nämlich der von den Verfassungsvätern angestrebte „feste Zusammenhang zwischen Regierung und Parlament" auch über den Zeitpunkt der Investitur hinaus Bestand haben können[579]. Im deutschen Verfassungsalltag kann daher im Ergebnis die stabilitätsfördernde Wirkung der Kanzlerwahl nicht losgelöst von den Mehrheitsverhältnissen im Bundestag und damit letztlich von der Koalitionsfähigkeit der Parteien gesehen werden[580]. Die „Gleichschaltung der die Regierung und die Parlamentsmehrheit tragenden politischen Kräfte", die PIETZNER[581] in der Kanzlerwahl des Grundgesetzes sieht, kann denn auch nur deshalb gelingen, weil das bundesrepublikanische Parteiensystem – anders als das italienische – eine „prinzipiell geschlossene Frontstellung zwischen Regierung und Mehrheitsparteien einerseits und der (den) die Opposition bildende(n) Minderheitspartei(en) im Parlament andererseits"[582] aufweist. Das Verhältnis von Kabinettsstabilität und Parteiensystem im Lichte der obligatorischen parlamentarischen Investitur bringt daher VON BEYME[583] zutreffend auf den Punkt, wenn er schreibt: „Bei Tendenz zum Zweiparteiensystem wird die Investitur jedoch zur reinen Formalität, bei Tendenz zum fragmentierten Vielparteiensystem zum Hemmschuh der Kabinettsbildung".

---

[578] So etwa Schneider/Zeh (in ParlamentR, § 48, Rdnr. 3) die von einem „bipolaren Mehrparteienparlament" sprechen

[579] So im Ergebnis auch Schröder (Jura 1982, S. 454), demzufolge „nur ein verhältnismäßig stabiles Parteiensystem [..] stabile Regierungen und Parlamentsmehrheiten zu erzeugen [vermag]". Instruktiv in seiner Analyse der Stabilitätsfaktoren auch Scheuner (DÖV 1974, S. 434), der die „relative Stabilität der politischen Verhältnisse in der Bundesrepublik, so wenig man den Ansatz in ihren Verfassungseinrichtungen unterschätzen sollte, vor allem in zwei außerverfassungsrechtlichen Umständen" sieht, nämlich der Entwicklung des Parteiensystems einerseits und des stetigen wirtschaftlichen Aufschwungs andererseits.

[580] Vgl. die Ausführungen von Helms (ZParl 27 (1996), S. 698 ff.), der im Zusammenhang mit dem Ergebnis und der Dauer des Ernennungs- bzw. Regierungsbildungsverfahrens die Rolle betont, die der Anzahl der Parteien und ihrer Koalitionsfähigkeit zukommt. Instruktiv sind in diesem Zusammenhang auch die Ausführungen von Stern (StaatsR Bd.I, S. 980), der den im Bundestag vertretenen Mehrheitsparteien den „entscheidenden Einfluß" auf die Kanzlerbestellung attestiert.

[581] Pietzner, JA 1972, S. 462.

[582] Schröder, Jura 1982, S. 451. Nach Ansicht von Friedrich (DVBl. 1980, S. 505) „würde heute auch die ältere selbständige präsidiale Bestellung des Regierungschefs, wie sie die Weimarer Verfassung vorsah, kaum einen anderen Kanzler als den vom Bundestag gewählten ins Amt bringen können, einfach indem bei dem heute in der Bundesrepublik bestehenden dualistischen Parteisystem kein anderer Kanzler als der aus der personalplebiszitären Parlamentswahl siegreich hervorgegangene majoritäre Parteiführer berufen werden kann."

[583] V.Beyme, Regierungssysteme, S. 565.

3. Exkurs: Die Kompetenzen des „Governo privo di fiducia"[584]

Vor dem Hintergrund häufiger Regierungskrisen und langwieriger Regierungsbildungen kommt den Befugnissen einer Regierung, die sich nicht mehr („Governo dimissionario") beziehungsweise noch nicht („Governo in attesa di fiducia") auf das parlamentarische Vertrauensvotum (Art. 94 Cost.) stützen kann, besondere Bedeutung für die Regierbarkeit Italiens zu.

a) „Governo dimissionario" und „Governo in attesa di fiducia"

Neben dem Ende der fünfjährigen Legislaturperiode, das mit der Neuwahl der Kammern automatisch das zwischen der Regierung und der abgewählten Volksvertretung bestehende Vertrauensverhältnis beendet, sind in Verfassungsrecht und Verfassungspraxis zahlreiche Ursachen für eine Regierungkrise bekannt, die den Rücktritt einer amtierenden Regierung in Italien nach sich ziehen (können)[585]. Hat die Regierung ihren Rücktritt erklärt, so ist sie verpflichtet, vom Zeitpunkt des Rücktritts an bis zu dem Augenblick, in dem die neue Regierung vereidigt ist, die Regierungsgeschäfte nach dem Grundsatz der „Kontinuität des Regierungsorgans"[586] als geschäftsführende Regierung („Governo dimissionario") fortzuführen. Die Stellung des „Governo dimissionario" ist dabei auf den ersten Blick durchaus mit der ihrer Nachfolgerin vergleichbar: Auch dieser fehlt nach ihrem Amtsantritt – wenn auch in der Regel nur für kurze Zeit[587] – die Le-

---

[584] Wörtlich übersetzt meint dieser Begriff „eine Regierung bar des Vertrauens".

[585] So verpflichtet der negative Ausgang des Vertrauensvotums die Regierung ebenso zum Rücktritt (ex Art. 94 I Cost.) wie die Abstimmungsniederlage bei einem Mißtrauensvotum oder der Vertrauensfrage (ex Art. 94 I Cost.). In der italienischen Verfassungspraxis sind darüber hinaus die sog. „crisi extraparlamentari" von besonderer Bedeutung, bei denen sich der Vertrauensverlust nicht durch eine i.S. des Art. 94 Cost. zum Rücktritt verpflichtende Abstimmungsniederlage manifestiert, sondern die Regierung – in der Regel aufgrund innerkoalitionärer Zerwürfnisse – die parlamentarische Mehrheit verloren zu haben glaubt und die Regierungsgeschäfte niederlegt. Die Regierungskrise in Italien wird ausführlich unten, IV, S. 179 ff. behandelt.

[586] Das Prinzip der „continuità dell'organo governativo" findet seinen Ausdruck auch darin, daß das Rücktrittsgesuch der alten Regierung erst dann formal durch Dekret des Staatspräsidenten angenommen wird, wenn die Mitglieder der neuen Regierungsmannschaft ihre Ernennungsurkunden erhalten haben (Paladin, Diritto costituzionale, S. 386, 396). Eine explizite Regelung der Pflicht, die Amtsgeschäfte als „geschäftsführende Regierung" fortzuführen, wie sie Art. 69 III GG enthält, fehlt im italienischen Verfassungstext.

[587] Art. 94 III Cost. enthält eine verbindliche Frist von zehn Tagen, innerhalb derer sich die neue Regierung dem Vertrauensvotum der Kammern stellen muß. Wird ihr das parlamentarische Vertrauen von einer der Kammern verweigert, so ist die Regierung zum Rücktritt verpflichtet (Siehe dazu unter 2, S. 128 ff.).

gitimation durch das Parlament; sie wird daher bis zur Vertrauensabstimmung in beiden Kammern als „Governo in attesa di fiducia" bezeichnet.

Die Kompetenzen einer Regierung, die nicht mehr beziehungsweise noch nicht das Vertrauen des Parlaments besitzt, werden in der italienischen Staatsrechtslehre im einzelnen äußerst kontrovers diskutiert. Zwar ist allgemein anerkannt, daß eine Regierung in dieser Phase gewisse „Grenzen" ihrer Befugnisse respektieren muß; unterschiedliche Ansichten werden in Lehre und Rechtsprechung jedoch insbesondere zu der Rechtsnatur dieser Einschränkungen vertreten: Während ein Teil der Literatur und der Rechtsprechung davon ausgeht, daß die Beschränkungen, denen die Befugnisse der Regierung „in attesa di fiducia" ebenso wie die der geschäftsführenden Regierung grundsätzlich unterworfen sind, lediglich von der „politischen Opportunität" diktiert werden[588], sind sie für andere Autoren Bestandteil des (ungeschriebenen) Verfassungsrechts[589]. Einigkeit besteht innerhalb der Staatsrechtslehre[590] allerdings dahingehend, daß eine Regierung „in Erwartung des Vertrauensvotums" gegenüber der geschäftsführenden Regierung grundsätzlich einen „Legitimationsvorsprung" hat. Anders als die neue Regierung, der die Vertrauenskundgabe durch das Parlament noch bevorsteht und die bei einer, in Koalitionsvereinbarungen gefestigten, soliden parlamentarischen Mehrheit sogar (nahezu) sicher sein kann, ein mehrheitliches Vertrauensvotum zu erhalten, kann die zurückgetretene Regierung auf das Vertrauen des Parlaments nicht mehr zählen. Denn das vormals zwischen der alten Regierungsmannschaft und den Kammern existierende Vertrauensverhältnis ist bereits durch die parlamentarische Manifestation des mangelnden Vertrauens[591], andernfalls durch den „autonomen" Rücktritt der Regierung unterbrochen worden; die geschäftsführende Regierung ist damit gleichsam „delegitimiert".

---

[588] So Di Ciolo/Ciaurro, S. 491 f. mit Hinweisen zur Rechtsprechung der „Corte di cassazione" (Kassationshof); ebenso Villone (in Comm. Branca, Art. 94, S. 294) der die Beschränkung der Kompetenzen grundsätzlich im Bereich der „correttezza costituzionale", der „verfassungsrechtlichen Korrektheit" angesiedelt wissen will; vgl. im übrigen Paladin, Diritto costituzionale, S. 388 ff..

[589] Siehe etwa Carusi, in Comm. breve, Art. 94, S. 580; Galizia, in Enc. Dir., Stichwort: „Fiducia parlamentare", S. 418.

[590] Carusi, in Comm. breve, Art. 94, S. 580; De Vergottini, Diritto costituzionale, S. 528; Martines, Diritto pubblico, S. 160; Villone, in Comm. Branca, Art. 94, S. 292; a.A. Merlini, in Manuale, S. 196, der das „Governo in attesa di fiducia" und die geschäftsführende Regierung im Hinblick auf ihre Kompetenzen gleichsetzt.

[591] Gemeint ist hier der Regierungsrücktritt als Folge eines erfolgreichen Mißtrauensvotums bzw. einer gescheiterten Vertrauensfrage.

b) Die Befugnis der geschäftsführenden Regierung zur Erledigung der „ordinaria amministrazione"

Für die Auslegung des Begriffs der „ordinaria amministrazione" („allgemeine Verwaltung")[592], auf die sich nach allgemeiner Auffassung die Befugnisse der geschäftsführenden Regierung beschränken, ist die „Delegitimation" der zurückgetretenen Regierung von besonderer Bedeutung. In diesem Zusammenhang sollen nämlich unter den Terminus der „ordinaria amministrazione" nur die Regierungsaktivitäten fallen, die nicht die Übernahme der politischen Verantwortlichkeit der Regierung gegenüber dem Parlament implizieren[593]. Damit verbieten sich, so wird argumentiert, insbesondere die Handlungen der zurückgetretenen Regierung, denen im Lichte der „gesamtpolitischen Ausrichtung" („indirizzo politico"), und stellvertretend für eine bestimmte parlamentarische Mehrheit, der Charakter einer richtungsweisenden politischen Äußerung zukommt; als zulässig werden hingegen die Tätigkeiten erachtet, die der „institutionellen Kompetenz" der Regierung zuzuschreiben sind und „objektive Interessen der Allgemeinheit" widerspiegeln[594].

---

[592] Einige Autoren sprechen in diesem Zusammenhang sinngleich auch von den „affari correnti", den laufenden Geschäften, auf die sich die Befugnisse beschränken sollen; dabei handelst es sich jedoch lediglich um eine semantische Unterscheidung. Für die inhaltliche Abstufung, die Di Ciolo/Ciaurro (S. 492) zwischen diesen Begriffen sehen und derzufolge der Terminus der „affari correnti" ein Mehr an Kompetenzen bedeutet, gibt es keine Anhaltspunkte.

[593] Auch kann die geschäftsführende Regierung nicht gem. Art. 100 II Cost. die sog. „registrazione con riserva" bei der „Corte dei Conti" (Rechnungshof) beantragen (h.A., etwa Paladin, Diritto costituzionale, S. 396, Fn. 9; Villone, in Comm. Branca, Art. 94, S. 294). Beim Verfahren der „registrazione con riserva" handelt es sich um eine obligatorische präventive Rechtmäßigkeitsprüfung der im Gesetz Nr. 20 vom 14. 1. 1994 bezeichneten Akte des Staates (bspw. für allgemeine Verwaltungsrichtlinien, -maßnahmen und Verordnungen). Hält der Rechnungshof den überprüften Akt für rechtmäßig, so wird der betreffende Akt mit einem entsprechenden Sichtvermerk versehen und registriert; ist die Maßnahme hingegen nach Auffassung der Corte nicht rechtmäßig und verweigert sie Sichtvermerk und Registrierung, so kann der zuständige Minister die „registrazione con riserva", die „Registrierung unter Vorbehalt" vom Rechnungshof verlangen (ausführlich zum Verfahren der „registrazione con riserva", Cerulli Irelli, Corso di Diritto amministrativo, S. 577 ff.).

[594] Mit Carusi, in Comm. breve, Art. 94, S. 581, ist davon auszugehen, daß – mit Ausnahme des in der vorstehenden Fn. genannten Verbots – eine genaue Eingrenzung der Befugnisse der geschäftsführenden Regierung nicht möglich ist; siehe auch Di Ciolo/Ciaurro, S. 492, Fn. 4, die anhand einiger Beispiele die Kompetenzen der zurückgetretenen Regierung genauer bestimmen. Allerdings soll sich aus der Vorschrift des Art. 77 II Cost. ergeben, daß auch die geschäftsführende Regierung zum Erlaß von gesetzesvertretenden Eilverordnungen („decreti-legge") berechtigt ist. Da gem. Art. 77 II Cost der Erlaß von „decreti-legge" zulässig ist, wenn die Kammern aufgelöst sind, das heißt das Vertrauensverhältnis zwischen der Regierung und den Kammern durch die Auflösung des Parlaments unterbrochen worden ist, kann auch im Fall einer geschäftsführenden Regierung (wenn also das Vertrauensverhältnis nicht durch die Parlamentsauflösung, sondern den Rücktritt unterbrochen wurde) nichts anderes gelten (so Paladin, Diritto costituzionale, S. 390).

In der Praxis hat das Problem, den Bereich der „ordinaria amministrazione" für die scheidende Regierung einzugrenzen[595], eine überwiegend pragmatische Lösung gefunden. So haben seit 1980 alle italienischen Ministerpräsidenten entweder am Tag des Rücktritts oder am Tag danach ein Rundschreiben verfaßt, in dem sie in Form von Richtlinien für die Mitglieder ihres Kabinetts präzisiert haben, welche Aktivitäten die geschäftsführende Regierung bis zur Amtsübernahme durch ihre Nachfolgerin auszuüben gedenkt[596].

c) Die Kompetenzen der Regierung „in Erwartung des Vertrauensvotums"

Die Befugnisse der Regierung „in attesa di fiducia" gehen nach h.A. über die Fortführung der „allgemeinen Verwaltung" hinaus; ihrem „Legitimationsvorsprung" gegenüber der geschäftsführenden Regierung entspricht in diesem Sinne auch ein „Kompetenzvorsprung"[597].

Im Unterschied zum „Governo dimissionario" steht einer neu berufenen Regierung in Italien auch schon im Vorfeld ihrer Bestätigung durch das parlamentarische Vertrauensvotum bereits insoweit die Erfüllung richtungsweisender Aufgaben zu, als daß sie zum einem den positiven Ausgang der Vertrauensabstimmung und zum anderen die ordnungsgemäße Organisation der Regierung zu gewährleisten hat: So wird der Ministerrat regelmäßig bereits in

---

[595] Die Abrenzungsprobleme, denen sich die italienische Staatsrechtslehre bei der präzisen Bestimmung der Kompetenzen einer geschäftsführenden Regierung gegenübersieht, existieren im deutschen Staatsrecht nicht. Nach h.A. verfügt nämlich die geschäftsführende Regierung, an die nach dem „Versteinerungsprinzip" das Ersuchen des Art. 69 III GG gerichtet ist, die Regierungsgeschäfte fortzuführen, über dieselben Befugnisse wie eine amtierende Regierung; eine Einschränkung von Rechts wegen auf die laufenden Geschäfte, wie sie etwa in Italien angenommen wird, wird allgemein abgelehnt (Mager, in v.Münch/Kunig, Art. 69, Rdnr. 28; Schneider in AK-GG, Art. 69, Rdnr. 11; Schnapauff, Verwrdschau 1983, S. 80; a.A. Dreher, NJW 1982, S. 2808, demzufolge nur solche Vorhaben durchgeführt werden dürfen, die „keinen Aufschub dulden"). Inwieweit die geschäftsführende Regierung insbesondere bei kontroversen Themen ihre Befugnisse ausschöpft, dürfte in der Praxis eine Frage des politischen Takts sein. Da es an einer Vertrauensbeziehung zwischen dem Parlament und der geschäftsführenden Regierung fehlt, sind allerdings sowohl das Institut der Vertrauensfrage als auch ein Mißtrauensvotum gegenüber der Interimsregierung ausgeschlossen. Zur Diskussion um die Zulässigkeit von Kabinettsumbildungen einer geschäftsführenden Regierung siehe Mager, in v.Münch/Kunig, Art. 69, Rdnr. 20, 26, 28.

[596] Mit Ausnahme des Ministerpräsidenten Ciampi im Januar 1994, dessen Rundschreiben bemerkenswert geringe politische Zurückhaltung erkennen ließ, haben seitdem alle Regierungschefs bei der Festlegung ihres im Rahmen der „ordinaria amministrazione" fortzuführenden Aufgabenkatalogs durchaus berücksichtigt, daß sie das Vertrauen des Parlaments verloren haben (zum Ganzen Merlini, in Manuale, S. 196). Villone (in Comm. Branca, Art. 94, S. 293) hält denn auch – mit Blick auf die in der Vergangenheit von allen Beteiligten praktizierte Zurückhaltung – die Regeln des „fair play" für ausreichend.

[597] Siehe die Nachweise in Fn. 590 (S. 143).

dieser Phase das vom Regierungschef vorgelegte Regierungsprogramm annehmen, welches später im Rahmen der Regierungserklärung vor beiden Kammern die Basis der parlamentarischen Vertrauensabstimmung bilden soll. Gleichzeitig müssen schon jetzt die parlamentarischen Staatssekretäre ernannt werden, da auch sie zum personellen Stamm der Regierung im weitesten Sinne gehören und somit auch diese Personalentscheidung implizit Gegenstand des Vertrauensvotums sein wird[598]. Die Befugnis der Regierung, im Vorfeld ihrer parlamentarischen Bestätigung die programmatische Grundlage für das Vertrauensvotum zu schaffen, erstreckt sich dabei auch auf den Bereich der Gesetzgebung. Insoweit wird es für zulässig gehalten, daß die Regierung schon in diesem Stadium von ihrem Initiativrecht Gebrauch machen kann, soweit die Gesetzesinitiativen der inhaltlichen Präzisierung und Ausgestaltung des Regierungsprogrammes dienen[599]; die Kompetenz zum Erlaß gesetzesvertretender Eilverordnungen („decreti-legge") ergibt sich darüber hinaus auch im Falle des „Governo in attesa di fiducia" bereits aus Art. 77 II Cost[600]. Daß die Regierung auch vor ihrer Bestätigung durch das Parlament schon berechtigt sein soll, „decreti legislativi", das heißt gesetzesvertretende Verordnungen i.S. des Art. 76 Cost. zu erlassen, wenn die im Delegationsgesetz enthaltene Ausführungsfrist noch vor dem für die Vertrauensabstimmung vorgesehenen Termin abzulaufen droht, dürfte allerdings wohl zu weit gehen; in diesem Fall wird man insbesondere bei politischen Richtungsentscheidungen verlangen müssen, daß die Regierung das Vertrauensvotum des Parlaments abwartet.

Insgesamt bietet die Auslegung des Begriffs der „ordinaria amministrazione" gerade im Fall der Regierung „in attesa di fiducia" in der Praxis jedoch weit weniger Abgrenzungsprobleme, als die zuweilen kontrovers geführte Auseinandersetzung innerhalb der Staatsrechtslehre vermuten läßt. Im Verfassungsalltag wird jede neu berufene Regierung schon deshalb eher zurückhaltend und auf dem Boden des Regierungprogrammes und damit letztlich der Koalitionsvereinbarungen agieren, um die parlamentarische Mehrheit, auf deren Zustimmung sie in der Vertrauensabstimmung angewiesen ist, nicht zu verprellen. Läßt sie hingegen diese Zurückhaltung vermissen, so hat die Regierung im äußersten Fall den Verlust der parlamentarischen Mehrheit und damit eine Abstimmungsniederlage in der Vertrauensabstimmung zu gewärtigen; ist das Parlament hingegen bereit, das Vorgehen der Regierung

---

[598] Paladin, Diritto costituzionale, S. 389.
[599] Vgl. Paladin, Diritto costituzionale, S. 389.
[600] Siehe Fn. 594 (S. 144).

mitzutragen, so würde ein derartiger „Regelverstoß" durch die Vertrauensbekundung der Kammern i.S. des Art. 94 Cost. automatisch „geheilt"[601].

II. Die Kompetenzverteilung innerhalb der Regierung unter besonderer Berücksichtigung der Stellung des „Presidente del Consiglio"

Wohl kaum ein Verfassungsorgan hat in den letzten Jahren so häufig im Mittelpunkt der Diskussion um grundlegende Reformen gestanden wie der italienische Ministerpräsident („Presidente del Consiglio dei ministri").

Die italienische Verfassung selbst hat die Befugnisse des Regierungschefs nur marginal ausgestaltet und die Regelung seiner Kompetenzen im einzelnen dem einfachen Gesetzgeber überlassen (Art. 95 III Cost.). Aber auch das Gesetz Nr. 400 vom 23. 8. 1988 („Disciplina dell`attività di Governo e ordinamento della Presidenza del Consiglio dei ministri"), durch das dieser Gesetzgebungsauftrag erst vierzig Jahre nach Inkrafttreten der Verfassung erfüllt worden ist, hat an der kritischen Einschätzung der Stellung des Ministerpräsidenten im Regierungsgefüge, die dem Chef der italienischen Regierung in der Praxis von jeher „poteri direttivi `deboli´"[602] attestiert, nichts ändern können.

Als Ursache für die Schwäche des Regierungsoberhauptes wird neben dem komplexen politischen System Italiens und seiner heterogenen Parteienlandschaft vor allem auf die Regelung des Art. 94 I Cost. verwiesen, die „il Governo", und damit – vergleichbar der Bestimmung des Art. 56 2 WRV – auch die einzelnen Minister vom Vertrauen der parlamentarischen Mehrheit abhängen läßt. Anders als das Grundgesetz, das mit der Kanzlerwahl des Art. 63 I die Vertrauensbeziehung zwischen Bundestag und Bundesregierung ausschließlich über das Vertrauen der parlamentarischen Mehrheit in die Person des Kanzlers zustandekommen läßt, weist die italienische Verfassung insoweit der gesamten Regierung die Rolle des „interlocutore del Parlamento" zu und legt den Grundstein für die Stellung des Regierungschefs, der in der italienischen Staatspraxis als „primus inter pares" auf eine ausgeprägte Vormachtstellung innerhalb seines Kabinetts verzichten muß[603].

Die Auswirkungen dieser von der verfassungsgebenden Versammlung getroffenen Grundsatzentscheidung auf die Stellung des „Presidente del Consiglio" und

---

[601] Martines, Diritto pubblico, S. 160. Nach Ansicht von Carusi (in Comm. breve, Art. 94, S. 581) hängt im übrigen viel von einem gewissen Realismus und von der Praxis ab, so daß im Ergebnis auch weitergefaßte Kompetenzen der Regierung „in Erwartung des Vertrauensvotums" zulässig sein sollen.
[602] De Vergottini, Diritto costituzionale, S. 525.
[603] De Vergottini, Diritto costituzionale, S. 525.

sein Verhältnis zu den übrigen Regierungsmitgliedern sollen im Folgenden unter Berücksichtigung der italienischen Staatspraxis analysiert

1. Die Befugnisse des Ministerpräsidenten bei der Regierungsbildung

a) Das Kabinettsbildungsrecht des italienischen Regierungschefs

Gem. Art. 92 II Cost. ernennt der Staatspräsident die Minister „su proposta", das heißt allein auf den Vorschlag des designierten Ministerpräsidenten hin[604].

Die Rolle des Staatsoberhauptes beschränkt sich in diesem Stadium der Regierungsbildung auf eine rein formale Funktion[605]. Anders als im Verfahren um die Bestellung des Regierungschefs[606] steht dem „Presidente della repubblica" bei der Ernennung der Minister eine Ermessensentscheidung nicht zu; vielmehr ist er verpflichtet, die vom Ministerpräsidenten benannten Kandidaten auch zu ernennen[607].

---

[604] Die Entscheidung über Zahl und Zuschnitt der Ministerien hat die italienische Verfassung in Art. 95 III Cost. der Regelung durch Gesetz überlassen. Diesem Gesetzgebungsauftrag ist der Gesetzgeber aber bislang nicht nachgekommen: Auch das Ausführungsgesetz zu Art. 95 III Cost. (Gesetz Nr. 400/88) enthält keine diesbezüglichen Bestimmungen. Damit entscheidet theoretisch der italienische Ministerpräsident im Zuge der Auswahl seiner Minister auch über Zahl und Ausgestaltung der Ministerien; in der Staatspraxis sind diese Faktoren allerdings wesentlich von den politischen Rahmenbedingungen abhängig, da sowohl die Koalitionspartner, als auch die parteiinternen „correnti" bei der Vergabe der Ministerposten ausreichend berücksichtigt werden müssen. Die Notwendigkeit, dem Gesetzgebungsauftrag des Art. 95 III Cost. umfassend nachzukommen, betont in diesem Zusammenhang Martines, Diritto costituzionale, S. 455. Im deutschen Verfassungrecht ergibt sich die Organisationsgewalt des Bundeskanzlers, d.h. die Gewalt über die organisatorische Gestalt der Bundesregierung und die Aufgaben der einzelnen Bundesminister zu bestimmen, aus dem Kabinettsbildungsrecht des Art. 64 I GG (Meyn, in v.Münch/Kunig, Art. 64 Rdnr. 1, Art. 65, Rdnr. 5).

[605] Carusi, in Comm. Breve, Art. 92, S. 570; Labriola, Quad. Cost. 1994, S. 37 ff.. Zur Rolle des Staatspräsidenten bei der Regierungsbildung siehe auch unten, Viertes Kapitel, B, II, 2, S. 240 ff..

[606] Siehe unter I, S. 119 ff..

[607] Der Staatspräsident kann allerdings seine Vorbehalte gegen die Ernennung eines bestimmten Ministers gegenüber dem (designierten) Ministerpräsidenten zur Sprache bringen. Rechtliche Konsequenzen für die Entscheidungsfreiheit des künftigen Regierungschefs haben derartige Ratschläge jedoch nicht.

aa) Der Einfluß der Parteien auf die Regierungsbildung in der italienischen Staatspraxis

Die Staatspraxis der vergangenen Jahrzehnte hat allerdings gezeigt, daß die verfassungsrechtlich garantierte Autonomie, die der italienische Regierungschef nach dem Wortlaut der italienischen Verfassung bei der Auswahl seiner Minister genießt, im Einzelfall ganz erheblich relativiert werden mußte. Da der Ministerpräsident sowohl für die initiale Vertrauensabstimmung als auch für die spätere Regierungsarbeit auf die Unterstützung der parlamentarischen Mehrheit[608] angewiesen ist, kann er sich in der Regel bereits bei der Erstellung der Kabinettsliste dem Einfluß der politischen Parteien nicht verschließen. Eine gewichtige Rolle innerhalb des personalpolitischen „Kräfteverhältnisses" spielt dabei die Logik des Art. 94 Cost., die anders als Art. 63 GG das Vertrauen der Abgeordneten nicht in der Person des Regierungschefs „mediatisiert", sondern das gesamte Kabinett dem parlamentarischen Vertrauensvotum unterwirft.
Bedarf es einer Koalition, um eine Regierungsmehrheit zu schaffen, so finden konkrete personelle Absprachen über die Besetzung von Regierungsämtern regelmäßig bereits Eingang in die Koalitionsvereinbarungen. Zwar ist der Inhalt dieser „patti di coalizione" nach der italienischen Staatsrechtsdoktrin ebensowenig einklagbar wie im deutschen Parlamentsrecht, doch entfalten sie in Italien ebenso wie in Deutschland eine starke faktische Bindung, da ein Verstoß gegen die Koalitionsvereinbarungen jederzeit zum Bruch der Koalition und damit zum Verlust der Regierungsmehrheit führen kann. Die italienischen Ministerpräsidenten sahen sich in der Vergangenheit zusätzlich einem starken Druck der innerparteilichen „correnti" ausgesetzt, die mit der unterschwelligen Drohung, der Parteimehrheit die Gefolgschaft zu versagen, stets auch die Phase der Regierungsbildung dominierten und dadurch bei der Vergabe der Regierungsämter in der Regel eine exakt austarierte Berücksichtigung entsprechend ihrer zahlenmäßigen Stärke durchsetzen konnten. Als Folge dieser parteiorientierten „Verteilungspolitik" beklagt MERLINI[609] „ein anormales Vertrauensverhältnis der Minister, nicht gegenüber dem Ministerpräsidenten oder dem Parlament, sondern gegenüber der eigenen Partei sowie die Bildung von regelrechten informellen 'Parteiabordnungen' innerhalb der Regierung".

---

[608] Damit ist der Regelfall gemeint; im Fall des „Governo della non sfiducia" reichte in der Investiturabstimmung gem. Art. 94 Cost. ausnahmsweise eine Minderheit, die den Ministerpräsidenten unterstützte (siehe oben, I, 2, a, aa, S. 132 f.).

[609] Merlini, in Manuale, S. 200. Folge dieser obligatorischen „Verteilungspolitik" ist auch die relativ hohe Zahl von Ministern in Italien: So verfügt die 56. Regierung unter Ministerpräsident Massimo D'Alema über insgesamt 25 Minister (vgl. Corriere della Sera v. 22. 10. 1998, S. 3).

Der gewichtige Einfluß, der den italienischen Parteien bei der Regierungsbildung zukommt, manifestiert sich im übrigen in einer auch im europäischen Vergleich beispiellosen „personellen Verzahnung" der Parteien auf der einen Seite und den italienischen Regierungsmitgliedern auf der anderen Seite. Dies belegen etwa die Ergebnisse einer Untersuchung der italienischen Regierungsstruktur, die für den Zeitraum 1945 – 1984 einen Anteil von 80% aller italienischen Minister als Führungspersönlichkeiten der politischen Parteien ausweist[610]. Anders als in Deutschland, wo die Rekrutierung der Regierungsmitglieder unter den Abgeordneten der Regierungsfraktionen als Garantie für einen starken parlamentarischen Rückhalt der Regierung sowohl im Plenum als auch in den jeweiligen Parteien gewertet wird, hat diese Vorgehensweise in Italien die Regierungsbank oft genug zum Schauplatz „parteipolitischer Hahnenkämpfe" werden lassen und im Ergebnis der Profilierung der einzelnen Parteien zu Lasten einer koordinierten Regierungspolitik Vorschub geleistet. Die zersplitterte Parteienlandschaft Italiens, die im italienischen Regierungsalltag Regierungskoalitionen mit mehreren Bündnispartnern zur Regel werden läßt, trägt dazu bei, daß sich in der Vergangenheit die Austragung inner- wie außerparteilicher „Grabenkämpfe" in Regierungsämtern als besonders problematisch erwiesen hat.

Im Zuge von „tangentopoli", das zu Beginn der 90er Jahre die etablierten Parteien in eine tiefe Krise stürzte und ihren politischen Einfluß nachhaltig schwächte, wurde vorübergehend eine größere Freiheit des italienischen Regierungschefs bei der Ressortverteilung konstatiert[611]. Spätestens das koalitionsinterne Postengerangel im Vorfeld der Regierungsbildung unter Ministerpräsident D'ALEMA im Oktober 1998 hat jedoch gezeigt, daß der italienische Ministerpräsident im Widerspruch zu seinem in Art. 92 Cost. garantierten Recht der freien Kabinettsbildung in der Praxis bei der Ressortverteilung nach wie vor an die Vorstellungen der Mehrheitsfraktionen politisch „gebunden" ist[612].

---

[610] Die Zahlen finden sich bei Pitruzella (in Comm. Branca, Art. 92- 93, S. 94), der den Anteil der führenden Parteipolitiker unter den Ministern für die übrigen untersuchten Demokratien mit 3/5 angibt.

[611] So Pitruzella (Dir. pubbl. 1996, S. 408 ff.). Seine Feststellung bezieht sich auf die Regierungsbildung unter Ministerpräsident Amato im Juni 1992, bei der innerhalb der DC konsequent die Trennung von Amt und Mandat verwirklicht und die Besetzung der Ministerämter neben der Parteizugehörigkeit vor allem vom Sachverstand der Kandidaten abhängig gemacht wurde. Zu nennen ist in diesem Zusammenhang ferner die Entscheidung, die bis dato übliche Personalunion zwischen dem Amt des Ministerpräsidenten und dem des Generalsekretärs der DC aufzugeben, die in der Vergangenheit häufig die Regierungsbank zum Austragungsort innerparteilicher Differenzen gemacht hatte. Dieser positive Trend verstärkte sich noch in den nachfolgenden „Governi dei tecnici" unter den Ministerpräsidenten Ciampi und Dini, in denen (fast) ausnahmslos parteilose Experten saßen.

[612] Siehe dazu etwa die Berichterstattung im Corriere della Sera vom 22. Oktober 1998.

bb) Die Wertigkeit des Kabinettsbildungsrechts des Art. 64 I GG

Das Phänomen, daß dem Regierungschef ein Kabinett „eher präsentiert wird, als daß er es sich zusammenstellt"[613] ist allerdings auch im bundesdeutschen Verfassungsalltag kein Novum. Obgleich nach h.A. Art. 64 GG dem Bundeskanzler ein umfassendes materielles Kabinettsbildungsrecht[614] einräumt[615], kann der Kanzler in der Praxis die Politik seiner Regierung nicht am Bundestag „vorbei" verwirklichen, und ist deshalb ebenso wie sein italienischer Kollege faktisch gezwungen, die personellen Vorstellungen innerhalb der Mehrheitsfraktionen bei der Ernennung seiner Minister zu berücksichtigen. Die enge Verschränkung von Parlament und Regierung, die in der Logik des parlamentarischen Systems begründet liegt und den Rückhalt der Regierung im Bundestag zur „condicio sine qua non ihrer Existenz"[616] erhebt, läßt damit im Ergebnis auch den *de lege* souveränen Akt des deutschen Kanzlers *de facto* zu einem schwierigen Balanceakt zwischen den widerstreitenden Interessen der Regierungsfraktionen werden[617]; denn auch mit der Kanzlerwahl wird die Regierung nicht vom Parlament „abgenabelt"[618].

Vor diesem Hintergrund bestimmen auch in der Bundesrepublik regelmäßig[619] „die Gesetze der hochentwickelten Parteiendemokratie", das heißt letztlich der „faktische Zwang zur Koalitionsbildung"[620] die Regierungsbildung.

Die Wertigkeit, die dem Kabinettsbildungsrecht für die grundgesetzliche Kanzlerdemokratie zukommt, ist im einzelnen umstritten. Während etwa HERZOG[621]

---

[613] Kralewski, zit. nach v.Beyme, Ministerverantwortlichkeit, S. 126.

[614] Nach h.A. verbleibt dem Bundespräsidenten im Vorfeld der Ernennung der Bundesminister nur die Befugnis, eine umfassende rechtliche Prüfung (etwa im Hinblick auf die Wählbarkeitsvoraussetzungen entspr. § 15 BwahlG und die Verfassungstreue des Vorgeschlagenen) durchzuführen, der allerdings auch eine Prüfungspflicht entspricht. Ein politischer Ermessensspielraum des Bundespräsidenten bei der Bestellung oder Entlassung der Bundesminister ist hingegen abzulehnen (Meyn, in v.Münch/Kunig, Art. 64, Rdnr. 2 ff.; Schröder, in HdbStR Bd. II, § 51, Rdnr. 32; Stern, StaatsR Bd. II, S. 245 ff., Herzog in Maunz/Dürig, Art. 64, Rdnr. 13; Schenke, Jura 1982, S. 63 ff., jeweils m. w. N.; a.A. H. Schneider, NJW 1953, S. 1331 f.; v.Mangoldt/Klein, GG, Art. 64, III, 4, d (S. 1245) m.w.N.).

[615] Zur Organisationsgewalt des Kanzlers als Teil des Kabinettsbildungsrechts siehe Fn. 604 (S. 148).

[616] Stern, StaatsR Bd. I, S. 985.

[617] Meyer, VVDStRL 33 (1975), S. 86 f..

[618] Meyer, VVDStRL 33 (1975), S. 86.

[619] Eine Ausnahme dürfte hier nur für die seltenen Fälle gelten, in denen der Bundeskanzler einen Parteilosen in ein Ministeramt berufen hat.

[620] Helms, Zparl 26 (1996), S. 701 f.. Der Autor verweist in diesem Zusammenhang etwa auf das Procedere der Ministerauswahl in der FDP, das sich heute von der Nominierung eines Bewerbers durch den Bundesvorstand bis zur geheimen Abstimmung in der Fraktion erstreckt; so auch Kröger (Ministerverantwortlichkeit, S. 35), der auf die zu Zeiten der Großen Koalition praktizierte Übung verweist, dem Koalitionspartner für die ihm zugestandenen Ministerposten „gleichsam als Morgengabe" eine „faktische Präsentationsbefugnis" zuzugestehen.

in Art. 64 GG nicht zuletzt hier den „Angelpunkt der Kanzlerdemokratie" vermutet, gehört es für VON BEYME „zu den Legenden, die sich um die Kanzlerdemokratie ranken, daß der vom Bundestag gewählte Kanzler eine große Macht bei der Kabinettszusammensetzung besitze". Die Wahrheit dürfte wohl am ehesten in der Mitte liegen, zumal die Praxis der Kabinettsbildungen der vergangenen Jahre gezeigt hat, daß sich die an der Regierungsbildung beteiligten Kräfte von Fall zu Fall unterschiedlich durchsetzen konnten. So wird man zum einen die „Schlagkraft" des materiellen Kabinettsbildungsrechts im Einzelfall nicht von der persönlichen Dominanz des Bundeskanzlers und seiner Stellung innerhalb seiner Partei trennen können[622]; zum anderen spielen aber auch die tatsächlichen Mehrheitsverhältnisse im Bundestag eine wichtige Rolle, da ein „kleiner" Koalitionspartner sicherlich weniger personelle Zugeständnisse erreichen dürfte, als ein „großer".

b) Die Kabinettsumbildung

Die „politische Bindung", der der italienische Ministerpräsident bei der Ausübung des in Art. 92 Cost. verankerten Kabinettsbildungsrechts faktisch unterworfen ist, bestimmt regelmäßig auch das Verfahren des „rimpasto ministeriale"[623], der Kabinettsumbildung nach dem Amtsantritt der Regierung. Erklärt ein Minister während der Legislaturperiode seinen Rücktritt, oder verlassen sogar mehrere Kabinettsmitglieder gleichzeitig die Regierungsmannschaft, so soll zwar der Regierungschef grundsätzlich mit der umgehenden Ersetzung der ausgeschiedenen Regierungsmitglieder im Sinne des Art. 92 Cost. reagieren können. Nach der personellen Umbildung stellt sich aber die Frage, ob das zwischen

---

621 Herzog, in Maunz/Dürig, Art. 65, Rdnr. 41. Daß bereits in der Koalitionsvereinbarung die Namen von künftigen Regierungsmitgliedern angeführt werden, ist zwar „atypisch", aber auf Länderebene schon praktiziert worden (v.Münch, Koalitionsregierungen, S. 20, der als Beispiel die Koalitionsvereinbarungen in Hessen zwischen der SPD und den Grünen vom 8. 3. 1991 anführt).

622 Beispielhaft für die persönliche Dominanz eines Bundeskanzlers dürfte die Kanzlerschaft Helmut Kohls sein, dem als Partei- und Fraktionsvorsitzendem der CDU und mit vier gewonnenen Bundestagswahlen „im Rücken" eine starke Machtstellung innerhalb der Partei bzw. Fraktion auch bei der Rekrutierung seiner Kabinettsekollegen attestiert wurde. Siehe dazu auch die Analyse Kaltefleiters, ZParl 27 (1996), S. 27 ff.. Als glücklos muß hingegen der Versuch von Bundeskanzler Gerhard Schröder gewertet werden, im Rahmen der Regierungsbildung im Herbst 1998 mit dem Unternehmer Jost Stollmann einen parteilosen Experten als Wirtschaftsminister gegen den massiven Widerstand seiner Partei durchzusetzen: Nach zahllosen Attacken von Seiten der SPD und der Gewerkschaften verzichtete Schröders „Protegé" schließlich auf das Regierungsamt.

623 Nach Paladin (Diritto costituzionale, S. 398) wird der Begriff „rimpasto" als die „Ersetzung eines oder mehrerer Minister" definiert, die nicht gleichzeitig auch den Rücktritt der gesamten Regierung provoziert.

Parlament und der Regierung „in ihrer alten Besetzung" durch das Vertrauensvotum des Art. 94 Cost. begründete Vertrauensverhältnis weiterhin intakt ist und als Basis für den Verbleib der Regierung im Amt ausreicht oder ob die Regierung zum Rücktritt verpflichtet sein soll[624]. Weite Teile der Staatsrechtslehre[625] begegnen diesem Problem zwar äußerst pragmatisch und diskutieren den Rücktritt des Kabinetts und die Erneuerung des parlamentarischen Vertrauensvotums zugunsten der umgebildeten Regierung von vornherein nur bei politisch motivierten Umstrukturierungen, mithin dann, wenn der Regierungsumbildung der politische Dissens einzelner Regierungsmitglieder mit der Regierungspolitik zugrundeliegt; Maßstab soll darüber hinaus sein, ob sich durch die personelle Neubesetzung entweder die Zusammensetzung der Regierungskoalition oder „die politische Formel" der Exekutivspitze verändert hat[626]. Dennoch zeigt die in diesem Zusammenhang vielfach vertretene Ansicht, die neugebildete Regierung könne sich nur dann auf das ursprüngliche Vertrauensvotum des Parlaments berufen, wenn die „Kontinuität" des umstrukturierten Kabinetts durch den expliziten „Konsens" der an der ursprünglichen Regierungsbildung beteiligten Parteien gewährleistet werde[627], daß der italienische Ministerpräsident bei der Zusammenstellung seiner Regierungmannschaft nicht autonom agieren kann. Diese Schlußfolgerung bestätigt auch der Blick auf die italienische Regierungspraxis[628]. So war in den vergangenen Jahren die Neubesetzung einzelner Regierungsposten – jedenfalls soweit diese auf politischen Divergenzen zwischen dem ausgeschiedenen Kabinettsmitglied und der übrigen Regierung beruhte – stets

---

[624] Diese Frage stellte sich etwa im Zuge der Kabinettsumbildung unter Ministerpräsident Tambroni im März 1960 (bei Paladin, Diritto costituzionale, S. 398 f.). Dieser hatte seinen Rücktritt erklärt, nachdem seine Regierung die obligatorische Vertrauensabstimmung gem. Art. 94 III Cost. in der Abgeordnetenkammer nur mit den Stimmen der Neofaschisten hatte gewinnen können. Als Staatspräsident Gronchi sich aber weigerte, die Demission Tambronis anzunehmen und dieser daraufhin seinen Rücktritt zurückzog, traten aus Protest gegen das widersprüchliche Verhalten ihres Regierungschefs drei Minister zurück. In dieser Situation beschränkte sich Tambroni trotz zahlreicher Kritiker, die den Rücktritt der Regierung forderten, darauf, die ausgeschiedenen Kabinettsmitglieder zu ersetzen; mit seiner veränderten Mannschaft erhielt er daraufhin das ausstehende Vertrauensvotum des Senats.

[625] Paladin, Diritto costituzionale, S. 398; Carusi, in Comm. breve, Art. 94, S. 586; De Vergottini, Diritto costituzionale, S. 536; Merlini, in Manuale, S. 210.

[626] Kritisch dazu Galizia, in Enc. Dir. Bd. XI (1962), Stichwort: „Crisi di gabinetto", S. 387 f., für den das ursprüngliche Vertrauen in jedem Fall auch nach einer Regierungsumbildung „bestehen bleibt".

[627] So Villone, in Comm. Branca, Art. 94, S. 284; siehe auch Carducci, Quad. cost. 1991, S. 119 ff..

[628] Auch der Vergleich mit dem Verfahren der Kabinettsumbildung unter dem Grundgesetz zeigt, daß der deutsche Bundeskanzler eine ungleich machtvollere Position einnimmt. Nach seiner Wahl ist dieser im Rahmen des ihm zustehenden umfassenden Kabinettbildungsrechts befugt, auch während der laufenden Legislaturperiode die personelle Besetzung seines Kabinetts zu verändern, ohne daß diese Umstrukturierung einer erneuten Legitimation durch die Volksvertretung bedürfte. Mißbilligt allerdings das Parlament (mehrheitlich) die Umbildung des Kabinetts und/oder läuft diese dem politischen Willen des Koalitionspartners zuwider, so muß auch der Bundeskanzler damit rechnen, durch ein konstruktives Mißtrauensvotum gem. Art. 67 GG sein Amt zu verlieren.

Gegenstand einer Debatte im Plenum; Schlußpunkt dieser parlamentarischen Aussprache bildete regelmäßig die zur Abstimmung gestellte Resolution, der Regierung mit Blick auf die personelle Umstrukturierung das Vertrauen auszusprechen[629].

c) Das Institut des „individuellen Mißtrauensvotums"

Schließlich hat sich mit der sogenannten „mozione di sfiducia individuale" in der italienischen Verfassungspraxis noch ein weiterer Mechanismus etabliert, der den Einfluß der parlamentarischen Mehrheit auf die Kabinettsbildung verstärkt und dadurch das Kabinettsbildungsrecht des „Presidente del Consiglio" *de facto* beschneidet[630]. Das Institut des „individuellen Mißtrauensvotums" erlaubt es nämlich dem Parlament, einem einzelnen Minister das Mißtrauen auszusprechen und ihn dadurch aus der Regierungsmannschaft „hinauszuschießen"[631].
Die Verfassungsmäßigkeit der „sfiducia individuale", die ihre normative Quelle *expressis verbis* nur für die Abgeordnetenkammer in Art. 115 III R.C.[632] findet, wird allerdings in der italienischen Staatsrechtsdoktrin kontrovers diskutiert. Während ihre Befürworter darauf verweisen, daß die in Art. 95 II Cost. („Die Minister sind gemeinsam für die Amtshandlungen des Ministerrates und einzeln für die ihres Ressorts verantwortlich.") verankerte Verantwortlichkeit des einzelnen Ministers für sein Ressort nur dann zum Tragen komme, wenn das Parlament im Konfliktfall auch seine Ablösung herbeiführen könne, kann nach Ansicht der Gegner dieses Instituts die politische Verantwortlichkeit des einzelnen Ministers im Parlament nicht losgelöst vom Schicksal der Regierung gesehen werden. Gerade in dem Fall, in dem ein einzelner Minister von der Regierungslinie abweiche und sich durch sein Handeln in Widerspruch zur parlamentari-

---

[629] Merlini, in Manuale, S. 210. Gem. Art. 5 des Gesetzes Nr. 400/88 ist der Ministerpräsident verpflichtet, den Kammern jede Änderung in der Zusammensetzung der Regierungsmannschaft mitzuteilen.

[630] So auch Labriola, Rass. parl. 1995, S. 401.

[631] Das Institut des „individuellen Mißtrauensvotums" ist auch dem deutschen Verfassungsrecht nicht unbekannt: Art. 54 2 WRV begründete ausdrücklich die Rücktrittsverpflichtung jedes einzelnen Ministers, wenn der Reichstag ihm sein Vertrauen entzog.

[632] Hinsichtlich des Verfahrens verweist Art. 115 III R.C. auf die Bestimmungen zur „mozione di sfiducia", dem Mißtrauensvotum gegenüber der gesamten Regierung (Art. 115 I, II R.C., dazu unten, III, 1, S. 180 ff.) In der Geschäftsordnung des Senats fehlt eine entsprechende Regelung, es liegt hier lediglich eine Stellungnahme der „Giunta per il regolamento"(Geschäftsordnungsausschuß) vor. Diesem Gremium des Senats obliegt gem. Art. 18 III R.S. die Initiative oder die Prüfung jedes Änderungsvorschlags sowie die Stellungnahme zur Auslegung der Geschäftsordnung. Das Institut des „individuellen Mißtrauensvotums" ist daher im Senat lediglich gewohnheitsrechtlich verankert (vgl. Teresi, St. parl. e di pol. cost. 1996, S. 22).

schen Mehrheit setze, sei die Regierung als Ganzes und vor allem der Präsident des Ministerrates betroffen, der den betreffenden Minister in sein Kabinett aufgenommen habe und die ministeriellen Aktivitäten schließlich koordinieren müsse[633].

In seiner Entscheidung vom 18. Januar 1996[634] hat das italienische Verfassungsgericht die Verfassungsmäßigkeit der „sfiducia individuale" nunmehr ausdrücklich bestätigt und damit einen Schlußstrich unter den juristischen Disput um ihre Zulässigkeit gezogen. Im Mittelpunkt der rechtlichen Ausführungen steht dabei die Überzeugung des Gerichts, daß das individuelle Mißtrauensvotum dem parlamentarischen Regierungssystem – wie es die Artikel 92, 94 und 95 der italienischen Verfassung skizzieren – gleichsam „angeboren" ist. Dieses Regierungssystem basiere nämlich, so führt das Gericht weiter aus, auf einem Vertrauensverhältnis, das nicht nur die Regierung in ihrer Gesamtheit, sondern auch die einzelnen Minister an das Parlament binde. Vor diesem Hintergrund hält es die „Corte costituzionale" im Ergebnis für zulässig, daß Minister, die der Regierungspolitik zuwiderhandeln und dadurch das parlamentarische Vertrauensverhältnis zerstören, durch ein individuelles Mißtrauensvotum zum Rücktritt gezwungen werden[635].

In der Praxis haben sich allerdings die Beschränkungen, die das Institut des individuellen Mißtrauensvotums für das Kabinettbildungsrecht des italienischen Regierungschef entfaltet, als wenig relevant erwiesen[636]. Daß das italienische Parlament in der Vergangenheit von der Möglichkeit des individuellen Mißtrauensvotums nur sehr zurückhaltend Gebrauch gemacht hat, ist dabei im wesentlichen auf zwei Umstände zurückzuführen. Zum einen dürfte in aller Regel das Mißtrauensvotum gegen einen Minister auch am Regierungschef selbst nicht spurlos vorbeigehen, so daß der Bruch des individuellen Vertrauensverhältnisses

---

[633] Donati, Quad. cost. 1997, S. 367.

[634] Urteil Nr. 7/1996 (wiedergegeben von Merlini, in Manuale, S.209). Der Entscheidung lag die Klage des Justizministers Mancuso gegen das im Senat erfolgte Mißtrauensvotum gegen seine Person vom 19. 10. 1995 zugrunde.

[635] Nach Ansicht des Gerichts verpflichtet der Entzug des parlamentarischen Vertrauens den betreffenden Minister umgehend zum Rücktritt; kommt er dieser „Aufforderung" nicht nach, so ist der Ministerpräsident dennoch befugt, einen Nachfolger vorzuschlagen. In diesem Fall muß dann der Staatspräsident den Minister, der das Vertrauen des Parlaments verloren hat, seines Amtes entheben und den vom Regierungschef benannten Kandidaten ernennen. Nach einer teilweise in der Literatur vertretenen Meinung (Teresi, St. parl e di pol. cost. 1996, S. 29) führt das parlamentarische Mißtrauensvotum automatisch zur Entlassung des Ministers, ohne daß dieser ausdrücklich seinen Rücktritt erklären muß.

[636] Mit der „mozione di sfiducia individuale" gegen Justizminister Mancuso, die der Entscheidung Nr. 7/1996 der Corte costituzionale zugrundelag, hat erstmals ein Mißtrauensvotum Erfolg gehabt und zur Ablösung eines Ministers geführt.

leicht auch auf die Vertrauensbeziehung des Parlaments gegenüber der gesamten Regierung „durchschlägt" und letztlich eine Regierungskrise sehr wahrscheinlich macht. Darüber hinaus ist aber gerade vor dem Hintergrund der fragilen Natur italienischer Koalitionsregierungen davon auszugehen, daß die parlamentarische Mehrheit das individuelle Mißtrauensvotum auch im Hinblick auf den Koalitionszusammenhalt – wenn überhaupt – nur äußerst restriktiv und im Einvernehmen mit allen an der Regierungskoalition beteiligten Kräften einsetzen wird. Andernfalls läuft sie nämlich Gefahr, die Partei, der der in die Kritik geratene Minister angehört, vor den Kopf zu stoßen und damit äußerstenfalls den Bruch der Regierungskoalition, mithin den Verlust der Regierungsmacht herbeizuführen[637].

d) Der Stellenwert des Kabinettsbildungsrechts für die Regierbarkeit

Im Ergebnis bleibt festzuhalten, daß das Kabinettsbildungsrecht, das die italienische Verfassung ebenso wie das bundesdeutsche Grundgesetz dem Regierungschef zubilligen, in einem parlamentarischen Regierungssystem nie uneingeschränkt umzusetzen sein wird. Seine natürliche Grenze findet es regelmäßig dort, wo die numerische Notwendigkeit, eine Koalitionsregierung zu bilden, die Berücksichtigung auch der personellen Vorstellungen der Koalitionspartner und damit letztlich der politischen Parteien gebietet. Einigkeit besteht innerhalb der italienischen wie der deutschen Staatsrechtslehre darüber, daß diese systemimmanente Einflußnahme der politischen Parteien auf die Regierungsbildung nicht *contra legem* erfolgt. So wird insbesondere auf italienischer Seite darauf hingewiesen, daß die Verfassung in Art. 92 II nur den „Vorschlag" des Ministerpräsidenten gegenüber dem Staatspräsidenten ausdrücklich erwähnt, das Verfahren im Vorfeld der Regierungsbildung jedoch bewußt offenläßt, um auch durch personelle Absprachen zwischen den Koalitionspartnern den Zusammenhalt der späteren Regierung gewährleisten zu können[638]. Daß der Einfluß der Parteien auf die Regierungsbildung im italienischen Verfassungsalltag anders als in der parlamentarischen Praxis der Bundesrepublik letztlich gravierende Probleme für die Regierbarkeit mit sich gebracht hat und überwiegend als stabilitätsgefährdend eingeschätzt wird, liegt vor allem in den schwierigen Mehrheitsverhältnis-

---

[637] Sollte die geplante Verfassungsreform Erfolg haben, so verbietet sich in Zukunft das individuelle Mißtrauensvotum: Art. 76 I des Entwurfes (bzw. Art. 74 der geänderten Fassung) schließt die „sfiducia individuale" ausdrücklich aus.

[638] Siehe etwa die Ausführungen von Capotosti, in Enc. Dir. Bd. XXXV (1986), Stichwort: „Presidente del Consiglio", S. 142 f..

sen und der traditionell hegemonialen Parteienstruktur Italiens („partitocrazia") begründet; beide Tatbestände haben maßgeblich mit dazu beigetragen, daß die politischen Parteien Italiens bei personalpolitischen Entscheidungen innerhalb der Regierung ein ungleich größeres Mitspracherecht beanspruchen, als dies in Deutschland der Fall ist.
Im folgenden Abschnitt soll darüber hinaus aufgezeigt werden, daß vor allem die schwache Stellung des italienischen Ministerpräsidenten im Verhältnis zu seinem Kabinett auch über die Phase der Regierungsbildung hinaus einer Entwicklung Vorschub geleistet hat, in der der Begriff „Regierungspolitik" häufig ein Synonym für „Parteipolitik" war und in der zentrale, oftmals richtungsweisende Entscheidungen über den politischen Erfolg oder Mißerfolg einer italienischen Regierung in den Parteizentralen des Landes getroffen wurden.

2. Die politische Führung im System der italienischen Verfassung

In der italienischen Staatsrechtslehre werden die Kompetenzen des Präsidenten des Ministerrates bei der Gestaltung der Regierungpolitik seit Inkrafttreten der Verfassung kontrovers diskutiert. Ebenso ist umstritten, welche Befugnisse im einzelnen von den Ministern wahrzunehmen sind und welche dem Ministerrat vorbehalten bleiben. Im Kern der wissenschaftlichen Auseinandersetzung steht dabei Art. 95 I Cost., der die Aufgaben des „Presidente del Consiglio" im Verhältnis zu seinen Ministern wie folgt beschreibt: „Der Präsident des Ministerrates leitet die Politik der Regierung ('politica generale') und ist für sie verantwortlich. Er sorgt für die einheitliche Führung von Politik und Verwaltung ('l'indirizzo politico[639] ed amministrativo'), indem er die Amtstätigkeit der Minister fördert und koordiniert". Im Zusammenspiel mit Art. 92 I Cost. greift die italienische Verfassung damit drei grundsätzliche Prinzipien zur Kompetenz-

[639] In der von der Verf. benutzten Übersetzung der italienischen Verfassung („Die Verfassungen der EG-Mitgliedstaaten") werden die Begriffe „politica generale" und „indirizzo politico" einheitlich mit dem deutschen Terminus „Politik" wiedergegeben. Dabei geht jedoch die besondere Bedeutung, die dem „indirizzo politico" in der italienischen Staatsrechtslehre beigemessen wird, verloren. Das „indirizzo politico" einer Regierung, das treffender wohl mit „gesamtpolitischer Ausrichtung" übersetzt werden sollte, beinhaltet zunächst die Bestimmung der Ziele staatlichen Handelns; in einem zweiten Schritt umfaßt es auch die Schaffung der organisatorischen Struktur, um diesen politischen Willen umsetzen zu können (so Martines, Diritto pubblico, S. 265 f.). Sein Inhalt wird bestimmt durch das politische Programm der Regierung; zum „indirizzo politico" wird das Regierungsprogramm aber erst durch die „mozione di fiducia" des Art. 94 III Cost., mit der das Parlament der Regierung auf der Grundlage ihres Programms das Vertrauen ausspricht. In der Praxis manifestiert sich demnach die „politische Ausrichtung" in den „Akten, die sich auf die programmatischen Grundsatzentscheidungen der Regierung beziehen" (De Vergottini, Diritto costituzionale, S. 549).

struktur der Regierung auf, indem sie das Kollegialprinzip neben die Ressortzuständigkeit der einzelnen Minister und die „Leitungsbefugnis" des Ministerpräsidenten stellt.
Die recht vage Formulierung des Art. 95 I Cost. bietet allerdings, so wird kritisiert, weniger „die präzise und abschließende Aufzählung der kollegialen und individuellen Kompetenzen innerhalb der Regierung, sondern schafft allenfalls die Voraussetzungen für ihre spätere Definition"[640]. Der Verfassungstext läßt insoweit offen, in welchem Verhältnis die genannten Prinzipien stehen und welche Kompetenzen von den Regierungsorganen im einzelnen wahrzunehmen sind. Daß der Gesetzgeber erst 1988 mit dem Gesetz Nr. 400 ein Ausführungsgesetz nach Maßgabe des Art. 95 III Cost.[641] erlassen hat, welches die lückenhaften verfassungsrechtlichen Bestimmungen präzisieren sollte[642], hat sicherlich mit dazu beigetragen, daß mit dem „modello monocratico" und der vermittelnden Lehre der h.A. in der staatsrechtlichen Literatur zwei völlig unterschiedliche Interpretationsansätze zur Kompetenzstruktur der italienischen Regierung vorliegen[643].

a) Das „modello monocratico" im italienischen Regierungsgefüge

Nach einer älteren Auffassung, die unter anderem von MORTATI vertreten worden ist[644], hat mit der Vorschrift des Art. 95 Cost. das „monokratische Modell" („modello monocratico")[645] Eingang in die italienische Verfassung gefun-

[640] Carusi, in Comm. breve, Art. 95, S. 588.
[641] Das genannte Gesetz konkretisiert aber nicht nur die Vorschrift des Art. 95, sondern wird auch zur Auslegung der Art. 71, 72, 76, 77 und 87 Cost. herangezogen (Carusi, in Comm. breve, Art. 95, S. 591).
[642] Vor Erlaß des Gesetzes oblag die Ausgestaltung der in Art. 95 Cost. nur unzureichend vorgenommenen Aufgabenverteilung innerhalb der italienischen Regierung der Verfassungspraxis, die zur Bestimmung der Kompetenzstruktur teilweise auch auf vorkonstitutionelle Dekrete aus den Jahren 1901 und 1925 (siehe dazu im einzelnen Fn. 647 (S. 159)) zurückgegriffen hat.
[643] Eine dritte Meinung (Ruggeri, Consiglio dei ministri, S. 25 ff., 254 ff., 336 ff.), die in Art. 95 ausschließlich das Kollegialprinzip („principio collegiale") verwirklicht sieht und eine funktionale Identität zwischen „Regierung" und „Ministerrat" annimmt, läuft bereits dem Wortlaut der Vorschrift zuwider und ist daher abzulehnen. Die Formulierung „Der Präsident des Ministerrates leitet die Politik der Regierung..." läßt nämlich erkennen, daß dem Regierungschef im Verhältnis zum Ministerrat jedenfalls ein „Leitungsrecht" zustehen soll und damit die Verwirklichung des reinen Kollegialprinzips innerhalb der Regierung ausscheiden muß.
[644] Mortati, Istituzioni Bd. 1, S. 522 ff.; w.N. bei Ciarlo, in Comm. Branca, Art. 95, S. 353, Fn. 25.
[645] In der deutschen Verfassungsgeschichte hatte die Reichsverfassung von 1871 eine rein monokratische Regierungsspitze vorgesehen; in diesem System war der Reichskanzler befugt, jede Amtshandlung selbst vorzunehmen oder anzuordnen. Die übrigen Regierungsmitglieder, die einem Ressort (Reichsamt) vorstanden, waren lediglich seine Stellvertreter und Gehilfen und führten die Bezeichnung Staatssekretär (Stern, StaatsR Bd. II, S. 275).

den. Der Präsident des Ministerrates nimmt nach dieser Ansicht eine deutlich herausgehobene Stellung im Regierungsgefüge ein und entspricht daher im Verhältnis zu seinen Ministern eher einem „Primo ministro" oder „Capo del Governo". Im einzelnen soll der Präsident des Ministerrates befugt sein, unabhängig vom Ministerrat die Grundlagen der Regierungspolitik zu gestalten und dadurch das staatliche Handeln in seinen Grundzügen zu bestimmen. Als Basis für die starke Machtposition des Regierungschefs wird dabei zunächst sein Kabinettsbildungsrecht gesehen, das es ihm erlaube, im Zuge der Regierungsbildung (nur) die Minister auszuwählen, die zur Umsetzung seines politischen Programmes bereit seien; dadurch entstehe ein Verhältnis der Über- beziehungsweise Unterordnung zwischen dem Ministerpräsidenten und seinen Ministern, das konsequenterweise den Regierungschef allein auch gegenüber dem Ministerrat zum „interprete autentico dell'indirizzo governativo"[646] befähige. Folgerichtig gesteht die monokratische Auffassung dem Präsidenten des Ministerrates nicht nur das Recht zu, die Umsetzung seiner Vorgaben in den einzelnen Ressorts durch verbindliche Richtlinien zu fördern und zu koordinieren, sondern auch Kontroversen, die zwischen den einzelnen Ministerien im Hinblick auf die Ausführung der Regierungspolitik entstehen, zu schlichten. Da die herausgehobene Position des Regierungschefs ohne eine wirkungsvolle Sanktion gegenüber seinen Ministern für den Konfliktfall leerliefe, verfügt der Ministerpräsident nach dieser Auffassung schließlich über das sogenannte „potere di revoca", das ihm die Möglichkeit gibt, Kabinettsmitglieder, die von der Regierungslinie abweichen, jederzeit zu entlassen.

Diese eindeutige Vormachtstellung des Regierungschefs wird von der heute herrschenden Ansicht innerhalb der italienischen Staatsrechtslehre allerdings entschieden abgelehnt. Sie beruft sich dabei zunächst auf die historische Genese des Art. 95 Cost., dessen Konzeption in der verfassungsgebenden Versammlung lebhaft umstritten war. Im einzelnen wird darauf verwiesen, daß die Costituente unter dem Eindruck der faschistischen Diktatur bestrebt war, das künftige Regierungssystem Italiens eher dem „principio collegiale" anzugleichen, wie es sich zu Zeiten des Statuto Albertino unter den Regierungsmitgliedern etabliert hatte[647], als die autoritären Strukturen eines „Governo del duce"[648] wiederaufle-

[646] Das Zitat („zum wahren Übersetzer der politischen Ausrichtung der Regierung") stammt von Paladin (in Enc. Dir. Bd. XIX (1970), Stichwort: „Governo italiano", S. 692), der einen monokratischen Interpretationsansatz des Art. 95 Cost. allerdings selbst ablehnt.

[647] Dies gilt vor allem für die ersten Jahre des Statuto Albertino, in denen sich seine Geltung auf das Königreich Sardinien beschränkte. Die Befugnis des Ministerrates, die Regierungspolitik zu bestimmen, wurde im Jahr 1850 erstmals auch in einem königlichen Dekret, dem sogenannten „decreto d'Azeglio", festgeschrieben. In die gleiche Richtung ging auch ein weiteres königliches Dekret aus dem Jahr 1901 („decreto Zanardelli"), das ebenfalls die kollegiale Orientierung der Regierung heraus-

ben zu lassen. In der zweiten Unterkommission der Costituente, der die Ausarbeitung des Art. 95 Cost. oblag, hatte sich – so wird betont – daher die große Mehrheit ihrer Mitglieder gegen einen übermäßig starken Regierungschef ausgesprochen, der wie zu Zeiten der faschistischen Diktatur die Minister zu Komparsen seiner Regierungsgeschäfte degradieren konnte[649]. Die ablehnende Haltung der Costituente gegenüber einem „starken Mann" an der Spitze der Regierung wird nach h.A. schließlich auch dadurch belegt, daß im Zuge der Beratungen die weitaus „stärkere" Bezeichnung eines „Primo ministro" für das Amt des Regierungschefs bewußt durch die schwächere Variante des „Presidente del Consiglio" ersetzt worden sei[650].

Ein besonders schlagkräftiges Argument, das von der herrschenden Staatsrechtslehre gegen ein monokratisches Verständnis der italienischen Regierungsstruktur angeführt wird, liegt schließlich in dem mangelnden Bezug dieses Konzepts zur politischen Realität Italiens. Da sich die italienischen Regierungen seit Gründung der Republik auf zumeist komplexe Vielparteienkoalitionen stützen mußten, war und ist der italienische Ministerpräsident in der Verfassungspraxis in besonderem Maße sowohl bei der Gestaltung des Regierungsprogrammes als auch bei der Zusammenstellung seiner Regierungsmannschaft von den Vorgaben der Koalitionsparteien abhängig[651]. Ein Verhältnis der Über- und Unterordnung, wie es die monokratische Konzeption des höchsten Regierungsamtes in der Verfassungstheorie voraussetzt, wird aber gegenüber Ministern, die – bei entsprechend knapper Regierungsmehrheit – im Einzelfall allein durch den Entzug ihrer Unterstützung über „Wohl und Wehe" des gesamten Kabinetts entscheiden können, zur Illusion[652]. Gleiches gilt für das von der monokratischen

---

stellte. Zur Entwicklung der Regierungsstruktur unter dem Statuto Albertino siehe Merlini, in Manuale, S. 178 ff.; v.Beyme, Italien, S. 52 f..

648 Zur Terminologie siehe bereits oben, Erstes Kapitel, B, S. 10. Die Machtposition des Regierungschefs während der faschistischen Ära gründete sich auf das faschistische Dekret vom 24. Dezember 1925, das dem Ministerpräsidenten umfangreiche Kompetenzen zuwies und ihm darüber hinaus den Titel „Capo del governo, primo segretario di stato" verlieh (v.Beyme, Italien, S. 53). Einen ausführlichen Einblick in die Struktur der italienischen Regierung im Faschismus ermöglicht im übrigen Merlini, in Manuale, S. 182 ff..

649 Die kontroverse Diskussion in der verfassungsgebenden Versammlung über Stellung und Kompetenzen des Regierungschefs geben Ciarlo (in Comm. Branca, Art. 95, S. 344 ff.) und Carusi (in Comm. Breve, Art. 95, S. 587 f.) wieder.

650 Im aktuellen Verfassungsentwurf hat man sich hingegen wieder für die Bezeichnung eines „Primo ministro" entschieden (vgl. Art. 76 ff. des Entwurfes, bzw. Art. 74 ff. des geänderten Entwurfes).

651 Der Widerspruch zur politischen Realität Italiens wird von den Verfechtern des monokratischen Modells zwar erkannt, aber im Ergebnis als „Degeneration" der verfassungsrechtlichen Vorgaben gewertet (vgl. Paladin, in Enc. Dir. Bd.XIX (1970), Stichwort: „Governo italiano", S. 693).

652 Die besondere Bedeutung, die den politischen Parteien in einem parlamentarischen Vielparteiensystem auch für die Regierungsstruktur zukommt, ist von der Costituente weitgehend übersehen worden (so Ciarlo, in Comm. Branca, Art. 95, S. 346).

Auffassung postulierte Recht des Ministerpräsidenten, die Eckwerte der Regierungspolitik unabhängig vom Ministerrat beziehungsweise den einzelnen Ministern festzulegen und sie gegebenenfalls auch gegen ihren erklärten Widerstand durchzusetzen. In einer Situation, in der *de facto* die politischen Parteien den Handlungsspielraum der Regierung bestimmen, bleibt das politische Gestaltungsrecht des Regierungschefs im Ergebnis zwangsläufig marginal, zumal den Parteien mit der Drohung, die Koalition zu verlassen und dadurch eine Regierungskrise herbeizuführen, jederzeit ein sehr effizientes Druckmittel gegenüber einem allzu souveränen Ministerpräsidenten zur Verfügung steht.

b) Die vermittelnde Ansicht der h. L.

Die heute herrschende Ansicht hat in der Auseinandersetzung um die Stellung des italienischen Ministerpräsidenten im Regierungsgefüge einen vermittelnden Weg zwischen dem reinen Kollegialprinzip des Statuto Albertino und einer streng monokratischen Regierungsstruktur beschritten[653]. Zentrales Entscheidungsorgan der Regierung ist nach dieser Auffassung der Ministerrat, dessen Tätigkeit allerdings im Sinne des monokratischen Prinzips vom Ministerpräsidenten koordiniert und geleitet wird. Diese Gewichtung, die den Ministerrat zum „Motor der Regierungspolitik" werden läßt, ist nunmehr in Art. 2 des Ausführungsgesetzes zu Art. 95 Cost (Gesetz Nr. 400/1988)[654] unter dem Titel „Attribuzioni del Consiglio dei ministri" („Kompetenzen des Ministerrates") auch vom italienischen Gesetzgeber aufgegriffen worden.
Neben der Entscheidungskompetenz des Ministerrates beziehungsweise dem Direktionsrecht seines Präsidenten bildet Art. 95 II Cost. die Grundlage für die Ressortkompetenzen der einzelnen Minister, die in der Praxis in Abhängigkeit von den aktuellen politischen Kräfteverhältnissen innerhalb der Regierung faktisch mal stärker, mal schwächer auf die Entscheidungskompetenzen der übrigen Regierungsorgane einwirken.

Die vermittelnde Ansicht, die auf der Entscheidungsebene das Kollegialprinzip in den Vordergrund stellt und die monokratische Sichtweise allein im „potere di direzione", dem „Leitungsrecht" des Regierungschefs verwirklicht sieht, stützt sich dabei zunächst auf den Wortlaut und die grammatische Interpretation des

---

[653] Siehe etwa Labriola, Commento, S. 50; Paladin, in Enc. Dir. Bd. XIX (1970), Stichwort: „Governo italiano", S. 692 ff.; Pitruzella, in Comm. Branca, Art. 92- 93, S. 122; Merlini, in Manuale, S. 212.
[654] Gesetz vom 23. August 1988, verkündet in der „Gazzetta ufficiale" vom 12. 9. 1988, Nr. 214, S. 3 ff..

Art. 95 I 1 Cost.. Nach dieser Vorschrift leitet der Präsident des Ministerrates die Politik der Regierung und ist für sie parlamentarisch „verantwortlich". Seine „Verantwortlichkeit" gegenüber dem Parlament bezieht sich jedoch nach Überzeugung der herrschenden Lehre nicht auf den Terminus der „politica generale"[655], sondern nur auf die Leitungsfunktion an sich; dies ergebe sich schon aus der syntaktischen Verbindung von „politica generale" und „Governo", die auch im Hinblick auf ihre inhaltliche Gestaltung die „Regierungspolitik" der Regierung als Kollegialorgan, nicht aber dem Präsidenten des Ministerrates zuordne. Inhaltlich bestimmt wird die Regierungspolitik – so die h.A. – daher vom Ministerrat; dem italienischen Ministerpräsidenten kommt dabei ausschließlich eine Leitungsfunktion (Art. 95 I 1 Cost., „..dirige..") zu. Auch im Hinblick auf die politische Ausrichtung der Regierungspolitik, das sogenannte „indirizzo politico"[656] hat der Regierungschef im Sinne der vermittelnden Ansicht bereits nach dem Wortlaut der Verfassung kein autonomes Gestaltungsrecht, sondern gewährleistet insoweit lediglich die Einheitlichkeit von Politik und Verwaltung, indem er die Tätigkeit der einzelnen Minister koordiniert und fördert (Art. 95 I 2 Cost.).

Dreh- und Angelpunkt für die Gewichtung zwischen monokratischem Prinzip und Kollegialprinzip im Sinne der herrschenden Lehre ist jedoch die von der Verfassung vorgegebene Stellung des Ministerpräsidenten beziehungsweise des Ministerrates innerhalb des parlamentarischen Regierungssystem Italiens, die bereits zu Beginn dieses Kapitels angesprochen worden ist[657]. Anders als im bundesrepublikanischen Parlamentarismus, in dem der Regierungschef durch seine Wahl im Bundestag zum alleinigen Adressaten des parlamentarischen Vertrauens wird, verlangt Art. 94 I Cost. ein Vertrauensvotum beider Kammern zugunsten „der Regierung"[658]. Im Vergleich mit den Vorschriften des Grundgesetzes, die den Bundeskanzler im Verhältnis zu den übrigen Regierungsmitgliedern zum „Mittler" des parlamentarischen Vertrauens werden lassen, liegt es auf

[655] Zur Begrifflichkeit bzw. zur Abgrenzung von „politica generale" und „indirizzo politico" (siehe Fn. 639 (S. 157)) existieren in der italienischen Staatsrechtslehre unterschiedliche Definitionsansätze, die sich im wesentlichen lediglich terminologisch, teilweise auch inhaltlich unterscheiden. Nach der wohl h.A., der sich die Verf. anschließt, bezeichnet das „indirizzo politico" die Festlegung der Ziele staatlichen Handelns, das heißt die programmatische Ausrichtung der Regierung, die auf der Grundlage der Regierungserklärung durch das Vertrauensvotum der Kammern begründet wird; konkretisiert wird diese politische Ausrichtung dann durch die Ausführung der programmatischen Grundentscheidungen, eben durch die „politica generale" (so auch Carusi, in Comm. breve, Art. 95, S. 589; mit der Begrifflichkeit beschäftigt sich ausführlich Ciarlo, in Comm. Branca, Art. 95, S. 333).

[656] Zur Definition dieses Begriffes siehe vorstehende Fußnote.

[657] Siehe unter II, S. 138; vgl. im übrigen De Vergottini, Diritto costituzionale, S. 525.

[658] Parallel dazu erfolgt auch der Entzug des gewährten Vertrauens im Wege des Mißtrauensvotums (Art. 94 II, V Cost.) gegenüber dem gesamten Kabinett.

der Hand, daß die eindeutige Legitimation des Kollegialorgans die Stellung des italienischen Regierungschefs ungleich schwächer erscheinen läßt. Während der deutsche Bundeskanzler – und nicht das gesamte Kabinett – in seiner Amtsführung vom Vertrauen des Bundestages abhängt und insoweit allein der parlamentarischen Kontrolle unterworfen ist[659], stellt Art. 94 I der italienischen Verfassung im Rahmen des parlamentarischen Vertrauensverhältnisses die übrigen Regierungsmitglieder dem Ministerpräsidenten gleich; auch das „Leitungsrecht" des Regierungschefs aus Art. 95 I 1 Cost. vermag vor diesem Hintergrund nicht die Position eines „primus supra partes" zu begründen, sondern läßt ihn im Umgang mit seinen Ministern allenfalls zum „primus inter pares" werden[660].

c) Das italienische Regierungsgefüge in der Verfassungspraxis

Mit dem Kollegialprinzip, dem monokratischen Prinzip und dem Ressortprinzip enthält die italienische Verfassung zwar ebenso wie Art. 65 GG „eine Kombination der drei überkommenen Organisationsprinzipien der Kabinettsverfassung"[661]; indem die herrschende Staatsrechtslehre den Ministerrat als zentrales Entscheidungsorgan der staatspolitischen Führung begreift, stellt sie allerdings das Kollegialprinzip in den Mittelpunkt des Regierungshandelns. Damit weicht die Kompetenzverteilung innerhalb der italienischen Regierung in einem zen-

---

[659] Auch die übrigen Regierungsmitglieder sind aber der Kontrolle des Bundestages nicht entzogen; dies zeigt schon die Formulierung des Art. 65 2 GG, wonach die Bundesminister ihren Geschäftsbereich „unter eigener Verantwortung" leiten. Es handelt sich aber insoweit nur um eine abgeschwächte parlamentarische Verantwortung, die sich etwa in der Möglichkeit äußert, einen Minister in den Sitzungen der Bundestages zur Rede zu stellen (Art. 43 I GG) oder aber seine Politik zum Gegenstand eines Untersuchungsausshusses werden zu lassen (Art. 44 I GG). Daß die Verantwortung der Minister aber in erster Linie gegenüber dem Regierungschef besteht, ergibt ein Vergleich mit dem System der Ministerverantwortung nach der Weimarer Verfassung. Dabei kann die Streichung der Formulierung „gegenüber dem Reichstag", die in Art. 56 2 WRV im Gegensatz zu der ansonsten gleichlautenden Vorschrift des Art. 65 2 GG noch vorhanden war, als Indiz für die durchgreifende Änderung im System der parlamentarischen Verantwortlichkeit gelten, die der parlamentarische Rat im Verhältnis zur Weimarer Verfassung vornahm. Während gem. Art. 54 2 WRV jeder Reichsminister vom Vertrauen des Reichstages abhing und daher zurücktreten mußte, wenn ihm der Reichstag sein Vertrauen ausdrücklich entzog, besteht dieses Recht nach dem Grundgesetz nicht mehr. Neben den oben angedeuteten abgeschwächten Kontrollrechten, kann der Bundestag heute einen Minister nur noch dann aus dem Amt hebeln, wenn er den Bundeskanzler und damit die gesamte Regierung zu Fall bringt (zum Ganzen ausführlich Herzog, in Maunz/Dürig, Art. 65, Rdnr. 63 ff).

[660] De Vergottini, Diritto costituzionale, S. 525. Mit Blick auf die Stellung des deutschen Bundeskanzlers mutmaßt Glum (in FS-Kaufmann, S. 51), daß die Konstruktion des GG, wonach allein der Bundeskanzler die Verantwortung vor dem Bundestag trägt, darauf hinweist, „daß man, wahrscheinlich gerade weil man sich der Schwäche von Koalitionskabinetten bewußt war, durch die alleinige Verantwortung des Bundeskanzlers für die gesamte Politik des Kabinetts die Einheitlichkeit der Politik der Regierung gegenüber dem Parlament betont wissen wollte".

tralen Punkt von der Konstruktion des Grundgesetzes ab, das dem in der Richtlinienkompetenz des Regierungschefs konkretisierten Kanzlerprinzip nicht nur die Eigenständigkeit und Selbständigkeit der ministeriellen Geschäftsbereiche (Ressortprinzip), sondern auch die Zuständigkeit des Kollegialorgans (Kollegialprinzip) unterordnet[662]. Die Befugnis, die Richtlinien der Politik zu bestimmen, wie sie Art. 65 GG dem deutschen Bundeskanzler verleiht, kann der italienische Regierungschef damit nicht vorweisen; die – um mit dem Terminus der deutschen Staatsrechtslehre zu sprechen – „Richtlinienkompetenz" steht nach h.A. allein dem Ministerrat zu.
Mit dieser grundlegenden Entscheidung, einem Kollegialorgan die zentrale Rolle bei der Gestaltung der Regierungspolitik zu übertragen, hat sich die italienische Verfassung aber auf gefährliches Terrain vorgewagt. Denn mit Recht wird heute bezweifelt, daß die komplexen Aufgabenstellungen in einem modernen Staat „von politischen Leitungsgremien erfüllt werden können, die nach dem Prinzip kollegialer Beratung organisiert sind", und in denen der Regierungschef „nur die Stellung eines primus inter pares" hat[663]: „Die gewaltig angewachsenen Staatsaufgaben können", so konstatiert etwa HENNIS, „je mehr sie wachsen, um so weniger eine neben der anderen, sauber nach Ressorts aufgeteilt bewältigt werden, sondern bedürfen mehr und mehr der Koordination, der Zusammenfassung an einem Ort"[664]. Vor diesem Hintergrund wird die Fähigkeit des italienischen Regierungschefs, die Arbeit des Kollegialorgans zu lenken und zu koordinieren, zum Maßstab einer erfolgreichen Regierungspolitik und stabiler Regierungen.
Auch wenn in der deutschen Literatur im einzelnen umstritten ist, inwieweit die in Art. 65 GG verankerte Richtlinienkompetenz die starke Stellung des deut-

---

[661] V.Mangoldt/Klein, Art. 65, II, 2, a (S. 1250).
[662] Nach Böckenförde (Organisationsgewalt, S. 173) wird die Richtlinienprärogative des Kanzlers „nicht von den Kompetenzen des Kollegiums begrenzt, sondern es findet umgekehrt das Recht des Kollegiums seine Grenze an der Richtlinienkompetenz des Kanzlers". Daß das Kollegialprinzip „zweitrangig" (Meyn, in v.Münch/Kunig., Art. 65, Rdnr. 2) ist, ergibt sich bereits aus dem Wortlaut des Art. 65 S. 3 GG, der die Zuständigkeit des Kollegialorgans nur für die Entscheidung von Meinungsverschiedenheiten zwischen den einzelnen Bundesministern vorsieht. Auch die Vorschrift des § 15 GOBReg, die die Beratung und Beschlußfassung des Kabinetts über alle Angelegenheiten von „allgemeiner innen- oder außenpolitischer, wirtschaftlicher, sozialer, finanzieller und kultureller Bedeutung" vorsieht, ändert an dieser Einschätzung nichts, da die Richtlinienkompetenz den Kabinettsbeschlüssen vorgeht (Meyn, in v.Münch/Kunig, Art. 65, Rdnr 16; Brockmeyer, in S-B/K, Art. 65, Rdnr. 6 m.w.N.).
[663] Hennis, Richtlinienkompetenz, S.10. Interessant sind in diesem Zusammenhang die Ausführungen von Hugo Preuss, „dem eigentlichen Vater der Weimarer Verfassung", der bereits Ende des vergangenen Jahrhunderts die Funktionalität eines Kollegialsystems bezweifelte und sich gegen die Übertragung des preußischen Kollegialsystems auf das Deutsche Reich aussprach (dazu ausführlich Eschenburg, DÖV 1954, S. 193 f.).
[664] Hennis, Richtlinienkompetenz, S.11.

schen Bundeskanzlers und damit letztlich auch die Stabilität der Regierungen unter dem Bonner Grundgesetz gefördert hat, fehlt es im umgekehrten Fall nicht an kritischen Stimmen, die die Instabilität des italienischen Regierungssystems auf die Vorgaben der Verfassung zur Rolle des Regierungschefs zurückführen wollen. Die folgenden Ausführungen sollen daher klären, inwieweit die sprichwörtliche „Führungsschwäche" des italienischen Ministerpräsidenten in der Verfassung „angelegt" ist; zu diesem Zweck werden die Befugnisse des italienischen Regierungschefs im Verhältnis zu anderen Staatsorganen sowie gegenüber dem Ministerrat einerseits und den einzelnen Regierungsmitgliedern andererseits kritisch beleuchtet.

aa) Das Recht der „Gesamtvertretung" im Außenverhältnis

Das Recht, die italienische Regierung im Außenverhältnis zu vertreten, steht dem Ministerpräsidenten zu; er allein ist befugt, den einheitlichen Willen des Kollegialorgans gegenüber anderen Staatsorganen zu vermitteln („rappresentanza esterna e generale")[665]. Besondere Bedeutung im italienischen Regierungsalltag hat diese Befugnis des Regierungschefs, die auch in Artikel 5 des Gesetzes Nr. 400/88 näher ausgeführt wird, vor allem für die Kommunikation der Regierung mit dem Parlament[666]. So obliegt es etwa dem Ministerpräsidenten, zu Beginn seiner Amtszeit den Kammern das Regierungsprogramm zu präsentieren und zu erläutern; ferner ist es seine Aufgabe, dem Parlament die initiale Zusammensetzung der Regierungsmannschaft sowie alle späteren Änderungen bei der Besetzung der Ministerposten mitzuteilen (Art. 5 I a Gesetz Nr. 400/88). Auch die Vorlage von Regierungsinitiativen im Plenum ist dem Regierungschef vorbehalten; das Recht der Regierung, die Rückübertragung eines bereits an einen gesetzgebenden Ausschuß übertragenen Gesetzentwurfes an die Kammer zu verlangen, kann dabei anstelle des Ministerpräsidenten auch ein zu

---

665 Carusi, in Comm. breve, Art. 95, S. 594; Paladin, Diritto costituzionale, S. 405.

666 Daneben nimmt der Ministerpräsident etwa gegenüber dem Verfassungsgerichtshof im Fall des Art. 127 IV Cost. die Interessen der Regierung wahr, wenn dieser ein von einem Regionalrat erlassenes Gesetz für verfassungswidrig i.S. des Art 127 III Cost. hält (Art. 5 f Gesetz Nr. 400/88). Im übrigen tritt der Regierungschef auch gegenüber dem Staatspräsidenten „im Namen der Regierung" (Art. 5 I Gesetz Nr. 400/88) auf und fungiert für den Bereich des Gesetzgebungsverfahrens gleichsam als „Verbindungmann", indem er etwa dem Staatsoberhaupt die Gesetze zur Vekündung bzw. sonstige Dekrete i.S. des Art. 77 I, II Cost. zum Erlaß vorlegt (Art. 5 I c Gesetz Nr. 400/88).

diesem Zweck von ihm ausdrücklich ermächtigtes Regierungsmitglied wahrnehmen (Art. 5 I e Gesetz Nr. 400/88)[667].

Aus diesem Kanon rein formalrechtlicher Vertretungskompetenzen sticht nach der wohl h.A.[668] das in Art. 5 I b i.V. mit Art. 2 II Gesetz Nr. 400/88 verbriefte Recht des Ministerpräsidenten, im Parlament die Vertrauensfrage zu stellen, deutlich hervor. Obgleich alle Maßnahmen, die das Vertrauensverhältnis zwischen Regierung und Volksvertretung betreffen, als politische Richtungsentscheidung grundsätzlich dem Ministerrat vorbehalten sind (vgl. Art. 2 I, III a Gesetz Nr. 400/88), verlangt Art. 2 II Gesetz Nr. 400/88 zur Initiative des Ministerpräsidenten, die Vertrauensfrage zu stellen, lediglich „l'assenso", d.h. die Zustimmung des Ministerrats. Für die h.L. unterstreicht diese Bestimmung das Recht des Regierungschefs, die Vertrauensfrage in Fällen extremer Dringlichkeit, auch ohne die vorherige Konsultation des Kollegialorgans einzusetzen[669]; die erforderliche Zustimmung des Ministerrates soll in diesem Fall zu einem späteren Zeitpunkt nachgeholt werden können.
Durch diesen Ansatz der herrschenden Staatsrechtslehre wird das Kollegialprinzip *de facto* punktuell durchbrochen und der Einfluß des Ministerpräsidenten – jedenfalls in der Verfassungstheorie – nachhaltig gestärkt[670]: Indem der Regierungschef eine parlamentarische Entscheidung im Alleingang zur Vertrauensabstimmung erklärt, wirft er gleichsam die politische Verantwortung des gesamten Kabinetts in die Waagschale, um zu einem von ihm gewählten Zeitpunkt ein Abstimmungsergebnis in seinem Sinne zu erreichen, obwohl die dem Parlament im Rahmen der Vertrauensabstimmung zur Entscheidung gestellte Sachfrage eigentlich in den Kompetenzbereich des Kollegialorgans fällt (vgl. Art. 2 III a Gesetz Nr. 400/88).

---

[667] Labriola (Commento, S. 90 f.) weist auf die besondere Tragweite dieser Vorschrift hin, die die Initiative, einen bestimmten, bereits an einen Ausschuß übertragenen Gesetzentwurf ins Plenum zurückzuführen, der Kompetenz des Ministerpräsidenten zuweist und eine Zustimmung des Ministerrates nicht vorschreibt: Damit stehe dem Regierungschef in der Praxis ein nicht unbeträchtlicher Einfluß auf den Fortgang des Gesetzgebungsverfahrens zu, da die Übertragung eines Gesetzesvorhabens an einen legeferierenden Ausschuß die Verabschiedung beschleunige, während das Projekt im normalen Verfahren häufig „versande".
[668] Carusi, in Comm. breve, Art. 95., S. 592 m.w.N.; Labriola, Commento, S. 58.
[669] Paladin, Diritto costituzionale, S. 405; Carusi, in Comm. breve, Art. 95, S. 592.
[670] Daß der Regierungschef in der Praxis gut beraten ist, auf „Alleingänge" zu verzichten, um den Koalitionszusammenhalt nicht zu gefährden, steht auf einem anderen Blatt. Mit dem Recht des Regierungschefs, die Vertrauensfrage zu stellen, beschäftigt sich ausführlich Capotosti, in Enc. Dir. Bd. XXXV (1986), Stichwort: „Presidente del Consiglio", S. 152.

bb) Die Kompetenzen des „Presidente del Consiglio" im Verhältnis zu Ministerrat und Ministern

Nach der vermittelnden Ansicht der h.L zu Art. 95 Cost. fungiert der italienische Ministerrat innerhalb des Regierungsgefüges als das Entscheidungsorgan schlechthin; ihm steht es zu, die Ausrichtung der zu gestaltenden Gesamtpolitik und die Grundzüge des Verwaltungshandelns der Regierung zu bestimmen[671]. Im Rahmen dieser programmatischen Vorgaben garantiert das in Art. 95 II Cost. verankerte Ressortprinzip den einzelnen Ministern die eigenverantwortliche Führung ihrer Fachbereiche. Durch die eindeutige Gewichtung der Kompetenzen zugunsten des Kollegialorgans werden gleichsam auch die Koordinaten für die Stellung des Ministerpräsidenten und der einzelnen Minister gebildet. Die Kompetenzstruktur innerhalb der Regierung, die in Art. 95 I Cost. lediglich fragmentarisch ausgeführt wird, läßt sich daher im einzelnen nur mit Blick auf die zentrale Rolle des Kollegialorgans erfassen.

Dessen Kompetenzen hat Art. 2[672] des Gesetzes Nr. 400/88 im Sinne der h.L. weiter konkretisiert. So obliegt gem. Art. 2 I 1 dem Ministerrat nunmehr auch nach dem ausdrücklichen Willen des Gesetzgebers die Gestaltung der „politica generale" der Regierung, mithin der Tätigkeiten der Exekutive, die der Ausführung der in der gesamtpolitischen Ausrichtung („l'indirizzo politico") der Regierung festgelegten Ziele dienen[673]; darunter fällt ebenfalls die Bestimmung der Grundzüge des gouvernalen Verwaltungshandelns soweit zu diesem Zweck erforderlich. Ferner soll das Kollegium berechtigt sein, alle Fragestellungen zu entscheiden, die sich auf die im Vertrauensvotum der Kammern gründende politische Ausrichtung der Regierung beziehen (Art. 2 I 1 a.E.)[674].

---

[671] Die Modalitäten der Entscheidungsfindung wählt in der Praxis der Ministerrat in Abhängigkeit von der politischen Bedeutung der betreffenden Sachfrage. Bei Tagesordnungspunkten von nachrangiger Bedeutung wird eine einfache Mehrheit für ausreichend erachtet; in anderen Fällen kann ein breiterer Konsens und/oder die Zustimmung des Ministerpräsidenten bis hin zur Einstimmigkeit der Entscheidung (etwa bei der Verabschiedung des Regierungsprogrammes) verlangt werden (Ciarlo, in Comm. Branca, Art. 95, S. 378).

[672] Art. 2 des Gesetzes Nr. 400/1988 lautet im italienischen Original wie folgt: „Il Consiglio dei ministri determina la politica generale del Governo e, ai fini dell'attuazione di essa, l'indirizzo generale dell'azione amministrativa; delibera altresì su ogni questione relativa all'indirizzo politico fissato dal rapporto fiduciario con le Camere. Dirime i conflitti di attribuzione tra i ministri."(„Der Ministerrat bestimmt die Politik der Regierung und, zum Zweck ihrer Ausführung, den allgemeinen Rahmen des Verwaltunghandelns; er entscheidet außerdem über jede Frage, die sich auf die durch das Vertrauensverhältnis mit den Kammern festgelegte politische Ausrichtung bezieht. Er schlichtet Kompetenzstreitigkeiten unter den Ministern.").

[673] Labriola, Commento, S. 55.

[674] Die in Satz 1 und 2 abstrakt gefaßten Kompetenzen des „Consiglio dei ministri" werden schließlich in Absatz 3 der Norm unter den Buchstaben a) – q) ausgeführt. Ausdrücklich erwähnt wird etwa die Entscheidungsbefugnis des Ministerrates über Erklärungen zur politischen Ausrichtung der Regierung

Diese allgemein gehaltene Zuständigkeit des Ministerrates wird in Absatz 3 ausgeführt; so sind dem „Consiglio dei ministri" alle Erklärungen, die sich auf die politische Ausrichtung der Regierung und ihre programmatischen Verpflichtungen beziehen ebenso zur Beschlußfassung vorzulegen, wie diejenigen Fragestellungen, zu denen die Regierung ein Vertrauensvotum des Parlaments verlangt (Art. 2 III a Gesetz Nr. 400/88). Für den Bereich der Gesetzgebung verfügt Absatz 3 darüber hinaus, daß das Kollegium über alle von der Regierung einzubringenden Gesetzentwürfe entscheidet beziehungsweise über die Vorschläge abstimmt, bereits eingebrachte Regierungsinitiativen wieder zurückzuziehen; daneben ist der Ministerrat aber auch allein entscheidungsbefugt, soweit die Regierung selbst rechtsetzend tätig wird[675].
Schließlich weist Art. 2 I 2 Gesetz Nr. 400/88 dem Ministerrat die Befugnis zu, Kompetenzkonflikte unter den einzelnen Ministern des Gremiums zu schlichten[676].

Im Spannungsfeld dieser „Allzuständigkeit" des Ministerrats auf der einen Seite und der in Art. 95 II 2 Cost. verankerten Ressortverantwortlichkeit der einzelnen Minister auf der anderen Seite hat Art. 95 I Cost. i.V. mit dem Gesetz Nr. 400/88 die Kompetenzen des italienischen Ministerpräsidenten angesiedelt. Dieser – bedient man sich der Terminologie der Verfassung – „leitet" die Umsetzung der Regierungspolitik („..dirige..", Art. 95 I 1 Cost), deren Inhalt zuvor durch die Entscheidungen des Kollegialorgans bestimmt worden ist. Im Rahmen dieses Leitungsrechts bewegt sich auch die politische Verantwortlichkeit des Regierungschefs: Gegenüber den Kammern ist er Garant dafür, daß die Regierung die zu Beginn der Legislaturperiode verfestigte politische Ausrichtung

---

und zu programmatischen Fragestellungen (a), über die Einbringung bzw. die Rücknahme bereits eingebrachter Gesetzentwürfe (b), über den Erlaß von gesetzesvertretenden Verordnungen i.S. des Art. 77 I, II Cost. (c).

675 Vgl. vorstehende Fußnote. Entsprechend der Vorschrift des Art. 2 III Gesetz Nr. 400/88 verfügt auch § 15 I a) GOBReg, daß die Gesetzentwürfe vom Kabinett zu beraten sind; ungeachtet dieser Bestimmung bildet aber allein der deutsche Bundeskanzler die „Spitze der Exekutive", so daß die Kanzlerrichtlinien auch den Maßstab für die Beratungen des Kabinetts vorgeben. In Koalitionsregierungen wird sich allerdings *de facto* auch in Deutschland die Geschäftsführung der Bundesregierung eher der kollegialen Regierungsweise annähern, um die Koordinierung und Abstimmung der unterschiedlichen Interessen innerhalb der Koalition zu gewährleisten (Badura, Staatsrecht, Kap. E, Rdnr. 89).

676 Parallel dazu bestimmt Art. 65 3 GG, daß „über Meinungsverschiedenheiten zwischen den Bundesministern" die Bundesregierung entscheidet. Unter diese Regelung fallen aber nur die Sachfragen, „die, ohne zum Gegenstand einer Richtlinie oder einer Entscheidung im Rahmen der Organisationsgewalt des Bundeskanzlers gemacht worden zu sein, ressortübergreifende oder -überschneidende Natur haben" (Meyn, in v.Münch/Kunig, Art. 65, Rdnr. 16; ebenso Böckenförde, Organisationsgewalt, S. 206).

wahrt[677]. In diesem Sinne ist es seine Aufgabe, „die Einheitlichkeit" der vom Ministerrat vorgegebenen politischen Ausrichtung der Regierung zu gewährleisten, indem er die Arbeit der einzelnen Regierungsmitglieder „fördert und koordiniert" (Art. 95 I 2)[678].

aaa) Das Leitungsrecht „im engeren Sinne"

Ausfluß des in Art. 95 I 1 Cost. verbrieften „potere di direzione" ist mit Blick auf die Sitzungen des Ministerrats zunächst das Leitungsrecht „im engeren Sinne". So ergibt sich etwa aus Art. 4 I Gesetz Nr. 400/88 das Recht des Ministerpräsidenten, den Sitzungsrhythmus festzulegen und die Tagesordnung für die einzelnen Zusammenkünfte des Kollegiums zu bestimmen. Tritt der Ministerrat zusammen, so obliegt dem Regierungschef zwar die Sitzungsleitung; weitere Vorrechte, etwa für die Ausübung des Stimmrechts innerhalb des Kollegiums[679], stehen ihm allerdings nicht zu.

Diese auf den ersten Blick rein verfahrensrechtlichen Bestimmungen begründen in der Praxis einen nicht unbeträchtlichen politischen Einfluß des Regierungschefs, der, wenn auch nicht den Inhalt der vom Ministerrat zu treffenden Entscheidungen, so doch wenigstens den Zeitplan der Entscheidungsfindung maßgeblich in seinem Sinne beeinflussen kann. Daß diese Art der Einflußnahme durch den Ministerpräsidenten in der Praxis allerdings eher genutzt wird, um die Regierungsaktivität zu „bremsen" anstatt sie zu beschleunigen, beklagt

[677] Martines, Diritto pubblico, S. 151.

[678] Organisatorisch stützt er sich dabei im wesentlichen auf das „Segretario generale della Presidenza del Consiglio dei ministri", das von seiner Aufgabenstruktur dem Bundeskanzleramt vergleichbar ist. Diese Stelle, die erst durch Art. 18 ff. Gesetz Nr. 400/88 geschaffen worden ist, beherbergt neben verschiedenen Koordinationsbüros (bspw. dem Büro zur Koordination der Gesetzesinitiativen und der Rechtsetzung oder dem Büro zur Koordinierung der Verwaltung) auch das Pressebüro der italienischen Regierung. Unterstützt wird der Regierungschef organisatorisch zusätzlich durch die sogenannten „Comitati di ministri" oder „Comitati interministeriali", die mit ausgewählten Ministern besetzt sind und die Zusammenarbeit einzelner Ressorts fördern sollen; sie werden in diesem Sinne auch als „organi di coordinamento" (Koordinationsorgane) bezeichnet. Die Arbeit dieser Ausschüsse, die bereits vor Erlaß des Gesetzes Nr. 400/88 durch entsprechende Parlamentsgesetze eingerichtet worden waren, wird nunmehr durch Art. 6 III Gesetz Nr. 400/88 verstärkt koordiniert. Neben diesen auf gesetzlicher Grundlage eingerichteten „Comitati" verleiht Art. 6 II c Gesetz Nr. 400/88 dem Ministerpräsidenten im übrigen die Befugnis, per Dekret Ausschüsse einzusetzen, die mit Experten besetzt, die Regierungstätigkeit vorbereiten sollen (ausführlich zu diesen Organisationsformen, De Vergottini, Diritto costituzionale, S. 540, 546 ff.).

[679] Der deutsche Bundeskanzler wird hingegen durch die Vorschrift des § 24 II 2 GOBReg bevorzugt: Kommt die gem. § 24 II 1 GOBReg für einen Beschluß der Bundesregierung erforderliche Stimmenmehrheit nicht zustande, weil die Abstimmung zur Stimmengleichheit führt, so entscheidet die Stimme des Vorsitzenden. Den Vorsitz führt gem. § 22 I GOBReg grundsätzlich, d.h. sofern er nicht verhindert ist, der Bundeskanzler.

CIARLO[680] , wenn er schreibt: „questa volta è lui a disporre di quel potente strumento politico che è la pratica dilatoria".

bbb) Die Koordination der Arbeit des Ministerrates

Schon die lückenhafte Regelung des Art. 95 Cost. legt – im Rahmen der Leitung der Regierungspolitik – einen Schwerpunkt der Tätigkeit des Regierungschefs auf die Koordination der einzelnen Ressorts, um die Einheitlichkeit der vom Ministerrat zu gestaltenden Regierungspolitik zu gewährleisten. Diese von der Verfassung im Verhältnis zu den Ministern angelegte Vorzugsstellung des Ministerpräsidenten verkörpert sich in seinem „triplice potere di direzione, di impulso e di coordinamento"[681], das seine rechtlichen Grundlagen heute auch in den Bestimmungen des Gesetzes Nr. 400/88 finden.
Im Regierungsalltag hat sich die von der Verfassung beschworene „Einheitlichkeit" des Regierungshandelns allerdings häufig als bloße Utopie erwiesen. Die komplizierte Koalitionsstruktur italienischer Regierungen und die starke Bindung der einzelnen Minister an ihre Partei haben dazu beigetragen, daß die in Art. 95 Cost. angelegte einheitliche Konzeption der Regierung im politischen Alltag Italiens oftmals in den Hintergrund tritt und „sich die Regierungsmitglieder wie die 'Repräsentanten' der verschiedenen Parteien der Mehrheit gerieren"[682]. Vor diesem Hintergrund sind etwa in der Vergangenheit auch die regelmäßigen Beschwörungen des italienischen Regierungschefs an die Adresse seines Kabinetts, sich öffentlich nicht von der Regierungspolitik abzusetzen[683] und jede für die politische Ausrichtung maßgebliche Initiative mit ihm abzuspre-

---

680 Ciarlo, in Comm. Branca, Art. 95, S. 379. („dieses Mal ist er es, der dieses machtvolle politische Instrument der Verzögerungstaktik in Händen hält").

681 Martines, Diritto costituzionale, S. 462; vgl auch Ciarlo, in Comm. Branca, Art. 95, S. 376. Entsprechend der vermittelnden Ansicht der h.L. dient dieses dreifache Recht „der Leitung, des Impulses und der Koordination" auch dazu, der originären, umfassenden Entscheidungsbefugnis des Ministerrates in allen Fragen der Regierungspolitik Ausdruck zu verleihen. In diesem Sinne sieht etwa Art. 2, III, q Gesetz Nr. 400/88 vor, daß auf Veranlassung des Ministerpräsidenten dem Kollegium neben den im Gesetzestext ausdrücklich genannten Fragestellungen (vgl. Art. 2 III, a-p Gesetz Nr. 400/88) auch die Maßnahmen zur Beratung vorzulegen sind, bei denen der Regierungschef eine Beschlußfassung des Ministerrates „für zweckmäßig" hält. Der Begriff der „Zweckmäßigkeit" bezieht sich dabei auf die im Ermessen des Ministerpräsidenten stehende Einschätzung, inwieweit eine bestimmte Maßnahme als politische Grundentscheidung der grundsätzlichen Entscheidungskompetenz des Ministerrates unterfällt (dazu Labriola, Commento, S. 76 f.).

682 Paladin, in Enc. Dir., Bd. XIX (1970), Stichwort: „Governo italiano", S. 696.

683 Gem. Art. 5 II d Gesetz Nr. 400/88 stimmt der Ministerpräsident mit den betreffenden Ministern öffentliche Erklärungen ab, wenn und soweit diese aus der Ressortzuständigkeit herausfallen, weil sie die Regierungspolitik („politica generale") grundsätzlich betreffen.

chen, selten auf Resonanz gestoßen[684]. Die rechtlichen Mittel, die dem Regierungschef zur Verfügung stehen, um diesem als „feudalismo ministeriale" bezeichneten Phänomen entgegenzutreten und die „Abweichler" unter seinen Ministern wieder auf Regierungskurs zu bringen, sind *de facto* wenig schlagkräftig und kaum geeignet, die Regierungsstabilität Italiens zu fördern[685].

(1) Das Informations- und Suspensivrecht

Neben dem Recht, sich über jede ministerielle Initiative, die der Regierungspolitik zuwiderlaufen könnte, umfassend zu informieren[686], wird an dieser Stelle etwa die Vorschrift aus Art. 5 II c Gesetz Nr. 400/88 genannt, die es dem Ministerpräsidenten erlaubt, politische wie verwaltungsrechtliche Maßnahmen eines einzelnen Ministers auszusetzen, die die gesamtpolitische Ausrichtung der Regierung berühren, und die betreffende Fragestellung dem Ministerrat zur Klärung vorzulegen. In der Praxis wird diese präsidentielle Befugnis allerdings zuweilen zweckentfremdet: Eigentlich konzipiert, um die originäre Entscheidungskompetenz des Ministerates[687] umfassend zu gewährleisten, ist sie in der Vergangenheit vom „Presidente del Consiglio" häufig genutzt worden, um Entscheidungen seiner Kabinettskollegen bewußt zu verzögern, die ihm „unangebracht oder unausgegoren"[688] erschienen.

(2) Das Direktivrecht

Um die Ausführung der vom Ministerrat getroffenen Entscheidungen in den einzelnen Ressorts sicherzustellen, hat der Regierungschef ferner das Recht, ge-

---

[684] Paladin, Diritto costituzionale, S. 402.

[685] In jüngster Zeit sollte die Einheitlichkeit der Regierungspolitik und das kollegiale Element innerhalb des „Consiglio dei ministri" durch den Erlaß der Geschäftsordnung des Ministerrates vom 10. November 1993, die die entsprechenden Vorgaben des Art. 4 III Gesetz Nr. 400/88 konkretisiert, gestärkt werden. Im einzelnen enthält diese Norm etwa Vorschriften zur Gestaltung der Tagesordnung; daneben enthält die Geschäftsordnung vor allem Regelungen, die die Kommunikation zwischen den einzelnen Ministern und dem Ministerrat erleichtern und eine verbesserte Abstimmung der in den einzelnen Ministerien vorbereiteten Regierungsmaßnahmen ermöglichen sollen (dazu Barile/Cheli/Grassi, S. 231 f.).

[686] Paladin, Diritto costituzionale, S. 407.

[687] Der Ministerpräsident wird hier allein tätig, um die umfassende Entscheidungskompetenz des Ministerrates in allen Grundsatzfragen zur politischen Ausrichtung der Regierung („indirizzo politico) zu wahren (Labriola, Commento, S. 99).

[688] Paladin, Diritto costituzionale, S. 406.

genüber seinen Ministern die sogenannten „direttive[689] politiche e amministrative"[690] zu erlassen (Art. 5 II a 1.Alt. Gesetz Nr. 400/88[691]). Ebenso ist er berechtigt, mittels politischer Direktiven[692] an die Adresse seiner Kabinettskollegen, das ihm gem. Art. 95 Cost. obliegende eigene Recht zur „Leitung" der Regierungspolitik umzusetzen[693].

Dieses auf den ersten Blick recht beachtliche „rechtliche Rüstzeug" des italienischen Regierungschefs im Umgang mit seinem Kabinett erweist sich allerdings im Regierungalltag als wenig schlagkräftig. Anders als die monokratische Auffassung verneint die h.L. nämlich die rechtliche Verbindlichkeit der präsidentiellen Direktiven: Ausgehend von der Überlegung, daß strukturell zwischen dem Regierungschef und den übrigen Kabinettsmitgliedern kein hierarchisches Verhältnis der Über- beziehungsweise Unterordnung besteht, wird ein echtes Weisungsrecht des Ministerpräsidenten verneint und dem einzelnen Minister ein weiter Beurteilungsspielraum zugestanden, wie er die Vorgaben einer „direttiva" im konkreten Fall umsetzt. Weicht der Minister durch Maßnahmen seines Ressorts von der Direktive ab oder verweigert er ihre Ausführung insgesamt, so kann der Ministerpräsident dieses Verhalten lediglich politisch, aber nicht recht-

[689] Der Terminus „direttiva" wird mit den Begriffen der Richtlinie, Weisung oder Anweisung ebenso übersetzt wie mit dem Wort „Direktive". Um eine sprachliche Verwechslung mit den Richtlinien des deutschen Bundeskanzlers zu vermeiden, wird im Folgenden der Begriff der Direktive verwendet.

[690] Im einzelnen sollen die Direktiven die vom Ministerrat zuvor getroffene politische Grundentscheidung zur Umsetzung in einem bestimmten Ressort spezifizieren, dabei aber gleichzeitig dem zuständigen Minister einen Beurteilungsspielraum überlassen, wie diese Umsetzung im konkreten Fall auszusehen hat. Der Ministerpräsident erläßt die Direktiven auf der Grundlage der vom Kollegium festgelegten gesamtpolitischen Ausrichtung der Regierung; diese werden daher inhaltlich – vorbehaltlich eines bestimmten Ermessensspielraumes des „Presidente del Consiglio" – entweder von Grundsatzentscheidungen des Ministerrates abgedeckt oder von der Zustimmung des Gremiums getragen (Labriola, Commento, S. 98 f.). Die Zulässigkeit verwaltungsrechtlicher Direktiven wird neben dem Prinzip des „Vorbehalts des Gesetzes" („riserva di legge") (Art. 97 Cost.) durch den Grundsatz der eigenverantwortlichen Ressortführung der Minister beschränkt: Die „direttive amministrative" dürfen danach inhaltlich nicht in die Materie eingreifen, die die Organisation der öffentlichen Verwaltung innerhalb der einzelnen Ressorts betrifft (Pitruzella, in Comm. Branca, Art. 92-93, S. 151, 153).

[691] Bereits vor Erlaß des Gesetzes Nr. 400/88, das nunmehr das Direktivrecht des „Presidente del Consiglio" ausdrücklich vorsieht, haben sich italienische Ministerpräsidenten dieses Mediums im Umgang mit ihren Kabinettskollegen bedient (Merlini, in Manuale, S. 213).

[692] Das eigenständige Direktivrecht des Regierungschefs gegenüber den Ministern beinhaltet nicht die Befugnis, verwaltungsrechtliche Direktiven zu erlassen: Um die Unabhängigkeit der Kabinettsmitglieder innerhalb ihres Ressorts zu gewährleisten, ist Grenze ihrer eigenverantwortlichen Ressortzuständigkeit allein die von der Verfassung geforderte „unità dell'indirizzo amministrativo" (Einheitlichkeit der Verwaltung), die wiederum allgemein durch die politische Ausrichtung der Regierung geprägt wird (dazu Labriola, Governo, S. 99; Pitruzella, in Comm. Branca, Art. 92-93, S. 154).

[693] Da es sich bei dem Leitungsrecht um eine ausschließliche Befugnis des Ministerpräsidenten handelt, ist eine vorherige Beschlußfassung oder Zustimmung des Ministerrates in diesem Fall nicht erforderlich (Labriola, Governo, S. 98 f.).

lich sanktionieren[694]. Im Ergebnis erschöpft sich damit nach dieser Ansicht das Direktivrecht des Regierungschefs „in einer politisch, aber nicht juristisch relevanten Willensmanifestation"[695], deren Durchsetzung „vom Regierungszusammenhalt abhält, das heißt vom Grad der Verbindlichkeit, die der Direktive im Namen der politischen Einheit zuerkannt wird"[696].

Diese Bewertung bestätigt sich auch mit Blick auf die möglichen „Sanktionen", die dem Regierungschef zur Durchsetzung der von ihm erlassenen Direktiven offenstehen. So wird ein „potere di revoca" (Entlassungsrecht), wie es Art. 64 I GG im Rahmen eines umfassenden Kabinettsbildungsrechts dem deutschen Bundeskanzler gegenüber seinen Ministern einräumt, in der herrschenden Doktrin[697] einhellig abgelehnt. Begründet wird diese Auffassung, die dem italienischen Ministerpräsidenten das Recht zur Entlassung eines „abtrünnigen" Ressortchefs versagen will, dabei im wesentlichen durch den Verweis auf die Formulierung des Art. 92 II Cost., der zwar die Ernennung eines Ministers ausdrücklich in das Ermessen des Regierungschefs stellt, die Möglichkeit seiner Entlassung aber – anders als Art. 64 I GG – nicht anspricht. Ergänzend wird insoweit auch das Gesetz Nr. 400/1988 herangezogen, das ebenfalls kein Entlassungsrecht des „Presidente del Consiglio" kodifiziert. Das bewußte Schweigen des Gesetzgebers, so wird argumentiert, spreche gegen ein Redaktionsversehen der Costituente, wie es teilweise von den Befürwortern eines umfassenden Kabinettsbildungsrechts des italienischen Ministerpräsidenten angenommen wird.
Unter Berücksichtigung der herrschenden Auffassung erweist sich damit im Ergebnis das umfassende Direktivrecht des italienischen Ministerpräsidenten gegenüber seinen Ministerkollegen gleichsam als „stumpfes Schwert". Obgleich die Entlassung eines Ministers mit Blick auf den Zusammenhalt der Koalition und den Erhalt der parlamentarischen Mehrheit häufig nicht zu realisieren sein wird und jedenfalls vor diesem Hintergrund nur als *ultima ratio* denkbar ist, birgt sie dennoch ein beachtliches „psychologisches Drohpotential". Indem die h.L. ein „potere di revoca" kategorisch ausschließt, verweigert sie dem „Presidente del Consiglio" damit eine effiziente Sanktion, um dem „ministeriellen

[694] Eine Ausnahme bildet insoweit die Vorschrift des Art. 2 III p Gesetz Nr. 400/88, die dem Ministerrat die „außerordentliche Aufhebung rechtswidriger verwaltungsrechtlicher Akte zum Schutz der Einheitlichkeit der Verwaltung" zugesteht (vgl. Paladin, Diritto costituzionale, S. 408, Fn. 22).
[695] Cheli, zitiert von Carusi, in Comm. breve, Art. 95, S. 598.
[696] Ciarlo, in Comm. Branca, Art. 95, S. 379.
[697] Paladin, Diritto costituzionale, S. 403; ders. in Enc. Dir., Bd. XIX (1970), Stichwort: „Governo italiano", S. 695 f.; Capotosti, in Enc. Dir. Bd. XXXV (1986), S. 149. Teilweise wird in diesem Zusammenhang erwogen, dem Regierungschef mit Hilfe eines von den Regierungsfraktionen einge-

Feudalismus" seiner Kollegen angemessen zu begegnen und degradiert ihn letztlich in der Auseinandersetzung mit seinem Kabinett zum „zahnlosen Tiger". Die Machtlosigkeit des italienischen Ministerpräsidenten zeigt sich in diesem Zusammenhang besonders deutlich, wenn man die einzig mögliche Sanktion betrachtet, die dem Regierungschef im Umgang mit „ministeriellen Feudalherren" zur Verfügung steht. Das sogenannte „potere della crisi", das heißt die Drohung mit dem eigenen Rücktritt für den Fall, daß die einheitliche Regierungspolitik nicht mehr gewährleistet ist, mag zwar im Einzelfall geeignet sein, um die Abweichler im Kabinett wieder auf Regierungskurs zu bringen; doch birgt dieses Machtmittel stets die Gefahr, die gesamte Regierung zu Fall zu bringen. Im italienischen Regierungsalltag hat denn auch das ungestrafte öffentliche oder heimliche „Ausscheren" einzelner Minister die von der Verfassung geforderte „Einheitlichkeit der politischen Ausrichtung" oftmals zur Makulatur werden lassen und den Begriff des „Governo a direzione plurima dissociata"[698] geprägt.

3. Fazit zur Rolle des italienischen Regierungschefs

Die vorstehende Analyse der Regierungsstruktur Italiens hat gezeigt, daß die sprichwörtliche Schwäche italienischer Regierungschefs nicht zuletzt in dem verfassungsrechtlich verankerten Kompetenzgefüge angelegt ist. Gegenüber einem allzuständigen Ministerrat übernimmt der „Presidente del Consiglio" im Einklang mit den Vorgaben der Verfassung gleichsam eine „Lotsenfunktion"; seine von der Verfassung gewollte „posizione di preminenza" erschöpft sich im wesentlichen in der Leitung und Koordination der vom Kollegium konzipierten Inhalte und läßt ihn damit zum „custode e promotore di collegialitá"[699] werden. Gleichzeitig mangelt es ihm aber an echter „Autorität", um dieser Aufgabe, nämlich die zentrale Stellung des Ministerrates zu sichern und das kollegiale Element der Regierungspolitik zu gewährleisten, gerecht zu werden: Indem die h.L. die Verbindlichkeit der präsidentiellen Direktiven ablehnt und ein Entlassungsrecht gegenüber eigenmächtigen Ressortchefs kategorisch ausschließt, verweigert sie dem Ministerpräsidenten eine effektive Sanktionsmöglichkeit und verweist ihn insoweit allein auf die Ebene der politischen Verantwortlichkeit.

---

brachten individuellen Mißtrauensvotums (dazu oben, 1, c, S. 144 ff.) beizuspringen, um die Entlassung eines Ministers zu ermöglichen (ablehnend dazu Paladin, Diritto costituzionale, S. 404).

[698] Das Zitat lautet in der Übersetzung „Regierung mit vielfach gespaltener Leitung" und wird u.a. von Pitruzella, in Dir. pubbl. 1996, S. 407, verwendet.

[699] Merlini, in Manuale, S. 214, („Hüter und Förderer des kollegialen Prinzips").

Die Optionen, die sich dem italienischen Regierungschef im Konfliktfall für den Umgang mit einzelnen Ministern bieten, sind dementsprechend äußerst beschränkt und zwängen den „Presidente del Consiglio" in der Praxis in die Rolle eines „mediatore tra i partiti", eines Vermittlers zwischen den an der Regierung beteiligten Parteien. „Die Befugnisse des Ministerpräsidenten", so folgert denn auch im Ergebnis zutreffend PALADIN[700], „haben eher einen negativen und kompromißhaften als einen positiv lenkenden Charakter."

Diese Erkenntnis führt mit Blick auf die Themenstellung der vorliegenden Arbeit notwendigerweise zu der Frage, inwieweit diese verfassungsrechtliche Konzeption für die tatsächliche Führungsschwäche der italienischen Ministerpräsidenten und damit letztlich auch für Regierbarkeitsdefizite Italiens beziehungsweise die Instabilität seiner Regierungen verantwortlich ist.
Ein Blick auf den Regierungsalltag der vergangenen fünfzig Jahre zeigt, daß die politischen Gestaltungsmöglichkeiten des Regierungschefs – unabhängig von seinen im Verfassungstext garantierten Kompetenzen – in der Praxis stets hinter der zentralen Rolle der Koalitionsparteien und ihrer innerparteilichen Strömungen zurückgetreten sind. Der latente Koalitionszwang, dem sich italienische Regierungen seit Inkrafttreten der Verfassung ausgesetzt sahen und der machtvolle Einfluß der jeweiligen Parteizentralen auf die einzelnen Minister haben stets die ausgleichenden und vermittelnden Qualitäten des italienischen Ministerpräsidenten in den Vordergrund seiner Regierungsarbeit gestellt. Sein vordergründiges Ziel, so beschreibt PITRUZELLA[701] kritisch die Funktion des italienischen Ministerpräsidenten, „scheint es zu sein, die Stabilität des `politischen Bildes´ zu erhalten, von der der Verbleib der Regierung im Amt abhängt".
Vor diesem Hintergrund besteht innerhalb der italienischen Staatsrechtslehre dahingehend Einigkeit, daß im wesentlichen dem politischen System Italiens und nicht den Verfassungsnormen die Verantwortung für die latente Führungsschwäche italienischer Regierungen anzulasten ist. „In Staaten", so formuliert etwa DE VERGOTTINI, „in denen Koalitionsregierungen agieren, die sich nicht auf die Entscheidungen der Wähler, sondern auf, gleichsam vom Staatsoberhaupt `ratifizierte´ Vereinbarungen zwischen den parlamentarischen Gruppierungen gründen, reduziert sich die Funktion des Regierungschefs tendenziell auf die Koordination und Vermittlung zwischen den verschiedenen Komponenten der Mehrheit"[702]. Umgekehrt, so wird argumentiert, könne sich die von der Verfassung gewollte Vormachtstellung des Regierungschefs innerhalb der Regie-

[700] Paladin, Diritto costituzionale, S. 408 f..
[701] Pitruzella, in Comm. Branca, Art. 92-93, S. 107.

rung nur dann realisieren, wenn dieser als „Führer" der numerisch stärksten Fraktion auch auf politischer Ebene über eine herausgehobene Stellung verfüge. „In der Verfassungswirklichkeit", resümiert schon HUBER mit Blick auf den Reichskanzler der Weimarer Republik, „ist die Richtliniengewalt des Chefs einer parlamentarischen Regierung nur überragend im Fall einer homogenen Regierungsmehrheit, in der der Kabinettsvorsitzende eine unbestrittene Führungsrolle besitzt"[703]. Diese Ausgangslage, die im tendenziell bipolaren Parteiensystem der Bundesrepublik stets gegeben war und den jeweiligen Bundeskanzler zum souveränen Anführer der parlamentarischen Mehrheit gemacht hat, ist im heterogenen Vielparteiensystem Italiens bisher eine politische Utopie geblieben. Im Ergebnis darf daher die verfassungsrechtliche Konzeption als Ursache für die Führungsschwäche des „Presidente del Consiglio" nicht überschätzt werden: „Die Stärke der Stellung des Regierungschefs beruht [..]", so stellt VON BEYME mit Recht fest, „weniger auf seiner rechtlich garantierten Richtlinienkompetenz als auf sozialen Faktoren, vor allem dem Parteien- und Wahlsystem"[704]. In einem Land, in dem sich bis heute „die großen, entscheidenden Diskussionen" ausnahmslos „zwischen den Parteizentralen außerhalb der verfassungsmäßig kompetenten Organe"[705] abspielen, kann die Verfassung selbst daher kaum mehr als „Schadensbegrenzung" betreiben[706].

4. Die Stellung des deutschen Regierungschefs in Vergangenheit und Gegenwart

Auch der Vergleich mit der deutschen Verfassungsrealität in Vergangenheit und Gegenwart läßt erkennen, daß die verfassungsrechtlichen Vorgaben für die tatsächlichen Machtverhältnisse innerhalb des Systems nur von untergeordneter Bedeutung sind[707].

---

[702] De Vergottini, Diritto costituzionale, S. 526.
[703] Huber, Bd. VI, S. 325.
[704] V.Beyme, Regierungssysteme, S. 601.
[705] P.Weber, ZParl 28 (1997), S. 742. Zur zentralen Rolle der Parteien im parlamentarischen System Italiens, siehe im übrigen P.-L. Zampetti, Democrazia e potere di partiti, S. 31 ff..
[706] Dennoch zeigen die aktuellen Entwürfe einer Reform der italienischen Verfassung, daß man bestrebt ist, die Position des Ministerpräsidenten auch auf verfassungsrechtlicher Ebene zu stärken. So sieht Art. 73 III des geänderten Entwurfes vor, daß „die Minister die Ministerien und die übrigen Verwaltungseinheiten, denen sie vorstehen, im Rahmen der Direktiven des Premierministers leiten".
[707] So im Ergebnis auch Herzog (in Maunz/Dürig, Art. 65, Rdnr. 36 ff.), der als Grundlage der Kanzlerdemokratie neben dem Kabinettbildungsrecht aus Art. 64 GG vor allem die Stabilität des bundesdeutschen Parteiensystem verstanden wissen will.

a) Die Richtlinienkompetenz als „Schlüssel" zur Kanzlerdemokratie?

Ein erster Blick auf das Regierungssystem des Bonner Grundgesetzes scheint zwar zunächst zu bestätigen, daß die im Verfassungstext verankerte Richtlinienkompetenz des Regierungschefs – wenn auch im Zusammenspiel mit weiteren grundlegenden Kompetenzen[708]– zwangsläufig seine Dominanz innerhalb des Systems bedingt und dadurch auch die politische Stabilität des Staates nachhaltig zu sichern vermag. Daß die „Kanzlerdemokratie", als die das Regierungssystem des GG seit den Zeiten Konrad Adenauers bezeichnet zu werden pflegt, aber nicht überwiegend auf das in Art. 65 1 GG verankerte Recht des deutschen Bundeskanzlers zurückgeführt werden kann, mit verbindlicher Wirkung gegenüber den einzelnen Bundesministern die Richtlinien der Politik zu erlassen, sondern in erster Linie der Stabilität des bundesrepublikanischen Parteiensystems zu verdanken ist, zeigt schon der Vergleich mit der Weimarer Verfassung. Der Weimarer Reichskanzler hatte gem. Art. 56 WRV, dem Art. 65 1 GG fast wortgleich entspricht, dieselbe Richtlinienkompetenz, wie sie heute dem Bundeskanzler zusteht[709]. In der Verfassungswirklichkeit wurde seine Richtliniengewalt jedoch durch die „effektive Bestimmungsmacht der das Kabinett tragenden Regierungskoalition"[710] nachhaltig eingeschränkt. Da es im Weimarer Vielparteienparlament an einer homogenen Regierungsmehrheit fehlte, auf die der Regierungschef seinen Führungsanspruch hätte stützen können, gerieten die Koalitionsverhandlungen *de facto* zu einer Vereinbarung über die Richtlinien der Politik. Wollte der Reichskanzler etwa unter dem Druck der geänderten Verhältnisse von den Vorgaben der Koalitionsvereinbarung abweichen, so konnte er die erforderliche Änderung nur im Benehmen mit den Parteien der Koalition erreichen; bei einer eigenständigen Entscheidung über die Richtlinien, wie sie die Weimarer Reichsverfassung in Art. 56 eigentlich vorgesehen hatte, riskierte er den Bruch der Koalition und den Verlust der (zumeist knappen) Regierungsmehrheit. Vor diesem Hintergrund waren, wie HUBER[711] formuliert, die Reichskanzler „oft nicht die `Führer´ ihres Kabinetts, sondern die Vermittler und Schlichter innerhalb eines Systems fortdauernder, die latenten Kontroversen überdeckender Koalitions-Kompromisse."

---

[708] An dieser Stelle wäre etwa das umfassende Kabinettsbildungsrecht des Bundeskanzlers zu nennen, siehe oben, 1, a, bb, S. 151 f..

[709] Ausführlich setzt sich Eschenburg (DÖV 1954, S.194 ff.) mit der Richtlinienkompetenz des Reichskanzlers auseinander.

[710] Huber, Bd. VI, S. 325.

[711] Huber, Bd. VI, S. 326.

b) Die „Personalisierung“ der Bundestagswahl als Stabilitätsfaktor

An dieser Stelle darf daher eine weitere stabilitätssichernde Komponente nicht unerwähnt bleiben, die oben bereits vereinzelt angeklungen ist.
In einem tendenziell bipolaren Parteiensystem, in dem die opponierenden Blökke schon im Vorfeld der Wahl ihren Kanzlerkandidaten bestimmen, wird die Bundestagswahl sowohl im Bewußtsein der Wähler als auch im Bewußtsein der politischen Kräfte faktisch zur Bundeskanzlerwahl: Indem das Wahlvolk einer bestimmten Partei beziehungsweise Parteienkoalition die Mehrheit der Stimmen gibt, kürt es die Bündnispartner gleichsam automatisch zur Regierungskoalition und ihren Kanzlerkandidaten zum Regierungschef. Es liegt auf der Hand, daß hierin der Schlüssel zur traditionell starken Stellung des bundesdeutschen Kanzlers liegt, kann er sich doch – auch bei unpopulären Entscheidungen – im Verhältnis zum Parlament wie gegenüber seiner eigenen Partei auf das Vertrauen dieser Mehrheit des Wahlvolkes berufen[712].
Der Wandel von der „Bundestagswahl" zur „Kanzlerwahl" stärkt aber auch noch aus einem weiteren Grund das politische Gewicht des Regierungschefs. Da parteipolitische Inhalte in diesem Umfeld zunehmend in den Hintergrund treten, der Wahlerfolg also regelmäßig mit der Person des Kanzlers steht oder fällt, werden sich Partei und Fraktion ihrer „Wahllokomotive"[713] nicht nur in Wahlkampfzeiten tunlichst unterordnen und offene Opposition weitestgehend vermeiden. Denn anders als in Italien droht bei der politischen oder persönlichen Demontage des amtierenden Bundeskanzlers fast zwangsläufig der Verlust der Regierungsmacht für seine Partei, zumal die „überschaubaren" Koalitionsmodelle der bundesdeutschen Parteienstruktur die spontane Bildung neuer Mehrheiten – wie sie in Italien an der Tagesordnung sind – durchaus erschweren. Im Vergleich mit dem italienischen Verfassungsalltag wird daher die stabilitätsfördernde Komponente der bundesrepublikanischen Parteipolitik sichtbar, die auf Seiten der Regierung wie der Opposition das Amt des Bundesanzlers auf eine ganz bestimmte Persönlichkeit zuschneidet und damit das politische Schicksal einer Regierung gleichsam personalisiert[714].

---

[712] Herzog, in Maunz/Dürig, Art. 65, Rdnr. 46.; die stabilitätssichernde Wirkung dieses Verfahrens wird auch betont von Galloni (La costituzione, S. 102).
[713] Der Ausdruck findet sich bei Mußgnug, Der Beitrag des GG, S. 67.
[714] Zur „Personalisierung" der Bundestagswahl schreibt Meyer (VVDStRL 33 (1975), S. 86: „Daß die Wahlbewerber Kanzlerkandidaten zur Wahl stellen oder als kleinere Partei Koalitionspräferenzen verkünden oder mehr oder weniger deutlich machen, daß die Wahl also, obwohl technisch nicht mehr als eine Wahl von Abgeordneten, nicht unerheblich von der Frage dominiert wird, wer die nächste Regierung bilden soll, ist kein Abfall in eine Sentimentalisierung der Politik, sondern exakter Ausdruck der Wahlfunktion, die der engen Verbindung von Parlament und Regierung Rechnung trägt".

III. Parlamentarische Verantwortlichkeit und Regierungsstabilität

Es gehört zum typusbestimmenden Gehalt der parlamentarischen Regierungsform, daß die Regierung in ihrem Bestand und in ihrer Amtsführung vom Vertrauen der Parlamentsmehrheit abhängt; dieses Prinzip hat mit Art. 94 I Cost. („Die Regierung muß das Vertrauen beider Kammern besitzen.") ausdrücklich Eingang in den Text der italienischen Verfassung gefunden. Ausfluß dieses Vertrauenserfordernisses ist die Verantwortlichkeit der Regierung gegenüber dem Parlament, die den politischen Aktionsradius des Kabinetts rechtlich wie tatsächlich begrenzt; sie wird von den gewählten Volksvertretern durch ein abgestuftes System von Kontrollmechanismen[715] realisiert[716], die von Informations- und Untersuchungsrechten bis hin zur Abberufung der Regierung als *ultima ratio* reichen.

„Stärkste Kontrollwaffe"[717] der italienischen Kammern ist demnach das in Art. 94 II, V Cost. verankerte förmliche Mißtrauensvotum, mit dem die Parlamentarier bei „schweren Störungen"[718] im Verhältnis beider Organe durch einen ausdrücklichen Vertrauensentzug den Sturz der Regierung herbeiführen können[719]. Dabei spiegelt die Konzeption des parlamentarischen Mißtrauensvotums in Art. 94 Cost. die sogenannte „Rationalisierung des Machtprozesses"[720] wieder, mit der seit dem ersten Weltkrieg die parlamentarischen Spielregeln systematisiert und konkretisiert wurden. Durch die Rationalisierung der Interorganverhältnisse und die rechtliche Ausgestaltung der zugrundeliegenden politischen Beziehungen hoffte man, die verfassungsrechtliche Basis für stabile Kabinette und eine effiziente Regierungstätigkeit zu schaffen[721]. Anders als der Parlamentarische Rat, der die fatale Instabilität der Weimarer Kabinette durch die „Drosselung des parlamentarischen Systems"[722] in Gestalt des konstruktiven Mißtrauensvotums überwinden wollte, entschied sich die verfassungsgebende Versammlung Italiens mit Blick auf die schützenswerten Mitwirkungsrechte der parlamentarischen

[715] Siehe dazu schon oben, Fn. 454 (S. 111).
[716] Stern, StaatsR Bd. I, S. 988. Zur Natur des parlamentarischen Regierungssystems siehe auch oben, S. 101 f..
[717] Stern, StaatsR Bd. I, S. 989.
[718] Stern, StaatsR Bd. I, S. 991.
[719] Vgl. Peine, Der Staat 21 (1982), S. 338. Im Rahmen der Interorgan-Kontrolle wird die Zurückweisung einer von der Regierung gestellten Vertrauensfrage als Äquivalent zum förmlichen Mißtrauensvotum gesehen (Loewenstein, Verfassungslehre, S. 200; Stern, StaatsR Bd. I, S. 992). Da die Initiative, die Vertrauensfrage zu stellen, aber bei der Regierung (bzw. dem Präsidenten des Ministerrate) liegt, soll dieses Instrument im nächsten Abschnitt im Rahmen der Regierungskrise behandelt werden.
[720] Der Begriff geht auf Mirkine-Guetzevich zurück (zitiert nach Loewenstein, Verfassungslehre, S. 201, Fn.7).
[721] Villone, in Comm. Branca, Art. 94. S. 237; Loewenstein, Verfassungslehre, S. 201.
[722] Lippert, Bestellung und Abberufung des Regierungschefs, S. 424.

Minderheiten allerdings gegen eine allzu deutliche Beschränkung des parlamentarischen Rechts auf Mißtrauenskundgabe. Ob sich diese Entscheidung im Verfassungsalltag auf die Regierungsstabilität ausgewirkt hat, sollen die folgenden Ausführungen klären.

1. Das „destruktive" Mißtrauensvotum des Art. 94 II, V Cost.

Mit der Regelung des Art. 94 II, V Cost. ist die Variante des „destruktiven Mißtrauensvotums" in die italienische Verfassung aufgenommen worden, bei der jede der beiden Kammern des Parlaments die amtierende Regierung aus dem Amt heben kann[723], ohne im selben Verfahren – so verlangt es das Verfahren des konstruktiven Mißtrauensvotum gem. Art. 67 I GG für die Person des Bundeskanzlers[724]– auch ihre Nachfolgerin bestimmen zu müssen. Da die Verfassung keine besondere Mehrheit für die Abstimmung nach Art. 94 Cost. verlangt, gelten die allgemeinen Vorschriften der Art. 64 III Cost. i.V. mit Art. 107 R.S., Art. 48 R.C.. Anders als das Grundgesetz, das auch in der Vertrauensabstimmung nach Art. 67 I 1 für die Wahl des neuen Bundeskanzlers die sogenannte „Kanzlermehrheit"[725] voraussetzt, läßt die italienische Verfassung damit bereits das positive Votum der Mehrheit der Anwesenden beider Kammern für den Vertrauensentzug ausreichen. Mit dieser Konstruktion des Mißtrauensvotums hat die verfassungsgebende Versammlung demnach bewußt davon abgesehen, die Abwahl der Regierung an die Entscheidung einer qualifizierten parlamentarischen Mehrheit zu koppeln[726]. Bedenklich ist dabei nach Ansicht von Kritikern[727], daß die unterschiedlichen Regelungen der Geschäftsordnungen, nach denen das Mehrheitsquorum innerhalb einer parlamentarischen Abstimmung zu

---

[723] Zwar fehlt in Art. 94 Cost. die Formulierung, daß die Regierung im Fall einer Abstimmungsniederlage zurücktreten muß; diese Verpflichtung ergibt sich jedoch bereits aus Art. 94 I Cost. („Die Regierung benötigt das Vertrauen beider Kammern") und als *argumentum e contrario* aus Art. 94 IV Cost, der ausdrücklich vorsieht, daß die Regierung nicht zum Rücktritt verpflichtet ist, wenn sie in einer sonstigen Abstimmung in einer oder in beiden Kammern eine Niederlage erleidet (dazu Galizia, in Enc. Dir., Bd. XI (1962), Stichwort: „Crisi di gabinetto", S. 376). Für den Fall, daß sich die Regierung weigert, die Amtsgeschäfte niederzulegen, ist es Aufgabe des Staatspräsidenten, im Rahmen einer Amtsanklage („stato di accusa") die Regierung abzuberufen (Martines, Diritto pubblico, S. 272).

[724] Daß nach dem Grundgesetz der Bundeskanzler und nicht, wie in Art. 94 Cost. verankert, die gesamte Regierung Adressat des parlamentarischen Vertrauens ist, wurde bereits oben unter II, 2, b, S. 162 f. ausgeführt. Diese grundlegende Entscheidung des GG zur Position des Bundeskanzlers äußert sich naturgemäß auch in der Konstruktion des parlamentarischen Mißtrauensvotums.

[725] Damit ist die Mehrheit der Mitglieder des Bundestages gemeint (vgl. Art. 67 I 1, Art. 63 II, III GG).

[726] Auch Art. 54 WRV ließ für die Annahme des Mißtrauensantrags die einfache Mehrheit genügen. Ein Gesetzesvorschlag, die Zweidrittelmehrheit vorzuschreiben, wurde 1928 abgelehnt (Anschütz, WRV, Art. 54, S. 321).

bestimmen ist, in der Abgeordnetenkammer relativ gesehen eine weit geringere Stimmenzahl für den Erfolg des Mißtrauensvotums ausreichen lassen als im Senat: Während in der Abgeordnetenkammer Enthaltungen im Abstimmungsverfahren nicht gezählt und daher diese Stimmen auch nicht dem Quorum der „Anwesenden" zugeschlagen werden, gehören sie nach der Geschäftsordnung des Senats zur Gruppe der „votanti" (Wähler)[728]. Die Opposition hat damit rein rechnerisch in der Abgeordnetenkammer im Unterschied zum Senat gesteigerte Chancen, die Regierung auf der Grundlage eines Mißtrauensvotums zu Fall zu bringen[729].

Allerdings hatte auch die Costituente schon erkannt, daß sich das Verfahren der „mozione di sfiducia", unkontrolliert und in den Händen einer obstruierenden Opposition, durchaus zu einer gefährlichen Waffe im Umgang mit der Regierung entwickeln konnte. Aus diesem Grund verlangt Art. 94 V Cost., daß das Mißtrauensvotum von mindestens einem Zehntel der Kammermitglieder unterstützt werden muß[730]; dadurch soll kleinsten Splitterparteien der Rückgriff auf ein Verfahren nach Art. 94 Cost. verwehrt werden, das – ohne konkrete Aussicht auf Erfolg – lediglich die parlamentarischen Abläufe stören würde. Die dreitägige Frist, die gem. Art. 94 V i.V. mit Art. 161 II R.S., Art. 115 I R.C. zwischen der „Präsentation" des Mißtrauensantrags[731] und der Abstimmung „per appello nominale"[732] im Plenum liegen muß, dient darüber hinaus nicht nur dem Schutz der Regierung vor einem „colpo di mano" (Handstreich) der Opposition, sondern hat ebenso im Vorfeld der Abstimmung den Parlamentariern eine ausreichende, dem Verfahren angemessene Bedenkzeit zu sichern; übereilte Beschlüs-

---

[727] Vgl. Galizia, in Enc. Dir., Bd. XI (1962), Stichwort: „Crisi di gabinetto", S. 374 (Fn. 32).

[728] Zum unterschiedlichen Abstimmungsmodus siehe bereits oben, Fn. 228 (S. 52).

[729] Bei der Abstimmung über die „mozione di fiducia" wirkt sich der Abstimmungsmodus in der Abgeordnetenkammer hingegen positiv für die Regierung aus: Da durch Enthaltungen das notwendige Quorum gesenkt werden kann, wird einer Regierung unter anderem selbst dann das Vertrauen der Kammer i.S. des Art. 94 III Cost. ausgesprochen, wenn nur eine Minderheit für die Regierung stimmt und die Mehrheit sich enthält (sog. „Governo della non sfiducia", siehe oben, S. 132 f.).

[730] Im deutschen Bundestag ist die verfahrensrechtliche „Hürde" für einen Mißtrauensantrag ungleich höher: Gem. § 97 I GOBT ist der Antrag von einem Viertel der Mitglieder des Bundestages oder einer Fraktion, die mindestens ein Viertel der Mitglieder des Bundestages umfaßt, zu unterzeichnen.

[731] Der Begriff der „Präsentation" des Mißtrauensantrags, den Art. 94 V Cost. ebenso wie die Art. 161 II R.S., 115 I R.C. verwendet, ist nach h.A. dahingehend zu verstehen, daß der bloße Eingang des Schriftstücks beim Kammerpräsidium nicht ausreicht. Die Frist beginnt vielmehr erst dann zu laufen, wenn der Präsident der jeweiligen Kammer die Abgeordneten/Senatoren offiziell von dem Eingang des Mißtrauensantrags in Kenntnis gesetzt hat.

[732] Die namentliche Abstimmung wird bei der Abstimmung über einen Mißtrauensantrag ebenso vorgeschrieben wie im Rahmen der Investiturabstimmung (Art. 94 II Cost., Art. 161 I R.S., Art. 115 I R.C.). Im Gegensatz dazu sieht § 97 II GOBT für das Mißtrauensvotum des Art. 67 GG die geheime Abstimmung vor.

se und Zufallsmehrheiten sollen dadurch vermieden werden[733]. Um Parlament und Öffentlichkeit die herausragende Bedeutung des Verfahrens zu verdeutlichen[734] und die Verschleppung der Mißtrauensdebatte durch die Opposition zu verhindern, legen Art. 115 II R.C und Art. 161 III R.S. ergänzend fest, daß abweichend von dem sonstigen parlamentarischen Procedere in der Abstimmung über das Mißtrauensvotum weder Anträge zur Tagesordnung zugelassen sind, noch über einzelne Passagen des Mißtrauensantrags separat abgestimmt werden kann.
Als größte Hürde gegen die Instrumentalisierung des Mißtrauensantrags zu obstruktionistischen Zwecken wurde von der Costituente freilich die Vorschrift des Art. 94 II Cost. verstanden, die in diesem Verfahren ebenso wie beim obligatorischen Vertrauensvotum zu Beginn einer Amtsperiode[735] eine „mozione motivata", das heißt einen begründeten Antrag vorschreibt. Dabei sollte das Begründungserfordernis nicht nur den Parlamentariern die große Verantwortung signalisieren[736], die ihnen das Instrument des parlamentarischen Mißtrauensvotums überträgt; vielmehr hoffte man, mit einer Begründung des Antrags, die von allen Initiatoren des Mißtrauensantrags gemeinsam getragen werden muß, die Geschlossenheit der am Verfahren beteiligten parlamentarischen Kräfte zu stärken.

2. Stabilitätsgefährdende Tendenzen des „destruktiven" Mißtrauensvotums?

Indem das Mißtrauensvotum dem Parlament die Möglichkeit eröffnet, durch die Abwahl der Regierung die Konsequenz aus dem zerstörten Vertrauensverhältnis der beiden Organe zu ziehen, trägt es mit dazu bei, das parlamentarische Regierungssystem funktionsfähig zu erhalten[737]. GALIZIA[738] bezeichnet in diesem Zusammenhang auch das Mißtrauensvotum der italienischen Verfassung als

---

[733] Denselben Zweck erfüllt die Vorschrift des Art. 67 II GG, die zwischen Antrag und Wahl einen zeitlichen Intervall von mindestens 48 Stunden vorsieht. Handelt es sich um einen mündlichen Antrag, so beginnt die Frist mit der Stellung des Antrages und wird in Stunden gezählt; bei schriftlicher Antragstellung wird gem. § 123 GOBT bei der Fristberechnung der Tag der Verteilung der Drucksache nicht mitgerechnet, in diesem Fall wird die Frist in zwei vollen Tagen gezählt (Mager, in v.Münch/Kunig, Art. 67, Rdnr. 8).
[734] So Galizia, in Enc. Dir., Bd. XI (1962), Stichwort: „Crisi di gabinetto", S. 374.
[735] Siehe oben unter I, 2, S. 128 ff..
[736] Denselben Zweck vefolgt das Verfahren der „namentlichen Abstimmung", das sowohl Art. 94 II Cost. als auch die Geschäftsordnungen beider Kammern (Art. 54 II, 115 I R.C., Art. 116 I, 161 I R.S.) für die Abstimmung über die „mozione di sfiducia" vorsehen.
[737] Den Beitrag des parlamentarischen Mißtrauensvotums zum Erhalt der Funktionstüchtigkeit des parlamentarischen Regierungssystems betont auch Tosi, Diritto parlamentare, S. 435.
[738] Galizia, in Enc. Dir., Bd. XI (1962), Stichwort: „Crisi di gabinetto", S. 373.

„konstruktiv", da es die an der Krise beteiligten Kräfte zwinge, durch die Abwahl der Regierung den Weg zur Überwindung der Krise (d.h. zur Designation eines neuen Regierungschefs) zu ebnen.
Anders als in Deutschland hat allerdings die Frage, inwieweit sich die Entscheidung für eine bestimmte verfassungsrechtliche Konstruktion des Mißtrauensvotums, seine „konstruktive" oder „destruktive" Variante, eher positiv oder eher negativ für die Stabilität und die Regierbarkeit des Regierungssystems auswirkt, in der italienischen Doktrin bisher wenig Beachtung gefunden. Obgleich sich eine Untersuchung des stabilitätsfördernden Gehalts des parlamentarischen Mißtrauensvotums nur schwerlich losgelöst von den tatsächlichen politischen Verhältnissen innerhalb der beiden Systeme durchführen läßt, scheint es vor diesem Hintergrund dennoch sinnvoll, zunächst im Überblick den Meinungsstand innerhalb der deutschen staatsrechtlichen Literatur zu diesem Problemkreis darzustellen, um anschließend mögliche Parallelen im italienischen Regierungsalltag aufzuzeigen.

a) Der Beitrag des Art. 67 GG zu Stabilität und Regierbarkeit

Innerhalb der deutschen Staatsrechtslehre überwiegt heute die Überzeugung, daß die stabilitätsfördernde Funktion, die das „konstruktive Mißtrauensvotum" des Art. 67 GG nach den Vorstellungen des Herrenchiemseer Konvents und des Parlamentarischen Rates[739] innerhalb des bundesrepublikanischen Regierungssystem wahrnehmen sollte, stark überschätzt worden ist[740]. Allerdings wird auch eingeräumt, daß in der politischen Situation der deutschen Nachkriegszeit zu keinem Zeitpunkt eine „echte Bewährungsprobe" anstand: „Die Regierungsverhältnisse", so schreibt etwa HERZOG[741] mit Blick auf Zahl und Koalitionsverhalten der im Bundestag vertretenen Fraktionen, „waren seit 1949 viel zu stabil, als daß es auf das Funktionieren rein rechtlicher Sicherungen für die Bundesregierung jemals angekommen wäre". Den zersplitterten und koalitionsunfähigen Parteien im Reichstag zu Weimar steht heute ein tendenziell bipolares Parteiensystem gegenüber, das stabile Regierungsmehrheiten im Parlament garantiert

[739] Zum Gang der Diskussion in Herrenchiemsee und im Parlamentarischen Rat zum konstruktiven Mißtrauensvotum siehe die Zusammenfassung bei Birke, ZParl 8 (1977), S. 88 ff..
[740] So etwa Friesenhahn, VVDStRL 16 (1958), S. 59 ff.; Herzog, in Maunz/Dürig, Art. 67, Rdnr. 14 ff.; Stern, StaatsR. Bd. I, S. 990 f.; v.Mangoldt/Klein, Art. 67, II, 3, c (S. 1293); sehr kritisch auch Böckenförde, AöR 92 (1962), S. 253 f..
[741] Herzog, in Maunz/Dürig, Art. 67, Rdnr. 14.

und wechselnde Mehrheiten während einer Legislaturperiode zum verfassungsrechtlichen „Ausnahmetatbestand" werden läßt.
Das Bestreben des parlamentarischen Rates, durch das „konstruktive" Mißtrauensvotum ein „Vakuum an Regierungsautorität"[742] zu vermeiden, kam erst zweimal in der deutschen Nachkriegsgeschichte tatsächlich zum Tragen: 1972 scheiterte der Mißtrauensantrag der CDU-Opposition gegen Bundeskanzler WILLI BRANDT, zehn Jahre später führte der Zerfall der Regierungskoalition aus SPD/FDP erneut zu einer Abstimmung über ein Mißtrauensvotum und schließlich zur Ablösung des damaligen Bundeskanzlers HELMUT SCHMIDT. In beiden Fällen hätte aber auch ein „destruktives" Mißtrauensvotum die Stabilität der Bundesrepublik nicht gefährdet; zu gefestigt waren die (neuen) parlamentarischen Mehrheiten, als daß sich jenseits der jeweiligen politischen Lager eine destruktive, das heißt nur auf den Sturz der Regierung gerichtete Majorität hätte bilden können[743].

In der Gesamtschau zeigt sich damit eher die parteipolitische Situation der Nachkriegszeit „krisenfest" als die rechtlichen Sicherungen des Art. 67 GG: Eine für diese Vorschrift typische Krisenkonstellation, in der entweder der Bundestag einen Minderheitskanzler i.S. des Art. 63 IV GG wählt oder aber die zunächst konsolidierte Kanzlermehrheit nach der Wahl des Regierungschefs irreparabel zerbricht, hat es in den vergangenen fünfzig Jahren in Deutschland nicht gegeben. Regierungskrisen sind denn auch im allgemeinen durch den parteiintern erzwungenen Rücktritt des bisherigen Bundeskanzlers und die anschließende Wahl seines Nachfolgers im Verfahren nach Art. 63 GG und nicht im Wege des konstruktiven Mißtrauensantrags gelöst worden[744]. Mit Blick auf den Verfassungsalltag der Bundesrepublik hat sich daher die Erkenntnis durchgesetzt, daß die Stabilität und die Koalitionsfähigkeit der Parteien für das parlamentarische Regierungssystem sehr viel elementarer sind als die verfassungsrechtliche Konstruktion des Vertrauensentzugs[745].

---

[742] Stern, StaatsR Bd. I, S. 991.
[743] Vgl. Mußgnug, Der Beitrag des GG, S. 61.
[744] Gemeint sind hier die Wechsel von Konrad Adenauer zu Ludwig Erhard (1963), von Ludwig Erhard zu Kurt-Georg Kiesinger (1966) sowie von Willy Brandt zu Helmut Schmidt (1975), vgl. Herzog in Maunz/Dürig, Art. 67, Rdnr. 15.
[745] Stern, StaatsR Bd. I, S. 990 f.. Nach Ansicht von Amphoux (Le chancelier Fédéral, S. 454) erreicht das konstruktive Mißtrauensvotum des Art. 67 allerdings eine Stärkung der Fraktionsdisziplin: Da für den Sturz des alten bzw. die Wahl des neuen Kanzlers die Stimmen der Mehrheit der Mitglieder erforderlich sind und einzelne Koalitionspartner, die die Regierung verlassen möchten, nur im Zusammenwirken mit der Mehrheit i.S. des Art. 67 einen Regierungswechsel herbeiführen können, birgt der Ausstieg aus der Koalition das Risiko des Machtverlusts; dadurch wird laut Amphoux die Neigung zu einer kompromißbereiten Haltung gestärkt.

Dennoch hat seit Inkrafttreten des Grundgesetzes die Diskussion um die Systematik des konstruktiven Mißtrauensvotums einen festen Platz in der staatsrechtlichen Literatur. Entgegen den Überzeugungen der „Verfassungsväter" wird heute allerdings überwiegend bezweifelt, daß das konstruktive Mißtrauensvotum überhaupt in der Lage ist, die Regierungsstabilität nachhaltig zu sichern, soweit es sich um eine nicht nur vorübergehende Krise handelt. So vermag Art. 67 GG zunächst zwar den Bundeskanzler auch gegen den Willen einer heterogenen Mehrheit im Amt zu halten. Dieser Erfolg dürfte sich aber alsbald als „Pyrrhussieg" erweisen, wenn ihm der Bundestag auch weiterhin die Unterstützung verweigert; ein Regierungschef, der zwar im Amt bleibt, weil sich die parlamentarische Mehrheit nicht auf einen Nachfolger einigen kann, der aber nicht über die Gesetzgebungsmehrheit verfügt und dessen politisches Ansehen stark angeschlagen sein dürfte, ist ohne die Kooperation des Parlaments auf Dauer sicherlich ein zweifelhafter und wenig verläßlicher „Stabilitätsgarant"[746]: „Die künstliche Behinderung des Regierungssturzes", konstatiert FRIESENHAHN zu Recht, „verschafft keine Autorität"[747].

Als Beleg für das geringe stabilitätsfördernde Potential des Art. 67 GG mag im übrigen auch die Tatsache dienen, daß in der bundesrepublikanischen Verfassungspraxis weder 1972 noch 1982 die Regierungskrise durch das konstruktive Mißtrauensvotum letztlich beendet werden konnte. Denn in beiden Fällen sahen sich der von der Mehrheit des Parlaments bestätigte beziehungsweise neugewählte Bundeskanzler veranlaßt, im Anschluß an das Mißtrauensvotum die Vertrauensfrage gem. Art. 68 GG, zu stellen, um durch die Auflösung des Par-

---

[746] Auch wenn das GG mit Art. 68, 81 sowie Art. 113 der Minderheitsregierung gewisse Möglichkeiten einräumt (vgl. dazu unten, IV, 2, b, bb, aaa (S. 207 f.) sowie c, ff, bbb (S. 229 f.). Mit Blick auf die erste Regierungskrise der Bonner Republik im Jahr 1966 kritisiert Böckenförde (AöR 92 (1967), S. 254) die Regelung des Art. 67 GG in scharfer Form „als verkrampftes Mißtrauensvotum". Das konstruktive Element dieser Vorschrift liege allein darin begründet, daß die Regierung, die vom Parlament her gebildet werde, ohne parlamentarische Mehrheit als parlamentarische Regierung aufrechterhalten werde.

[747] Friesenhahn, VVDStRL 16 (1958), S. 61. Für Friesenhahn ist insbesondere der Schutz, den Art. 67 GG einer Regierung einräumt, die sich nur noch auf die relative Parlamentsmehrheit stützen kann, verfehlt, wenn dadurch eine andere relative, regierungsbereite Mehrheit von der Übernahme der Regierungsmacht abgehalten wird. Nach seiner Ansicht ist kaum nachvollziehbar, daß eine Regierung, die nicht (mehr) über die sichere Grundlage der absoluten Parlamentsmehrheit verfügt, „unter allen Umständen" im Amt bleiben soll, „wenn eine andere gleich schwache oder gleich starke Regierung parlamentarisch gebildet werden kann". Für Friesenhahn bleibt der Nutzen des konstruktiven Mißtaruensvotums aber selbst dann fragwürdig, wenn die Regierung sich einer „destruktiven" Mehrheit gegenübersieht: Diese Regierung erlangt nach seiner Auffassung „keine größere Stärke oder Autorität als die Regierung, die durch ein destruktives Mißtrauensvotum gestürzt worden ist, aber als geschäftsführende Regierung im Amt bleibt, bis eine neue Regierung gebildet wird."

laments und Neuwahlen die nachhaltige politische Stabilisierung zu erreichen, die das Verfahren nach Art. 67 GG nicht hatte schaffen können[748].

b) Das parlamentarische Mißtrauensvotum der WRV

Die Weimarer Republik, die der Parlamentarische Rat bei der Konstruktion des Art. 67 GG vor Augen hatte, sah sich gegenüber der Bonner Republik weit stärkeren politischen Turbulenzen ausgesetzt. Die starke Parteienzersplitterung und die Unfähigkeit der im Reichstag vertretenen politischen Kräfte, dauerhafte Allianzen zu bilden, verliehen der Konstruktion des parlamentarischen Mißtrauensvotums in Weimar ein ungleich größeres Gewicht für die Regierbarkeit der Republik. Die Entscheidung der Weimarer Verfassung, mit Art. 54 2 auch einer „im Negativen geeinten Mehrheit"[749] den Sturz der Regierung zu ermöglichen und den Reichstag damit aus der Verantwortung für die Bildung einer neuen Regierung zu entlassen, verkannte jedoch die Gefahr, die von negativen Majoritäten für die Funktionsfähigkeit des parlamentarischen Regierungssystems ausgehen konnte. In dem politisch äußerst „sensiblen" System jener Jahre, in dem seit 1920 überwiegend Minderheitskabinette auf Tolerierungsbasis amtierten, zeigte sich bald, daß die Bedrohung der Regierbarkeit durch destruktive Mehrheiten durchaus real war. Tatsächlich basierte in allen Fällen, in denen ein Mißtrauensvotum zum Sturz der Regierung führte, der Mißtrauensantrag auf den Stimmen einer heterogenen Mehrheit, die – einig in der „Negation des alten Kabinetts"– den „positiven Willen" zur Einsetzung einer gemeinsamen neuen Regierung vermissen ließ[750]. Dieser Mißstand hatte auch in der Staatsrechtslehre der Weimarer Zeit schon frühzeitig die Diskussion um die stabilitätsgefährdende Wirkung des „destruktiven" Mißtrauensvotums entfacht. Die Versuche einiger Autoren, Art. 54 2 WRV im Wege der Auslegung dahingehend zu ergänzen, daß ein von widersprechenden Motiven getragenes Mißtrauensvotum unzulässig und nur ein einheitlich begründeter und damit „konstruktiver" Mißtrauensantrag verfassungskonform sei, wurden von der h.L. jedoch wegen des eindeutigen Wortlauts der Norm abgelehnt[751].

---

[748] Mager, in v.Münch/Kunig, Art. 67, Rdnr. 3.
[749] H. Schneider, VVDStRL 8 (1950), S. 26.
[750] Huber, Bd. VI, S. 333.
[751] Für die h.L. Anschütz, WRV, Art. 54, S. 321 f.; einen Überblick über den Meinungsstreit gibt H. Schneider, in VVDStRL 8 (1950), S. 22 f. sowie Huber, Bd. VI, S. 335 f.. In Übereinstimmung mit der h.L. forderte Thoma (in HdbDStR Bd.I, S. 511) daher, Art. 54 WRV im Wege der Verfassungsänderung dahingehend zu ergänzen, daß dem Parlament nur durch einen „einheitlich begründeten Beschluß" das Vertrauen entzogen werden kann.

Die Tragweite, die das „destruktive" Mißtrauensvotum für die Stabilität und Regierbarkeit der Weimarer Republik gehabt hat, läßt sich empirisch sicherlich nicht erfassen: Nur in zwei Fällen ist eine Regierung in den Jahren zwischen 1918 und 1933 tatsächlich durch ein parlamentarisches Mißtrauensvotum gestürzt worden[752]. Seine stabilitätsgefährdende Wirkung ist denn auch eher „psychologischer Natur" gewesen; allein die Tatsache, daß die zersplitterten und heterogenen Reichstagsfraktionen jederzeit in der Lage gewesen wären, sich nur punktuell zum Sturz der Regierung zusammenzuschließen, ohne gleichzeitig eine gemeinsame neue Regierung aus ihrer Mitte bilden zu müssen, hat die Regierungen in Weimar unter Druck gehalten und ihren politischen Aktionsradius begrenzt[753]. Geht man zudem davon aus, daß die Regierungen der Weimarer Republik beim Zerfall der Regierungskoalition häufig durch ihren umgehenden Rücktritt nur die letzte Konsequenz eines bevorstehenden Mißtrauensvotums vorweggenommen haben, so muß die Liste der Kabinette, deren Scheitern im weitesten Sinne auf ein parlamentarisches Mißtrauensvotum zurückzuführen ist, nicht unbeträchtlich ergänzt werden[754]. Zutreffend konstatiert daher STERN[755], daß „die Möglichkeit zum Gebrauch dieser Waffe [sc. des Mißtrauensvotums, Anm. d. Verf.] überaus gefährlich für die Stabilität der Regierung" unter der Weimarer Verfassung war.

Der Blick auf die politische Situation der Weimarer Republik zeigt allerdings in diesem Zusammenhang einmal mehr, daß die verfassungsrechtliche Konstruktion des parlamentarischen Mißtrauensvotums für die Stabilität eines Regierungssystems nur von untergeordneter Bedeutung sein kann: Auch ein konstruktives Mißtrauensvotum i.S. des Art. 67 GG hätte etwa die Situation der Minderheitskabinette der Weimarer Republik im Umgang mit einer heterogenen und koalitionsunfähigen Parlamentsmehrheit nicht erleichtert. Trotz des „Bestandsschut-

---

[752] Neben dem Sturz der Regierungen Luther am 23. 11. 1923 und des dritten Kabinetts Marx am 17. 12. 1926 führt Huber (Bd. VI, S. 333 ff.) auch den Sturz des zweiten Kabinetts Stresemann durch die Ablehung eines Vertrauensantrags der Regierungsparteien an, der nach seiner Auffassung einem Mißtrauensvotum gleichkommt. Ein weiteres Mißtrauensvotum vom 12. 9. 1932 gegen die Regierung Papen war hingegen rechtsunwirksam, da der Reichstag im Zeitpunkt der Antragstellung bereits aufgelöst war. Eine Übersicht über die Mißtrauensanträge in den Jahren 1924-1928 findet sich bei Poetzsch-Heffter, JöR Bd. XVII, S. 106 ff..

[753] H. Schneider, VVDStRL 8 (1950), S. 22; Stern, StaatsR Bd. I, S. 990; vgl. auch Huber, Bd. VI, S. 335.

[754] Fromme, Von der Weimarer Verfassung zum Bonner Grundgesetz, S. 82; ebenso Berthold, Der Staat 36 (1997), S. 82; BK-Schenke, Art. 67, Rdnr. 11. Auch Birke (ZParl 8 (1977), S. 80) greift die Überlegung auf, daß die zahlreichen Kabinettsrücktritte der Weimarer Republik „häufig wohl nur deshalb vorgenommen wurden, um einem sonst zu erwartenden Mißtrauensantrag zuvorzukommen"; a.A. insoweit Brandt, Die Bedeutung parlamentarischer Vertrauensregelungen, S. 42.

[755] Stern, StaatsR Bd.I, S. 990.

zes"[756], mit dem Art. 67 GG heute den Verbleib des Minderheitskanzlers im Amt erleichtert, wären die Kanzler der Weimarer Republik letztlich an der mangelnden Kooperation des Reichstages gescheitert[757]. Eine konsequente Obstruktionspolitik des Parlaments wird nämlich, so folgert auch MUSSGNUG, „jede Minderheitsregierung über kurz oder lang einem faktischen Rücktrittszwang aussetzen, der dem rechtlichen, vor dem Art. 67 GG sie schützt, an Schärfe kaum nachsteht"[758].

c) Die „psychologische Wirkung" des Mißtrauensvotums

Auch in Italien hat das Instrument des parlamentarischen Mißtrauensvotums in der Praxis bisher wenig Bedeutung erlangt, wie ein Blick auf die überwiegend „außerparlamentarische Natur" der italienischen Regierungskrisen zu bestätigen scheint[759]; eine Analyse der Ursachen für den Rücktritt der Regierungen seit dem zweiten Weltkrieg zeigt, daß seit Bestehen der Republik Italien noch keine Regierung durch den förmlichen Vertrauensentzug gem. Art. 94 Cost. gestürzt worden ist. Betrachtet man die Rolle, die das parlamentarische Mißtrauensvotum für die Funktionsfähigkeit des Weimarer Regierungssystems gespielt hat, so muß diese Feststellung jedoch wenigstens teilweise relativiert werden. Die Tatsache, daß noch keine italienische Regierung durch ein Mißtrauensvotum zu Fall gebracht wurde, kann nämlich für sich genommen noch keine Aussage zum stabilitätsgefährdenden Potential des destruktiven Mißtrauensvotums treffen. Dies zeigt sich etwa daran, daß in den Jahren 1955, 1987 und 1994 insgesamt drei italienische Regierungen einem Mißtrauensantrag in einer der beiden Kammern durch ihren Rücktritt zuvorgekommen sind[760]. Auch im übrigen dürfte die für die Weimarer Republik konstatierte „psychologische Wirkung" eines destruktiven Mißtrauensvotums im italienischen Regierungsalltag nicht völlig von der Hand zu weisen sein: Die hohe Zahl von Splitterparteien in beiden Kammern des Parlaments und häufig wechselnde, instabile Regierungsmehrheiten könnten jedenfalls nach der Logik des Art. 94 Cost. auch dann einen Mißtrauensantrag der Opposition zum Erfolg führen, wenn die Mehrheit heterogen und zur Bildung einer neuen Regierung nicht in der Lage ist; eine Konstellation, die das

[756] Finkelnburg, Minderheitsregierung, S.16.
[757] In diesem Sinne auch Glum, in FS-Kaufmann, S. 49.
[758] Mußgnug, Der Beitrag des GG, S. 62.
[759] Zur „crisi extraparlamentare" siehe im einzelnen unten, IV, 1, S. 192 ff..
[760] Im einzelnen sind die Regierungen Scelba (1955), Craxi (1987) und Berlusconi (1994) zu einem Zeitpunkt zurückgetreten, in dem bereits ein Mißtrauensantrag in einer Kammer anhängig war (Martines, in Martines/De Caro/Lippolis/Moretti, S. 285; Paladin, Diritto costituzionale, S. 392).

„konstruktive" Mißtrauensvotum des Art. 67 GG jedenfalls in dieser Form nicht zuläßt[761]. Ein Kabinett aber, das unter Umständen selbst durch zufällige Mehrheiten jederzeit abberufen werden kann, wird in gesteigertem Maße dafür Sorge tragen müssen, daß die Gegensätze zwischen den Koalitionspartnern nicht offen aufbrechen[762]. Die in dieser Situation gewissermaßen obligatorische Rücksichtnahme auf die unterschiedlichen Interessen der am Regierungsbündnis beteiligten Parteien macht eine zielbewußte Regierungspolitik unmöglich und geht damit im Ergebnis nicht zuletzt auch zu Lasten der Regierbarkeit des Staates.

Es darf allerdings umgekehrt bezweifelt werden, ob einer Regierung, deren Rücktritt sich als „Feigheit vor dem parlamentarischen Feind"[763], das heißt als strategischer Rückzug gegenüber einem befürchteten Mißtrauensantrag der Opposition darstellt, durch die Beschränkungen eines konstruktiven Mißtrauensvotums auf Dauer geholfen wäre. Zwar ließe die Notwendigkeit, gleichzeitig mit der Abwahl der alten Regierungsmannschaft *uno actu* eine neue Regierung zu bilden, die Chancen einer heterogenen Opposition in diesem Verfahren deutlich sinken; gegenüber einer massiven Obstruktionspolitik der Opposition wäre die Regierung jedoch, auch wenn sie wegen der verfassungsrechtlichen „Barriere" zunächst kein negatives Vertrauensvotum der Parlamentsmehrheit fürchten muß, früher oder später jedenfalls faktisch zum Rücktritt gezwungen.

3. Der verfassungsrechtliche Sicherungsmechanismus in der Verfassungswirklichkeit

Damit zeigt sich letztlich auch im italienischen Verfassungsalltag, daß die Konstruktion des parlamentarischen Mißtrauensvotums als „Sicherungsmechanismus" i.S. des Art. 67 GG kein Allheilmittel zur Bewahrung der Regierungsstabilität sein kann[764]. In diesem Zusammenhang verdeutlicht der Vergleich mit der

[761] In diesem Zusammenhang wird darauf hingewiesen, daß auch Art. 67 GG nur bedingt krisentauglich ist, da er den Erfolg einer heterogenen Mehrheit in der Mißtrauensabstimmung nicht völlig auszuschließen vermag. Gemeint ist der Fall, in dem sich diese Mehrheit scheinbar auf einen neuen Kandidaten einigt und diesen auch in der Erwartung wählt, daß er umgehend zurücktritt und eine neue Kanzlerwahl nach Art. 63 ermöglicht (Herzog, in Maunz/Dürig, Art. 67, Rdnr. 17).

[762] So Lippert (Bestellung und Abberufung des Regierungschefs, S. 436) mit Blick auf die Weimarer Republik und ihre Regierungen.

[763] Dieser bildhafte Ausdruck stammt von v.Beyme (Regierungssysteme, S. 627), der dieses Rücktrittsverhalten der italienischen Regierungen bereits Ende des 19. Jahrhunderts konstatiert (S. 793 ff.).

[764] Dennoch soll nach dem Willen der Reformer im Zuge der beabsichtigten Verfasungsreform auch die „Hürde" für ein erfolgreiches Mißtrauensvotum vergrößert werden: Künftig soll die Ablösung der Regierung im Rahmen eines parlamentarischen Mißtrauensvotums nur möglich sein, wenn der ent-

Weimarer beziehungsweise der Bonner Republik einmal mehr die tragende Rolle, die auch in Italien der Stabilität und der Bindungsfähigkeit der politischen Parteien zukommt.

Die große Zahl von Splitterparteien und oftmals ideologisch bedingte, wenig gefestigte koalitionäre „Notgemeinschaften" haben dazu geführt, daß der überwältigende Teil der italienischen Regierungskrisen durch den Zerfall der Regierungskoalition ausgelöst worden ist. Der freiwillige Rücktritt – mit der Option, gegebenenfalls erneut den Auftrag zur Regierungsbildung zu erhalten – ist in dieser Situation für die italienische Regierung das „Mittel der Wahl", um der Änderung des „rapporto di fiducia" zwischen Parlament und Regierung und (unter Umständen) dem Verlust der Parlamentsmehrheit Rechnung zu tragen. Die Kammern, durch das Verfahren des parlamentarischen Mißtrauensvotums gem. Art. 94 Cost. eigentlich als „Protagonisten der Regierungskrise" ausersehen, werden damit im italienischen Verfassungsalltag zu bloßen „camere di registrazione della presenza egemone dei partiti"[765] degradiert – eine Entwicklung, die auch durch rechtliche Sicherungen, wie etwa das konstruktive Mißtrauensvotum, kaum umzukehren ist[766].

Diese Annahme wird einmal mehr durch einen Rückblick auf die politische Situation der Bundesrepublik in den vergangenen beinahe fünfzig Jahren erhärtet. Auch das Grundgesetz schließt – ungeachtet seiner durch das Verfahren des konstruktiven Mißtrauensvotums dokumentierten Stabilitätsbestrebungen – nach h.A. den freiwilligen Rücktritt des Bundeskanzlers nicht aus[767], der über Art. 69 II GG auch die Erledigung der Ämter seiner Minister nach sich zieht. Obgleich

---

sprechende Antrag von der absoluten Mehrheit der Kammermitglieder angenommen wird. Der Antrag muß zuvor von mindestens einem Fünftel der Kammermitglieder eingebracht werden (vgl. Art. 76 III des Entwurfes, bzw. Art. 74 III des geänderten Entwurfes).

765 Tosi, Diritto parlamentare, S. 436. Der exessive Rückgriff auf die „dimissione volontaria" hat in der italienischen Doktrin zeitweilig Zweifel an ihrer Verfassungsmäßigkeit aufkommen lassen. Nach ganz h.M. steht aber der freiwillige Rücktritt der Regierung im Einklang mit der Verfassung (dazu etwa Galizia, in Enc. Dir., Bd. XI (1962), Stichwort: „Crisi di gabinetto", S. 383 f.).

766 Martines, Diritto costituzionale, S. 412 f.. Für v.Beyme (Regierungssysteme, S. 348) hat das parlamentarische Mißtrauensvotum im italienischen Regierungssystem seinen Zweck verfehlt. Mit Blick auf die Einschränkungen des Mißtrauensantrags gem. Art. 94 Cost. schreibt er: „Die Beschränkung des Mißtrauensvotums erwies sich in Italien als so überflüssig wie in Frankreich oder in der Bundesrepublik. Die Kabinettskrisen sollten fast ausnahmslos außerparlamentarischer Natur sein. Es kam nicht zu Kabinettsstürzen durch Mißtrauensvoten, da die Koalitionen schon vorher auseinanderfielen". Zu demselben Ergebnis kommt auch Ceccanti, Quad. cost. 1995, S. 324.

767 Das Grundgesetz erwähnt weder für den Bundeskanzler noch für die einzelnen Bundesminister ausdrücklich den Tatbestand des Rücktritts. Seine Zulässigkeit ergibt sich aber sowohl aus Art. 69 III GG, der die sog. Geschäftsregierung zuläßt, als auch aus Art. 69 II GG, der mit der Formulierung „in jedem Fall" auch andere Amtsbeendigungsgründe als den Zusammentritt des neuen Bundestages anerkennt (vgl. im übrigen § 9 I Nr. 3 BminG); die Möglichkeit der Bundesminister, jederzeit ihre Entlassung zu verlangen, eröffnet § 9 II 2 BMinG (Stern, StaatsR Bd.II, S. 295).

sich damit die verfassungsrechtlichen Voraussetzungen einer typischen „crisi extraparlamentare" grundsätzlich auch in der Systematik des Grundgesetzes wiederfinden, haben bundesdeutsche Regierungschefs von der Möglichkeit des „außerparlamentarischen" Rücktritts sehr sparsam Gebrauch gemacht: Lediglich in drei Fällen hat ein Bundeskanzler sein Amt freiwillig, das heißt ohne „parlamentarischen Zwang" i.S. der Art. 67, 68 GG[768], zur Verfügung gestellt, weil entweder der schwindende Rückhalt innerhalb der eigenen Partei oder der Zerfall der Regierungskoalition ihn dazu veranlaßt hat. Von einem exzessiven Koalitionszerfall und dem damit regelmäßig verbundenen Phänomen der „dimissioni spontanee" – wie ihn die italienischen Regierungen seit Gründung der Republik Italien erfahren haben – ist die Bundesrepublik damit bisher allein dank ihrer stabilen Parteienstruktur und nicht aufgrund der rechtlichen Sicherungen des Grundgesetzes verschont geblieben[769].

IV. Die Regierungskrise in Italien

Ob ein Regierungssystem das staatsrechtliche „Gütesiegel" der Stabilität verdient, zeigt in besonderer Weise der Blick auf seinen Umgang mit Regierungskrisen.

Zur Definition des Begriffs der Regierungskrise im parlamentarischen System schreibt GALIZIA[770]: „Der Mittelpunkt, um den sich das parlamentarische System dreht [..], ist das Vertrauen, das die Regierung an die gewählte(n) Kammer(n) bindet; und die Regierungskrise im parlamentarischen System zeigt das Fehlen dieses Vertrauens ganz gleich aus welchem Grund, mit der Konsequenz, daß diese Entwicklung Struktur und Aktivität von Parlament und Regierung bestimmt". Mit dem Begriff der „Regierungskrise" wird in diesem Sinne „der Bruch des Verhältnisses des politischen Gleichklanges entweder zwischen den Mitgliedern des Kabinetts oder aber zwischen ihnen und dem Parlament"[771] bezeichnet, der eine „Unfähigkeit oder Unwilligkeit zur Zusammenarbeit im politi-

[768] Im Hinblick auf die Vertrauensfrage des Art. 68 GG ist der Ausdruck „parlamentarischer Zwang" im untechnischen Sinn zu verstehen. Die Abstimmungsniederlage im Verfahren nach Art. 68 GG begründet zwar keine rechtliche Rücktrittsverpflichtung des Bundeskanzlers; sie bescheinigt ihm aber, daß er die Mehrheit des Parlaments nicht mehr hinter sich hat und daß er – sofern er sich für die Fortsetzung seiner Amtszeit entscheidet – als Minderheitskanzler agieren muß.

[769] Für Pietzner (JA 1972, S. 461) beruht Art. 67 GG denn auch „entscheidend auf einer historisch fixierten Vorstellung des Parteiensystems, die heute ganz eindeutig überholt ist."

[770] Galizia, in Enc. Dir., Bd. XI, Stichwort: „Crisi di gabinetto", S. 367 f..

[771] Mortati, Istituzioni, S. 541.

schen Willensbildungsprozeß nach sich zieht"[772]. Es liegt auf der Hand, daß in einem parlamentarischen Regierungssystem, in dem das vertrauensvolle Zusammenwirken von Regierung und Parlament die Basis für eine erfolgreiche Regierungspolitik bildet, eine gestörte Kooperation von Exekutive und Legislative die Gefahr der Stagnation und Handlungsunfähigkeit des Staates birgt[773]. In einem ideal funktionierenden parlamentarischen System werden daher die Volksvertreter eine Regierung, die nicht mehr das Vertrauen der Parlamentsmehrheit genießt, abberufen und umgehend durch eine mehrheitsfähige Alternative ersetzen. In der italienischen Verfassung bietet das parlamentarische Mißtrauensvotum des Art. 94 grundsätzlich das geeignete Verfahren, um veränderten Mehrheitsverhältnissen Rechnung zu tragen, zumal die Abberufung des Kabinetts in Italien – anders als nach der Systematik des konstruktiven Mißtrauensvotums aus Art. 67 GG – weder an eine qualifizierte Parlamentsmehrheit noch an die gleichzeitige Bestellung einer neuen Regierung geknüpft wird.

1. Die „italienische Krise"

Die Ausführungen zu Art. 94 Cost. haben bereits gezeigt, daß sich das italienische Parlament in der Vergangenheit nicht an diese „Logik" des parlamentarischen Systems gehalten hat. Ähnlich wie die Kabinette der Weimarer Zeit sahen sich die Regierungen Italiens in den vergangenen fünfzig Jahren – obgleich rein rechnerisch in der Mehrzahl der Fälle nicht als Minderheitsregierung konstituiert – überwiegend mit „negativen Mehrheiten" konfrontiert[774], die, einig nur in ihrem latenten Obstruktionismus und ihrer Ablehnung des jeweiligen Regierungsprogramms, keine echte Regierungsalternative bieten konnten. Im politischen System Italiens, das bald fünfzig Jahre lang durch den „polarisierten Pluralismus" seiner Parteien bestimmt worden ist, hat sich im übrigen bis in die jüngste Zeit eine konstruktive, zur Übernahme der Regierungsgeschäfte fähige Opposition nicht herausbilden können[775]. Andererseits haben politische Formeln wie die sogenannte „conventio ad excludendum" und später der „consociativismo" –

[772] Stern, StaatsR Bd. II, S. 1371.
[773] Vgl. Steffani, Regierungsmehrheit und Opposition, S. 19.
[774] Zum Problem der „negativen Mehrheiten" im Weimarer Reichstag siehe Huber, Bd. VI, S. 52, 335 sowie bereits oben, III, 2, b, S. 186 ff..
[775] Die bei den ersten Wahlen nach der Wahlrechtsreform 1996 angetretenen Wahlblöcke des siegreichen „Ölbaumbündnisses" auf der einen Seite und des „Polo della libertà" auf der anderen Seite wurden von einigen Autoren als Trendwende auf dem Weg zu einer echten parlamentarischen Opposition gefeiert. Pinelli (Dir. pubbl. 1997, S. 711) spricht etwa mit Blick auf die heutige Parteienlandschaft Italiens von einem „embrionale bipolarismo".

auch wenn im Laufe der Jahre eine allmähliche Verschiebung der politischen Gewichtungen innerhalb der Regierungskoalitionen festzustellen ist – im Ergebnis zu einer bemerkenswerten Stabilität der am Koalitionsreigen beteiligten Parteien geführt[776]. „L'impossibilità del ricambio della classe governante"[777], das heißt die Unfähigkeit, die regierende Klasse Italiens abzulösen, wird denn auch heute als eine der zentralen Ursachen für die „Pathologie des italienischen Systems" verstanden. Ohne den „Katalysator" eines möglichen Regierungswechsels entladen sich die politischen Spannungen zwischen einzelnen Parteien und dem Kabinett ausschließlich innerhalb der Regierungskoalition[778]; der latente Antagonismus einzelner Bündnispartner, der sich durch Abstimmungsniederlagen bei zentralen Gesetzesvorhaben der Regierung ebenso äußern kann wie durch das öffentliche Abrücken einzelner Minister und ihrer Parteien von der Regierungslinie, dokumentiert den Vertrauenszerfall innerhalb der Koalition und führt die Regierung ebenso in die Krise wie der Ausstieg eines Koalitionspartners aus dem Regierungsbündnis. Um diese sogenannte „außerparlamentarische Krise"[779] zu überwinden, entschließt sich das Kabinett in aller Regel zum Rücktritt („dimissioni spontanee") und macht damit den Weg zur Bildung einer neuen Regierung frei[780].

Versucht man mit Blick auf die politischen Ereignisse der vergangenen fünfzig Jahre, die italienischen Regierungskrisen zu typisieren, so bestätigt sich, daß der „crisi extraparlamentare" im italienischen Verfassungsalltag eine weitaus größere Bedeutung zukommt als der „crisi parlamentare", die auf ein erfolgreiches Mißtrauensvotum oder die Niederlage der Regierung in der Vertrauensabstimmung, mithin auf innerparlamentarische Ursachen zurückzuführen ist: Während 1998 eine italienische Regierung erstmals in der Geschichte der italienischen Republik wegen ihrer Abstimmungsniederlage bei der Vertrauensfrage die Re-

---

[776] Merlini, in Manuale, S. 206. Zum Ganzen bereits oben, C, I, S. 114 ff..

[777] Cheli, Rass. parl. 1998, S. 295.

[778] Merlini, in Manuale, S. 206.

[779] Diese Art der Krise wird als „außerparlamentarische Krise" bezeichnet weil ihre Ursachen im Gegensatz zur „parlamentarischen Krise", die auf ein erfolgreiches Mißtrauensvotum oder eine Niederlage der Regierung in der Abstimmung über die Vertrauensfrage folgt, außerparlamentarischer Natur sind. Das Begriffspaar der „außerparlamentarischen Krise" („crisi extraparlamentare") und der „parlamentarischen Krise" („crisi parlamentare") hat sich in der italienischen Doktrin ganz überwiegend durchgesetzt (zur abweichenden Terminologie siehe Villone, in Comm. Branca, Art. 94, S. 262, Fn.1). Mit der Problematik der außerparlamentarischen Krise in Italien beschäftigt sich ausführlich Labriola, Funzioni, S. 3 ff..

[780] Vor diesem Hintergrund erschließt sich auch eine Ursache für die erstaunliche „personelle Stabilität", durch die die italienischen Kabinette in der Vergangenheit trotz häufiger Regierungswechsel aufgefallen sind: Da Regierungschef und Kabinettsmitglieder nicht durch eine explizite Kundgabe des parlamentarischen Vertrauens zum Rücktritt gezwungen und damit gleichsam öffentlich „diskredi-

gierungsgeschäfte niedergelegt hat und ein parlamentarisches Mißtrauensvotum sogar noch nie zur Ablösung der Regierung führen konnte, sind die italienischen Regierungen in den vergangenen Jahrzehnten regelmäßig im Zuge „außerparlamentarischer" Regierungskrisen zurückgetreten[781]. Als häufigste Ursache dieser Krisen ist dabei der Zusammenbruch der Regierungskoalition zu nennen[782], ohne daß damit im Einzelfall zwangsläufig der Verlust der parlamentarischen Mehrheit verbunden war; allein die veränderte Zusammensetzung des Regierungslagers und die damit verbundenen Modifikationen des „indirizzo politico" stellen ebenso wie die in diesem Fall häufig erforderliche Kabinettsumbildung das Vertrauensverhältnis zwischen Parlament und Regierung auf eine neue, veränderte „Geschäftsgrundlage" und lassen daher auf politischer Ebene regelmäßig den Rücktritt der amtierenden Regierung unabwendbar erscheinen[783].
In der Staatspraxis manifestiert sich zudem eine nicht unerhebliche Gefahr für die Stabilität und die Regierbarkeit Italiens schon im Vorfeld der eigentlichen Krise, wenn „eine in sich gespaltene Mehrheit des Parlaments die Gesetzgebungsmaschinerie nicht im Sinne der Regierungspolitik laufen läßt, sondern blockiert"[784], obwohl die Regierung auf der Grundlage der Koalitionsvereinbarungen rein rechnerisch (noch) von der Mehrheit der Abgeordneten unterstützt wird. Diese „latente Verfassungsstörung"[785] gründet sich in der Praxis auf die

---

tiert" worden sind, erscheint die erneute Bewerbung der alten, zumeist nur leicht umstrukturierten Regierungsmannschaft um die Regierungsämter häufig durchaus erfolgversprechend.

[781] Daneben hat sich seit den Anfängen der Republik Italien im Sinne einer „consuetudine costituzionale", einer verfassungsrechtlichen Gewohnheit, der Grundsatz verfestigt, daß die Regierung nach Neuwahlen zurücktritt; denn auch in diesem Fall ist der „rapporto di fiducia" zwischen der Regierung und den Kammern in ihrer neuen Zusammensetzung nicht mehr gegeben. Siehe dazu bereits oben Fn. 561 (S. 137).

[782] Von 1948 bis 1986 stürzten 74, 4 % aller Kabinette aufgrund innerkoalitionärer Auseinandersetzungen. In diese Kategorie gehören im weitesten Sinne auch Zerwürfnisse innerhalb einer Regierungspartei: So sind in der Vergangenheit einige Regierungsstürze darauf zurückzuführen, daß sich ein einflußreicher Flügel der DC in der Regierung nicht mehr angemessen vertreten fühlte (siehe dazu die Beispiele bei Seißelberg, Republik Italien, S. 250 f.).

[783] Vgl. Mortati, Istituzioni, S. 543. Einen derartigen „Automatismus" stellt auch Pitruzella (in Comm. Branca, Art. 92-93, S. 60 f.) „vor dem Hintergrund eines stark 'polarisierten' Systems" fest, „in dem jede Kraft innerhalb der Koalition nötig ist, um die ideologische Distanz zwischen den Koalitionsparteien zu überbrücken". Da die italienischen Kabinette auf den Zerfall der Koalition regelmäßig mit Rücktritt reagieren, ist die Minderheitsregierung im „klassischen Sinn" im italienischen Regierungsalltag daher die große Ausnahme geblieben. Als Beispiel für eine Minderheitsregierung sei auf das „Governo della non fiducia" unter Ministerpräsident Andreotti verwiesen (siehe oben Fn. 542 (S. 133)); mit ähnlich schwierigen Mehrheitsverhältnissen sah sich auch die Regierung des Ministerpräsidenten Prodi konfrontiert, dessen Kabinett in der Abgeordnetenkammer auf die Tolerierung der Neokommunisten angewiesen war.

[784] H. Schneider, VVDStRL 8 (1950), S. 35.

[785] Für Stern (StaatsR Bd. II, S. 1370) ist damit die „Funktionsstörung der Normalität" gemeint, die „aus der Unfähigkeit oder Unwilligkeit oberster Staatsorgane erwächst, die ihnen nach der Verfassung zugewiesenen Aufgaben zu erfüllen". In diesem Sinne schon Heckel (AöR 61 (1932), S. 275), für den

insgesamt mangelhafte Koalitionsdisziplin innerhalb der Regierungsparteien ebenso wie auf die fehlende Bereitschaft einzelner Koalitionspartner, von der jahrelangen Begünstigungspolitik abzurücken und die Verantwortung für notwendige, aber „schmerzhafte" Einschnitte in den Besitzstand der eigenen Klientel zu übernehmen; sie wird verschärft durch die starke Parteienzersplitterung im italienischen Parlament, die häufig nur eine knappe Stimmenmehrheit der Regierungskoalition in den Kammern zuläßt[786].

2. Das Kriseninstrumentarium der italienischen Verfassung

Das Wissen um die zumeist außerparlamentarische Natur der italienischen Regierungskrisen einerseits, und die „latente Verfassungsstörung" im Verfassungsalltag der letzten Jahrzehnte andererseits, beeinflußt auch die Frage, welche Bedeutung dem verfassungsrechtlichen Kriseninstrumentarium für die Regierungsstabilität und die Regierbarkeit in Italien zukommt.

Anders als das Grundgesetz, das mit den Vorschriften der Art. 68, 81, 111 und 113 ein ausgefeiltes verfassungsrechtliches Sicherungssystem bereithält, um einer Regierung auch ohne den Rückhalt der Parlamentsmehrheit die Regierungsgeschäfte zu ermöglichen[787], hat die italienische Verfassung auf eine entsprechende „Hilfestellung" weitgehend verzichtet. Einzig das in Art. 81 Cost. verbriefte Recht der „vorläufigen Haushaltsführung" („bilancio provisorio") zeugt vom Bestreben der verfassungsgebenden Versammlung, die Regierungsfähigkeit auch in Krisenzeiten zu erhalten.
In der Verfassungspraxis haben sich in diesem Zusammenhang mit der in Art. 116 R.C. geregelten Vertrauensfrage und dem in Art. 77 II Cost. konzedierten Recht zum Erlaß einer gesetzesvertretenden Verordnung „in casi straordinari di necessità e d`urgenza" („in Fällen außergewöhnlicher Notwendigkeit und Dringlichkeit") zwei weitere Kriseninstrumente der italienischen Regierung eta-

---

eine Verfassungsstörung „eine staatsrechtlich abnorme Lage" darstellt, „die besteht, wenn ein von der Verfassung zur Erfüllung bestimmter staatsrechtlicher Aufgaben verordnetes oberstes Organ nicht imstande ist, seine Funktion im Verfassungsleben auszufüllen".

[786] Gerade in jüngster Zeit konnten die italienischen Regierungen, etwa unter den Ministerpräsidenten Ciampi und Dini („Governi tecnici"), nur sehr knappe parlamentarische Mehrheiten vorweisen. Gleiches gilt für die Regierung unter Ministerpräsident Berlusconi, der zudem als „Governo a maggioranza divisa" („Regierung mit gespaltener Mehrheit") mit heftigen Differenzen innerhalb des Regierungslagers zu kämpfen hatte. Dazu Pitruzella, Reiterazione, S. 179.

[787] Dazu Mußgnug, Der Beitrag des Grundgesetzes, S. 70 ff..

bliert, deren Beitrag zu Stabilität und Regierbarkeit im folgenden ebenfalls erörtert werden soll.

a) Das „Nothaushaltsrecht" (Art. 81 II Cost.) als Kriseninstrument?

Die Präsentation des jährlichen Haushaltsplans („bilancio preventivo")[788] und seine Verabschiedung durch das Parlament[789] in Form der sogenannten „legge di bilancio"[790] (vgl. Art. 81 I Cost.[791]) markieren die zentralen Koordinaten für den Handlungsspielraum der italienischen Regierung[792].

---

[788] Politische Grundlage des Haushaltsentwurfes ist das von der Regierung erarbeitete „Dokument zur wirtschafts- und finanzpolitischen Planung" („documento di programmazione economico-finanziaria"). Dieses Grundlagenpapier, das für den im „bilancio pluriennale" (dazu unten Fn. 790) vorgesehenen Zeitraum die makroökonomischen Zielsetzungen der Finanzpolitik enthält, wird zunächst den Haushaltsausschüssen der Kammern (und unter Umständen weiteren sachlich zuständigen parlamentarischen Ausschüssen) zugeleitet. Der Bericht dieser Ausschüsse im Plenum ist dann die Basis der parlamentarischen Debatte, an deren Ende die Verabschiedung einer Resolution steht. Der Inhalt dieser Resolution fungiert als Richtlinie für den von der Regierung vorzulegenden Haushaltsentwurf (Tosi, Diritto parlamentare, S. 379 f.).

[789] Gem. Art. 72 IV Cost. besteht für die Verabschiedung des Haushalts nicht nur ein Parlaments-, sondern auch ein „Plenumsvorbehalt"; er kann damit nicht in einer gesetzgebenden Kommission verabschiedet werden.

[790] Das Haushaltsgesetz besteht zum einen aus der vom Finanzministerium verfaßten Aufstellung aller voraussichtlichen Einnahmen, zum anderen führt es die Ausgaben an, wie sie jeweils von den einzelnen Ministerien für das kommende Haushaltsjahr prognostiziert werden. Um den aktuellen Haushalt in einen längerfristigen haushaltspolitischen Kontext einordnen zu können, beinhaltet der Gesetzentwurf zusätzlich einen „Mehrjahreshaushalt" („bilancio pluriennale"); dieser enthält die in einem Zeitraum von drei bis maximal fünf Jahren vorgesehenen Einnahmen und Ausgaben und wird jährlich mit jedem Entwurf der „legge di bilancio" aktualisiert (Barile/Cheli/Grassi, S. 309).

[791] Gem. Art. 81 I Cost. billigt das Parlament auch die von der Regierung vorgelegten Rechenschaftsberichte („rendiconti consuntivi"), aus denen die Volksvertretung nach Abschluß einer Haushaltsperiode ersehen kann, ob und inwieweit die Haushaltsführung der Regierung den Vorgaben des Haushaltsgesetzes gefolgt ist.

[792] Neben der „legge di bilancio" existiert im italienischen Haushaltsrecht ein Katalog weiterer haushaltsrechtlicher Steuerungsmechanismen, die unter dem Begriff der „manovra finanziaria" zusammengefaßt werden. Da gem. Art. 81 III Cost. im Haushaltsgesetz neue Steuern oder Ausgaben nicht erhoben werden dürfen, wurde im Zuge der Reform des Haushaltsrechts 1978 die „legge di bilancio" durch die sogenannte „legge finanziaria" ergänzt, mit deren Hilfe die Haushaltsplanung flexibler gestaltet werden sollte. Um die finanziellen Verpflichtungen, die sich aus bereits bestehenden Gesetzen für den neuen Haushalt ergeben, den aktuellen haushaltsrechtlichen Vorgaben der „legge di bilancio" anzugleichen, wurden nunmehr in diesem Gesetz alle erforderlichen Gesetzesänderungen bzw. Gesetzesergänzungen zusammengefaßt. In den Jahren 1978-1988 entwickelte sich die „legge finanziaria" allerdings mehr und mehr zu einer „legge-omnibus" (Paladin, Diritto costituzionale, S. 362): Neben notwendigen Regelungen enthielt sie mehr und mehr unkoordinierte finanzpolitische Detailmaßnahmen. Als Folge dieser Entwicklung gestaltete sich die Verabschiedung eines stimmigen Haushaltskonzepts zunehmend schwieriger, da der gleichsam „eigenständige" finanzpolitische Regelungsgehalt des Gesetzes, statt die öffentlichen Ausgaben zu koordinieren und zu planen, letztlich häufig zu einer Steigerung des im Haushaltsgesetz veranschlagten Finanzvolumens führte. Lippolis (in Martines/De Caro/Lippolis/Moretti, S. 477) verweist in diesem Zusammenhang auf die „legge finanziaria" für das

Der Haushaltsplan wird als „politisches wie verfassungsrechtliches Instrument" definiert, das „alle Einnahmen und Ausgaben vorsieht, die innerhalb des kommenden Jahres realisiert werden sollen"[793]. Er dokumentiert damit „das von der Exekutive zu realisierende politische Handlungsprogramm"[794] und stellt im Ergebnis die obligatorische finanzpolitische Grundlage der Regierungstätigkeit dar; ohne den vom Parlament verabschiedeten Haushaltsplan ist die Regierung nicht befugt, über die Staatsfinanzen zu disponieren, mit der Folge einer „vera e propria paralisi dell`azione statale"[795] .

Vor diesem Hintergrund erschließt sich die Bedeutung, die der Verabschiedung des Haushaltsgesetzes für die Stabilität und die Regierbarkeit des Staatswesens zukommt in zweifacher Hinsicht. Verweigert das Parlament die Annahme einiger Abschnitte des Haushaltplans oder lehnt es sogar den Haushalt insgesamt ab, so verdeutlicht die parlamentarische Mehrheit damit zunächst ihre Ablehnung gegenüber der politischen Ausrichtung der Regierung, die sich in der Gestaltung des Budgets zwangsläufig niederschlägt. Auch wenn eine parlamentarische Niederlage in der Haushaltsdebatte die Regierung juristisch nicht zum Rücktritt zwingt, verdeutlicht sie doch den geringen Rückhalt der Regierung im Parlament und kann in der Praxis entweder die gesamte Regierungsmannschaft oder aber einen einzelnen Minister, dessen Etat in Frage gestellt wird, zu Fall bringen. In diesem Fall manifestiert sich die politische Komponente des Haushaltsplans, deren – unter Umständen gravierende – Folgen für die Regierungsstabilität nicht von der Hand zu weisen sind[796].

Neben den politischen Implikationen sind schließlich die „rein" haushaltsrechtlichen Konsequenzen zu nennen, die der Regierung für den Fall drohen, daß das

---

Haushaltsjahr 1988, die nach Abschluß des parlamentarischen Verfahrens zu einer Erhöhung der ursprünglich vorgesehenen Ausgaben i.H. von siebentausend Milliarden Lire geführt hatte. Vor diesem Hintergrund entschloß sich der Gesetzgeber 1988, den Regelungsbereich der „legge finanziaria" einzuschränken: Das Finanzgesetz sollte zukünftig ebenfalls keine neuen Steuern und Abgaben mehr erheben dürfen; diese Aufgabe wird heute vielmehr, getrennt nach den einzelnen Sektoren, von den sogenannten „leggi collegati alla manovra di finanza pubblica" erfüllt, deren Entwurf die Regierung im Parlament zusammen mit dem Text der „legge finanziaria" einzubringen hat (Barile/Cheli/Grassi, S. 310).

[793] Diese Definition enthält nunmehr auch Art. 1, Gesetz Nr. 407/77 (Barile/Cheli/Grassi, S. 308).

[794] Fischer-Menshausen, in v.Münch/Kunig, Art. 110, Rdnr. 3.

[795] Paladin, Diritto costituzionale, S. 357, („eine tatsächliche Lähmung des staatlichen Handelns").

[796] So trat im Februar 1987 die Regierung unter Ministerpräsident Goria zurück, nachdem er seinen Haushalt nicht hatte durchbringen können (Salerno, in Comm. breve, Art. 81, S. 502). Auch der Rücktritt von Ministerpräsident Prodi im November 1998 wurde durch einen Haushaltskonflikt eingeleitet: Da ein Teil der Neokommunisten die zuvor durch ihre Partei praktizierte Tolerierung der Regierung Prodi in der Haushaltsdebatte aufgab, verband der Regierungschef die Abstimmung über den Haushalt in der Abgeordnetenkammer mit der Vertrauensfrage und unterlag. Zu den verfassungspolitischen Konsequenzen der Ablehnung einer Haushaltsvorlage siehe auch Fricke, DVBl. 1975, S. 605.

Parlament die von der Regierung vorgelegte „legge di bilancio" nicht annimmt. Gelingt es der Regierung nämlich nicht, den Haushalt für das kommende Jahr rechtzeitig, das heißt spätestens bis zum 31. Dezember des Vorjahres zu verabschieden[797], so droht ihr in Ermangelung eines gültigen Haushaltsplans die „haushaltsrechtliche Zahlungsunfähigkeit".

aa) Der politische Stellenwert des Haushaltsrechts

Insgesamt hat – im Vergleich mit der konstitutionellen Ära – die Budgetverweigerung „en bloc" im klassischen Sinne allerdings heute ihre ursprüngliche Bedeutung als taktisches Kampfmittel des Parlaments auch in Italien verloren[798]. Zum einen bietet das parlamentarische Regierungssystem andere wirkungsvolle Mechanismen, um eine Regierung, die die Parlamentsmehrheit verloren hat, zum Rücktritt zu bewegen; zum anderen bedeutet die Verweigerung des Haushaltsplans, wenn sie denn zum Sturz der Regierung führt, gleichzeitig auch den Machtverlust der sie tragenden parlamentarischen Mehrheit und will daher von den Mehrheitsfraktionen sorgsam erwogen werden. Dennoch hat auch im parlamentarischen System der Haushaltskonflikt in Folge geänderter Mehrheitsverhältnisse sein stabilitätsgefährdendes Potential nicht völlig eingebüßt[799]. Mit

---

[797] Im einzelnen läuft das Haushaltsverfahren wie folgt ab: Die Regierung ist bis zum 15. Mai jedes Jahres verpflichtet, das „documento di programmazione economico-finanziaria" (vgl. Fn. 788 (S. 196)) dem Parlament vorzulegen. Bis zum 31. Juli muß dann der Haushaltsentwurf, bis zum 31. September der Gesetzentwurf der „legge finanziaria" eingebracht werden. Sobald alle Gesetzentwürfe vorliegen, beginnt die der Verabschiedung des Haushalts gewidmete Sitzungsperiode beider Kammern („sessione di bilancio"). Das parlamentarische Verfahren wird ausführlich erläutert von Di Ciolo/Ciaurro, S. 444 ff..

[798] Ein eindrucksvolles Beispiel für die „Sprengkraft", die der Haushaltskonflikt in der konstitutionellen Ära barg, bietet etwa der Preußische Verfassungskonflikt (1862-66), dazu Huber, Bd. III, S. 269 ff. (305 ff.); Kimminich, Deutsche Verfassungsgeschichte, S. 372 ff.; Wahl, Der preußische Verfassungskonflikt, S. 208 ff.. Allgemein zum Stellenwert des Budgetrechts, v.Beyme, Regierungssysteme, S. 416 f..

[799] Ein besonders eindrucksvolles Beispiel dafür bietet auch der Blick auf die Verfassungspraxis der Weimarer Republik, in der in den letzten Jahren ihres Bestehens die Haushaltskrise zur Verfassungskrise wurde. Die ordnungsgemäße Verabschiedung des Haushaltsgesetzes durch den Reichstag wurde zunehmend erschwert, da entweder die vom Parlament vorgeschlagenen Änderungen für die Regierung unannehmbar waren und das Kabinett den geänderten Entwurf daher in letzter Minute zurückzog oder aber sich die Mehrheit lediglich über die Ablehnung des Entwurfs einig war, konstruktive Änderungsvorschläge aber nicht einbringen konnte. Zwar bot das Verfassungssystem – entweder durch Rücktritt und Neubildung der Regierung oder durch Auflösung und Neuwahl des Reichstages – für eine derartige Haushaltskrise einen klaren Ausweg; in der Praxis scheiterte dieser Lösungsansatz aber häufig an der Unfähigkeit des Parlaments, eine zur Regierungsbildung und Haushaltsgestaltung fähige Mehrheit hervorzubringen. Letztlich überwunden wurde der „permanente Haushaltsnotstand" in den Endjahren der Weimarer Republik nur mit Hilfe der präsidiellen Ausnahmevollmachten des Art. 48 WRV (zum ganzen Huber, Bd. VI, S. 503 f.).

Blick auf die Republik Italien sei in diesem Zusammenhang etwa an den Rücktritt der Regierung PRODI im November 1998 erinnert, der zuvor ein Teil der Neokommunistischen Partei in der Haushaltsdebatte die bis zu diesem Zeitpunkt praktizierte Tolerierung der Regierungskoalition verweigert hatte.

Die politischen Differenzen, die sich in den Haushaltsdebatten des italienischen Parlaments in den vergangenen Jahren manifestiert haben, sind allerdings zumeist weniger ein Ausfluß parlamentarischer Machtdemonstration oder geänderter Mehrheitsverhältnisse als eher Ausdruck des gewandelten Rollenverständnisses von Regierung und Parlament in der Haushaltsdebatte[800]. In Zeiten der „Gefälligkeitsdemokratie"[801] sieht sich die Regierung quer durch alle Fraktionen mehr denn je mit einem gesteigerten Ausgabendrang der Parlamentarier konfrontiert, die sich durch finanzielle Zuwendungen die Unterstützung ihrer Klientel sichern wollen. Vor allem der finanzpolitische Druck, der von den Stabilitätskriterien des Maastrichter Vertrages ausgeht, hat der italienischen Regierung als Antwort auf die parlamentarische „Freigiebigkeit" die Rolle eines „Bremsers" zugewiesen und die Haushaltsdebatte zu einer „Schlacht um minimale Sonderzuwendungen"[802] gegenüber dem rigiden Sparkurs des Kabinetts werden lassen. Diese Entwicklung birgt aber im Ergebnis keine geringere Gefahr für die Regierungsstabilität als ein „echter" Haushaltskonflikt: Unterliegt die Regierung in der parlamentarischen Auseinandersetzung um einzelne, aber zentrale Haushaltsposten oder sind die vom Parlament verabschiedeten Änderungen mit Blick auf das Regierungsprogramm unannehmbar, so bleibt der Regierung häufig allein die Flucht in den Rücktritt.

bb) Die stabilitätssichernde Wirkung des „Nothaushaltsrechts"

Um die Funktionsfähigkeit des Staates auch dann zu gewährleisten, wenn das Parlament das Haushaltsgesetz am Ende des Kalenderjahres noch nicht verabschiedet hat, eröffnet Art. 81 II Cost. die Möglichkeit des „bilancio provisorio", der vorläufigen Haushaltsführung. Diese ist für das laufende Kalenderjahr dann zulässig, wenn der Haushalt nicht bis zum 31. Dezember des vergangenen Jah-

[800] Während in früherer Zeit der Monarch und seine Regierung gerne auf eine Vergrößerung des Etats drängten, hat sich im parlamentarischen Regierungssystem ein Rollentausch vollzogen: Nunmehr ist das Parlament ausgabefreudig, so daß der Regierung immer mehr die Rolle eines „Bremsers" zukommt (vgl. Stern, StaatsR Bd. II, S. 1219).
[801] V.Beyme, Regierungssysteme, S. 417.
[802] P.Weber, Zparl 28 (1997), S. 742.

res verabschiedet worden ist, die Kammern den „Nothaushalt" per Gesetz billigen und seine Ausführung vier Monate nicht übersteigt[803].
Aus dem Regelungsgehalt des Art. 81 II Cost. ergibt sich bereits, daß bei einer politisch motivierten Ablehnung des Haushaltsgesetzes, das heißt bei unüberbrückbaren Gegensätzen zwischen Regierung und Parlamentsmehrheit, der Rückgriff auf die provisorische Haushaltsführung kaum zur Sicherung der Regierungsstabilität beitragen kann. Da – anders als beim Haushaltsvorgriff i.S. des Art. 111 GG – auch der „Übergangshaushalt" im Wege eines Gesetzes verabschiedet werden muß, ist die Regierung in jedem Fall auf die Unterstützung der parlamentarischen Mehrheit angewiesen; haben sich die Volksvertreter endgültig und mehrheitlich von der Regierung abgewandt und manifestiert sich diese Haltung in einem „echten Haushaltskonflikt", so wird auch das für die Verabschiedung des „bilancio provisorio" erforderliche Gesetz nur schwerlich eine Mehrheit im Plenum finden[804]. Im übrigen könnte sich aber eine Regierung, der die parlamentarische Mehrheit im Haushaltsverfahren die Gefolgschaft aufgekündigt hat, auch nur kurzfristig über Wasser halten: Durch die enge zeitliche Begrenzung der provisorischen Haushaltsführung auf maximal vier Monate hat die Verfassung der Regierung in der parlamentarischen Auseinandersetzung um die Verabschiedung des Haushalts allenfalls eine kleine Atempause eingeräumt.

Wird die Verabschiedung des Haushaltsgesetzes durch verfahrenstechnische Gegebenheiten hingegen lediglich verzögert (Etatverzögerung)[805], so kommt dem „Nothaushaltsrecht" durchaus eine stabilitätssichernde Funktion zu. Indem Art. 81 II Cost. der Regierung die haushaltsrechtliche Handlungsfähigkeit auch über das laufende Haushaltsjahr hinaus bewahrt, nimmt es dem in der Vergangenheit von der parlamentarischen Opposition mit Hilfe von verfahrensrechtlichen Kunstgriffen ausgiebig praktizierten „Budgetobstruktionismus" die Spitze[806]. Dasselbe Ziel haben auch die im Zuge der umfassenden Reformen der

---

[803] Im Rahmen der provisorischen Haushaltsführung sind Ausgaben nur auf der Grundlage des dem Parlament vorgelegten Haushaltsplans zulässig, wobei für jeden Abschnitt pro Monat ein Zwölftel des insgesamt aufs Jahr vorgesehenen Etats zur Verfügung steht; läßt sich eine solche Teilung nicht vornehmen, so wird im Übergangshaushalt eine Obergrenze festgesetzt (Salerno, in Comm. breve, Art. 81, S. 502).

[804] Aus dem Parlamentsvorbehalt, der gem. Art. 72 IV Cost. für die Haushaltsgesetzgebung besteht, folgt das Verbot, den Haushalt im dezentralisierten Verfahren zu verabschieden. Einige Autoren halten allerdings die Verabschiedung des vorläufigen Haushalts im Wege eines „decreto-legge" gem. Art. 77 II Cost. für zulässig (dazu Paladin, in Comm. Branca, Art. 77, S. 65; Rodriquez, in Comm. breve, Art. 77, S. 477).

[805] Sasse (JZ 1973, S.190) verwendet das Begriffspaar „Etatverzögerung" und „Etatkonflikt".

[806] Als Beispiel sei hier auf die Haushaltsdebatte des Jahres 1983 verwiesen, in der der beharrliche Obstruktionismus der Radikalen Partei in der Abgeordnetenkammer dazu führte, daß nur verfahrensrechtliche „Kunstgriffe" des Kammerpräsidenten die Verabschiedung des Haushaltsgesetzes erst kurz

parlamentarischen Geschäftsordnungen vorgenommenen Änderungen der Bestimmungen zum Haushaltsverfahren verfolgt, dessen reibungsloser Ablauf nunmehr durch die Art. 118 bis R.C ff. und Art. 125 ff. R.S. gewährleistet werden soll[807].

Gegen das „haushaltsrechtliche Grundübel" Italiens kann die Änderung des Verfahrensrechts allerdings ebenso wenig ausrichten wie die „provisorische Haushaltsführung" des Art. 81 II Cost.: Die Verzögerung bei der Verabschiedung des Etats beruht überwiegend darauf, daß die Parlamentarier einzelne Etatposten, denen sie ablehnend gegenüberstehen, so lange zurückweisen, bis die Regierung einen in ihrem Sinne geänderten Vorschlag einbringt[808].

cc) Der Vergleich mit der deutschen Rechtslage

Auch im deutschen Staatsrecht[809] darf der stabilitätssichernde Effekt der „vorläufigen Haushaltsführung" i.S. des Art. 111 GG nicht überschätzt werden, soweit die verspätete Verabschiedung nicht nur auf bloße Terminschwierigkeiten zurückzuführen ist[810].

Ein Teil der Lehre[811] vertritt in diesem Zusammenhang die Auffassung, daß die Regelung des Art. 111 GG im Fall des Haushaltskonflikts keine Anwendung findet[812]. Die vorläufige Haushaltsführung, so wird argumentiert, solle nicht das

---

vor Ablauf der durch die „vorläufige Haushaltsführung" gem. Art 81 II Cost. gewährten viermonatigen „Galgenfrist" ermöglichten.

807 Im Zuge der umfassenden Reformen der Parlamentarischen Geschäftsordnungen (siehe oben, Zweites Kapitel, B, V, S. 89 ff.) wurde auch das Verfahren zur Verabschiedung der Haushaltsgesetzgebung nachhaltig rationalisiert (vgl. bspw. Art. 119 VI, VII R.C., Art. 128, 129 R.S.). Als besonders hilfreich für die angestrebte Straffung des Verfahrens hat sich die Einführung einer Haushaltssitzungsperiode („sessione di bilancio") erwiesen; in dieser Zeit dürfen (mit Ausnahme von Konversionsgesetzen, siehe De Vergottini, Diritto costituzionale, S. 473) keine anderen Gesetzentwürfe beraten werden, die gesteigerte Ausgaben oder verminderte Einnahmen vorsehen (Art. 119 IV R.C., Art. 126 X R.S.).

808 Hine (Governing Italy, S. 485) beschreibt diese Vorgehensweise der Parlamentarier sehr anschaulich als „systematic horse-trading".

809 Als instruktiv erweist sich in diesem Zusammenhang ein kurzer verfassungsgeschichtlicher Abriß zum Recht der vorläufigen Haushaltsführung. Eine der Vorschrift des Art. 111 GG entsprechende Vorschrift enthielt bereits die Verfassung des Freistaates Preußen aus dem Jahre 1920 (Art. 64). Die Weimarer Verfassung hatte hingegen keine Vorkehrung für die Haushaltsverzögerung getroffen; in der Praxis behalf man sich entweder durch ein befristetes Not-Haushaltsgesetz oder aber durch ein kurz- oder langfristiges „haushaltsloses Regiment" (Huber, Bd. VI, S. 502; Heckel, in HdbDStR Bd.II (1932), S. 410 f.).

810 Seit Bestehen der Bundesrepublik ist die verspätete Verabschiedung des Haushalts die Regel (Stern, StaatsR Bd. II, S. 1218).

811 Maunz, in Maunz/Dürig, Art. 111, Rdnr. 14 ff.; Brockmeyer, in S-B/K, Art. 110, Rdnr. 3.; im Ergebnis wohl auch Feuchte, AöR 97 (1972), S. 562 ff..

812 Aktuell wurde das Problem erstmals im Haushaltskonflikt 1972.

Budgetrecht des Parlaments ausschalten, sondern lediglich die kurzfristige Überbrückung des haushaltslosen Zustandes in Ausnahmefällen gewährleisten; im übrigen sei eine „vorläufige" Haushaltsführung von vornherein begrifflich dann ausgeschlossen, wenn aufgrund der geänderten parlamentarischen Mehrheitsverhältnisse keine Aussicht auf die Verabschiedung eines Haushaltsplanes bestehe.
Diese Ansicht wird allerdings von einem anderen Teil der Autorenschaft zu Recht abgelehnt[813]. Nach dem Regelungsgehalt des Art. 67 GG, so wird argumentiert, soll die Regierung „ohne wenn und aber" auch gegen eine parlamentarische Mehrheit weiterhin amtieren können, wenn sich der Bundestag nicht auf einen neuen Regierungschef einigen kann. Wollte man einer solchen Minderheitsregierung aber den Rückgriff auf Art. 111 GG verweigern, so wäre der „destruktive" Sturz der Regierung in der Haushaltsdebatte gleichsam „durch die Hintertür" die Folge. Zutreffend bezeichnet daher SASSE[814] den Haushaltsvorgriff des Art. 111 GG als „das notwendige Korrelat zu dem der mehrheitslosen Regierung aufgetragenen Rollenspiel".

Auf Dauer wird allerdings auch die „Generalvollmacht"[815] des Art. 111 GG, alle notwendigen Aufgaben auch während der „etatlosen" Zeit anzugehen, den Minderheitskanzler und sein Kabinett kaum retten können. Anders als Art. 81 II Cost. beschränkt zwar das Grundgesetz das budgetlose Regime der Regierung zeitlich nicht; das Ende der vorläufigen Haushaltsführung dürfte in aller Regel aber alsbald auf der politischen Ebene eingeläutet werden. So ist MUSSGNUG zuzustimmen, für den die Budgetobstruktion, mit der die Mehrheit des Bundestages ihre offensichtliche Mißbilligung der Regierungspolitik dokumentiert, einem destruktiven Mißtrauensvotum schon „recht nahe" kommt[816]. Im Ergebnis werden daher im Haushaltskonflikt weniger die haushaltsrechtliche Ermächtigung des Art. 111 GG, sondern vielmehr der „politische Selbstbehauptungswille" und das „Stehvermögen"[817] des Minderheitskanzlers über seinen Verbleib im Regierungsamt und damit letztlich über die Stabilität der Regierung entscheiden.

---

[813] Stern, StaatsR Bd. II, S. 1217; Sasse, in JZ 1973, S. 189 ff.; Mußgnug, Der Beitrag des GG, S. 72 f., ders., Der Haushaltsplan als Gesetz, S. 212 ff.; Fischer-Menshausen, in v.Münch/Kunig, Art. 111, Rdnr. 1.
[814] Sasse, JZ 1973, S.190. Ders. lehnt in diesem Zusammenhang den Rückgriff der Regierung auf Art. 112 GG im Haushaltskonflikt ab. Die grundsätzliche Anwendbarkeit der Vorschrift auch im „etatlosen Zustand" wird aber bejaht in BVerfGE 45, 1 ff. (37); ebenso Stern, StaatsR Bd. II, S. 1219.
[815] Mußgnug, Der Beitrag des GG, S. 72.
[816] Mußgnug, Der Beitrag des GG, S. 73.
[817] Beide Zitate stammen von Mußgnug, Der Beitrag des GG, S. 73.

b) Die Vertrauensfrage („questione di fiducia")

Breiten Raum nimmt in der staatsrechtlichen Literatur ebenso wie im Verfassungsalltag Italiens das Institut der Vertrauensfrage („questione di fiducia") ein[818].

In diesem Verfahren erklärt die Regierung eine bestimmte parlamentarische Vorlage als unerläßlich für die Umsetzung ihres politischen Programmes und macht damit ihr Verbleiben im Amt von der Abstimmung über die betreffende Vorlage abhängig[819]. Damit weicht die Systematik der „questione di fiducia" im italienischen Staatsrecht wesentlich von der Konstruktion des Grundgesetzes ab, das in Art. 68 die abstrakte, das heißt die nicht mit einer politischen Sachfrage verbundene Vertrauensfrage des Regierungschefs als Regelfall ansieht[820].

Das Instrument der Vertrauensfrage, mit dem die Regierung den Vertrauensmechanismus, der dem parlamentarischen System zugrundeliegt, zu ihren Gunsten psychologisch ausnutzt, hat sich in der republikanischen Praxis Italiens im wesentlichen in zwei verschiedenen Konstellationen manifestiert[821].

Hauptsächlich wird die „questione di fiducia" von der italienischen Regierung nach wie vor eingesetzt, um die Verabschiedung von zentralen Gesetzesvorhaben zu gewährleisten. Durch die Verbindung der Vertrauensfrage mit einem zur Abstimmung gestellten Gesetzestext[822] knüpft die Regierung ihr politisches

---

[818] Beispiele für den häufigen Einsatz der Vertrauensfrage in den letzten Jahren bringt De Vergottini, Diritto costituzionale, S. 533 f..

[819] De Vergottini, Diritto costituzionale, S. 532; Lippolis in Martines/De Caro/Lippolis/Moretti, S. 292, 312 f.. Verfahrenstechnisch wird aber auch für den Fall, daß die Regierung ihre parlamentarische Vertrauensbasis unabhängig von einer spezifischen Sachfrage verifizieren will, nicht über die Vertrauensfrage an sich abgestimmt; vielmehr dient der Text der Stellungnahme der Regierung – in der Regel in Form einer von der Regierungsmehrheit unterstützten Resolution – als Grundlage der Vertrauensabstimmung. So geschah es auch in der Sitzung der Abgeordnetenkammer vom 9. 10. 1998, in der erstmals in der Geschichte der Republik Italien eine Regierung mit der Vertrauensfrage zu Fall gebracht wurde: Die Resolution der parlamentarischen Mehrheit, der Regierung das Vertrauen auszusprechen, erhielt, von Ministerpräsident Prodi mit der Vertrauensfrage verbunden, 313 Nein-Stimmen und 312 Ja-Stimmen (dazu Corriere della Sera v. 10. 10. 1998, S. 2).

[820] Die Verknüpfung der Vertrauensfrage nach Art. 68 GG mit einer Gesetzesvorlage ist aber dennoch nicht ausgeschlossen; dies ergibt sich eindeutig aus Art. 81 I 2 GG, der den Gesetzgebungsnotstand auch dann zuläßt, wenn der Bundeskanzler mit einer Gesetzesvorlage „den Antrag des Artikels 68 verbunden hatte". Zulässig ist auch die Verknüpfung mit anderen dem Bundestag vorliegenden Anträgen und Vorlagen, soweit es sich dabei um eine Initiative der Regierung und nicht nur um parlamentsinterne Angelegenheiten handelt (Herzog, in Maunz/Dürig, Art. 68, Rdnr. 26 f.). Zur Problematik einer verbundenen Abstimmung siehe Henkel, DÖV 1973, S. 74 ff..

[821] Einen Überblick über die unterschiedlichen Konstellationen der Vertrauensfrage im parlamentarischen System bietet v.Beyme, Regierungssysteme, S. 646 ff..

[822] Genauer gesagt ist in der Abgeordnetenkammer die Vertrauensfrage in der Praxis stets mit der Abstimmung über einzelne Artikel des Gesetzesvorhabens beziehungsweise dem regelmäßig nur aus

Schicksal an den Ausgang des Gesetzgebungsverfahrens. Daneben gewinnt die Vertrauensfrage als Medium zum Regierungserhalt gerade in den letzten Jahren mehr und mehr an Bedeutung. So hat etwa das Phänomen der „crisi extraparlamentari", in denen sich die Regierung losgelöst von einer parlamentarischen Willensäußerung des Plenums zum Rücktritt entscheidet, in Italien schon früh den Ruf nach einer „parlamentarizzazione della crisi"[823] laut werden lassen, bei der die bereits demissionierte Regierung ihren Rücktritt zurückzieht, um sich vor dem Plenum zu verantworten und gegebenenfalls mit Hilfe der Vertrauensfrage die parlamentarischen Mehrheitsverhältnisse zu überprüfen[824].

aa) Die einschlägigen Normen und ihre Systematik

In der italienischen Verfassung selbst hatte die Vertrauensfrage, obgleich bereits zu Zeiten des Albertinischen Statuts parlamentarische Praxis, keine Erwähnung gefunden[825]. Nach ganz h.L. stand dieses Versäumnis der verfassungsgebenden Versammlung der Zulässigkeit dieses Instruments aber nicht entgegen: Art. 94 Cost., so wurde vorgetragen, enthalte mit der Regelung des parlamentarischen Mißtrauensvotums nur eine mögliche Ursache der Regierungskrise; daneben seien aber auch andere, ungeschriebene Ursachen denkbar, soweit sie wie die Vertrauensfrage mit der Logik des parlamentarischen Systems vereinbar sei-

---

einem Artikel bestehenden Entwurf eines Konversionsgesetzes i.S. des Art. 77 III Cost. verbunden worden. Obwohl seit der Reform des Art. 49 I 1 R.C. im Jahr 1988 die Schlußabstimmung über ein Gesetz grundsätzlich in offener Abstimmung erfolgt und damit Art. 116 IV R.C. (der die Vertrauensfrage bei geheimer Abstimmung verbietet) der Verbindung dieses Verfahrensabschnitts mit der Vertrauensfrage nicht entgegensteht, ist die Zulässigkeit dieser Verbindung umstritten: Als 1990 erstmals die Regierung die Verknüpfung der Schlußabstimmung über ein Gesetzesvorhaben mit der Vertrauensfrage in der Abgeordnetenkammer in Erwägung zog, reagierte der Geschäftsordnungausschuß der Kammer mit unverhohlener Kritik. Im Senat ist diese Verknüpfung hingegen stets für zulässig gehalten worden (dazu Lippolis in Martines/ De Caro/ Lippolis/ Moretti, S. 302, 301).

[823] Eine zentrale Rolle bei der „Parlamentarisierung der Krise" spielt der italienische Staatspräsident, der die demissionierte Regierung „einlädt", sich den Kammern zu stellen (siehe Viertes Kapitel, B, II, 1, S. 239 ff.).

[824] Nimmt eine bereits demissionierte Regierung von ihrem Rücktritt Abstand, so ist eine Vertrauensfrage allerdings nicht obligatorisch, da bei identischem Regierungspersonal bzw. -programm das initiale Vertrauensvotum der Kammern („mozione di fiducia") auch weiterhin für ausreichend gehalten wird. In diesem Sinne hatte etwa 1957 Ministerpräsident Zoli seinen Rücktritt zurückgezogen, ohne im folgenden die Vertrauensbasis im Parlament erneut durch eine „questione di fiducia" zu überprüfen (weitere Beispiele bringt v. Beyme, Regierungssysteme, S. 657 f.).

[825] In dem aktuellen Entwurf zur Reform der italienischen Verfassung wird das Institut der Vertrauensfrage aber nunmehr ausdrücklich erwähnt. Gem. Art. 76 V b (bzw. Art. 74 V b der geänderten Fassung) soll die Regierung zum Rücktritt verpflichtet sein, wenn die Abgeordnetenkammer es ablehnt, der Regierung das Vertrauen auszusprechen.

en[826]. Im übrigen, so die herrschende Staatsrechtslehre, müsse der Regierung, die ex Art. 94 I Cost. nicht nur berechtigt, sondern auch verpflichtet sei, den Fortbestand des Vertrauensverhältnisses mit dem Parlament zu verifizieren, eine adäquate Initiative an die Hand gegeben werden[827].
Obwohl von einem Teil der staatsrechtlichen Doktrin als „permanente ricatto ai parlamentari della maggioranza"[828] scharf kritisiert[829], konnte sich das Instrument der Vertrauensfrage vor diesem dogmatischen Hintergrund daher auch im parlamentarischen Alltag der Republik Italien etablieren[830] und wurde erstmals im Zuge der Reform der parlamentarischen Geschäftsordnungen 1971 in Art. 116 des „Regolamento della Camera dei deputati" kodifiziert. Der Senat nahm das Instrument der „questione di fiducia" in einer fragmentarischen Regelung erst 1988 in seine Geschäftsordnung auf (Art. 161 IV R.S.)[831], nachdem zuvor auch der italienische Gesetzgeber mit Art. 2 II des Gesetzes Nr. 400/1988 das Verfahren der Vertrauensfrage für das Innenverhältnis der Regierung geregelt hatte.
Der ursprünglich in der parlamentarischen Praxis nahezu unbeschränkte Anwendungsbereich[832] der „questione di fiducia" wurde allerdings für die Abgeordnetenkammer im Zuge der Neufassung des Art. 116 R.C. eingeengt; gem. Art. 116 IV R.C. ist die Vertrauensfrage in den dort abschließend bezeichneten Fällen nunmehr unzulässig. So ist heute neben den Abstimmungen über die so-

---

[826] Galizia, in Enc. Dir. Bd. XI (1962), Stichwort: „Crisi di gabinetto", S. 380; Boccaccini, La questione di fiducia, S. 35.
[827] Villone, in Comm. Branca, Art. 94, S. 295.
[828] Tosi, Diritto parlamentare, S. 445, („permanente Erpressung der Parlamentarier der Mehrheit").
[829] Zur Kritik, die seinerzeit gegen das Instrument der Vertrauensfrage vorgebracht wurde, siehe auch die Ausführungen von Boccaccini, La questione di fiducia, S. 23 ff..
[830] So wurde sie etwa am 1. 2. 1952 vom damaligen Ministerpräsidenten De Gasperi eingesetzt. Der rechtliche Status der „questione di fiducia" war allerdings zunächst umstritten; die wohl h.L. ging jedoch vom gewohnheitsrechtlichen Charakter („consuetudine costituzionale") des Instruments aus.
[831] Bis zu diesem Zeitpunkt orientierte sich das Verfahren der Vertrauensfrage im Senat im wesentlichen an der parlamentarischen Praxis. Im Jahr 1984 hatte die „Giunta per il Regolamento" (Geschäftsordnungsausschuß) zusätzlich die verfahrensrechtlichen Einzelheiten der questione di fiducia in einer Stellungnahme zusammengefaßt (der Text dieser Stellungnahme ist der Anmerkung** zu Art. 161 R.S. in der vom italienischen Senat im April 1998 herausgegebenen Ausgabe seiner Geschäftsordnung zu entnehmen). Da die 1988 in Kraft getretene Neufassung des Art. 161 IV R.S. nur die Fälle behandelt, in denen die Vertrauensfrage unzulässig ist, sind für das Verfahren im Senat in allen übrigen Fällen auch weiterhin die parlamentarische Praxis bzw. die oben erwähnte Stellungnahme des Geschäftsordnungsausschusses maßgeblich.
[832] Vor der Kodifizierung der Vertrauensfrage in Art. 116 R.C. konnte die Regierung mit jedem Text, der im Plenum diskutiert wurde, die Vertrauensfrage verbinden (im einzelnen dazu Tosi, Diritto parlamentare, S. 443). Die einzige Beschränkung, der die Regierung im Sinne einer „convention parlamentare" in ihrem Rückgriff auf die Vertrauensfrage seinerzeit unterworfen war, ergab sich aus der Satzungsautonomie der beiden Kammern gem. Art. 64 Cost.. Die Regierung konnte demnach die Vertrauensfrage nicht mit einer Abstimmung über Interna der Kammern verbinden.

genannten „interna corporis", die traditionell unter die Satzungs- beziehungsweise Organisationsautonomie der Kammern i.S. des Art. 64 I Cost. fallen und bereits in der Vergangenheit „per convention parlamentare" von der Regierung nicht mit der Vertrauensfrage verbunden wurden, noch in einem zweiten Bereich der Rückgriff auf die Vertrauensfrage nicht mehr möglich: Art. 116 IV R.C. verbietet eine Vertrauensabstimmung auch in den Fällen, in denen die Geschäftsordnung geheime Abstimmungen oder eine Abstimmung durch Handaufheben vorsieht. Damit sind über Art. 49 I R.C. etwa kammerinterne Wahlverfahren und Abstimmungen über die Einsetzung einer Untersuchungskommission ebenso ausgeschlossen[833] wie die Abstimmung darüber, ob ein bestimmtes Gesetzesvorhaben auch gegen den Willen von Teilen des Plenums einer legiferierenden Kommission zugewiesen werden soll (vgl. Art. 92 I R.C.)[834].

In der Geschäftsordnung des Senats sucht man hingegen entsprechend weitreichende Einschränkungen der Vertrauensfrage vergeblich: Art. 161 IV R.S. verbietet der Regierung – insoweit in Übereinstimmung mit Art. 116 R.C. – lediglich, die Vertrauensfrage mit „Vorschlägen über die Änderung der Geschäftsordnung und allgemein mit allem, was die Rahmenbedingungen der internen Angelegenheiten des Senats betrifft", zu verbinden; damit kann etwa die Regierung im Senat anders als in der Abgeordnetenkammer die Einrichtung eines parlamentarischen Untersuchungsausschusses zum Gegenstand einer Vertrauensabstimmung machen.

---

[833] Die für die Regierung wichtigste Einschränkung ist mit der Reform 1988 aufgehoben worden. Bis zu diesem Zeitpunkt war für die Schlußabstimmung über ein Gesetzesvorhaben in der Abgeordnetenkammer das geheime Abstimmungsverfahren vorgesehen. Heute sind zwar gem. Art. 49 I S.1 R.C. grundsätzlich alle Abstimmungen im offenen Abstimmungsverfahren durchzuführen, inwieweit die Regierung auch in der Schlußabstimmung über einen Gesetzentwurf die Vertrauensfrage stellen darf, ist aber weiterhin umstritten (siehe oben, Fn. 822 (S. 203)). Zur besonderen Problematik bei der Abstimmung über ein Konversionsgesetz, welches nur aus einem Artikel besteht, vgl. im einzelnen Tosi, Diritto parlamentare, S. 452 ff.. Da sich seit der Einführung des Art. 116 R.C. auch für andere Abstimmungen mittlerweile der Abstimmungsmodus verändert hat (bspw. ist 1997 für die Frage, ob ein Gesetzesvorhaben im Eilverfahren verabschiedet werden soll, die offene Abstimmung eingeführt worden, Art.69 II R.C.), ist der Anwendungsbereich der „questione di fiducia" im Abgeordnetenhaus in den letzten Jahren *de facto* kontinuierlich erweitert worden.

[834] Von untergeordneter Bedeutung dürfte das nach wie vor über Art. 116 IV i.V. mit Art. 26 I R.C. bestehende Verbot sein, die Vertrauensfrage mit der Abstimmung nach Art. 26 I R.C. zu verbinden: Die Entscheidung über die Tagesordnung der beiden folgenden Sitzungstage für den Fall, daß ein Sitzungskalender nicht vorliegt, kann zwar im Einzelfall für die Regierung durchaus von essentieller Bedeutung sein. Durch die Reformen von 1990 ist jedoch die Programmgestaltung erheblich verbessert worden (vgl. Zweites Kapitel, B, V, S. 89 ff.), so daß in der Regel der Sitzungskalender vorliegt (Lippolis, in Martines/De Caro/Lippolis/Moretti, S. 301 f.).

bb) Die stabilitätssichernde Funktion der Vertrauensfrage

Gleichsam spiegelbildlich zur Systematik der „mozione di sfiducia" eröffnet die Vertrauensfrage der Regierung die Möglichkeit zur Offensive und schafft dadurch für das Vertrauensverhältnis von Parlament und Regierung eine „parlamentarische Waffengleichheit".
Gleichzeitig begründet sie aber für die italienische Regierung ein nicht unbeträchtliches Risiko: Verweigert die Kammer der Regierung den Vertrauensbeweis, so ergibt sich aus der Systematik des Art. 94 I Cost. zwangsläufig die Rücktrittsverpflichtung der Regierung, da diese offensichtlich nicht mehr über das Vertrauen der Kammer(n) verfügt[835].

aaa) Die Vertrauensfrage des Art. 68 GG

Der Vergleich mit der Vertrauensfrage des Art. 68 GG zeigt, daß die Väter des Grundgesetzes die deutschen Regierungen einer vergleichbaren Gefahr für ihre Stabilität nicht aussetzen wollten. Obwohl die Vertrauensfrage als Instabilitätsfaktor in der Weimarer Zeit keine große Rolle gespielt hatte[836], entschied sich der Parlamentarische Rat für eine Konstruktion gleichsam „mit Netz und doppeltem Boden". Zum einen hat Art. 68 I GG die Abhängigkeit des Bundeskanzlers vom Vertrauen des Parlaments „gelockert"[837], indem es dem Bundeskanzler offensteht, auch dann im Amt zu verbleiben, wenn ihm der Bundestag mit Mehrheit das Vertrauen verweigert hat. Daneben gewinnt das „Schwert" des Art. 68 GG dadurch an Schärfe, daß der Bundeskanzler bei einem negativen Ausgang der Vertrauensabstimmung im Zusammenwirken mit dem Bundespräsidenten entweder die Auflösung des Bundestages oder seine zeitweilige Ausschaltung vermittels des Gesetzgebungsnotstandes des Art. 81 GG herbeiführen kann, die Parlamentarier also einen Angriff auf den Regierungschef im Verfahren nach Art. 68 gründlich abwägen werden[838].

---

[835] Villone, in Comm. Branca, Art. 94, S. 296 f..

[836] V.Beyme, Regierungssysteme, S. 650. Rechtlich begründete die Ablehnung des Reichstages, der Regierung das Vertrauen auszusprechen, keine Rücktrittsverpflichtung: „Denn: Ablehnung eines Vertrauensvotums und Erteilung eines Mißtrauensvotums ist nicht dasselbe" (so Anschütz, WRV, Art. 54, S. 320). Dennoch ist etwa das zweite Kabinett Stresemann am 23. 11. 1923 zurückgetreten, da ein Antrag der Regierungsparteien, der Regierung das Vertrauen auszusprechen, von der Reichstagsmehrheit abgelehnt worden war (dazu Huber, Bd. VI, S. 334; Anschütz, WRV, Art. 54, S. 320, Fn. 1).

[837] Herzog, in Maunz/Dürig, Art. 68, Rdnr. 14.

[838] Die Abwägung dürfte dabei die Chancen der Regierungsgegner bei eventuellen Neuwahlen auf der einen Seite sowie – mit Blick auf die erforderliche Zustimmung des Bundesrates im Verfahren nach

Insgesamt wird innerhalb der staatsrechtlichen Literatur der „Nutzen" des Art. 68 GG für die Stabilität und die Regierbarkeit der Bundesrepublik allerdings sehr unterschiedlich beurteilt. Während SCHENKE[839] etwa das Verfahren der Vertrauensfrage grundsätzlich als „Regulativ, um das parlamentarische Regierungssystem funktionsfähig zu halten" bezeichnet, und in der Auflösungsandrohung des Art. 68 I 1 GG ein geeignetes Mittel sieht, um die „parlamentarische Gefolgschaft" zu sichern und „damit einhergehend die Stabilität und Handlungsfähigkeit von Regierung und Parlament" zu fördern, überwiegt bei anderen Autoren die Skepsis. So wird zwar überwiegend konzediert, daß die Koppelung von Vertrauensfrage und Auflösungsandrohung im Einzelfall zur Disziplinierung in sich gespaltener Mehrheiten beitragen kann[840]; gleichzeitig gewährt Art. 68 dem Regierungschef einer „abbröckelnden" Regierungskoalition auch dann die verfassungsrechtliche Initiative, wenn er einem befürchteten Mißtrauensvotum zuvorkommen will[841]. Im Ergebnis herrscht jedoch in der deutschen Staatsrechtslehre die Überzeugung vor, daß *de facto* die Regierungsstabilität der Bundesrepublik maßgeblich auf die stabilen politischen Verhältnisse seit 1949 und nicht auf die Konstruktion des Art. 68 GG zurückzuführen ist[842].
Auch die Staatspraxis läßt – mit Blick auf die Ereignisse der Jahre 1972 und 1982 – Zweifel aufkommen, ob das grundgesetzliche Verfahren der Vertrauensfrage in seiner ursprünglichen Konzeption wirklich zu einer meßbaren Stärkung der Regierung im parlamentarischen System der Bundesrepublik Deutschland geführt hat. Indem die Bundeskanzler BRANDT und KOHL das Verfahren nutzten, um über den negativen Ausgang der Vertrauensfrage die außerparlamentarisch abgesprochenen Neuwahlen zu ermöglichen und eindeutige politische Mehrheitsverhältnisse herbeizuführen, haben sie zwar *de facto* in einer politischen Patt-Situation einen Stabilitätsbeitrag geleistet. Gleichzeitig haben jedoch „die Realitäten eines von den Parteien getragenen parlamentarischen Regierungssystems"[843] die ursprüngliche Funktion des Art. 68 GG, nämlich zur

Art. 81 GG – die Mehrheitsverhältnisse innerhalb des föderalen Organs auf der anderen Seite umfassen (zum Ganzen Herzog, in Maunz/Dürig, Art. 68, Rdnr. 7).

[839] BK-Schenke, Art. 68, Rdnr. 30. Nach Hochrathner (Parlamentsauflösungsrecht, S. 96) zeigt Art. 68, im Rahmen einer Gesamtbetrachtung mit Art. 63, 67 und 81 GG, „daß das Grundgesetz auf ein Höchstmaß an Regierungsstabilität ausgerichtet ist".

[840] Oldiges, in Sachs, Art. 68, Rdnr. 13; Herzog, in Maunz/Dürig, Art. 68, Rdnr. 7; BK-Schenke, Art. 68, Rdnr. 32. Zweifelnd Glum, in FS-Kaufmann, S. 60.

[841] Glum, in FS-Kaufmann, S. 61; H. Schneider, VVDStRL 8 (1950), S. 30.

[842] BK-Schenke, Art. 68, Rdnr. 32; Herzog, in Maunz/Dürig, Art. 65, Rdnr. 42 ff.; Ders. (ebda, Art. 68, Rdnr. 14) weist im übrigen darauf hin, daß ein Bundeskanzler, der sich entschieden hat, als Minderheitskanzler mit wechselnden Mehrheiten zu regieren, das Verfahren nach Art. 68 GG tunlichst meiden wird; die förmliche „Bestätigung" des mangelnden parlamentarischen Vertrauens dürfte die Position des Kabinettschefs ohne eigene Regierungsmehrheit nämlich kaum stärken.

[843] Mager, in v.Münch/Kunig, Art. 68, Rdnr. 2.

Sicherung der Regierungsstabilität dem Bundeskanzler die geeigneten Mittel im Umgang mit einer obstruierenden Parlamentsmehrheit an die Hand zu geben, zugunsten eines „außerordentlichen“ Auflösungsantrags des Bundeskanzlers in den Hintergrund treten lassen[844].

bbb) Die „questione di fiducia“ im italienischen Verfassungsalltag

Im Verfassungsalltag der vergangenen Jahrzehnte hat sich das Instrument der „questione di fiducia“ – obgleich nicht mit rechtlichen Sicherungsmechanismen i.S. des Art. 68 GG versehen – für die Regierungen Italiens als maßgeblicher Garant für Stabilität und Regierbarkeit erwiesen.

Diese Wirkung verdankt die Vertrauensfrage im wesentlichen ihrer „doppelten Stoßrichtung”. Einerseits ermöglicht es der für den Fall einer Abstimungsniederlage drohende Sturz der Regierung, bei der Verabschiedung von Gesetzentwürfen ebenso wie bei sonstigen Abstimmungen zu tagespolitischen Programmpunkten, Abweichler innerhalb der parlamentarischen Mehrheit wieder auf Kurs zu bringen und damit letztlich auch die Parteidisziplin innerhalb der Regierungskoalition zu gewährleisten; eine Funktion, die angesichts der traditionell wenig gefestigten Koalitionsdisziplin italienischer Parteien durchaus als eine zentrale Voraussetzung für das politische Überleben italienischer Regierungen bezeichnet werden kann. Verfahrensrechtlich hat sich hier die Abstimmung „per appello nominale”[845] als wirksames Druckmittel gegenüber der „dissidenza occulta”[846] erwiesen, die, indem sie die Entscheidung jedes einzelnen Abgeordneten offenlegt, die politische Verantwortlichkeit der Parlamentarier im Zuge der Abstimmung wirkungsvoll unterstreicht[847].

---

[844] Vgl. Hermes, in Dreier, Art. 68, Rdnr. 9, der den stabilitätssichernden Effekt des Art. 68 darin sieht, „daß die Vorschrift Neuwahlen ermöglicht hat, die ihrerseits stabile Parlamentsmehrheiten hervorgebracht haben. Zu den Grenzen der „negativen Vertrauensfrage“, BVerfGE 62, 1 (44 ff.); zum Ganzen auch Herzog, in Maunz/Dürig, Art. 68, Rdnr. 71 ff.; Schenke, in BK, Art. 68, Rdnr. 62 ff..

[845] Für die Abgeordnetenkammer ist die namentliche Abstimmung in Art. 116 III R.C. festgelegt; im Senat folgt dieser Abstimmungsmodus aus der parlamentarischen Praxis. Auch im Bundestag ist die Abstimmung über die Vertrauensfrage - anders als es § 97 II GOBT für das konstruktive Mißtrauensvotum vorsieht - grundsätzlich nicht geheim (vgl. § 48 GOBT).

[846] Das Zitat lautet in der Übersetzung „verstecktes Abweichlertum”.

[847] Dieser Aspekt war vor der Abschaffung der geheimen Abstimmung im Gesetzgebungsverfahren zur Disziplinierung der sog. „franchi tiratori“ besonders wichtig (vgl. Zweites Kapitel, B, V, 2, b, S. 104 f.). Zum Schutz der Regierung trägt ferner die 24-Stunden Frist bei, die gem. Art. 116 III R.C. zwischen Vertrauensfrage und Abstimmung liegen muß, und nur im Einvernehmen mit allen Fraktionen abgekürzt werden kann; im Senat folgt die Notwendigkeit einer solchen Frist mangels einer ausdrücklichen Regelung aus der parlamentarischen Praxis.

(1) Das Phänomen der „fiducia technica“

Vor allem aber bietet das Verfahren der Vertrauensfrage für die italienische Regierung ein effizientes Mittel, um den reibungslosen und zügigen Ablauf des Gesetzgebungsverfahrens auch im Umgang mit einer obstruierenden Opposition zu gewährleisten, die bei Gesetzesinitiativen der Regierung das Verfahren bevorzugt durch das Einbringen unzähliger Änderungsanträge und sonstiger verfahrensrechtlicher „Kunstgriffe“ verschleppt[848]. In dem von zersplitterten und heterogenen Mehrheiten geprägten Parlament Italiens gehört dieser auch als „fiducia tecnica” bezeichnete taktische Einsatz der Vertrauensfrage im Gesetzgebungsverfahren mittlerweile zum unerläßlichen „parlamentarischen Rüstzeug” der Regierung[849].
Rechtstechnisch wird die Beschleunigung des „procedimento legislativo” durch den Grundsatz der „priorità e inemendabilità” bewirkt, der die Abstimmung über die Vertrauensfrage in beiden Kammern bestimmt. Für das laufende Gesetzgebungsverfahren bedeutet dieses Prinzip zum einen, daß der Gegenstand der Abstimmung, mit dem die Regierung die Vertrauensfrage verbunden hat, prioritär zu behandeln ist[850]; zum anderen führt es dazu, daß eine erfolgreiche Vertrauensabstimmung alle zu einem bestimmten Abstimmungsgegenstand eingebrachten Änderungsanträge der Parlamentarier scheitern läßt.
Im einzelnen hat im Senat die Verknüpfung der Vertrauensfrage mit einem Gesetzesartikel beziehungsweise mit dem singulären Artikel eines Konversionsgesetzes zur Folge, daß – für den Fall, daß die Regierung ein positives Votum erhält – alle weiteren Änderungsanträge oder Ergänzungen als zurückgewiesen gelten. Ist Gegenstand der Vertrauensfrage die Annahme oder Zurückweisung bestimmter Änderungsanträge zu einem Gesetzartikel, so muß die Abstimmung darüber dem Votum über andere Änderungsanträge, die dieselbe Sachfrage betreffen, vorgehen[851]. Im Gesetzgebungsverfahren der Abgeordnetenkammer

[848] Diese Taktik der Opposition ist bereits oben (Zweites Kapitel, V, S. 89 f.) erläutert worden.
[849] Als „Exzeß“ der „technischen Vertrauensfrage“ kann das Vorgehen der Regierung Spadolini I im Oktober 1981 gelten, die die Vertrauensfrage zur Beschleunigung des Verfahrens mit einer Gesetzesinitiative verband, die vom Parlament eingebracht worden war.
[850] Manzella, in Manuale, S. 149. So sind etwa Verzögerungen des Verfahrens durch die sog. „questioni sospensive“ (vgl. Fn. 220 (S. 49)) nicht zulässig. Aufgrund der verfahrensrechtlichen Feinheiten, die sich insbesondere aus der Geschäftsordnung der Abgeordnetenkammer zur Frage der Verknüpfung der Vertrauensfrage mit einzelnen Abschnitten eines Gesetzesvorhabens ergeben, ist ein ausführlicher Überblick an dieser Stelle nicht möglich. Weiterführende Ausführungen zu diesem Thema finden sich etwa bei Lippolis in Martines/ De Caro/ Lippolis/ Moretti, S. 304 ff..
[851] Im übrigen gelten grundsätzlich die allgemeinen Regelungen zur Programmgestaltung und zum Abstimmungsverlauf; allerdings finden Beschränkungen des Rederechts in der Vertrauensdebatte keine Anwendung, so daß alle Senatoren das Wort ergreifen können (vgl. die Stellungnahme des Geschäftsordnungsausschusses des Senats, Fn. 831 (S. 205)).

folgt die Priorität der mit der Vertrauensfrage verbundenen Abstimmung aus Art. 116 II R.C.: Verbindet die Regierung die Entscheidung des Plenums über die Annahme eines bestimmten Gesetzartikels mit der Vertrauensfrage, so kehrt sie damit die normale Abfolge des Art. 87 I R.C., die grundsätzlich zunächst die Abstimmung über die Änderungsanträge und erst anschließend ein Votum über den gesamten Artikel vorsieht, um. Nach der Erläuterung der „emendamenti" wird in diesem Fall direkt über die Annahme des Gesetzartikels in der dem Plenum vorliegenden Fassung abgestimmt; nimmt die Kammer den Artikel an, so gelten auch hier sämtliche Änderungsanträge als zurückgewiesen. Anders als im Senat wird der übliche Abstimmungsmodus allerdings dann nicht durchbrochen, wenn die Regierung die Vertrauensfrage mit der Abstimmung über die Annahme beziehungsweise die Zurückweisung bestimmter „emendamenti" verbindet; gem. Art. 116 I R.C. ist hier die in Art. 85 VIII, 87 II-IV R.C. vorgesehene „normale" Abfolge maßgeblich[852].

(2) Die Bedeutung der Vertrauensfrage für Stabilität und Regierbarkeit

Die Instrumentalisierung der Vertrauensfrage durch die Regierung zu verfahrensrechtlichen Zwecken liegt auf der Hand: Indem der Ministerpräsident mit Hilfe der Vertrauensfrage das politische Schicksal seines Kabinetts an die Annahme eines Gesetzesartikels in seiner ursprünglichen Fassung knüpft oder aber die Annahme beziehungsweise Zurückweisung bestimmter Änderungsanträge zur *conditio sine qua non* der weiteren Amtstätigkeit der Regierung hochstilisiert, gewährleistet er in erster Linie die zügige Verabschiedung eines Gesetzentwurfes in der von der Regierung favorisierten Fassung; die „questione di fiducia" wird damit in der Praxis zum „strumento antiostruzionistico per eccellenza"[853]. Die politische Dimension des Vertrauensvotums, daß nämlich ein bestimmtes Gesetzesvorhaben nach Überzeugung der Regierung mit der Realisation der gesamtpolitischen Ausrichtung der Regierung untrennbar verknüpft ist, tritt vor diesem Hintergrund im parlamentarischen Alltag häufig zurück. Folgerichtig liegt im italienischen Verfassungalltag für VILLONE die eigentliche *ratio* der Vertrauensfrage im Verhältnis von Mehrheit und Opposition darin begründet, daß die Vertrauensfrage „der Mehrheit ein Kontrollinstrument über die Arbeit des Parlaments einräumt"[854].

---

[852] Siehe dazu Fn. 407 (S. 97).

[853] De Caro Bonella, Quad. cost. 1991, S. 303, („zum antiobstruktionistischen Instrument *par excellence*").

[854] Villone, in Comm. Branca, Art. 94, S. 298.

Die Bedeutung der Vertrauensfrage als „Motor" des italienischen Gesetzgebungsverfahrens wird an dieser Stelle durch einen Blick auf die zahlreichen Gesetzesvorhaben in den letzten Jahren unterstrichen, bei denen eine italienische Regierung mit Hilfe der „questione di fiducia" den legislativen Prozeß im Plenum beschleunigt hat; eine Vorgehensweise, die es der Regierung insbesondere ermöglicht hat, auch gegen eine obstruierende Politik der oppositionellen Kräfte die gesetzesvertretenden Verordnungen („decreti-legge") innerhalb der von der Verfassung in Art. 77 III vorgeschriebenen Frist von sechzig Tagen umzusetzen[855].

Im Ergebnis hat sich damit die Vertrauensfrage in der Verfassungspraxis Italiens faktisch zu einem zentralen Machtinstrument der Regierung im Umgang mit dem Parlament entwickelt. Obgleich diese Instrumentalisierung der Vertrauensfrage in der Literatur zuweilen kritisiert wird[856], anerkennt die h.L. ihren Einsatz gleichsam als „Notwehr" der Regierung im Umgang mit einer von widerstreitenden Parteiinteressen geprägten Volksvertretung. Die Vertrauensfrage, so konstatiert in diesem Sinne zusammenfassend VILLONE[857], zeigt „die symbiotische Verbindung von institutionellen Vorkehrungen und Parteiensystem, wobei erstere das Heilmittel für die dem letzteren eigene Dysfunktion sind".

c) Das „decreto-legge" – ein „Notverordnungsrecht" der Regierung?

Die komplizierten Mehrheitsverhältnisse im italienischen Parlament und die mangelnde Loyalität der Regierungsfraktionen gegenüber ihren politischen Führern haben ebenso wie der verfahrenstechnische Ablauf des „procedimento legislativo" seit Bestehen der Republik Italien dazu beigetragen, daß eine konstruktive Kooperation zwischen Regierung und Parlament gerade im Gesetzge-

---

[855] Insbesondere seit dem Urteil Nr. 360/1996 der „Corte costituzionale", in dem diese das Hintereinanderschalten identischer „decreti-legge" für verfassungswidrig erklärt hat (dazu unten unter c, dd, bbb, S. 220 f.), ist die Verbindung der Vertrauensfrage mit dem Entwurf eines Konversionsgesetzes zur „ständigen Praxis" geworden. Denn durch die beschleunigte Verabschiedung des Konversionsgesetzes vermeidet die Regierung den drohenden Verfall der Eilverordnungen gem. Art. 77 III Cost.. So erklärt es sich, daß allein im Zeitraum von 1996 bis 1997 die Regierung Prodi fünfundzwanzigmal (!) die Vertrauensfrage gestellt hat (Manzella, in Manuale, S. 149). Beispiele zu dieser Regierungspraxis finden sich ferner bei De Vergottini, Diritto costituzionale, S. 534; Lippolis in Martines/De Caro/ Lippolis/Moretti, S. 294.

[856] Der Einsatz der Vertrauensfrage wird zuweilen als „Erpressung" bezeichnet, die in unzulässiger Weise die parlamentarische Diskussion beschneide. Mit dieser Kritik setzt sich etwa De Vergottini (Diritto costituzionale, S. 533) auseinander.

[857] Villone, in Comm. Branca, Art. 94, S. 297 f..

bungsverfahren weitgehend illusorisch geblieben ist. Die Probleme, die sich aus der systemimmanenten Dysfunktion des italienischen Gesetzgebungsverfahrens für die Exekutive ergeben, liegen auf der Hand und sind bereits oben[858] eingehend erläutert worden. Im modernen Staat, in dem die Fülle der Staatsaufgaben und die zunehmende Technisierung der Lebensräume die Anforderungen an den Gesetzgeber bestimmt, bedeutet „Regieren" heute zu einem guten Stück gesetzgeberisch tätig zu werden[859]. Folgerichtig, so konstatiert SCHNEIDER[860], „verliert jede Regierung in kurzer Zeit ihre Aktionsfähigkeit, wenn die Gesetzgebungsmaschinerie nicht in ihrem Sinne läuft." Faktisch wird damit das Gesetzgebungsverfahren gleichsam zur „Achillesferse" für die Regierbarkeit ebenso wie für die Regierungsstabilität im parlamentarischen Regime: Hat die parlamentarische Mehrheit nämlich der Regierung ihre Unterstützung entzogen, so zeigen sich die geänderten Mehrheitsverhältnisse für die Regierung besonders schmerzlich bei der Abstimmung über die von ihr vorgelegten Gesetzesvorhaben; äußerstenfalls kann die Parlamentsmehrheit allein durch „die Lahmlegung der parlamentarischen Legislative"[861] die Regierung zum Rücktritt zwingen. Der Gesetzgebungsalltag Italiens, in dem die zur Umsetzung des „indirizzo politico" notwendigen gesetzgeberischen Impulse, durch „obstruktionistische Spielchen" verzögert oder durch unzählige parlamentarische Änderungsanträge verfälscht, oftmals leerzulaufen drohen, bietet auf den ersten Blick ein geradezu klassisches Beispiel für dieses Krisenszenario.

Der Blick auf die Gesetzgebungsstatistik der letzten Jahrzehnte zeigt allerdings, daß die Regierungen Italiens dieser „legislativen Dauerkrise" mehr und mehr durch den Rückgriff auf die „gesetzesvertretenden Verordnungen" („decreti-legge") des Art. 77 III Cost. entgegengetreten sind[862]. In diesem Abschnitt soll daher – mit Blick auf vergleichbare Mechanismen der WRV beziehungsweise des GG – die Bedeutung des „decreto-legge" als gesetzgeberisches Kriseninstrument der Regierung untersucht werden.

aa) Das Instrument des „decreto-legge" in der italienischen Verfassung

Das Instrument einer „Verordnung mit Gesetzeskraft", mit der die Regierung in Ausnahmefällen ohne eine entsprechende Ermächtigung der Legislative gesetz-

---

858 Zweites Kapitel, B, S. 43 ff..
859 Vgl. Stern, StaatsR Bd. II, S. 1373.
860 H. Schneider, VVDStRL 8 (1950), S. 31.
861 H. Schneider, VVDStRL 8 (1950), S. 31
862 Siehe etwa die Zahlen bei De Micheli, Quad. Cost. 1997, S. 518.

geberisch tätig werden kann, existiert in Italien bereits seit dem Ende des vergangenen Jahrhunderts[863]. Nachdem die „decreti-legge" anfangs nur sporadisch eingesetzt worden waren, nahm ihre Zahl jedoch in den Jahren unmittelbar vor der Machtergreifung Mussolinis stetig zu. Das faschistische Regime schließlich stützte sich in seinem Bestreben, die uneingeschränkte Vorherrschaft der Exekutive zu sichern, überwiegend auf dieses gesetzgeberische Element[864].
Mit Blick auf den offensichtlichen Mißbrauch des „decreto-legge" in der faschistischen Ära, sprach sich die mit der Erstellung des Verfassungsentwurfes betraute „Commissione dei 75" zunächst grundsätzlich[865] gegen die Aufnahme einer „Notverordnung mit Gesetzeskraft" in den Verfassungstext aus; in den Debatten der verfassungsgebenden Versammlung setzte sich aber im Ergebnis die Überzeugung durch, daß der Regierung in allen Bereichen der Staatslenkung die Möglichkeit eingeräumt werden müsse, unverzüglich auf aktuelle Entwicklungen und veränderte Tatbestände zu reagieren. In diesem Sinne schuf die Costituente[866] schließlich mit Art. 77 II Cost. die Befugnis der Regierung, „in außergewöhnlichen Fällen der Notwendigkeit und Dringlichkeit" („in casi straordinari di necessità e d`urgenza") „vorläufige Maßnahmen mit Gesetzeskraft" („provvedimenti provisori con forza di legge") zu erlassen[867].
Um dem von Kritikern befürchteten Mißbrauch dieses umfassenden „Notverordnungsrechts" entgegenzutreten, wurde ferner vorgesehen, daß die von der Regierung erlassenen Eilverordnungen noch am selben Tag den Kammern vorzulegen sind[868], damit das Parlament über die Umwandlung der „vorläufigen Maßnahmen" in ein sogenanntes Konversionsgesetz („legge di conversione")

[863] Das Albertinische Statut sah allerdings das Instrument der gesetzesvertretenden Verordnung nicht vor; nachdem ihr Erlaß zunächst als verfassungswidrig gewertet worden war, wurde der Rückgriff der Regierungen Italiens auf die „decreti-legge" später aber tolereriert. Erst das unter den Faschisten erlassene Gesetz Nr. 100/1926 gestand der Regierung den Erlaß einer gesetzesvertretenden Verordnung ausdrücklich zu (Barile/Cheli/Grassi, S. 391).

[864] Das Gesetz Nr. 100/1926 räumte der Regierung die Befugnis zum Erlaß der „decreti-legge" ein, die (auch wenn das Parlament zwischenzeitlich ihre Konversion verweigerte) zwei Jahre wirksam blieben. Zur Geschichte des „decreto-legge" in Italien siehe auch Paladin, Diritto costituzionale, S. 141 ff., 191 ff..

[865] Eine Ausnahme wollte man im wesentlichen nur für den Bereich der Steuergesetzgebung zulassen (Paladin, Diritto costituzionale, S. 192).

[866] Die Entstehungsgeschichte des Art. 77 Cost. in der „Kommission der 75" beleuchtet Sorrentino, Il decreto-legge non convertito, S. 75 ff..

[867] Verfahrenstechnisch entscheidet die Regierung zunächst, eine solche vorläufige Maßnahme zu ergreifen („adotta"), während der förmliche Erlaß des „decreto-legge" dem Staatspräsidenten obliegt (Art. 87 V Cost.).

[868] Die Kammern müssen innerhalb von fünf Tagen nach der Vorlage des „decreto-legge" zusammenkommen; dies gilt auch, wenn die Kammern zuvor gem. Art. 88 Cost. aufgelöst worden sind (Art. 77 II Cost.). Zum Konversionsverfahren sieht Art. 35 I R.S. ergänzend vor, daß der Entwurf einer „legge di conversione" im Senat (anders als in der Abgeordnetenkammer) nicht an einen gesetzgebenden Ausschuß überwiesen werden darf.

beschließen kann. Werden die „decreti-legge“ nicht innerhalb von sechzig Tagen nach Inkrafttreten von den Kammern in Gesetzesform gebracht, so verlieren sie ihre Wirkung „ex tunc” (Art. 77 III Cost.). In diesem Fall können die Kammern allerdings gem. Art. 77 III 2 Cost. durch Gesetz die rechtlichen Verhältnisse regeln, die aufgrund der nicht in Gesetz umgewandelten Verordnungen entstanden sind.

bb) Die Tatbestandsvoraussetzungen des Art. 77 II Cost.

Artikel 77 II Cost. knüpft mit dem Verweis auf die „casi straordinari di necessità e d`urgenza” den Erlaß einer gesetzesvertretenden Verordnung an besondere Tatbestandsvoraussetzungen[869]. Obgleich der Wortlaut der Vorschrift darauf schließen läßt, daß die Rechtssetzungsbefugnis der Regierung gem. Art. 77 II Cost. ursprünglich lediglich in den Fällen greifen sollte, in denen ein nach objektiven Kriterien zu evaluierendes, außergewöhnliches und unvorhergesehenes Ereignis mit dem bestehenden Normenkatalog und im normalen parlamentarischen Verfahren nicht bewältigt werden kann und daher eine rasche gesetzgeberische Reaktion erfordert, hat sich die heute herrschende Auffassung überwiegend für eine abweichende Auslegung der Tatbestandsvoraussetzungen des „decreto-legge” entschieden[870]. Die in Art. 77 II Cost. geforderte „Notwendigkeit” soll nach dieser Ansicht von der Regierung selbst im Hinblick auf das Regierungsprogramm und die gesamtpolitische Ausrichtung des Kabinetts beurteilt werden, und damit lediglich relativer Natur sein[871]. Damit reduziert sich das Tatbestandsmerkmal der „necessità” für die Regierung im Ergebnis auf die Notwendigkeit, ein außergewöhnliches Mittel einzusetzen, um bestimmte politische Ziele erreichen zu können[872]. Auch der Begriff der „Dringlichkeit” wird überwiegend als „rein subjektiv” interpretiert; ob das Tatbestandsmerkmal der „urgenza” im Einzelfall erfüllt ist, soll nach ganz h.A. im Rahmen einer Gesamtschau bewertet werden. Maßstab ist dabei im Ergebnis nicht, inwieweit eine bestimmte Maßnahme des „decreto-legge” als dringlich einzustufen ist, sondern

[869] Gem. Art 15 I Gesetz Nr. 400/88 müssen diese „außergewöhnlichen Umstände der Notwendigkeit und Dringlichkeit”, die den Erlaß des „decreto-legge“ erforderlich machen, ausdrücklich in der Präambel der gesetzesvertretenden Verordnung aufgeführt werden.
[870] Siehe statt aller Paladin, in Comm. Branca, Art. 77, S. 56 f. m.w.N.. Neuerdings kritisch äußert sich Pizzorusso (Controlli, S. 14) zu der herrschenden Auslegung.
[871] Rodriquez, in Comm. breve, Art. 77, S. 477; Paladin, in Comm. Branca, Art. 77, S. 57 m.w.N.; De Vergottini, Diritto costituzionale, S. 205.
[872] Rodriquez, in Comm. breve, Art. 77, S. 477.

ob in dem Bereich, für den die gesetzesvertretende Verordnung eine Neuregelung schafft, ein dringender Handlungsbedarf besteht[873].

cc) Die Grenzen der Rechtssetzungsbefugnis aus Art. 77 II Cost.

Demgegenüber wird die Frage, inwieweit der Rechtssetzungsbefugnis der Regierung aus Art. 77 II Cost. Grenzen gesetzt sind, auch innerhalb der herrschenden staatsrechtlichen Doktrin äußerst kontrovers diskutiert. Einigkeit besteht in der Literatur lediglich dahingehend, daß die Regierung im Wege des „decreto legge“ weder eine Ermächtigung i.S. des Art. 76 Cost. schaffen noch eine Verfassungsänderung durchführen kann[874].
Einige Autoren halten den Rückgriff auf das Instrument der gesetzesvertretenden Verordnung darüber hinaus insgesamt für unzulässig, wenn eine Materie betroffen ist, die gem. Art. 72 IV Cost. unter einem ausdrücklichen Parlamentsvorbehalt steht[875]. In diesem Fall, so wird argumentiert, gebiete schon der Wortlaut der Verfassung „la approvazione diretta da parte della Camera" (Art. 72 IV Cost.)[876]; im übrigen werde ein entsprechendes Verbot, innerhalb des Parlamentsvorbehaltes des Art. 72 IV Cost. auf das Instrument der gesetzesvertretenden Verordnung zurückzugreifen, nunmehr auch durch Art. 15 II lit. b Gesetz Nr. 400/88 aufgestellt. Nach dieser Ansicht ist der Regierung der Erlaß eines „decreto-legge“ damit im Ergebnis verwehrt, soweit Fragen des Wahlrechts

---

873 Siehe dazu Paladin, in Comm. Branca, Art. 77, S. 57 f. m.w.N.; Rodriquez, in Comm. breve, Art. 77, S. 477. „Die erforderliche Dringlichkeit", so schreibt etwa Pizzorusso (Controlli, S. 12) in diesem Zusammenhang, „ ist nicht so sehr die Dringlichkeit der Maßnahme selbst als vielmehr die Dringlichkeit, eine Maßnahme zu ergreifen".

874 Der Rückgriff auf das Instrument des „decreto-legge“ wird in diesen Fällen einmütig als „systemwidrig" eingeschätzt. Diese Wertung ergibt sich für eine potentielle Verfassungsänderung bereits aus der bestehenden Normenhierarchie, in der die gesetzesvertretende Verordnung, dem einfachen Gesetz gleichgestellt, in der Rangordnung unter der Verfassung steht (vgl. im übrigen Art. 138 i.V. mit Art. 72 IV Cost.). Zum ganzen siehe Paladin, in Comm. Branca, Art. 77, S. 66 ff. m.w.N. Bei der Delegation gesetzgeberischer Befugnisse auf die Regierung in Form einer „legge di delega“ (Art. 76 Cost.) hingegen, schließt bereits die Natur einer solchen Ermächtigung, die ja ein Normsetzungsrecht für die Zukunft begründet, die von Art. 77 II Cost. geforderte „Notwendigkeit" und „Dringlichkeit" eines Eingriffs aus; im übrigen setzt das Verfahren der Delegation schon begriffsnotwendig voraus, daß das ermächtigende Organ nicht mit dem ermächtigten Organ identisch ist (So Rodriquez, in Comm. breve, Art. 77, S. 477). Ausdrücklich verbietet im übrigen auch Art. 15 II lit. a Gesetz Nr. 400/88 der Regierung, mittels eines „decreto legge“ eine Ermächtigung i.S. von Art. 76 Cost. vorzunehmen.

875 Siehe dazu oben, Zweites Kapitel, B, II, S. 50.

876 D.h. „die unmittelbare Verabschiedung durch die Kammer", De Vergottini, Diritto costituzionale, S. 206.

berührt werden, die Ratifizierung internationaler Verträge ansteht oder Haushaltsgesetz und Rechenschaftsbericht verabschiedet werden sollen[877].
Die Gegner dieser am Wortlaut des Art. 72 IV Cost. orientierten Auslegung befürworten hingegen den Rückgriff der Regierung auf das gesetzgeberische Medium der „decreti-legge“ auch im Rahmen des verfassungsrechtlich statuierten Plenumsvorbehalts; zur Begründung verweisen auch sie auf den Verfassungstext, der eine ausdrückliche Einschränkung der „decretazione d'urgenza“ gerade nicht enthalte[878].
Obgleich in jüngster Zeit vielfach kritisiert[879], spiegelt die zuletzt skizzierte Auffassung im Ergebnis die gängige Verordnungspraxis der italienischen Regierungen in den vergangenen Jahrzehnten wieder. Ungeachtet der zuweilen heftigen akademischen Kontroversen um die Reichweite des „Notverordnungsrechts” erläßt die Exekutive gesetzesvertretende Verordnungen *de facto* auch in den Bereichen, die nach der Diktion des Art. 72 IV Cost. ein Parlamentsgesetz erfordern[880].

Die weiteren Einschränkungen, die Art. 15 II Gesetz Nr. 400/88 für den Erlaß der gesetzesvertretenden Verordnung vorsieht[881], werden ebenfalls im Regierungsalltag kaum beachtet[882]. So hat etwa – mit ausdrücklicher Billigung der Corte Costituzionale – die Regierung in der Praxis bereits mehrfach gegen das in Art. 15 II lit. a Gesetz Nr. 400/88 statuierte Verbot verstoßen, mittels eines „decreto legge“ eine Ermächtigung i.S. des Art. 76 Cost. zu schaffen. Gesetzesvertretende Verordnungen, mit denen die Regierung die „principi e criteri direttivi”[883] eines bestehenden Delegationsgesetzes modifiziert und damit jedenfalls

---

[877] De Vergottini, Diritto costituzionale, S. 205 f.; Barile/Cheli/Grassi, S. 393.
[878] Siehe statt aller Paladin, in Comm. Branca, Art. 77, S. 63 ff..
[879] Siehe etwa die Kritik von Modugno und Celotto, Giur. cost. 1994, S. 3231 ff.
[880] Beispiele für den Erlaß von „decreti-legge“ zur Regelung wahlrechtlicher Fragestellungen finden sich bei Modugno/ Celotto, Giur. cost. 1994, S. 3233 f..
[881] Neben dem Verbot, mittels „decreto legge“ eine Ermächtigung i.S. des Art. 76 Cost. zu erteilen (lit. a)) und innerhalb des Plenumsvorbehaltes des Art. 72 IV Cost. tätig zu werden (lit. b), verbietet Art. 15 II Gesetz Nr. 400/88 ferner, Regelungen erneut in Form einer gesetzesvertretenden Verordnung zu treffen, wenn ihre Konversion zuvor von mindestens einer Kammer bereits abgelehnt worden ist (lit. c), das Rechtsverhältnis zu regeln, das sich auf der Basis nicht konvertierter Verordnungen ergibt (lit. d), sowie Regelungen im Verordnungswege wieder in Kraft zu setzen, die vom Verfassungsgerichtshof für rechtswidrig erklärt worden sind, wenn und soweit die Rechtswidrigkeit nicht nur auf Verfahrensfehlern beruht (lit. e).
[882] Siehe etwa die Beispiele für „decreti legge“, die entgegen dem in Art. 15 II lit. c und d enthaltenen Verbot erlassen worden sind, bei Modugno/Celotto, Giur. cost. 1994, S. 3234 Fn. 11, 12.
[883] Gemäß Art. 76 Cost. kann die Rechtsetzungsbefugnis nur delegiert werden, soweit im Delegationsgesetz ihre „Grundsätze und Richtlinien“ genau bestimmt sind.

mittelbar in das Delegationsrecht des Parlaments eingegriffen hat, sind vom Verfassungsgerichtshof nicht beanstandet worden[884].

dd) Die Rolle der „Notverordnung“ in der italienischen Verfassungspraxis

Ursprünglich nur als Ausnahmeregelung konzipiert, hat das „decreto-legge”, begünstigt durch die laxe Auslegung der Tatbestandsvoraussetzungen des Art. 77 II Cost[885], im Gesetzgebungsprozeß Italiens mehr und mehr die Merkmale einer gesetzgeberischen „Allzweckwaffe” der Regierung angenommen, und gleichzeitig das Gesetzgebungsverfahren des Art. 72 Cost. allmählich an den Rand gedrängt[886]. Diese Entwicklung spiegelt sich in der Struktur der erlassenen „gesetzesvertretenden Verordnungen” seit Inkrafttreten der Verfassung ebenso wieder wie in der Gesetzgebungsstatistik der vergangenen Jahre.

aaa) Der Wandel der „decretazione d`urgenza“

In den Anfängen der Republik ließen sich die von der italienischen Regierung erlassenen „decreti-legge” im wesentlichen in zwei Kategorien einteilen. Dabei handelte es sich zum einen um die sogenannten „decreti-catenaccio”, mit denen kurzfristig Steuern oder staatlich kontrollierte Preise angehoben werden konnten, und zum anderen um die „decreti d`emergenza”, die in klassischen Notstandssituationen und Katastrophenfällen eingesetzt wurden.
Mit der Zeit griff die Regierung aber auch in den Bereichen auf das verfassungsrechtlich garantierte Verordnungsrecht zurück, die im Hinblick auf ihre Systematik und den „organischen Charakter” der Materie traditionell der ordentlichen Gesetzgebung vorbehalten waren. Neben den „decreti di proroga”, eingesetzt

---

[884] Siehe Urteil Nr. 225 vom 25. Mai 1992, Giur. Cost. 1992, S. 1783 ff.. Scharfe Kritik an diesem Urteil kommt etwa von Pace, Giur. Cost. 1992, S. 1786 ff., der insbesondere beanstandet, daß das Gericht sich nicht verbindlich zu der Frage äußert, inwieweit die Einschränkungen in Art. 15 Gesetz Nr. 400/88 für die Regierung verbindlich sind (S. 1788). In dieselbe Richtung geht auch das Urteil Nr. 364 vom 30. 7. 1993 (Giur. cost. 1993, S. 2893 (2899). In der Literatur wird die gängige Praxis, gesetzesvertretende Verordnungen im Widerspruch zu den Vorgaben des Art. 15 Gesetz Nr. 400/88 zu erlassen, wenig überzeugend mit der Systematik des „decreto legge“ und seiner Stellung in der Normenhierarchie begründet: Da das Gesetz Nr. 400/88 als ordentliches Gesetz jeder Verordnung mit Gesetzeskraft gleichgestellt sei, könnten seine Vorgaben ohne weiteres durch ein „decreto legge“ abgeändert werden (so etwa Moscarini, Giur. cost. 1993, S. 2906; Di Ciolo/Ciaurro, S. 430).

[885] Siehe oben unter bb, S. 215.

[886] Die Gesetzgebungstätigkeit der Regierung gem. Art. 72 Cost. beschränkt sich gerade in den letzten Jahren zunehmend auf den Bereich der Haushaltsgesetzgebung und die Ratifizierung internationaler Verträge (De Micheli, Quad. cost. 1997, S. 520 f.).

zur Verlängerung auslaufender Fristen[887], gewannen vor allem die „decreti di riforma", mit denen umfassende Reformprojekte der Regierung auf den Weg gebracht wurden, zunehmend an Bedeutung[888]. Gleichzeitig traten die besonderen Tatbestandsvoraussetzungen des Art. 77 II Cost. immer mehr in den Hintergrund: Bis auf den heutigen Tag werden in unzähligen Notverordnungen die „Notwendigkeit" und die „Dringlichkeit" des Handelns einzig durch die „zähe Untätigkeit" im Verhältnis von Parlament und Regierung bestimmt, die einen reibungslosen Ablauf des ordentlichen Gesetzgebungsverfahrens ohne gravierende zeitliche Verzögerungen verhindert[889]. Ein eindrucksvolles Beispiel für diesen Trend bietet etwa der Erlaß mehrerer gesetzesvertretender Verordnungen, mit denen in den siebziger Jahren zentrale Reformen des Gesundheitswesens und des Universitätssektors sowie die Einrichtung des Ministeriums für Kultur und Umwelt auf den Weg gebracht worden sind[890].

Der Versuch, den Mißbrauch des Notverordnungsrechts durch eine obligatorische Prüfung der Tatbestandsvoraussetzungen im Rahmen des parlamentarischen Konversionsverfahrens einzuschränken, hat die geschilderte Entwicklung nicht umkehren können. Maßstab für die als „filtro costituzionale" konzipierte Überprüfung des Entwurfs der „legge di conversione" durch die Kommission für Verfassungsfragen (Art. 78 III R.S.) beziehungsweise den Ausschuß für Gesetzgebung (Art. 96-bis I R.C.) sei in der Regel, so wird gerügt, eher die politische Opportunität der Konversion eines decreto-legge als seine Verfassungsmäßigkeit[891].

Daß die gesetzesvertretende Verordnung heute ihren Ausnahmecharakter verloren hat, zeigt schließlich auch die kontinuierlich steigende Zahl der „decreti-legge" in Vergangenheit und Gegenwart: Während die italienische Regierung in

[887] Etwa zur Verlängerung der Mietpreisbindung , Paladin, vgl. Diritto costituzionale, S. 195.
[888] Paladin, Diritto costituzionale, S. 195; ders. in Comm. Branca, Art. 77, S. 59 ff..
[889] Paladin, Diritto costituzionale, S. 196.
[890] Fehlt es an der gem. Art. 77 II Cost. erforderlichen „necessità ed urgenza", so sind die möglichen Sanktionen in Lehre und Rechtsprechung umstritten. Nach der h.A. in der Literatur (bei Paladin, in Comm. Branca, Art. 77, S. 84 f.) wird das Fehlen der Tatbestandsvoraussetzungen aus Art. 77 II Cost. durch die Konversion des „decreto-legge" in ein Parlamentsgesetz „geheilt", da das „decreto-legge" als Rechtsquelle gleichsam in dem späteren Gesetz aufgehe und daher jeder Überprüfung entzogen sei. Anders urteilt seit 1995 der Verfassungsgerichtshof: Nach seiner Ansicht können die Tatbestandsvoraussetzungen des Art. 77 II Cost. auch nach der Konversion überprüft werden (zur neueren Spruchpraxis der Corte costituzionale, siehe Modugno, Rass. parl. 1998, S. 92 ff.).
[891] Kritisch zum Nutzen dieses „verfassungsrechtlichen Filters" etwa Modugno/Celotto, Giur. cost. 1994, S. 3237 f.. Kommt die im Senat zuständige Kommission für Verfassungsfragen zu dem Ergebnis, daß die Tatbestandsvoraussetzungen des Art. 77 II Cost. fehlen oder der Erlaß des „decreto-legge" gegen bestehende Gesetze verstößt, so gilt der Gesetzentwurf als zurückgewiesen (Art. 78 IV 1 R.S.). In der Abgeordnetenkammer ist die Regierung für diesen Fall in einer gesonderten Stellungnahme zum Gesetzentwurf gehalten, die „Notwendigkeit und Dringlichkeit" der Maßnahme zu begründen (Art. 96-bis II R.C.).

der ersten Legislaturperiode durchschnittlich 0, 5 gesetzesvertretende Verordnungen im Monat dem Parlament zur Konversion präsentierte, gingen unter ihrer Nachfolgerin in der dreizehnten Legislaturperiode bei den Kammern im Schnitt schon 31, 2 Entwürfe eines Konversionsgesetzes pro Monat ein[892].

bbb) Das Phänomen der „reiterazione"

Das Vordringen der „decretazione d`urgenza" in die klassischen Bereiche der ordentlichen Gesetzgebung stellte die Regierung bald vor ein neues Problem. Obgleich die parlamentarischen Geschäftsordnungen für die Konversion eines „decreto-legge" ein beschleunigtes Verfahren vorsehen[893], sahen sich die Kammern schon bald außerstande, die Fülle der eingebrachten Entwürfe innerhalb der in Art. 77 III Cost. vorgesehenen Frist von sechzig Tagen zu verabschieden. Der enorme Zeitdruck, unter dem Parlament und Regierung etwa seit Beginn der achten Legislaturperiode bei der Konversion der Notverordnungen zunehmend stehen, ist zudem häufig durch die obstruktionistische Verzögerungstaktik parlamentarischer Minderheiten verschärft worden, denen die strengen zeitlichen Vorgaben des Art. 77 III Cost. „fruchtbare" Störmanöver ermöglichen. In dieser Situation entwickelte sich das Phänomen der „reiterazione dei decreti-legge", das heute im Mittelpunkt der Diskussion um den Mißbrauch der gesetzesvertretenden Verordnung steht.
Dabei umgeht die Regierung den drohenden Ablauf der sechzigtägigen Frist, der ja gem. Art. 77 III Cost. die Nichtigkeit der gesetzesvertretenden Verordnung „ex tunc" zur Folge hat, indem sie eine weitere gesetzesvertretende Verordnung mit identischem oder nur wenig geändertem Regelungsgehalt erläßt[894]. Die wachsende Bedeutung der „reiterazione" zeigt ein Blick auf die Statistik: Im Verhältnis zur gesamten Verordnungstätigkeit der Regierung i.S. des Art. 77 II

---

[892] Auch der Anteil der konvertierten Verordnungen an der Gesetzgebungstätigkeit insgesamt ist in den vergangenen Legislaturperioden ständig gestiegen, nämlich von 37, 6 % in der XI. Legislaturperiode auf 41,4 % bzw. 55, 8 % in der XII. und XIII. Legislaturperiode. Die statistischen Daten finden sich bei De Micheli, Quad. cost. 1997, S. 518.

[893] Vgl. Art. 78 R.S. sowie Art. 81 II, 96-bis R.C..

[894] In der Praxis hat die „reiterazione" zuweilen absurde Ausmaße angenommen; einige Dekrete sind in der Vergangenheit bis zu zwanzig Mal wiederholt worden (siehe die Beispiele bei De Vergottini, Diritto costituzionale, S. 208 f.). Bemerkenswert ist auch, daß - entgegen dem Verbot des Art. 15 II lit. c Gesetz Nr. 400/88 - in Einzelfällen Verordnungen inhaltlich fast unverändert erneut erlassen worden sind, deren Konversion zuvor von den Kammern abgelehnt worden ist (Modugno/Celotto, Giur. cost. 1994, S. 3234).

Cost. beträgt der Anteil dieser „decreti reiterati" in der XI., XII. und XIII. Legislaturperiode 49, 6 %, 64, 4 % beziehungsweise 47, 6 %[895].

In der Literatur wird bereits seit Jahren die schrittweise Ausschaltung des parlamentarischen Gesetzgebers, die mit der „reiterazione dei decreti-legge" einhergeht, als verfassungswidrig kritisiert[896]. Dennoch hat der italienische Verfassungsgerichtshof erst 1996 gegen diese Praxis der Regierung deutlich Stellung bezogen und die sechzigtägige Frist des Art. 77 III Cost. als „unüberwindbar" bezeichnet[897]. Die italienische Regierung scheint den Tenor dieser höchstrichterlichen Entscheidung im wesentlichen ernst genommen zu haben. Obwohl bereits wenige Tage nach der Urteilsverkündung der Ministerrat erneut die „reiterazione" von insgesamt siebzehn gesetzesvertretenden Verordnungen beschlossen hatte[898], ist die Zahl der decreti-legge „reiterati" in den Folgemonaten deutlich gesunken[899].

---

[895] Siehe De Micheli, Quad. cost. 1997, S. 518 (Tabelle 1), 522. Im einzelnen sind in der XI. (XII./XIII.[vom 9.5.1996-31.10.1996]) Legislaturperiode von 514 (665/187) präsentierten Dekreten 118 (122/47) von den Kammern konvertiert worden, 356 (533/135) sind i.S. des 77 III Cost. ausgelaufen und 255 (428/89) sind „erneuert" worden.

[896] Neben dem Verstoß gegen Art. 15 II lit. c und d wird vor allem gerügt, daß sich die Regierung entgegen den verfassungsrechtlichen Vorgaben des Art. 70 Cost. im Wege der „reiterazione" an die Stelle des parlamentarischen Gesetzgebers setze; zudem liege aber auch gem. Art. 77 III Cost. das Recht, die Rechtsbeziehungen, die aufgrund einer nicht umgewandelten Verordnung entstanden sind, zu regeln, ausschließlich bei den Kammern. Zu dieser Kritik siehe im einzelnen etwa Palici di Suni, Incostituzionalità, S. 196 f.; Modugno/Celotto, Giur. cost. 194, S. 3231 ff..

[897] Die Wiederholung einer bereits erlassenen Verordnung gleichen Inhalts, ohne daß geänderte Umstände die „Dringlichkeit" und „Notwendigkeit" der Maßnahme begründeten, ist daher nach Ansicht des Gerichts verfassungswidrig und führte zur Aufhebung der beanstandeten Norm. Im einzelnen verstößt die Verordnungspraxis der Regierung nach Ansicht der Verfassungsrichter nicht nur gegen Art. 77 III Cost., sondern ermöglicht es dem Kabinett letztlich, das Parlament in seiner Rolle als Gesetzgeber auszuschalten; gerügt wird auch, daß die Rechtssicherheit durch die „reiterazione" leidet, da die Dauer der Wirksamkeit einer Verordnung nicht vorhersehbar ist. Ausführlich mit dem Urteil Nr. 360/1996 beschäftigen sich etwa Pinelli, Dir. pubbl. 1997, S. 123 ff.; Travi, Dir. pubbl. 1997, S. 131 ff.; Angiolini, Dir. pubbl. 1997, S. 113 ff..

[898] Dazu Travi, Dir. pubbl. 1997, S. 142.

[899] U. Zampetti, Rass. parlam. 1998, S. 169 f.; vgl. auch Modugno, Rass. parl. 1998, S. 113. In der Literatur wird allerdings zuweilen bezweifelt, das dieses Urteil das Problem der „reiterazione" wirklich gelöst hat. So wird kritisiert, daß die höchstrichterliche Entscheidung eher „den Charakter einer Warnung" habe und nicht nachhaltig genug gegen die Erneuerung bereits erlassener decreti-legge vorgehe: Zum einen lasse der Richterspruch der Regierung die Möglichkeit, die „necessità ed urgenza" des neu zu erlassenden decreto-legge abweichend zu begründen oder seinen Regelungsgehalt dergestalt zu modifizieren, daß sein Erlaß nicht mehr zu beanstanden ist; zum anderen werde aber ein verfassungswidriges, weil „erneuertes" decreto-legge geheilt, wenn das Parlament entweder seine Konversion beschließt oder durch eine sogenannte „legge sanatoria" („Gesetz zur Heilung der Verfassungswidrigkeit") die durch das Dekret geschaffene Rechtslage regelt (dazu Modugno, ebda, S. 105 ff.)..

ee) Der Beitrag der „decretazione d`urgenza" zu Stabilität und Regierbarkeit

aaa) Politische Stabilität und Verordnungstätigkeit

Die vorstehenden Ausführungen haben bereits gezeigt, daß das Recht zum Erlaß gesetzesvertretender Verordnungen gleichsam zum „Standbein" der italienischen Regierungspolitik avanciert ist. Eine chronologische Analyse der Notverordnungstätigkeit italienischer Kabinette zeigt in diesem Zusammenhang die besondere Bedeutung, die der „decretazione d`urgenza" als Kriseninstrument der Regierung zukommt.

So weist schon zu Zeiten der sogenannten „Ersten Republik" die Statistik eine signifikante Zunahme der gesetzesvertretenden Verordnungen vor allem in den politischen Perioden auf, die für die jeweils amtierende Regierung nicht nur durch gravierende Konflikte im Verhältnis Regierung-Parlament, sondern ebenso von Differenzen innerhalb der Koalition und innerparteilichen Flügelkämpfen geprägt waren. Die „transizione istituzionale" zu Beginn der 90er Jahre, die neben dem Zusammenbruch der traditionellen Parteienlandschaft einen massiven Legitimitätsverlust der herrschenden politischen Klasse mit sich bringt, führt zu einer weiteren Schwächung der italienischen Exekutive. Durch den rasanten Umbruch politischer Strukturen verschärft sich die latente Krise des politischen Systems Italiens, das von jeher die parlamentarischen Kräfte nur unzureichend in die staatspolitische Verantwortung hat einbinden können. Die Unfähigkeit der Regierenden, die weitgehend in Auflösung begriffenen parteipolitischen Gruppierungen zu bündeln, läßt, so beklagt PITRUZELLA[900], „das Parlament der `leggine´ und der kostspieligen Änderungsanträge" endgültig zu einem Ort werden, „an dem der Vertretung der Interessen einzelner ein Triumph über die Repräsentation der politischen Einheit" gelingt. In dieser Situation, in der für notwendige Reformvorhaben der Regierung ein parteiübergreifender parlamentarischer Konsens schwieriger denn je zu realisieren ist, gelingt es dem Kabinett, mit Hilfe der gesetzesvertretenden Verordnungen die legislative Apathie der Kammern zu durchbrechen und selbst in die Rolle des Protagonisten im Gesetzgebungsverfahren zu schlüpfen. Vor allem für Regierungen ohne stabile Parlamentsmehrheit, deren Amtszeit wie etwa die des „Governo dei tecnici" unter Ministerpräsident Ciampi von einer „legislativen Dauerkrise" geprägt wird, fun-

---

[900] Pitruzella, Reiterazione, S.178.

giert das Instrument des decreto-legge immer mehr als Ersatz *tout court* der Gesetzesinitiative aus Art. 72 Cost.[901].

bbb) Das Notverordnungsrecht als „Machtinstrument" der Regierung?

Die „Flucht" italienischer Regierungen in die Verordnungstätigkeit i.S. des Art. 77 II Cost. kann im wesentlichen auf zwei Ursachen zurückgeführt werden. Neben der Möglichkeit, durch den Erlaß von „decreti-legge" auf klassische Notsituationen zu reagieren, schafft das Instrument der gesetzesvertretenden Verordnung im gesetzgeberischen Alltag *de facto* eine „iniziativa legislativa rinforzata"[902] zugunsten der Regierung.
Indem das Kabinett zur Regelung einer bestimmten Materie von seinem Notverordnungsrecht Gebrauch macht, umgeht es zunächst das zeitaufwendige Gesetzgebungsverfahren und setzt eine bestimmte gesetzliche Regelung unverfälscht durch die Intervention des parlamentarischen Gesetzgebers in Kraft. Im anschließenden Konversionsverfahren genießt dieser „originäre" gesetzgeberische Impuls der Regierung dann absolute verfahrensrechtliche Priorität; kürzere Fristen und die obligatorisch vorrangige Behandlung des Entwurfs in den Kammern sollen den drohenden Verfall der Verordnung nach sechzig Tagen gem. Art. 77 III Cost. abwenden. Die Konversion einer gesetzesvertretenden Verordnung verschafft der Regierung damit entgegen der verfassungsrechtlichen Konzeption in der Praxis eine „corsia preferenziale"[903] für ihre legislativen Initiativen. Als Beleg für diese Einschätzung mag dabei der Umstand dienen, daß vom Kabinett erlassene Notverordnungen zum Teil Regierungsentwürfe aufgreifen, die sich im Zeitpunkt des Erlasses des „decreto-legge" bereits auf ihrem Weg durch das „normale" Gesetzgebungsverfahren des Art. 72 Cost. befinden[904].
Faktisch gibt die Regierung der Legislative aber nicht nur – entgegen den sonstigen parlamentarischen Gepflogenheiten Italiens – das „ob und wann" der parlamentarischen Prüfung eines Gesetzesvorhabens vor. Auch inhaltlich hat sie durch den Erlaß der gesetzesvertretenden Verordnung bereits Fakten geschaffen,

---

[901] Das Kabinett Ciampi erließ im Schnitt zwanzig „decreti-legge" pro Monat (De Micheli, Quad. cost. 1997, S. 520). Damit konnte es trotz der schwierigen Mehrheitsverhältnisse sein umfangreiches Regierungsprogramm weitgehend umsetzen (dazu Pasquino/Vassallo, The Government of Carlo Azeglio Ciampi, S. 55 ff.).
[902] U. Zampetti, Rass. parl. 1998, S. 168.
[903] Daß für die Gesetzesinitiativen der Regierung i.S. des Art. 71 Cost. innerhalb des Gesetzgebungsverfahren kein „verfahrensrechtlicher Sonderweg" existiert, ist bereits oben (Zweites Kapitel, B, III, 1, S. 53 ff.) dargelegt worden.

die auch noch im Rahmen des Konversionsverfahrens eine gewisse Bindungswirkung entfalten: Da mit dem Entwurf eines Konversionsgesetzes Gegenstand der Beratung letztlich eine gesetzliche Regelung ist, die im Zeitpunkt des Gesetzgebungsverfahrens bereits Rechtswirkungen erzeugt[905], sind die Chancen, das ursprüngliche gesetzgeberische Konzept der Regierung möglichst unverändert durch parlamentarische Änderungsanträge umzusetzen, weitaus größer als im normalen Gesetzgebungsverfahren des Art. 72 Cost.[906].

Diese bestimmende Rolle, die die „decretazione d`urgenza“ in ihrer heutigen Ausprägung der Regierung ermöglicht, wurde durch die bis zum Urteil der „Corte costituzionale” aus dem Jahr 1996 massiv betriebene „reiterazione”, das heißt die Erneuerung bereits erlassener Notverordnungen noch verstärkt. Das Hintereinanderschalten mehrerer „decreti-legge“ gleichen (oder nur wenig geänderten) Inhalts nimmt dem Kabinett den enormen Zeitdruck, den die Frist des Art. 77 III Cost. schafft und macht es im Umgang mit einer antagonistischen Mehrheit ebenso wie mit obstruierenden Minderheiten weniger erpreßbar. Zum einen kann die Regierung im Wege der „reiterazione” die Verabschiedung des Konversionsgesetzes auf einen politisch opportuneren Zeitpunkt schieben, in dem eine sichere Mehrheit in der Volksvertretung ihr Vorhaben unterstützt, und damit den kräftezehrenden Schlagabtausch, wie ihn sich Regierungspolitiker und Gegner eines legislativen Vorhabens im italienischen Gesetzgebungsverfahren zuweilen liefern, umgehen[907]. Für den Fall, daß eine notwendige gesetzliche Maßnahme nur für einen bestimmten Zeitraum erforderlich ist, verschafft ihr die „Erneuerung” bestehender Verordnungen darüber hinaus sogar die Möglichkeit, die Beteiligung des Parlaments und eine etwaige Änderung ihres gesetzgeberischen Konzepts im Konversionsverfahren insgesamt zu verhindern.

---

[904] Beispiele nennt der Bericht des Servizio Studi della Camera dei deputati II, Rass. parl. 1998, S. 502.

[905] In der Regel lautet der Entwurf eines Konversionsgesetzes: „È convertito in legge...” („Es wird in ein Gesetz umgewandelt..“) in Verbindung mit dem Text der ursprünglich erlassenen Verordnung.

[906] So auch U. Zampetti, Rass. parl. 1998, S. 168. Dieser Effekt läßt sich noch verstärken, wenn die Regierung mit der Verbschiedung eines bestimmten Konversionsentwurfes die Vertrauensfrage verbindet (dazu oben, b, bb, bbb, S. 209 ff.). In der Praxis wird die Zustimmung zu einem Konversionsgesetz aber allzu oft auch dadurch erkauft, daß für Mehrheit wie Opposition tragbare Änderungen ausgehandelt werden (Elia, Decretazione d`urgenza, S. 188). Di Giovine (Stud. parl. e di pol. cost. 1996, S. 9) bezeichnet daher das Konversionsverfahren als „una colossale tecnica di bargaining” („eine kolossale Technik des Aushandelns“).

[907] De Micheli, Quad. cost. 1997, S. 525.

ccc) Der Stellenwert der „decretazione d`urgenza“ im Verfassungsalltag

Im Ergebnis hat sich damit im Verfassungsalltag das Notverordnungsrecht als funktionale Antwort auf die Herausforderungen erwiesen, die die politische wie legislative „Dauerkrise“ Italiens an seine Regierungen stellt. Die gängige Notverordnungspraxis und damit verbunden das Phänomen einer inflationären „reiterazione” erweisen sich als das Produkt von Regierungen, die unfähig sind, stabile und verläßliche Parlamentsmehrheiten zu bilden, die sie bei der Umsetzung ihrer gesamtpolitischen Ausrichtung unterstützen[908]. Überwunden wird diese latente Verfassungsstörung in der italienischen Verfassungspraxis mit der Technik des „governare senza legiferare”[909]; allein mit dem Rückgriff auf das Verordnungsrecht des Art. 77 II Cost. erweist sich die italienische Exekutive, wenn auch „auf eine sehr unorthodoxe Weise als beherrschender Akteur des Gesetzgebungsprozesses”[910]. Daß dieser Trend auch weiterhin ungebrochen ist, zeigt etwa die Gesetzgebungsstatistik für die Jahre 1997/98, wonach sich die Zahl der im Durchschnitt monatlich neu erlassenen „decreti-legge“ auch weiterhin auf einem vergleichbar hohen Niveau bewegt[911].

Obwohl die Verordnungspraxis italienischer Regierungen auch in der Literatur vor allem in den letzten Jahren überwiegend als „Mißbrauch”[912] und „Degeneration”[913] des Verfassungstextes kritisiert worden ist, haben vereinzelte, pragmatische Stimmen – im Hinblick auf die Regierbarkeit Italiens und die Stabilität seiner Regierungen – durchaus zu Recht eine positive Bilanz gezogen. Denn in Zeiten, in denen der „feste Zusammenhang” [914] zwischen Gesetzgebungsorgan und Regierung nachhaltig und dauerhaft gestört zu sein scheint, überwindet die italienische Regierung im wesentlichen mit der Verordnungsbefugnis aus Art. 77 II Cost. „il sistema dei veti incrociati”[915], das nach wie vor den Umgang zwischen Regierung und Parlament im Gesetzgebungsverfahren prägt und dadurch letztlich die konsequente Umsetzung der Regierungspolitik erschwert.

[908] De Micheli, Quad. cost. 1997, S. 525.
[909] De Micheli, Quad. cost. 1997, S. 521, („regieren, ohne Gesetze zu erlassen”).
[910] De Micheli, Quad. cost. 1997, S. 526.
[911] Durchschnittlich wurden vom Beginn der XIII. Legislaturperiode bis zum Erlaß des Urteils Nr. 360 im Oktober 1996 vier „decreti-legge“ pro Monat erlassen, die nicht die Neuauflage eines bereits erlassenen Dekrets darstellten. Für das Jahr 1997 bzw. die ersten beiden Monate im Jahr 1998 liegt die Zahl der im Schnitt pro Monat erlassenen gesetzesvertretenden Verordnungen bei 3, 9 bzw. 4, 5 (vgl. Servizio Studi della Camera dei deputati I und II, Rass. parl. 1998, S. 490, 500).
[912] Modugno/Celotto, Giur. cost. 1994, S. 3231.
[913] Pizzorusso, Controlli, S. 24.
[914] H. Preuß, zitiert nach Stern, StaatsR Bd. II, S. 1371.
[915] De Micheli, Quad. cost. 1997, S. 526, („das System sich kreuzender Vetos”).

Gleichzeitig wird man aber nicht umhin kommen, auch die negativen Konsequenzen der regen Verordnungstätigkeit italienischer Kabinette für den Zustand der Gesetzgebung zur Kenntnis zu nehmen. Vor allem die mangelnde Abstimmung und Koordination der erlassenen Notverordnungen mit bereits bestehenden Normen haben, so wird beklagt, ebenso wie die generelle „Kurzlebigkeit" der mit den „decreti-legge" getroffenen Regelungen, zur „Krise der Gesetzgebung" in Italien wesentlich beigetragen[916]; zudem sehen einige Autoren gerade in jüngster Zeit in den Notverordnungen der italienischen Regierung ein zentrales „Medium" für die im italienischen Gesetzgebungsalltag weitverbreitete „legislazione microsettoriale"[917]. Als wenig positiv stellt sich die „Flut" gesetzesvertretender Verordnungen auch für das italienische Parlament dar, das zunehmend Arbeitsprogramm und Tagesordnung auf die kurzfristig terminierte Verabschiedung der Entwürfe der „leggi di conversione" ausrichten muß[918].

Der aktuelle Entwurf einer Reform der italienischen Verfassung sieht denn auch eine deutliche Einschränkung des Notverordnungsrechts vor (Art. 108, bzw. Art. 99 des geänderten Entwurfes); künftig sollen im Rahmen eines „decreto-legge" nur noch Maßnahmen geregelt werden, die „die nationale Sicherheit, allgemeine Katastrophenfälle oder Normen im Bereich der Finanzgesetzgebung" betreffen.

ff) Die Bedeutung des Notverordnungsrechts in der deutschen Verfassungsgeschichte

Interessant ist an dieser Stelle ein kurzer Blick auf das deutsche Verfassungsrecht in Vergangenheit und Gegenwart.

---

916 Vgl. U. Zampetti (Rass. parl. 1998, S. 169 f.), der insbesondere die als „provvedimenti omnibus" bezeichnete „Überfrachtung" der Verordnungen kritisiert; Servizio Studi della Camera II, Rass. parl. 1998, S. 503.

917 So U. Zampetti, Rass. parl. 1998, S. 169. Die sog. „Sektorengesetzgebung" ist bereits oben (Zweites Kapitel, unter B, I, S. 45 ff. und IV, 2, S. 82 ff. im Zusammenhang mit den sogenannten „leggini" erörtert worden.

918 Die Störung des Arbeitsprogrammes der Kammern durch die wachsende Zahl von zu verabschiedenden Konversionsgesetzen beklagt etwa Di Ciolo, Riflessioni in tema di decreti-legge non convertiti, S. 113; ebenso Paladin, Quad. cost. 1996, S. 12.

aaa) Das Notverordnungsrecht in Weimar

Ähnlich wie im heutigen Italien erwies sich auch in der Weimarer Republik die „gesetzesvertretende Verordnung" in zweifacher Hinsicht als unentbehrliches Mittel der Krisengesetzgebung. Zum einen bot dieses Instrument der Exekutive die Möglichkeit, den vielfältigen wirtschaftlichen wie sozialen Krisensituationen dieser Jahre umgehend zu begegnen; darüber hinaus aber konnte in der Verfassungspraxis mit seiner Hilfe die destruktive Blockadepolitik einer zersplitterten Reichstagsmehrheit im Gesetzgebungsverfahren überwunden werden.
Die Weimarer Verfassung selbst sah allerdings – anders als etwa die preußische Verfassung von 1850 – kein Notverordnungsrecht im klassischen Sinn vor[919]; diese Lücke wurde von der Weimarer Staatspraxis durch das aus der verfassungsrechtlich statuierten Diktaturgewalt des Reichspräsidenten (Art. 48 II WRV) abgeleitete Recht zum Erlaß gesetzesvertretender Diktatur-Verordnungen geschlossen[920].
Vergleichbar der in der staatsrechtlichen Doktrin Italiens herrschenden Auslegung zu Art. 77 Cost., erweiterte auch die herrschende Lehre der Weimarer Zeit das ursprünglich wohl nur für „objektive" Notstandsfälle konzipierte Notverordnungsrecht[921] des Staatsoberhauptes beträchtlich. So setzte sich innerhalb der herrschenden Lehre schnell die Auffassung durch, daß sich die Tatbestandsvoraussetzungen des Art. 48 II WRV („erhebliche Störungen oder Gefährdungen der öffentlichen Sicherheit und Ordnung") nicht nur auf „polizeiwidrige Zustände" beschränkten, sondern die Dysfunktion des „Wirtschafts- und Finanzorganismus" ebenso umfassen konnten wie die „Störungen des Staats- insbesondere des parlamentarischen Apparats"[922]. Die Entscheidung darüber, ob der Erlaß ei-

---

[919] Auch in der Reichsverfassung von 1871 sucht man ein entsprechendes Institut bereits vergebens. Die meisten deutschen Landesverfassungen hielten allerdings noch in der Weimarer Zeit am klassischen Notverordnungsrecht fest (Huber, Bd. VI, S. 435 f.).

[920] Huber, Bd. VI, S. 435 f.. Nach h.A. beinhaltete das in Art. 48 II WRV verankerte Recht, „Maßnahmen" zu treffen, auch die Befugnis des Reichspräsidenten, in Form von gesetzesvertretenden Verordnungen tätig zu werden, und zwar auch dann, „wenn und während" der Reichstag versammelt ist. „Insoweit ist in der Diktaturgewalt des Art. 48 ein der Reichsverfassung sonst fremdes, von ihr ausdrücklich nirgends anerkanntes Notverordnungsrecht enthalten" , so Anschütz, WRV, Art. 48, S. 277 f. (283). Zeitgenössische Kritik an der herrschenden Staatspraxis kam etwa von Heckel, AöR 22 (1932), S. 304.) Neben dem Notverordnungsrecht des Reichspräsidenten aus Art. 48 II WRV existierte in der Weimarer Staatspraxis noch ein weiterer Typus von gesetzesvertretenden Verordnungen, die die Regierung auf der Grundlage eines entsprechenden Ermächtigungsgesetzes des Reichstages erlassen konnte. Huber (Bd. VI, S. 435 ff.) bezeichnet diesen Verordnungstyp als Vollmachts-Verordnung.

[921] Herzog, in Maunz/Dürig, Art. 81, Rdnr. 2.

[922] Die Zitate stammen von Anschütz, WRV, Art. 48, S. 278 f., der unter der Störung des parlamentarischen Apparates vor allem die Obstruktion und die Unmöglichkeit notwendiger Mehrheitsbildungen verstanden wissen will. Zur Auslegung des Art. 48 II WRV siehe auch Grau, in HdbDStR Bd. II, S. 277 ff..

ner präsidialen Verordnung „nötig" i.S. des Art. 48 WRV, das heißt zwingend erforderlich sei, und welche Reichweite der zur Bewältigung der Gefahrenlage vorzunehmende Verordnungs-Eingriff haben durfte, sollte dabei vom Reichspräsidenten selbst nach pflichtmäßigem Ermessen getroffen werden[923].

Das Institut der „gesetzesvertretenden Verordnung" wurde bereits in den ersten, politisch turbulenten Jahren der Weimarer Republik[924] rege genutzt; Reichspräsident Ebert erließ in den Jahren 1919–1925 allein 136 Verordnungen, von denen nur ein Teil, etwa mit der Bekämpfung von Unruhen und politischen Ausschreitungen, die „klassischen" Ziele einer Notverordnung verfolgte[925]. In der von immensen wirtschafts- und finanzpolitischen Schwierigkeiten geprägten Krisenphase der Jahre 1930 bis 1932, in der die Regierung zudem eine konstruktive Reichstagsmehrheit weniger denn je hinter sich versammeln konnte, stieg die Zahl der vom Reichspräsidenten erlassenen Verordnungen wiederum stark an. Der Reichstag selbst war in dieser Periode weder in der Lage, seine legislativen Aufgaben zu erfüllen, noch zeigte er sich geneigt, der Reichsregierung durch den Erlaß entsprechender Ermächtigungsgesetze die legislative Initiative zu übertragen[926]. Taugliches Mittel, um diese „legislative Dauerkrise" der letzten Jahre der Weimarer Republik zu überwinden, schien daher das präsidielle Notverordnungsrecht aus Art. 48 II WRV zu sein. Vergleichbar der italienischen Praxis der „decretazione d`urgenza" wurde damit zur Sicherung der Regierbarkeit des Staates das originär dem Parlament zustehende Recht zur Gesetzgebung auf die Exekutive verlagert; der Reichspräsident übernahm denn auch in der Endphase der Republik *de facto* die Rolle des Gesetzgebers[927]. Die

---

[923] Huber, Bd. VI, S. 444, 700.

[924] Erinnert sei etwa in diesem Zusammenhang an den Eisenbahnerstreik im Ruhrgebiet vom Januar 1920 oder den Kapp-Lüttwitz-Putsch vom März desselben Jahres. Ausführlich beleuchtet Huber, Bd. VII, S. 41 ff. diese politischen Krisen der Weimarer Jahre.

[925] Anschütz, WRV, Art. 48, S. 279. Rund ein Drittel dieser Verordnungen richtete sich gegen den „wirtschaftlich-finanziellen Ausnahmezustand"; sie betrafen etwa die Bekämpfung der Inflation, die Regelung des Devisenrechts, etc. (Huber, Bd. VI, S. 701). In der ersten Zeit der Weimarer Republik spielten allerdings die auf die sogenannten Ermächtigungsgesetze gestützten „Vollmacht-Verordnungen" der Reichsregierung noch eine weitaus größere Rolle: Gestützt auf umfassende Ermächtigungen des Reichstages ergingen in den Jahren 1919 bis 1925 insgesamt rund 420 gesetzesvertretende Verordnungen (Huber, Bd. VI, S. 442; Mußgnug, Parlament, Regierung undVerwaltung,S. 320).

[926] Mußgnug, Parlament, Regierung und Verwaltung, S. 320.

[927] Die in Art. 48 III S. 2 WRV vorgesehene Möglichkeit des Reichstages, die Aufhebung der präsidiellen Verordnung zu verlangen, spielte in dieser Phase kaum noch eine Rolle. Zum einen wurde das Aufhebungsrecht durch die permanenten Vertagungen des Reichstages und die von der SPD gegenüber der Regierung Brüning praktizierte Duldungspolitik weitgehend aufgeweicht (Mußgnug, Parlament, Regierung und Verwaltung, S. 321; Huber, Bd. VI, S. 721 ff.), zum anderen konnte der Reichspräsident das parlamentarische Aufhebungsverlangen durch die Auflösung des Reichtages umgehen.

Diktaturverordnung, die kaum noch die klassische Materie des Notverordnungsrechts betraf, sondern überwiegend zur Bekämpfung der wirtschafts-, finanz- und sozialpolitischen Notlagen des Reichs eingesetzt wurde[928], entwickelte sich somit als Antwort auf die „schwindende und schließlich erlöschende Funktionsfähigkeit der parlamentarischen Legislative" im Verfassungsnotstand der Weimarer Staatskrisen zu einer – wenn auch nur kurzfristig – stabilitätssichernden „Ersatz-Legislative".

bbb) Der Gesetzgebungsnotstand des Art. 81 GG

Im deutschen Verfassungsrecht der Gegenwart sucht man hingegen das gesetzgeberische Kriseninstrument eines „Notverordnungsrechts" vergebens.
Anders als die deutsche Verfassung von 1919 und die Verfassung der Republik Italien hat das Grundgesetz jedoch mit der Regelung des „Gesetzgebungsnotstandes" dem Umstand ausdrücklich Rechnung getragen, daß im Fall einer tiefgreifenden Regierungskrise die „gegenseitige Blockade" von Bundestag und Bundesregierung die Gesetzgebungstätigkeit behindert und dadurch die Regierungsfähigkeit nachhaltig zu gefährden vermag. Der Mißbrauch des präsidiellen Verordnungsrechts aus Art. 48 II WRV auf der einen Seite[929] und die Notwendigkeit, den Normenbedarf einer (Minderheits-)Regierung auch im Konflikt mit der Parlamentsmehrheit sicherzustellen auf der anderen Seite, haben den Parlamentarischen Rat zur Einführung eines Notgesetzgebungsverfahrens bewogen, in dem das Zusammenspiel von Bundesregierung, Bundespräsident und Bundesrat die Legislativfunktion des Bundestages unter bestimmten Voraussetzungen[930]

In diesem Sinne hob v.Hindenburg im Juli 1930 auf Verlangen des Reichstages eine nach Art. 48 II WRV erlassene gesetzesvertretende Verordnung auf, um unmittelbar darauf den Reichstag aufzulösen und die aufgehobene Verordnung erneut zu erlassen (dazu Luther, Notverordnung, S. 208).

[928] Von den 109 Diktaturverordnungen, die v. Hindenburg in diesen Jahren erließ, zählten weit mehr als die Hälfte zu den wrtschaftlich-finanziellen Notstandsmaßnahmen. Siehe die Beispiele bei Huber, Bd. VI, S. 702. Die herausragende Stellung des Reichspräsidenten als Legislativorgan in dieser Phase wird durch das zahlenmäßige Verhältnis von Parlamentsgesetzen auf der einen Seite und Diktaturverordnungen auf der anderen Seite belegt: während 1930 insgesamt 97 Gesetzen nur 5 Notverordnungen gegenüberstanden, betrug das Verhältnis 1931 bereits 35 zu 38; 1932 schließlich ergingen 61 Notverordnungen, während nur noch 5 Gesetze verabschiedet wurden (nach Mußgnug, Parlament, Regierung und Verwaltung, S. 321).

[929] Für die Übertragung des „plein pouvoir" auf das Staatsoberhaupt, wie sie Art. 48 WRV noch vorsah, war unter dem GG kein Raum. Der Parlamentarische Rat entschied sich aber auch gegen die Einführung eines klassischen Notverordnungsrechts, dessen Einführung zunächst noch vorgesehen war (H. Schneider, VVDStRL 8 (1950), S. 39 ff.). Zur Entstehungsgeschichte des Art. 81, siehe im übrigen BK-Klein, Art. 81, I.

[930] Nach Art. 81 I GG darf der Gesetzgebungsnotstand nur in den beiden dort bezeichneten Fällen erklärt werden.

und für einen begrenzten Zeitraum von sechs Monaten ersetzen kann. Dem Minderheitskanzler, der sich trotz einer Abstimmungsniederlage im Verfahren nach Art. 68 GG für den weiteren Verbleib im Amt entscheidet, soll die Chance eröffnet werden, Gesetze auch gegen den Willen des nicht zur Unterstützung der Regierung bereiten Bundestages zu verabschieden[931].

Ob diese „Legalitätsbrücke"[932] aber tatsächlich geeignet ist, Stabilität und Regierbarkeit auch unter einer Minderheitsregierung zu sichern, kann nur theoretisch beurteilt werden, da das Kriseninstrument des Art. 81 GG seit Bestehen der Bundesrepublik noch keine Anwendung gefunden hat. In der staatsrechtlichen Literatur wird dem Verfassungsgeber jedenfalls zu Recht überwiegend bescheinigt, mit dem grundgesetzlichen Notgesetzgebungsverfahren „einen guten Mittelweg zwischen Kabinettskrise, Gesetzgebungsohnmacht und Diktatur"[933] gefunden zu haben[934]. Allerdings ist auch den zahlreichen Kritikern des „Gesetzgebungsnotstandes" zuzugeben, daß das Verfahren, etwa für den Fall, daß im Bundesrat ebenfalls die Opposition überwiegt und daher die erforderliche Zustimmung dieses Organs unterbleibt, beträchtliche „Stabilitätsrisiken" birgt. Im übrigen darf bezweifelt werden, ob ein wirklich tiefgreifender politischer Konflikt zwischen Parlament und Regierung, den die parlamentarischen „Selbstheilungskräfte" nicht aus eigener Kraft zu lösen vermögen, stets innerhalb der sechsmonatigen Frist des Art. 81 III GG vollständig zu überwinden ist[935].

---

[931] Vgl. Stern, StaatsR Bd. II, S. 1372. Hat der Bundestag dem Kanzler im Verfahren nach Art. 68 GG das Vertrauen mehrheitlich verweigert, so kann die Bundesregierung mit der Einleitung des Notgesetzgebungsverfahrens „drohen", indem sie eine vom Plenum zu verabschiedende Gesetzesvorlage „als dringlich" bezeichnet (Art. 81 I S.1 GG); lehnt der Bundestag diese Vorlage ab, so muß er mit dem Notverfahren i.S. von Art. 81 GG rechnen (zur Systematik des Art. 81 GG vgl. Mußgnug, Der Beitrag des GG, S. 75 f.).

[932] H. Schneider, VVDStRL 8 (1950), S. 42.

[933] So Jellinek, VVDStRL 8 (1950), S. 4; positiv äußert sich auch H. Schneider, ebda, S. 42.

[934] Ebenso Stern, StaatsR Bd. II, S. 1372.

[935] So Herzog, in Maunz/Dürig, Art. 81, Rdnr. 25 f.; ebenfalls kritisch Dreher, NJW 1950, S. 132; Scheuner, DÖV 1957, S. 634. Ablehnend äußert sich schließlich auch Hesse (Verfassungsrecht, § 23 Rdnr. 727), wenn er schreibt: „Das einzige, was sich mit Art. 81 GG erreichen läßt, ist also eine Verlängerung der politischen Krise, gegen deren Folgen er sichern soll. Mittel einer wirksamen Abhilfe enthält er nicht.".

Viertes Kapitel: Die Figur des italienischen Staatspräsidenten

Im italienischen Verfassungsalltag hat wohl kaum ein Staatsorgan in den vergangenen Jahrzehnten so zahlreiche Facetten offenbart wie die Figur des „Presidente della Repubblica". Metaphern, die das Staatsoberhaupt als „Notar der Nation" [936], „Hilfsmotor" [937] des Verfassungslebens oder gar als „konstitutionellen Vormund"[938] der Regierung ausweisen, zeugen denn auch von einem steten Wandel in der Konzeption des höchsten Staatsamtes.

A. Die Konzeption des Staatsoberhauptes in den Debatten der Assemblea Costituente

Ähnlich wie die Debatten über die Rolle des künftigen Regierungschefs war auch die Diskussion um die Befugnisse des Staatsoberhauptes in der verfassungsgebenden Versammlung von heftigen parteipolitischen Kontroversen geprägt. Während die Kommunisten schon prinzipiell die Schaffung eines „alleinherrschenden Organs" ablehnten[939], favorisierte die Mehrheit der Abgeordneten die Idee eines Staatspräsidenten „als dauerhafte Kraft des Staates über den flüchtigen Mehrheiten"[940], die fähig sein sollte, die nationale Einheit zu repräsentieren und zu verkörpern[941]. In diesem Sinne lautet Art. 87 I der italienischen Verfassung heute: „Der Präsident der Republik ist das Oberhaupt des Staates und repräsentiert die nationale Einheit".

Auch das Wahlverfahren zum höchsten Staatsamt war zunächst sowohl innerhalb der „Kommission der 75" als auch unter den Mitgliedern der verfassungsgebenden Versammlung selbst umstritten. Gegen die von einer Minderheit propagierte Wahl des Staatspräsidenten durch das Volk regte sich aber schon bald heftiger Widerstand; dieses Verfahren, so wurde vor allem kritisiert, berge nicht

[936] Luther, JöR n.F. 1995, S. 499.
[937] Die Metapher stammt von Sartori, zitiert nach Luther, JöR n.F. 1995, S. 499.
[938] Armaroli, Italiens Regierungen, S. 100.
[939] Vgl. Armaroli, Italiens Regierungen, S. 74.
[940] So der Präsident der Kommission der 75, Ruini, zitiert nach Armaroli, Italiens Regierungen, S. 75.
[941] Zugleich fürchtete die christdemokratische Mehrheit innerhalb der verfassungsgebenden Versammlung allerdings eine wirklich repräsentative Figur an der Spitze des Staates, da diese die Rolle des Christdemokraten De Gasperi in seinem Amt des Regierungschefs hätte schmälern können (so Armaroli, Italiens Regierungen, S. 74).

nur „il germe di un pericoloso dualismo"[942], sondern gefährde, da der Wahlvorgang zwangsläufig von den Parteien dominiert werde, auch die parteipolitische Unabhängigkeit des Amtes. Im Ergebnis setzte sich schließlich auch in diesem Punkt die Auffassung der Mehrheit durch, die – im Einklang mit der angestrebten Staatsform eines parlamentarischen Regierungssystems – die Kür des Präsidenten einem von beiden Kammern des Parlaments dominierten Wahlgremium übertragen wollte.

Mit der Wahl des Staatsoberhauptes durch das Parlament in gemeinsamer Sitzung gem. Art. 83 I Cost., an der ebenfalls pro Region jeweils drei vom Regionalrat gewählte Delegierte teilnehmen[943] (Art. 83 II Cost.) sowie mit der Entscheidung für eine siebenjährige Amtsperiode (Art. 85 I Cost.)[944] hoffte man im übrigen, die Stellung des „ersten Mannes im Staat" als Organ „supra partes" nachhaltig zu festigen[945]. Dazu sollte ebenso die in Art. 83 III 1 Cost. vorgesehene Zweidrittelmehrheit beitragen, die der Kandidat jedenfalls in den ersten drei Wahlgängen benötigt; das erklärte Ziel der Costituente, dem Staatsoberhaupt durch dieses Mehrheitserfordernis eine „breite und solide Legitimation"[946] jenseits der Regierungsmehrheit zu verschaffen, ist allerdings in der italienischen Verfassungspraxis nur selten erreicht worden: Zumeist sind die Kandidaten mit der absoluten Mehrheit[947] gewählt worden, die Art. 83 III 2 Cost. nach dem dritten Wahlgang genügen läßt[948].

---

942 „..den Keim eines gefährlichen Dualismus..", Crisafulli, zitiert nach Paladin, in Enc. Dir., Bd. XXXV (1986), Stichwort: „Presidente della Repubblica", S. 172.

943 Mit Ausnahme des Aostatals, das nur einen Delegierten entsendet (Art. 83 II 2 Cost.). Gem. Art. 83 II 1 Cost. soll die Teilnahme der regionalen Delegierten die Repräsentanz der Minderheiten gewährleisten. Zu den Einzelheiten des Wahlverfahrens siehe Baldassare, in Manuale, S. 220 ff..

944 Die für einen – bspw. im Vergleich mit der fünfjährigen Amtszeit des Bundespräsidenten (Art. 54 II GG) – beträchtlichen Zeitraum gesicherte personelle Kontinuität sollte etwa bei der Ausübung der zuweilen heiklen Funktion des Staatsoberhauptes in Zeiten der Regierungskrise eine gewisse Stabilität gewährleisten (Baldassare, in Manuale, S. 222). Zur Funktion des Staatspräsidenten in der Regierungskrise siehe unter II, S. 222 ff..

945 Salerno, in Comm. breve, Art. 83, S. 514. In diesem Sinne wurde auch das in Art. 83 II 1 Cost. vorausgesetzte geheime Abstimmungsverfahren verstanden, das die Abstimmung des einzelnen Abgeordneten frei von parteipolitischen Zwängen garantieren soll (so Salerno, ebda, S. 517 f.).

946 Vgl. Baldassare, in Manuale, S. 221.

947 Sowohl bei der Zweidrittelmehrheit des Art. 83 II 1 Cost. als auch bei der in Satz 2 geforderten absoluten Mehrheit ist jeweils die Mehrheit der Stimmberechtigten gemeint (Salerno, in Comm. breve, Art. 83, S. 518).

948 Betrachtet man die Zahl der Wahlgänge, die in der Vergangenheit benötigt worden sind, so erscheint die „breite und solide Legitimation" des Staatspräsidenten teilweise mehr als fragwürdig. Nach Einaudi und Gronchi, die jeweils vier und Segni, der neun Wahlgänge benötigte, waren ihre Nachfolger erst nach einundzwanzig (Saragat), dreiundzwanzig (Leone) und immerhin noch sechzehn (Pertini und Scalfaro) Wahlgängen erfolgreich. Nur Cossiga und zuletzt Ciampi gelang es, wie zuvor nur dem provisorischen Staatsoberhaupt De Nicola, im ersten Wahlgang die erforderlichen Stimmen auf sich zu vereinigen (vgl. Paladin, in Enc. Dir., Bd. XXXV (1986), Stichwort: „Presidente della Repubblica", S. 174).

B. Der „Presidente della repubblica" zwischen Verfassungstext und Staatspraxis

Obgleich die italienische Verfassung der Figur des Staatsoberhauptes einen eigenen Abschnitt widmet[949], bleibt die grundlegende dogmatische Konzeption des „Presidente della Repubblica" im Verfassungstext recht vage. Die Vielfalt der in der Verfassung verankerten präsidentiellen Befugnisse[950] erlaubt kein einheitliches Bild seiner Amtsführung: Neben den „staatsnotariellen" Aufgaben[951], die herkömmlicherweise einem Staatsoberhaupt in demokratisch republikanischen Staaten zukommen, verleiht die italienische Verfassung dem Staatsoberhaupt etwa mit dem Oberbefehl über die Streikräfte oder aber mit dem Vorsitz im „Consiglio supremo di difesa" jedenfalls „auf dem Papier"[952] weitreichende Kompetenzen[953].

[949] In Teil 2 der italienischen Verfassung ist der 2. Abschnitt („titolo II", Art. 83-91 Cost.) dem Staatspräsidenten gewidmet; daneben hat der italienische Verfassungsgeber weitere Kompetenzen des Staatsoberhauptes aber auch im übrigen Verfassungstext geregelt.

[950] In der Literatur finden sich unterschiedliche Klassifizierungen der Befugnisse des Staatspräsidenten. So unterteilen Barile/Cheli/Grassi (S. 334 ff.) seine Kompetenzen in die „poteri di controllo e di freno" („Befugnisse, zu kontrollieren und zu bremsen"), die „poteri di stimolo e di impulso all'attuazione della costituzione" („Befugnisse, Anregungen und Impulse zur Ausführung der Verfassung zu geben") sowie die „poteri che tendono alla copertura e al funzionamento degli organi costituzionali" („Befugnisse, die auf die Besetzung und das Funktionieren der Verfassungsorgane gerichtet sind"). Baldassare (in Manuale, S. 217 ff.) spricht hingegen von den „poteri di controllo" (der Kontrollgewalt), den „poteri di garanzia" (den Garantiebefugnissen), den „poteri di prerogativa" (den Vorrechten), den „poteri d'influenza" (dem Recht der Einflußnahme) sowie den „poteri d'intermediazione politica" (der politischen Vermittlungsgewalt).

[951] Zu den Aufgaben, bei denen der Staatspräsident als „Notar" für eine von einem anderen Organ getroffene Entscheidung fungiert, zählen bspw. die Gesetzesverkündung und der Erlaß der von der Regierung beschlossenen gesetzesvertretenden Verordnungen (Art. 87 V Cost.) sowie die Ratifizierung internationaler Verträge (Art. 87 VIII Cost.) und die Ernennung der Staatsbeamten (Art. 87 VII Cost.).

[952] Paladin (Diritto costituzionale, S. 454), der im Sinne der h.A. den Oberbefehl über die Streitkräfte (Art. 87 IX Cost.) und den Vorsitz im „Consiglio supremo di difesa" (dem obersten Verteidigungsrat) durch den Staatspräsidenten als eine bloß formale Kompetenz („sulla carta") bezeichnet.

[953] In der Literatur ist für eine Vielzahl der in der Verfassung verankerten Kompetenzen umstritten, ob es sich um eine „echte" präsidentielle Befugnis („atto propriamente presidenziale") handelt oder aber ob das Staatsoberhaupt lediglich die von einem anderen Organ getroffene Sachentscheidung umsetzt („atti presidenziali deliberati da organi diversi") bzw. mit diesem gemeinsam agiert („atti presidenziali a partecipazione complessa"). In die erste Kategorie gehört aber nach allgemeiner Ansicht das Recht, fünf Senatoren auf Lebenszeit (Art. 59 II Cost.) und ein Drittel der Verfassungsrichter zu ernennen (Art. 135 I Cost.). Ferner ist an dieser Stelle Art. 74 Cost. zu nennen; nach dieser Vorschrift kann der Staatspräsident die Verkündung eines nach seiner Auffassung formell oder materiell verfassungswidrigen Gesetzes verweigern (insoweit vergleichbar dem nach h.A. formellen und materiellen Prüfungsrecht des Bundespräsidenten ex Art. 82 GG, dazu Sannwald, in S-B/K, Art. 82, Rdnr. 16) und es zur erneuten Beratung an die Kammern zurücksenden. Falls das Parlament das Gesetz in der beanstandeten Fassung jedoch bestätigt, so ist er allerdings zur Verkündung verpflichtet. In der Praxis ist die Bedeutung dieses Verfahrens nicht zu unterschätzen. So haben die italienischen Staatspräsidenten in den vergangenen Jahren mehr als fünfzig Mal vor allem unter Hinweis auf das Fehlen der gem. Art. 81

Diese in der Literatur zuweilen gerügte „Zweideutigkeit"[954] der Figur des Staatspräsidenten hat dazu geführt, daß in den vergangenen Jahrzehnten seine Rolle als „Repräsentant der nationalen Einheit" (Art. 87 Cost.) und seine Beteiligung an der politischen Leitungsgewalt sowohl in der Staatsrechtslehre als auch von den einzelnen Amtsinhabern selbst durchaus unterschiedlich interpretiert worden sind. Die Rolle des italienischen Staatspräsidenten im Verfassungsgefüge, so wird denn auch zu Recht formuliert, „resultiert aus dem Zusammentreffen [...] von Lehrmeinung und Praxis"[955].

I. Die Rolle des Staatsoberhauptes im Lichte der Staatsrechtslehre

1. Das Staatsoberhaupt als „potentieller Führer der Exekutive"?

Gestützt auf das Recht zur Ernennung des Ministerpräsidenten (Art. 92 I Cost.) und die in Art. 88 Cost verankerte Befugnis, das Parlament aufzulösen, hat eine vor allem in den Anfangsjahren der Republik vertretene Auffassung die Rolle des Staatsoberhauptes unter Berufung auf die Theorien von CONSTANT[956] und SCHMITT[957] als „potere neutro" und „tutore dello Stato" betont[958]. Seine vor-

---

Cost. obligatorischen, „finanziellen Deckung" eines Gesetzes die Verkündung zunächst verweigert (Barile/Cheli/Grassi, S. 336). Die faktische Tragweite des präsidentiellen Prüfungsrechts wird im übrigen durch die Auslegung der h.A. gestärkt, die dem Staatspräsidenten auch die Prüfung des sog. „merito costituzionale", der verfassungsmäßigen Zweckmäßigkeit zugesteht: Gefährdet ein Gesetz etwa die Funktionsfähigkeit staatlicher Institutionen, ohne aber eine verfassungsrechtliche Vorschrift zu verletzen, so darf das Staatsoberhaupt den Gesetzestext an das Parlament zurückverweisen. (dazu Paladin, Diritto costituzionale, S. 343 f.).

954 Armaroli, Italiens Regierungen, S. 75. Dazu tragen etwa auch die sogenannten „dimissioni di cortesia" bei, die als Teil des „galateo costituzionale" (des „verfassungsrechtlichen Anstandes") die Tradition zu Zeiten der Monarchie widerspiegeln: Bei der Wahl eines neuen Staatsoberhauptes bietet die amtierende Regierung „aus Höflichkeit" ihren Rücktritt an; der Staatspräsident ist jedoch gehalten, ihn zurückzuweisen (De Vergottini, Diritto costituzionale, S. 534).

955 Gobbo, in Anlehnung an Cuocolo, Quad. cost. 1991, S. 181.

956 Für Constant stellte das Staatsoberhaupt eine selbständige, über den drei Gewalten stehende politische Macht, mithin eine „vierte Gewalt" dar (vgl. BK-Kimminich, Vorbem. zu Art. 54-61, Rdnr. 18).

957 Die zu Zeiten der Weimarer Republik vorherrschende Theorie vom Staatsoberhaupt als einem „Hüter der Verfassung" im Sinne eines Diktators „auf Zeit" zur Sicherung der gefährdeten Verfassungsordnung ist etwa von Schmitt, AöR, 55 (1929), S. 212 ff. formuliert worden.

958 Diese Auffassung, die in der Figur des Staatspräsidenten eine „neutrale Gewalt" sieht, berufen als „Hüter des Staates" die bestehende Ordnung und die politische Stabilität zu sichern, ist vor allem von Esposito (Capo dello Stato, S. 38 ff.) für den Fall der „Krise des parlamentarischen Systems" vertreten worden. Für G.U. Rescigno (in Comm. Branca, Art. 87, S. 181 f.) besteht die Rolle des Staatsoberhauptes darin, „zum Schiedsrichter zu werden, wenn die politischen Kämpfe die Parlamentsmehrheit zerbrechlich und schwach und die Regierung unsicher und unentschlossen werden lassen". Einen Überblick zu den Theorien Espositos und G.U. Rescignos ermöglicht Baldassare, in Manuale, S. 229

dringlichste Aufgabe sei es, so wurde argumentiert, als „capo potenziale dell'esecutivo"[959] in letzter Verantwortung den Bestand der verfassungsmäßigen Ordnung und die politische Stabilität in Krisenzeiten zu gewährleisten, und zwar notfalls auch als Antagonist der übrigen politischen Kräfte. Vergleichbar dem Reichspräsidenten der Weimarer Verfassung wird nach dieser Ansicht das Staatsoberhaupt in Krisenlagen zum „reggitore dello Stato"[960], an die Stelle des Parlamentarismus tritt der Präsidentialismus.

Innerhalb der heute wohl herrschenden Lehre ist diese dogmatische Konzeption des Staatsoberhauptes allerdings überwiegend als systemwidrig abgelehnt worden. Zum einen wird vorgebracht, daß im parlamentarischen Regierungssystem Italiens die – im Sinne der Lehre von SCHMITT – vorrangig dem Staatspräsidenten zugedachte „Wächterfunktion" auf verschiedene Organe (wie etwa die Regierung, das Parlament[961] und den Verfassungsgerichtshof) verteilt sei; zum anderen setze aber ein solches Verständnis der Rolle des Staatsoberhauptes auch entsprechende verfassungsrechtliche Befugnisse voraus, wie sie etwa die Vorschrift des Art. 48 WRV in Gestalt der Diktaturgewalt des Reichspräsidenten begründet habe[962].

2. Die Interpretationsansätze der herrschenden Lehre

Auf der Suche nach einer positiven Bestimmung der präsidentiellen Funktion bietet die herrschende Staatsrechtslehre allerdings kein einheitliches Bild; jedoch läßt sich ein gewisser dogmatischer Grundkonsens erkennen. Zum einen ist

---

f.. Zum historischen Wandel des Begriffs des Staatsoberhauptes in der Staatsrechtslehre, siehe BK-Kimmnich, Vorbem. zu Art. 54-61, Rdnr. 9 ff..

959 In diesem Sinne („..als potentielles Oberhaupt der Exekutive..") wollen Rescigno und Esposito die Aufgabe des Staatspräsidenten verstanden wissen (dazu Paladin, in Enc. Dir., Bd. XXXV (1986), Stichwort: „Presidente della Repubblica", S. 238). Für Esposito (Capo dello Stato, S. 48) ist das Staatsoberhaupt in der Krise, neben seinen normalen Funktionen, ausnahmsweise berufen, in die Rolle des „effektiven Führers" oder „höchsten Funktionsorgans" zu schlüpfen. Diese Theorie ist etwa von Martines (Diritto costituzionale, S. 580) unter der Maßgabe aufgegriffen worden, daß der Präsident sich stets innerhalb der Grenzen der Verfassung bewegt und sich gemeinsam mit den übrigen politischen Kräften an einer Lösung der Krise beteiligt.

960 Martines (Diritto pubblico, S. 141) bezeichnet dieses gewandelte Rollenverständnis in der Krise als „physiologisch".

961 In diesem Zusammenhang ist etwa das Recht des Parlaments aus Art. 90 Cost. zu nennen, in gemeinsamer Sitzung über eine Anklage des Staatsoberhauptes wegen Verfassungsbruchs oder Hochverrats zu entscheiden; ferner wird hier Art. 78 Cost. angeführt, demzufolge die Regierung die erforderlichen Notstandsbefugnisse erhält, nachdem die Kammern den Kriegszustand ausgerufen haben.

962 Ausführlich dazu Baldassare, in Manuale, S. 228 ff.; Paladin, in Enc. Dir., Bd. XXXV (1986), Stichwort: „Presidente della Repubblica", S. 238); Labriola, Presidente della Repubblica, S. 18 ff..

der Staatspräsident nach allgemeiner Ansicht weder Teil der Exekutive, noch steht er an der Spitze einer anderen staatlichen Gewalt[963]; zum anderen muß seine Rolle grundsätzlich innerhalb der Systematik eines parlamentarischen Regierungssystems begriffen werden, in der der „Gravitationspunkt" der politischen Macht prinzipiell bei Parlament und Regierung liegt[964]. Ebenso besteht in der Literatur dahingehend Einigkeit, daß sich die Rolle des „Presidente della Repubblica" keinesfalls in der eines „Zeremonienmeisters"[965] erschöpft; der Staatspräsident, so wird betont, fungiere vielmehr als „custode e garante" der bestehenden Parteiendemokratie[966]. Wie diese Rolle aber im einzelnen auszufüllen ist, und welches „politische Gewicht" dem Staatsoberhaupt im Umgang mit Parlament und Regierung dabei zukommen soll, wird von der staatsrechtlichen Autorenschaft durchaus unterschiedlich beurteilt[967].

Einige Autoren begreifen – teilweise durchaus in Anlehnung an das „präsidiale" Verständnis der eingangs zitierten älteren Auffassung – den Staatspräsidenten als „Bewahrer" eines „indirizzo politico costituzionale", das gleichsam als Korrektiv fungiere, und dessen Übereinstimmung mit der gesamtpolitischen Ausrichtung der politischen Mehrheit das Staatsoberhaupt mit allen von der Verfassungsordnung gebotenen Mitteln sicherzustellen habe[968].

Ein anderer Teil der Lehre betont hingegen die Rolle des Staatsoberhauptes als „potere neutro"[969] im Sinne einer strikten Überparteilichkeit des Amtes; danach, so wird argumentiert, verkörpere der Präsident der Republik eine „Gewalt", die über den Parteien steht und nicht „am politischen Spiel teilnimmt"[970]. Teilweise wird die Unparteilichkeit des Staatsoberhauptes lediglich für ein „traguardo

---

963 Salerno, in Comm. breve, Art. 87, S. 533.

964 Zur Stellung des Staatsoberhauptes im parlamentarischen Regierungssystem siehe Herzog, in EvStL, Stichwort: „Staatsoberhaupt", S. 3439 f..

965 M. Ruini, zitiert nach Martines, Diritto costituzionale, S. 579.

966 Salerno, in Comm. breve, Art. 87, S. 533 („Hüter und Garant").

967 Einen ausführlichen Überblick über die vielfältigen Intrepretationsansätze, die hier nur auszugsweise dargestellt werden können, ermöglicht Salerno, in Comm. breve, Art. 87, S. 531 ff..

968 Nach Barile/Cheli/Grassi (S. 332) steht der Staatspräsident insoweit gemeinsam mit anderen, von der Verfassung berufenen Organen für die „politisch-verfassungsrechtliche Ausrichtung" des Staates; weicht die gesamtpolitische Ausrichtung davon ab, so sei es seine Aufgabe, sie zu korrigieren, um die Ausführung der Verfassungsziele zu gewährleisten.

969 Die Formel des „potere neutro" spiegelt kein einheitliches Konzept wider, sondern wird in der Literatur von jeher mit den verschiedensten Vorstellungen über Aufgaben und Befugnisse des Staatsoberhauptes verbunden (vgl. Fn. 956, 957 (S. 234)); der Gedanke der „parteipolitischen Neutralität" greift insoweit nur einen dieser Interpretationsansätze auf (dazu Herzog, in EvStL, Stichwort: „Staatsoberhaupt", S. 3442 f.).

970 Martines, Diritto costtituzionale, S. 578.

ideale"[971] gehalten; nach dieser zuletzt zitierten Auffassung steht der Präsident der Republik im Verfassungsalltag „inmitten der nationalen Politik" und agiert in diesem Rahmen zwangsläufig als „soggetto politico"[972].

In den letzten Jahren haben sich die Stimmen gemehrt, für die das Konzept einer „neutralen Gewalt" in erster Linie die Integrationsfunktion des Staatspräsidenten innerhalb des politischen Systems Italiens erfaßt. Seine verfassungsrechtlich verankerten Befugnisse lassen ihn nach dieser, im Vordringen begriffenen Ansicht, in erster Linie zum „Garanten des politischen Prozesses", mithin zum Garanten der Funktionsfähigkeit des in der Verfassung verankerten Regierungssystems werden[973]. Indem er als integratives und ausgleichendes Element den vielfältigen Spannungen innerhalb von Politik und Gesellschaft begegne, bemühe sich das Staatsoberhaupt, „die nationale Einheit zu garantieren und zu bewahren"[974]. Allein in diesem Sinne will BALDASSARE die Rolle des italienischen Staatspräsidenten auch in der Tradition von CONSTANT als „pouvoir modérateur et intérmediaire" verstanden wissen: Aufgabe des Staatsoberhauptes sei es nicht nur, „die Synthese in der Vielfalt der politischen Kräfte zu suchen", sondern ebenso – auf politischer wie auf gesellschaftlicher Ebene – die „Solidarität zwischen entgegengesetzten Teilen [des Ganzen]" zu garantieren[975].

II. Das „potere presidenziale di crisi" in Theorie und Praxis

Besondere Bedeutung kommt der Figur des Staatsoberhauptes nach allgemeiner Auffassung in Zeiten der Regierungskrise zu, in einem Moment also, in dem Parlament und/oder Regierung nicht mehr ordnungsgemäß funktionieren oder aber das Zusammenspiel beider Organe nachhaltig gestört ist. In dieser Situation weist die Verfassung mit dem Recht zur Ernennung des Ministerpräsidenten (Art. 92 Cost.) und zur Auflösung des Parlaments (Art. 88 Cost.) eine beachtli-

---

[971] Die Metapher der „idealen Ziellinie" wird von Paladin (in Enc. Dir., Bd. XXXV (1986), Stichwort: „Presidente della Repubblica", S. 239) verwendet.

[972] Paladin, in Enc. Dir., Bd. XXXV (1986), Stichwort: „Presidente della Repubblica", S. 239. Teilweise ist in diesem Zusammenhang auch die Befugnis des Staatspräsidenten bejaht worden, durch aktives Handeln in Form von „Impulsen und (An)leitung" auf die Regierungspolitik einzuwirken (dazu Salerno, in Comm. breve, Art. 87, S. 532).

[973] So etwa Baldassare, in Manuale, S. 233; ebenso Pitruzella, in Comm. Branca, Art. 92-93, S. 59.

[974] Baldassare, in Manuale, S. 234.

[975] Baldassare, in Manuale, S. 233; dazu auch Salerno, in Comm. breve, Art. 87, S. 532. Grundsätzlich läßt sich aber die Konzeption des italienischen Staatsoberhauptes selbstverständlich nicht mit dem Constant`schen Modell vergleichen: Das „pouvoir neutre" im Sinne von Constant ist eine echte königliche, d.h. mit zentralen politischen Machtbefugnissen ausgestattete Gewalt.

che „Krisengewalt" dem Staatsoberhaupt zu („potere presidenziale di crisi"[976]), das durch sein Tätigwerden die Bildung einer neuen Regierung beziehungsweise den Zusammentritt eines neuen Parlaments ermöglicht und dadurch die „Funktionsfähigkeit der obersten staatlichen Institutionen"[977] garantiert.
Auch zeigt sich in der Krise – weitaus deutlicher als im „Normalfall" –, daß die Rolle des Staatspräsidenten im italienischen Verfassungsalltag nicht allein auf verfassungstheoretischer Ebene zu erfassen ist. Der Blick auf die Praxis offenbart in diesem Zusammenhang, daß jenseits aller dogmatischen Interpretationsansätze, die dem „regierenden Präsidenten" heute überwiegend die Garantiefunktion und die integrative Komponente des „Presidente della Repubblica" entgegensetzen[978], der italienische Staatspräsident während einer Regierungskrise faktisch eine zentrale und zuweilen äußerst machtvolle Rolle bei der Sicherung des politischen Gleichgewichts und der Stabilität der Regierung spielt.
In einer Konstellation, in der die eigentlichen Protagonisten des politischen Prozesses handlungsunfähig sind, gewinnt die in Art. 87 I Cost. verankerte Aufgabe des Staatspräsidenten als „Repräsentant der staatlichen Einheit" besonderes Gewicht und erweist sich zudem als zutiefst politisch. Dabei scheinen für die „politische Qualität" und die „Intensität"[979] der präsidentiellen Einflußnahme – dies zeigen insbesondere die Ereignisse der letzten Jahre – neben der persönlichen Dominanz des jeweiligen Amtsinhabers in erster Linie die politischen Rahmenbedingungen Italiens maßgeblich zu sein. Vor allem dann, wenn die „einigende Funktion" der Parteien versagt, so konstatiert etwa PITRUZELLA, „wird vom Präsidenten der Republik die 'Regierbarkeit' erwartet, die das Parteiensystem nicht mehr gewährleisten kann"[980].
Diese Entwicklung läßt sich zunächst mit Blick auf das Verfahren der sogenannten „parlamentarizzazione della crisi" aufzeigen; sodann soll das präsidentielle Recht zur Ernennung des Ministerpräsidenten (Art. 92 I Cost.) und seine Befugnis zur Auflösung des Parlaments (Art. 88 Cost.) analysiert werden.

---

976 Der Begriff stammt von Lucatello, zitiert nach Gobbo, Quad. cost. 1991, S. 180.
977 Galeotti, zitiert nach Gobbo, Quad. cost. 1991, S. 182.
978 Auch die Autoren, die die Garantiefunktion des Staatsoberhauptes betonen, nehmen eine „Intensivierung" der Macht des Staatsoberhauptes in der Regierungskrise an; die Grenze liege aber stets in der *ratio* der präsidentiellen Intervention, nämlich eine Regierung zu bilden, die das Vertrauen des Parlaments genießt (dazu Gobbo, Quad. cost. 1991, S. 181).
979 Gobbo, Quad. cost. 1991, S. 182.
980 Pitruzella, in Comm. Branca, Art. 92-93, S. 50. Die besondere Bedeutung des italienischen Staatsoberhauptes in der Regierungskrise betont auch Kaltefleiter, Funktionen des Staatsoberhauptes, S. 123 ff..

1. Die „parlamentarizzazione della crisi“

Vor dem Hintergrund der überwiegend außerparlamentarischen Regierungskrisen Italiens offenbart das seit den sechziger Jahren beständig praktizierte Verfahren der sogenannten „parlamentarizzazione della crisi“, daß dem italienischen Staatsoberhaupt in der Regierungskrise eine „Schlüsselrolle“ zukommt. Anders als im Fall einer „parlamentarischen“ Regierungskrise, in der sich das gestörte Vertrauensverhältnis zwischen Parlament und Regierung bereits manifestiert hat, steht es dem Staatspräsidenten – konfrontiert mit einer außerparlamentarischen Kabinettskrise – nach h.A. frei, ob er das Rücktrittsgesuch der Regierung annehmen will[981]. Indem er das Rücktrittsverlangen zurückweist und die Regierung einlädt, auf der Grundlage einer programmatischen Debatte in beiden Kammern das Vertrauensverhältnis zu überprüfen[982], bringt er die Fraktionen dazu, entweder „Farbe zu bekennen“ und die Regierung durch ein ausdrückliches Vertrauensvotum zu unterstützen oder aber – mit einem ausdrücklichen Votum gegen das Kabinett – jedenfalls die Verantwortung für den Sturz der Regierung zu übernehmen[983]. Nach Ansicht von RUGGERI verkörpert sich daher in der „parlamentarizzazione della crisi“ die in der italienischen Verfassung angelegte Aufgabe des Staatsoberhauptes, „die Kontinuität und volle Funktionsfähigkeit bei der Umsetzung der gesamtpolitischen Ausrichtung, so weit wie möglich, aufrechtzuerhalten und zu garantieren“[984].
Gleichzeitig zeigt das Verfahren der „Parlamentarisierung“ gerade in der Staatspraxis das besondere „politische Gewicht“ des „Presidente della Repubblica“. Zwar finden die Bemühungen des Staatspräsidenten, im Wege der „parlamentarizzazione“, die Regierungskrise zu überwinden, ihre Grenze an der Regierung selbst. Weigert sich das Kabinett, in eine erneute parlamentarische Debatte einzutreten, etwa weil es eine solide parlamentarische Mehrheit gegen sich weiß, so muß das Staatsoberhaupt das Rücktrittsgesuch akzeptieren[985]; ebenso

---

[981] Er verfügt insoweit über ein „weitgefaßtes Ermessen“. Im Fall der „parlamentarischen“ Regierungskrise ist er nach h.A. hingegen zur Annahme des Rücktrittsgesuches verpflichtet (Merlini, in Manuale, S. 210; ausführlich Pitruzella, in Comm. Branca, Art. 92-93, S. 52 ff.). Zur Terminologie der „parlamentarischen“ bzw. „außerparlamentarischen Krise“ siehe oben, Drittes Kapitel, D, IV, 1, S. 192 ff..

[982] Die „Parlamentarisierung der Krise” ist in den vergangenen Jahren in unterschiedlicher Form und mit wechselndem Erfolg praktiziert worden; teilweise ist der Impuls, sich den Kammern zu stellen auch von der zurückgetretenen Regierung selbst ausgegangen. Ausführlich dazu Ruggeri, Crisi di governo, S. 145 ff..

[983] Vgl. Labriola, Funzioni, S. 27; Villone, in Comm. Branca, Art. 94, S. 268.

[984] Ruggeri, Crisi di Governo, S. 147.

[985] Die ganz h.A. verneint die „rechtliche Pflicht“ der Regierung, sich dem Parlament zu stellen. Zu den Optionen des Staatspräsidenten im einzelnen siehe Merlini, in Manuale, S. 211.

darf nach h.A. der Versuch, durch die „Parlamentarisierung" der Regierungskrise die Stabilität der Regierung zu sichern, nicht die originäre Befugnis der politischen Kräfte schmälern, in letzter Verantwortung über den Bestand der politischen Mehrheit zu entscheiden[986]. Einen beträchtlichen Einfluß nimmt der Staatspräsident mit der „parlamentarizzazione" aber jedenfalls auf den „verfahrenstechnischen" Verlauf der Regierungskrise: „Die Parteien", so betont LABRIOLA in diesem Zusammenhang, „bleiben in ihrer Entscheidung über das Schicksal der Regierungsmehrheit – über die Auflösung der bestehenden ebenso wie über die Bildung einer neuen Mehrheit – ganz und gar frei, aber sie sind weniger frei, die Art, den Zeitablauf und die Form zu bestimmen"[987].

Mit Blick auf die dominierende Rolle, die die italienischen Parteien, und damit „außerparlamentarische" Institutionen, im Verfassungsalltag sowohl bei der Entstehung der Regierungskrisen als auch bei ihrer Bewältigung gespielt haben, wird die stabilitätsfördernde Funktion der „parlamentarizzazione" in der staatsrechtlichen Literatur teilweise in Frage gestellt[988]. In der Praxis konnte jedoch in den vergangenen Jahren in zahlreichen Fällen, in denen die außerparlamentarische Krise durch Differenzen innerhalb der amtierenden Regierungskoalition ausgelöst worden war, die Krise durch die vom Staatspräsidenten „angestoßene" parlamentarische Debatte abgewendet werden: Konfrontiert mit der Wahl zwischen der Bildung einer neuen Regierung beziehungsweise der Auflösung der Kammern auf der einen Seite und der Unterstützung der (noch) amtierenden Regierung auf der anderen Seite, entschied sich die „alte" Regierungsmehrheit für ein erneutes Vertrauensvotum zugunsten des Kabinetts[989].

2. Die stabilitätssichernde Rolle des Staatspräsidenten bei der Regierungsbildung

Die besondere Rolle, die dem italienischen Staatsoberhaupt in der Regierungskrise zukommt, zeigt auch der Blick auf die Praxis der Regierungsbildung.

---

986 So Pitruzella, in Comm. Branca, Art. 92-93, S. 56.

987 Labriola, Presidente della Repubblica, S. 47.

988 Für Martines (Diritto costituzionale, S. 499) kommt dem Verfahren der „Parlamentarisierung" keine gesteigerte Bedeutung als Mittel der Krisenbewältigung zu. Die Parteien, so der Autor, seien nämlich in der Regel wenig geneigt, durch Erklärungen oder Abstimmungen im Parlament eindeutig Stellung zu beziehen und dadurch politische Fakten zu schaffen, wenn die Krise, „geboren" außerhalb des Parlaments, auch mit großer Wahrscheinlichkeit außerhalb der Volksvertretung (d.h. letztlich in den Parteizentralen) gelöst werde.

Die Ausführungen zum Verfahren der Regierungsbildung[990] haben bereits gezeigt, daß der insoweit lückenhafte Text des Art. 92 Cost. und der dem verfassungsrechtlichen Gewohnheitsrecht überlassene Ablauf der „consultazioni" dem italienischen Staatspräsidenten grundsätzlich einen breiten Ermessensspielraum im Vorfeld der Ernennung des zukünftigen Ministerpräsidenten einräumen. Wie in diesem Zusammenhang dargelegt soll Grenze des präsidientiellen Ermessens nach h.A. allein das obligatorische parlamentarische Vertrauensvotum des Art. 94 Cost. sein; das Staatsoberhaupt ist demnach gehalten, den Kandidaten zu beauftragen, der am ehesten geeignet scheint, einen positiven Ausgang der Investiturabstimmung zu gewährleisten. Folgerichtig wird sich in der Praxis der Beurteilungsspielraum des italienischen Präsidenten bei der Kandidatenkür regelmäßig an der aktuellen (partei-)politischen Konstellation orientieren; der Präsident sei, so wird einmütig formuliert, „bei seiner Wahl durch den Grad der politischen Stabilität gebunden"[991]. Läßt sich bereits aufgrund der Parlamentswahlen eine deutliche, das heißt regierungsfähige Mehrheit ausmachen, so verkörpert die Beauftragung des zukünftigen Regierungchefs idealiter gleichsam die „Beurkundung" des zuvor manifestierten Wählerwillens[992], in der Regel aber wohl eher die Umsetzung der von den parteipolitischen Kräften ausgehandelten Vereinbarungen[993].

Das eigentliche „politische Gewicht" italienischer Staatspräsidenten realisiert sich im Gegenzug bei unklaren parlamentarischen Mehrheitsverhältnissen, in einer Situation also, in der nur aufgrund der vermittelnden und stabilisierenden Intervention des Präsidenten die Bildung einer regierungsfähigen Koalition möglich ist. In diesem politischen Umfeld erweitert sich das präsidentielle Ermessen bei der Auswahl eines neuen Kandidaten spürbar: Das Staatsoberhaupt kann im Rahmen der Sondierungsgespräche durch eine „'azione di influenza' sulla Koalitionsfähigkeit dei singoli gruppi politici"[994] selbst auf die Bildung

---

[989] Ausführlich zum Ganzen Pitruzella, in Comm. Branca, Art. 92-93, S. 52 mit zahlreichen Beispielen.

[990] Drittes Kapitel, D, I, S. 119 ff..

[991] Gobbo, Quad. cost. 1991, S. 182. Teilweise wird mit Blick auf die Regierungsbildung formuliert, daß das geltende Verfassungsrecht in seinem Bemühen, die Beziehungen zwischen den Verfassungsorganen zu regeln, von einem „principium cooperationis" geprägt sei, als dessen „Hüter" der Staatspräsident fungiere (vgl. Pitruzella, in Comm. Branca, Art. 92-93, S. 49).

[992] In diesem Sinne ist etwa die Beauftragung von Prodi nach den Parlamentswahlen 1996 zu verstehen, dessen Bündnis eine breite Mehrheit vorweisen konnte.

[993] So Gobbo (Quad. cost. 1991, S. 182), der in diesem Zusammenhang von der „dominierenden Stellung des Parteiensystems" spricht.

[994] Pituzella, in Comm. Branca, Art. 92-93, S. 49 (.. „einen Akt der Einflußnahme auf die Koalitionsfähigkeit der einzelnen politischen Gruppierungen"...).

eines neuen politischen Gleichgewichts hinwirken, wenn dieses geeignet scheint, eine regierungsfähige Mehrheit hervorzubringen. „Unter diesem Blickwinkel", so formuliert PITRUZELLA, „scheint das Staatsoberhaupt die Rolle eines 'Hüters des grundlegenden politischen Gleichgewichts' anzunehmen", auf das sich das politisch-verfassungsrechtliche System gründet; „seine verdichtende Kraft" vermag daher in einer politischen Konfliktsituation Phasen der Blokkade und des Stillstandes zu überwinden[995].
Dennoch ist nach dem vorherrschenden Verfassungsverständnis zu Art. 92 Cost. das Ermessen des Staatsoberhauptes bei der Ernennung eines geeigneten Kandidaten nicht schrankenlos. Die letzte Entscheidung über die Bildung der parlamentarischen Mehrheit und die Stabilität der von ihr unterstützten Regierung gebührt nach der in Art. 94 Cost. verinnerlichten Logik des parlamentarischen Systems ausschließlich dem Parlament, mithin den politischen Parteien[996].

Ein kurzer Blick auf die Verfassungspraxis der vergangenen Jahrzehnte zeigt allerdings bereits, daß es vereinzelt nicht bei dem „Bewahren des politischen Gleichgewichts" und der bloßen „Vermittlung" der Regierungskoalition durch das Staatsoberhaupt geblieben ist. So haben etwa einige Amtsinhaber im Zuge der Sondierungsgespräche schon frühzeitig versucht, durch die Vorgabe „politischer Formeln" oder gar bestimmter politischer Programme[997] auch über den Zeitpunkt der Regierungsbildung hinaus gezielten Einfluß auf die Politik der künftigen Regierung zu nehmen; in der verfassungsrechtlichen Literatur wurden diese Kabinette von einigen Autoren bereits als „Gabinetti presidenziali" kritisiert[998].

Erst der Zusammenbruch des italienischen Parteiensystems zu Beginn der neunziger Jahre hat jedoch in der Praxis den Boden für eine echte Metamorphose der Figur des Staatspräsidenten bereitet und das tatsächliche Ausmaß der „politi-

---

[995] Pitruzella, in Comm. Branca, Art. 92-93, S. 50.
[996] So Pitruzella, in Comm. Branca, Art. 92-93, S. 50.
[997] So erteilte etwa Saragat ausschließlich gebundene (d.h. von einer bestimmten Zusammensetzung der Regierungskoalition abhängige) Mandate. Cossiga hingegen machte beispielsweise die Beauftragung Andreottis vor der Bildung seines siebten Kabinetts von einem Programm institutioneller Reformen abhängig (dazu Armaroli, Italiens Regierungen, S. 80 f., 87).
[998] Nach Ansicht von Pitruzella (in Comm. Branca, Art. 92-93, S. 77) ist die in der Literatur geäußerte Kritik an den „mandati vincolati" (dem „gebundenen Mandat" zur Regierungsbildung) zu pauschal. Wenn die Sondierungsgespräche erkennen ließen, daß nur eine ganz bestimmte Mehrheit möglich sei, so Pitruzella, müsse der Staatspräsident diese Grenzen, innerhalb derer eine Regierungsbildung einzig und allein möglich sei, auch vorgeben dürfen.

schen Reservefunktion“[999] des italienischen Staatsoberhauptes bei der Regierungsbildung gezeigt. Die von OSCAR LUIGI SCALFARO eingesetzten „Governi dei tecnici” waren nunmehr nach allgemeiner Ansicht als echte „Präsidialkabinette“ zu bewerten, da sie sich in einer politisch äußerst instabilen Situation und ohne den konstruktiven Rückhalt einer irgendwie gearteten parlamentarischen Mehrheit sowohl im Zeitpunkt ihrer Gründung, als auch während der gesamten Amtsperiode maßgeblich auf das „Vertrauen” des Staatsoberhauptes gründeten[1000]. Indem das Staatsoberhaupt sich öffentlich nicht nur für eine bestimmte Regierung und die von ihr eingeschlagene Politik stark machte, sondern auch ebenso deutlich seine Antipathie gegenüber einer anderslautenden politischen Formel erkennen ließ, gab er zudem zunehmend die parteipolitische Neutralität des höchsten Staatsamtes zugunsten einer fortschreitenden „Politisierung” des Amtes auf.
Der Wandel des Staatspräsidenten „che da garante e mediatore diviene governante”[1001] zeigt sich besonders deutlich im Vorfeld der Regierungsbildung im Januar 1995: Obwohl im Parlament keine regierungsfähige Mehrheit gebildet werden konnte, weigerte sich Staatspräsident SCALFARO, die Kammern gem. Art. 88 Cost. aufzulösen, und ernannte – ohne zuvor die Vertreter der Parteien zu konsultieren[1002] – mit dem Kabinett von Ministerpräsident DINI eine Regierung von parteilosen Technokraten, deren Mitglieder er überwiegend selbst ausgewählt hatte[1003] und deren Amtszeit er mit präzisen und richtungsweisenden, politischen „Empfehlungen” begleitete und stützte[1004].

---

[999] Der Begriff wird von Schlaich, in HdbStR Bd. II, § 49, Rdnr. 58, in Bezug auf die Rolle des Bundespräsidenten in der Regierungskrise verwendet.

[1000] Armaroli, in Rass. parl. 1995, S. 266 formuliert mit Blick auf die Vertrauensabstimmung der Regierung Dini, daß es für die Regierung zwar eine „maggioranza di governo” (Regierungsmehrheit) im Parlament gibt, daß es aber an einem „governo di maggioranza”, an einer „Regierung der Mehrheit” fehlt.

[1001] De Vergottini, Diritto costituzionale, S. 517 (..„der vom Garanten und Mediator zum Regierenden wird..”).

[1002] Die Entscheidung Scalfaros, auf die Konsultation der Parteivertreter zu verzichten, läuft damit einer in Italien jahrzehntelang praktizierten „Übung” zuwider (dazu Cheli, Forma di governo, S. 230; vgl. ferner die Ausführungen zu Fn. 490 (S. 119).

[1003] Mit der Einflußnahme des Staatsoberhauptes auf die Besetzung der Ministerposten der Regierungen Amato und Ciampi beschäftigt sich insbesondere Labriola, Quad. cost. 1994, S. 27 ff..

[1004] Grundsätzlich wird dem italienischen Staatsoberhaupt – neben dem Recht aus Art. 87 II Cost, „messaggi formali” („formelle Botschaften“) an die Kammern zu richten – die „Kundgabe seiner Meinung” in der Öffentlichkeit (bspw. in Form von Interviews, Pressekonferenzen, Reden an die Nation, etc.) durchaus zugestanden (sog. „potere di esternazione”). Allerdings wird allgemein verlangt, daß sich diese Äußerungen innerhalb der durch die Stellung und die Funktion des Präsidenten im Verfassungsgefüge gebildeten Grenzen bewegen; insbesondere soll es ihm daher verwehrt sein, in die politische Gesamtausrichtung des Staates („indirizzo politico“) einzugreifen (so Baldassare, in Manuale, S. 240). Zur Amtsführung von Staatspräsident Scalfaro ausführlich Armaroli, Italiens Regierungen, S. 87 ff.; Galeotti, St. parl. e di pol. cost. 1996, S. 32 ff..

3. Das Auflösungsrecht des Art. 88 Cost.

Auch ein Blick auf die Praxis der Parlamentsauflösungen i.S. des Art. 88 Cost.[1005] zeigt, daß sich parallel zur Krise des italienischen Parteiensystems die Teilhabe des italienischen Staatsoberhauptes an der „politischen Leitungsgewalt" unter der Präsidentschaft SCALFAROS faktisch beträchtlich gesteigert hat. Gleichzeitig offenbart sich an dieser Stelle einmal mehr, daß im Verfassungsalltag Italiens die tatsächlichen politischen Ereignisse die Handhabung eines bestimmten verfassungsrechtlichen Instituts weit mehr bestimmen, als dies die rechtstheoretischen Erwägungen der staatsrechtlichen Autorenschaft vermocht haben.

a) Die Entscheidungsmacht des Staatspräsidenten im Verfahren des Art. 88 Cost. in der Doktrin

Innerhalb der staatsrechtlichen Literatur Italiens ist äußerst umstritten, wie der Beitrag des „Presidente della Repubblica" zur vorzeitigen Auflösung („scioglimento anticipato"[1006]) des Parlaments gem. Art. 88 Cost. zu bewerten ist. Die fragmentarische Regelung des Verfassungstextes („Der Präsident der Republik kann nach Anhörung ihrer Präsidenten beide Kammern oder auch nur eine von ihnen auflösen.", Art. 88 I Cost.[1007]) hat in diesem Zusammenhang einer Vielzahl von unterschiedlichen Deutungen zur Rechtsnatur und zu den Tatbestandsvoraussetzungen des Auflösungsrechts Vorschub geleistet, die – wie bei kaum einer anderen Funktion des italienischen Staatsoberhauptes – die dogmatische Konzeption des „Presidente della Repubblica" als Garant der Regierungsstabilität beeinflussen[1008]. Während einige dieser Theorien den Staatspräsidenten als maßgeblichen „Motor" des Auflösungsverfahrens sehen wollen und ihm damit eine beachtliche „Reservemacht" in der Regierungskrise

---

[1005] Seit Bestehen der Republik Italien haben die italienischen Staatspräsidenten insgesamt elfmal von ihrem in der Verfassung verankerten Recht Gebrauch gemacht, eine oder beide Kammern vor Ablauf der Legislaturperiode aufzulösen („scioglimento anticipato"). Im einzelnen ist das Auflösungsrecht nur für den Senat in den Jahren 1953, 1958, und 1963, für beide Kammern hingegen 1972, 1976, 1979, 1983, 1987, 1992, 1994 und 1996 ausgeübt worden (Martines, Diritto costitutzionale, S. 573).

[1006] Unter diesen Begriff fallen die Auflösungen des Parlaments, die vor Ablauf der eigentlichen Frist für den Bestand der Volksvertretung – nämlich dem Ende der Legislaturperiode – vorgenommen werden.

[1007] Die rudimentäre Regelung des Art. 88 Cost. steht damit Art. 25 I WRV („Der Reichspräsident kann den Reichstag auflösen, jedoch nur einmal aus dem gleichen Anlaß") wesentlich näher als dem Verfahren der Bundestagsauflösung nach dem GG (Art. 63 IV, Art. 68 I GG).

[1008] Paladin, in Enc. Dir., Bd. XXXV (1986), Stichwort: „Presidente della Repubblica", S. 203..

einräumen, verstehen andere Auffassungen seine Rolle im Verfahren nach Art. 88 Cost. deutlich differenzierter. In einem Punkt stimmen allerdings alle Ansichten überein: Das „Staatsoberhaupt" müsse sich, so wird einmütig betont, in der Krise stets als „risolutore e non provocatore"[1009] erweisen und in diesem Sinne auch die Auflösung der Kammern als „extrema ratio"[1010] begreifen.

aa) Die Theorien zur Rechtsnatur des Auflösungsrechts aus Art. 88 Cost.

Im Vordergrund der kontrovers geführten Diskussion steht dabei zunächst die Frage, ob die Entscheidung über eine Parlamentsauflösung i.S. des Art. 88 Cost. allein dem Präsidenten obliegt oder aber ob die Regierung allein- beziehungsweise mitverantwortlich die Auflösung der Kammern herbeiführen kann[1011].

Ein Teil der Staatsrechtslehre geht davon aus, daß es sich bei dem Auflösungsrecht des Art. 88 Cost. um einen „atto propriamente presidenziale" handelt, dem Staatspräsidenten also das alleinige Entscheidungsrecht zusteht[1012]. Die zentrale Rolle, die nach dieser Ansicht dem Staatsoberhaupt bei der Auflösung des Parlaments zukommt, wird dabei vor allem mit dem Text der Verfassung begründet. Allein der Staatspräsident, so wird argumentiert, habe gem. Art. 88 Cost. die Berechtigung, die Kammerpräsidenten zu einer möglichen Auflösung anzuhören; im übrigen zeige aber auch die in Art. 87 II Cost. vorgenommene Einschränkung des präsidentiellen Auflösungsrechts für die letzten sechs Monate der Amtszeit des Staatsoberhauptes („semestre bianco"[1013]), daß die Verfassung die Initiative des „Presidente della Repubblica" in den Mittelpunkt des Verfah-

---

[1009] Salerno, in Comm. breve, Art. 88, S. 549 („..Schlichter und nicht Provokateur..").

[1010] Für Paladin, in Enc. Dir., Bd. XXXV (1986), Stichwort: „Presidente della Repubblica", S. 208, ist primär zu gewährleisten, daß die gewählten Kammern bis zum Ende der Legislaturperiode funktionsfähig bleiben.

[1011] Die in Art. 88 Cost. vorgesehene vorherige Konsultation der Kammerpräsidenten ist für die Frage, wem die Entscheidungsbefugnis gebührt, unerheblich. Nach allg. Ansicht ist die Konsultation an sich zwar obligatorisch, ihr „Ergebnis" aber nicht bindend (siehe statt aller Salerno, in Comm. breve, Art. 88, S. 549 m.w.N.).

[1012] So etwa Paladin, in Enc. Dir., Bd. XXXV (1986), Stichwort: „Presidente della Repubblica", S. 204 m.w.N.

[1013] Das ursprüngliche Verbot, in den letzten sechs Monaten der Amtszeit des Staatspräsidenten das Parlament nach Art. 88 Cost. aufzulösen, ist 1991 durch verfassungsänderndes Gesetz modifiziert worden. Mit der Neufassung des Art. 88 II Cost., der nunmehr die Auflösung für den Fall zuläßt, daß dieser sechsmonatige Zeitraum ganz oder teilweise mit den letzten sechs Monaten der Legislaturperiode zusammenfällt, trug man dem fast zeitgleichen Ende der Amtszeit des Staatsoberhauptes und der Legislaturperiode 1992 Rechnung.

rens stellen und ihm die Entscheidung in der Sache übertragen wolle[1014]. Die in Art. 89 I Cost. verankerte Gegenzeichnungspflicht für Akte des Staatsoberhauptes sei in diesem Zusammenhang lediglich als „controllo di legittimità" zu verstehen; die Gegenzeichnung der Auflösungsverfügung durch die Regierung diene einzig dazu, die Authentizität und die formelle Rechtmäßigkeit des präsidiellen Aktes zu bestätigen[1015].
Im Gegenzug wird in diesem Zusammenhang unter Hinweis auf die Tragweite der Gegenzeichnungspflicht des Art. 89 Cost.[1016] teilweise vertreten, daß die Initiative zur Auflösung des Parlaments allein der Regierung zustehe. Diese Schlußfolgerung ergebe sich bereits aus den Vorgaben der Verfassung, da der Staatspräsident ohne die Gegenzeichnung seiner Verfügung die Kammern nicht auflösen könne, das Auflösungsrecht also nicht als „Automatismus" konzipiert sei. Einige Autoren unterstützen diese Auffassung wiederum nur zum Teil; so soll grundsätzlich die Initiative zur Auflösung der Kammern allein der Regierung obliegen, in Krisenzeiten hingegen der Staatspräsident selbst die Entscheidung i.S. des Art. 88 Cost. treffen[1017].

Eine letzte Meinung schließlich, die vor allem in den letzten Jahren zunehmend auf positive Resonanz gestoßen ist, begreift die Parlamentsauflösung aus Art. 88 Cost. als „zusammengesetzten Akt" („atto complesso" oder „duumvirale")[1018]; danach muß die Auflösung der Kammern demnach gleichermaßen vom Staatsoberhaupt wie von der Regierung gewollt sein und auf den Weg gebracht werden. Dieser Auffassung wird zugute gehalten, daß sie die nach dem Wortlaut des Art. 88 Cost. erforderliche Kooperation von Staatsoberhaupt und Regierung im Einklang mit der verfassungsrechtlichen Realität bewerte. So lasse zum einen bereits die nach dem Text der Verfassung obligatorische Konsultation der Kammerpräsidenten eine nicht nur formelle Beteiligung des Staatspräsidenten am Auflösungsverfahren vermuten. Umgekehrt sei aber auch die mit der Gegen-

---

[1014] *Ratio legis* des „semestre bianco" ist es zu verhindern, daß das Staatsoberhaupt die Kammern auflöst, um seine Wiederwahl zu ermöglichen (Baldassare, in Manuale, S. 244).

[1015] Den Stellenwert der Gegenzeichnung erläutert allgemein De Vergottini, Diritto costituzionale, S. 521 f..

[1016] In einem System, in dem die politische Entscheidungsgewalt bei der Regierung liegt und diese gegenüber der gewählten Volksvertretung die Verantwortung für ihr Handeln übernehmen muß, erschöpft sich die Gegenzeichnung der präsidentiellen Auflösungsverfügung nicht in einem rein formalen Akt der Kontrolle; vielmehr wird regelmäßig durch den Akt der Gegenzeichnung eine eigene politische Verantwortung des Gegenzeichnenden (sc. der Regierung) gegenüber dem Parlament begründet (so Hemmrich, in v.Münch/Kunig, Art. 58, Rdnr. 2; vgl.auch Herzog, in Maunz/Dürig, Art. 58, Rdnr. 1).

[1017] Siehe zum Ganzen die Ausführungen bei Salerno, in Comm. breve, Art. 88, S. 548 m.N..

[1018] So Baldassare, in Manuale, S. 241; Martines, Diritto costituzionale, S. 576; De Vergottini, Diritto costituzionale, S. 513 ff. (518).

zeichnung gem. Art. 89 Cost. verbundene „Legitimitätskontrolle" durch die Regierung nicht nur formeller Natur, da die Verfassung im Zusammenhang mit der präsidiellen Auflösungsverfügung keine nachprüfbaren, formellen Voraussetzungen nenne und daher jede „Kontrolle der Legitimität" zwangsläufig eine eigenständige Einschätzung der Sachlage von Seiten der Regierung beinhalte[1019].

bb) Die Tatbestandsvoraussetzungen des Art. 88 Cost.

Welches Gewicht der „Krisengewalt" des „Presidente della Repubblica" im Verfahren nach Art. 88 Cost. zukommt, hängt jedoch nicht nur von der spezifischen Entscheidungskompetenz des Staatsoberhauptes, sondern auch von den Tatbestandsvoraussetzungen der Norm ab. Neben der Frage, w e m die Entscheidung über die Auflösung obliegt, wird daher in der Staatsrechtslehre auch diskutiert, w a n n das Parlament vom Staatsoberhaupt aufgelöst werden kann.
Anders als das Grundgesetz, daß die Auflösung des Bundestages in Art. 63 IV 3 und 68 I bereits *de lege lata* sehr restriktiv handhabt, schweigt die italienische Verfassung zu den „technischen" Voraussetzungen der Parlamentsauflösung. Ähnlich zahlreich wie die Ansichten zur Rechtsnatur des Auflösungsrechts sind daher auch die Theorien, die sich mit den Tatbestandsvoraussetzungen des Art. 88 Cost. befassen[1020].

Ein großer Teil der Lehre betrachtet die objektiv mangelnde Funktionsfähigkeit der Kammern als einzig zulässige Voraussetzung der Parlamentsauflösung. An erster Stelle wird in diesem Zusammenhang das sogenannte „scioglimento successivo" genannt, das sich an ein erfolgreiches Mißtrauensvotum anschließt und somit die Konsequenz aus einem Konflikt zwischen Regierung und Parlament zieht[1021]. In dieselbe Richtung zielt auch die teilweise als „funktional" bezeich-

---

[1019] Diese Argumentation findet sich etwa bei Carlassare, in Comm. Branca, Art. 88, S. 10 f..
[1020] Nach Ansicht von Barile/Cheli/Grassi (S. 342) ist eine systematische und abschließende Aufzählung aller Tatbestandsvoraussetzungen nicht möglich, weil eine solche der Außergewöhnlichkeit der Situationen, in denen eine Parlamentsauflösung erforderlich wird, nicht Rechnung tragen kann. Die Voraussetzungen der Parlamentsauflösung sollen nunmehr in Art. 73 i.V. mit 76 des Entwurfes zur Verfassungsreform (bzw. Art. 70 i.V. mit 74 des geänderten Entwurfes) geregelt werden. Danach ist die vorzeitige Auflösung allein der Abgeordnetenkammer möglich, wenn die Regierung zurücktritt und dieser Rücktritt auf (a) die Neuwahl der Abgeordnetenkammer, (b) die Niederlage der Regierung in der Vertrauensfrage, (c) ein erfolgreiches Mißtrauensvotum oder die Wahl eines neuen Staatspräsidenten zurückzuführen ist; daneben ist die Auflösung zulässig für den Fall, daß der „Premierminister" sein Amt nicht mehr ausführen kann oder will.
[1021] Siehe statt aller Martines, Diritto costituzionale, S. 572; Salerno, in Comm. breve, Art. 88, S. 548 m.w.N.

nete Auflösung der Kammern, mit der die Unfähigkeit der Volksvertretung überwunden werden soll, eine durch eine beliebige Parlamentsmehrheit gestützte Regierung hervorzubringen[1022].
Ein anderer Teil der Lehre will die Parlamentsauflösung in diesem Zusammenhang dann als „funktional" verstanden wissen, wenn mit ihr ein „unheilbarer" Konflikt zwischen beiden Kammern der Volksvertretung überwunden werden soll, der die parlamentarische und insbesondere gesetzgeberische Aktivität nachhaltig lähmt[1023].
Andere Autoren gestehen dem Staatspräsidenten hingegen eine deutlich größere Entscheidungsmacht zu, indem sie die Auflösung der Kammern auch außerhalb einer Regierungskrise und gegen den Willen einer intakten parlamentarischen Mehrheit befürworten. Danach soll der Staatspräsident die Auflösung gleichsam als „Strafe" einsetzen dürfen, wenn die Kammern „auf legalem Weg" versuchen, grundlegenden Prinzipien oder Regeln der Verfassung zuwiderzuhandeln („scioglimento 'sanzione'")[1024].

Ebenso wird die Auflösung der Kammern für zulässig gehalten, wenn eindeutige Anzeichen darauf schließen lassen, daß ihre Zusammensetzung nicht mehr „repräsentativ" ist[1025] oder aber von den Parlamentariern aktuelle Probleme bewältigt werden müssen, zu denen sie innerhalb des letzten Wahlkampfes noch nicht Stellung beziehen konnten[1026].

b) Die Auflösungsverfügung des Staatspräsidenten in der Praxis

Ungeachtet dieser lebhaften Kontroverse um Rechtsnatur und Tatbestandsvoraussetzungen des Auflösungsrechts, die trotz unterschiedlicher Gewichtung im einzelnen Staatsoberhaupt und Regierung als Protagonisten des Auflösungsverfahrens hervortreten läßt, konnte sich in der italienischen Staatspraxis bis zum Beginn der neunziger Jahre allerdings ein ganz anderer „Mechanismus" der Parlamentsauflösung etablieren.

1022 Diese Tatbestandsvoraussetzung wird innerhalb der Lehre einmütig anerkannt (Salerno, in Comm. breve, Art. 88, S. 548 m.w.N.).
1023 Baldassare, in Manuale, S. 243; dagegen Carlassare, in Comm. Branca, Art. 88, S. 87.
1024 Baldassare, in Manuale, S. 244.
1025 Etwa weil sich in Regional- oder Kommunalwahlen eine geänderte politische Orientierung der Wählerschaft gezeigt hat (vgl. De Vergottini, Diritto costituzionale, S. 518).
1026 Barile/Cheli/Grassi, S. 342. In den beiden zuletzt genannten Konstellationen wird der Staatspräsident teilweise als „Schiedsrichter in bezug auf die Veränderungen der öffentlichen Meinung" gesehen (so Barile/Cheli/Grassi, S. 342).

Mit Ausnahme des „scioglimento technico"[1027] ist das italienische Parlament in diesem Zeitraum stets aufgelöst worden, weil eine sichere parlamentarische Mehrheit fehlte und sich deshalb die Bildung einer stabilen Regierung als unmöglich erwies. Die Parlamentsauflösung stützte sich faktisch jedoch in allen Fällen auf eine von den Parteien „künstlich geschaffene Unregierbarkeit"[1028]; der breite Konsens aller parlamentarischen Gruppierungen, zu Neuwahlen überzugehen, wurde vom geschäftsführenden Regierungschef mit einer Initiative zur Auflösung aufgegriffen und vom Staatsoberhaupt mit der Ausfertigung des Auflösungsdekrets lediglich „umgesetzt". Die obligatorische Konsultation der Kammerpräsidenten diente denn auch in diesem Sinne lediglich dazu, den Wunsch aller politischen Kräfte nach einer Auflösung der Kammern zu „übermitteln". Die beherrschende Stellung der Parteien in diesem *procedere*, die das Staatsoberhaupt gleichsam zu einem „Notar" des Parlamentswillens degradiert, hat damit lange Zeit das präsidentielle Auflösungsrecht aus Art. 88 Cost. *de facto* zu einer Art „autoscioglimento" (Selbstauflösung) der Kammern werden lassen[1029]; die „Blockade des Systems" wurde in dieser Phase durch einen „appello ai comizi"[1030] überwunden.

Erst mit dem Niedergang des traditionellen italienischen Parteiensystems zu Beginn der neunziger Jahre ist dieser dominierende Einfluß der Parteien im Verfahren nach Art. 88 Cost. gestoppt und durch die aktive Initiative des italienischen Staatspräsidenten ersetzt worden[1031]. Diese Entwicklung zeigte sich erstmals 1994, als Präsident SCALFARO mit Blick auf das Wahlrechtsreferendum vom 18. April 1993 gegen den erbitterten Widerstand weiter Teile des Parla-

[1027] Dieser Begriff bezeichnet die Auflösung des Senats in den Jahren 1953-1963, mit der vor der Reform von 1963 (dazu oben, Erstes Kapitel, A, II, 2, S. 33) die Legislaturperioden beider Kammern einander angeglichen wurden.

[1028] Salerno, in Comm. breve, Art. 88, S. 549.

[1029] Vgl. Labriola, Presidente della Repubblica, S. 149. In der Literatur wird ein „autoscioglimento" teilweise für zulässig erachtet, teilweise aber auch abgelehnt. Auch die Gegner der „Selbstauflösung" erkennen jedoch an, daß gerade im Rahmen einer Auflösung, die der Unfähigkeit zur Bildung einer Regierungsmehrheit Rechnung trägt, die Parteien durch ihr Verhalten zwangsläufig die Entscheidung prägen (dazu Salerno, in Comm. breve, Art. 88, S. 549). Daß der Wunsch aller im Parlament vertretenen Parteien nach Neuwahlen die Entscheidung zur Auflösung der Volksvertretung „prägen" kann, haben auch die Umstände der Bundestagsauflösung 1982/83 gezeigt (siehe oben Drittes Kapitel, unter D, IV, 2, b, bb, aaa, S. 195). Obwohl das GG ein „Selbstauflösungsrecht" des Bundestages nicht kennt, erreichte die damalige Regierungskoalition aus CDU/FDP durch die sog. „negative" oder „unechte" Vertrauensfrage (in der Abstimmung enthielten sich die Abgeordneten der Regierungsmehrheit geschlossen) die von allen Parteien befürwortete Ausschreibung von Neuwahlen.

[1030] Carlassare, in Comm. Branca, Art. 88, S. 1 („..Appell an die Wahlversammlungen").

[1031] Ein Wandel in der Ausübung des präsidentiellen Auflösungsrechts zeichnete sich bereits in der VII. und insbesondere der VIII. Legislaturperiode ab; in dieser Phase suchte der Staatspräsident mehrfach, die politische Lage zu stabilisieren beziehungsweise die „bröckelnde" Regierungsmehrheit zu konsolidieren, indem er die von einigen parlamentarischen Gruppierungen geforderte Auflösung verweigerte (Labriola, Presidente della Repubblica, S. 149 f.).

ments seine Auflösungsverfügung damit begründete, daß das italienische Volk nicht nur eine neues Wahlrecht, sondern auch seine umgehende Anwendung gewünscht habe[1032]. Ein Jahr später offenbarte sich das enorme „Potential" des Staatsoberhauptes im Verfahren nach Art. 88 Cost. erneut, als SCALFARO der gescheiterten Koalitionsregierung unter Ministerpräsident BERLUSCONI die von dieser gemeinsam mit der rechten Mitte nachdrücklich geforderten Neuwahlen verweigerte und stattdessen das aus parteilosen Technokraten gebildete Kabinett DINI einsetzte. Als die Regierung DINI allerdings schon 1996 in einer tiefgreifenden Krise steckte, konnte auch die massive Unterstützung des Staatspräsidenten ihren Sturz nicht verhindern; SCALFARO entschloß sich nunmehr – trotz des erbitterten Widerstandes zahlreicher politischer Gruppierungen – zur Auflösung der Kammern, um die Regierungskrise zu beenden[1033].

III. Fazit zur stabilitätssichernden Rolle des „Presidente della Repubblica"

Die vorstehenden Ausführungen haben gezeigt, daß es kaum gelingt, die Rolle des Staatspräsidenten für die Stabilität und die Regierbarkeit des italienischen Verfassungsgefüges präzise zu fassen. Fest steht jedoch, daß ähnlich wie zu Zeiten der Weimarer Republik zweifellos das Versagen des Parteiensystems und die Funktionsstörungen innerhalb einer mehrheitsunfähigen Volksvertretung, wie sie vor allem zu Beginn der neunziger Jahre das politische Leben Italiens gelähmt haben, zeitweise zu einer deutlichen Stärkung der präsidentiellen Macht geführt und die systemstabilisierende Funktion des italienischen Staatsoberhauptes betont haben. In der staatsrechtlichen Literatur ist dieser faktische Machtzuwachs des Staatsoberhauptes zuweilen ebenso als „verfassungsrechtliche Anomalie"[1034] beanstandet worden wie die „doppia fiducia"[1035], die zahlreiche Staatsrechtler gerade in jüngster Zeit mit Blick auf das Verhältnis der Regierung zum Parlament auf der einen Seite beziehungsweise dem Staatsoberhaupt auf der anderen Seite verwirklicht sehen. Für den überwiegenden Teil der staatsrechtlichen Autorenschaft wird diese Entwicklung jedoch mit der tiefgreifenden

---

[1032] Zitiert nach Luther, JöR n.F. 1995, S. 505, der darauf hinweist, daß es der italienischen Verfassungstradition entspricht, bei grundlegenden Änderungen des Wahlrechts die Kammern aufzulösen.

[1033] Dazu De Vergottini, Diritto costituzionale, S. 519 f..

[1034] De Vergottini, Diritto costituzionale, S. 517, der den faktischen Machtzuwachs des Staatspräsidenten vor allem im Hinblick auf das Fehlen einer institutionalisierten politischen Verantwortlichkeit rügt.

[1035] Von einem „doppelten Vertrauen" und dementsprechend auch von einer „doppelten Verantwortlichkeit" der Regierung ist vor allem im Zusammenhang mit dem Kabinett Dini gesprochen worden. (dazu Merlini, in Manuale, S. 211 f.).

Krise des parlamentarischen Systems Italiens gerechtfertigt, „in dem sich die Macht des Staatspräsidenten umgekehrt proportional zu der des Parteiensystems verhalte"[1036].

Im Ergebnis zeigt dieser „Mechanismus" damit deutliche Parallelen zu den Verfassungskrisen der Weimarer Republik, in denen der Reichspräsident „die zur Erhaltung der staatlichen Existenz notwendigen Funktionen" nur durch die Einsetzung der sogenannten „Präsidialregierungen" erfüllen konnte. Anders als in der Weimarer Verfassung, die mit der plebiszitären Wahl des Staatsoberhauptes und dem Diktaturrecht des Art. 48 WRV allerdings deutliche Signale im Sinne einer Präsidialdemokratie setzte, fehlen in der italienischen Costituzione bislang die verfassungsrechtlichen Grundlagen für eine „doppelköpfige Exekutive"[1037]. Wie so oft im italienischen Verfassungsrecht zeigt sich damit auch hier eine deutliche Diskrepanz zwischen Theorie und Praxis: Während einerseits die Idee des Staatsoberhauptes als „Herrscher in den Momenten der Krise"[1038] kaum in Einklang mit dem Text der italienischen Verfassung gebracht werden kann, hat andererseits – die zunächst auch von der italienischen Staatsrechtslehre gebilligte – machtvolle Amtsführung von Staatspräsident SCALFARO die Stabilität und Regierbarkeit Italiens in einer grundlegenden Krise des politischen Systems gewahrt.

Der aktuelle Verfassungsentwurf scheint der wichtigen Rolle, die das italienische Staatsoberhaupt vor allem in der Staatspraxis der letzten Jahre für die Stabilität und die Regierbarkeit Italiens gespielt hat, nunmehr Rechnung tragen zu wollen. Neben die Idee des Staatspräsidenten als einem „organo di garanzia" haben die Autoren des Reformvorhabens das Konzept eines vom Volk gewählten Präsidenten gestellt, dem durch diesen Akt unmittelbarer demokratischer Legitimation eine vom Parlament und den politischen Parteien unabhängige Autorität und Macht zuwachsen soll und dessen Befugnisse im Verhältnis zu Regierung und Volksvertretung im Verfassungstext bewußt gestärkt wurden[1039].

[1036] Baldassare, in Manuale, S. 263.

[1037] Auf zuweilen heftige Kritik ist denn auch die Amtsführung des italienischen Staatspräsidenten in einer zweiten Phase „jenseits" der „Governi dei tecnici" gestoßen, in der das Parteiensystem seine tiefgreifende Krise überwunden zu haben schien und den politischen Kräften im Parlament die Bildung einer Regierungsmehrheit durchaus gelang. Die massive politische Intervention Scalfaros, mit der dieser etwa zahlreiche politische Initiativen der Regierung Berlusconis zu steuern versuchte, bescherte dem italienischen Staat nach Ansicht von Armaroli (in: Italien in Geschichte und Gegenwart, S. 97 ff.) erneut eine „doppelköpfige Exekutive".

[1038] Baldassare, in Manuale, S. 263.

[1039] So ernennt gem. Art. 69 b des Entwurfes (Art. 66 b des geänderten Entwurfes) das Staatsoberhaupt den Ministerpräsidenten, „wobei er die Ergebnisse zur Wahl der Abgeordnetenkammer berücksich-

C. Die stabilitätsfördernde Funktion des Staatsoberhaupts in der Bonner und der Weimarer Republik

Mit dem aktuellen Reformvorhaben der „Commissione bicamerale" entfernt sich die Figur des italienischen Staatspräsidenten endgültig von dem Bild, das das Grundgesetz und der Verfassungsalltag der vergangenen Jahrzehnte von dem Staatsoberhaupt der Bundesrepublik gezeichnet haben[1040].

Doch bereits der Vergleich der Staatspraxis der vergangenen fünfzig Jahre zeigt, daß Amtsauffassung und Amtsführung der deutschen beziehungsweise der italienischen Staatspräsidenten weit weniger Übereinstimmungen zeigen, als der Katalog ihrer verfassungsrechtlichen Befugnisse auf den ersten Blick vermuten läßt.

So zeigen sich zwar zunächst auch mit Blick auf die verfassungsrechtlich verankerte „Krisengewalt" des Staatsoberhauptes durchaus länderübergreifende Anknüpfungspunkte. Denn auch wenn das Grundgesetz die „politische Reservefunktion" des Bundespräsidenten in der Regierungskrise stärker formalisiert und reglementiert[1041], als dies die italienische Verfassung tut, ist eine potentielle „Politisierung" seines Amtes keineswegs *de lege lata* ausgeschlossen[1042]. In ei-

tigt", ohne daß der von ihm bestellte Regierungschef und seine Minister wie bisher einer obligatorischen Investitur durch das Parlament bedürfen; ferner wird nunmehr ausdrücklich die Pflicht der Regierung normiert, bei der Neuwahl des Staatsoberhauptes zurückzutreten und schließlich entfällt auch die Gegenzeichnung des präsidentiellen Auflösungsdekretes durch die Regierung. Die Entscheidung der Reformer für einen „semipresidenzialismo" bzw. - wie teilweise formuliert wird – „semipresidenzialismo temperato" („gemäßigter Semipresidenzialismus", bei Pitruzella, Dir. pubbl. 1997, S. 729) wird in der Literatur äußerst kontrovers diskutiert (kritisch äußert sich etwa D'Andrea, Rass. parl. 1998, S. 316 ff.; zum Stand der Diskussion siehe die von Panunzio gesammelten Beiträge namhafter Staatsrechtler in „I costituzionalisti e le riforme", S. 119 ff.).

1040 Zur Figur des Bundespräsidenten unter dem GG siehe etwa Kimminich, VVDStRL 25 (1967), S. 80 ff..

1041 Diese Wertung gilt zunächst für die Wahl des Bundeskanzlers, bei der der Kandidat zwar vom Bundespräsidenten vorgeschlagen, danach aber – anders als der italienische Regierungschef – vom Parlament gewählt werden muß. Noch deutlicher zeigt sich die Einschränkung der Befugnisse des deutschen Staatsoberhauptes im Vergleich mit seinem italienischen Kollegen bei der Parlamentsauflösung, die ihm nur in zwei genau festgelegten Konstellationen (Art. 63 IV 3, Art. 68 I GG) gestattet ist.

1042 In diesem Sinne Schlaich, in HdbStR Bd. II, § 49 Rdnr. 1. So weist das Fehlen einer Kanzlermehrheit im Verfahren nach Art. 63 GG dem Bundespräsidenten weitreichende Entscheidungen zu: Zeichnet sich von vornherein keine Mehrheit für einen Kandidaten ab, so kann ihn die Suche nach einem vorzuschlagenden Minderheitskanzler „zur Notwendigkeit von Sondierungsgesprächen und in die Nähe einer Beauftragung zur Regierungsbildung führen, wie sie beispielsweise der italienische Staatspräsident ausspricht" (Schlaich, ebda, Rdnr. 15). Ebenso hat er nach der Wahl eines Minderheitskanzlers abzuwägen, ob er ihn ernennt oder aber den Bundestag auflöst; seiner politischen Einschätzung der Lage kommt dabei eine zentrale Bedeutung zu (vgl. Stern, StaatsR Bd. II, S. 254). Noch deutlicher zeigt sich die „echte Entscheidungsmacht" des Bundespräsidenten im Zuge der Parlamentsauflösung nach Art. 68 GG. Liegen die Voraussetzungen dieser Norm vor (d.h. die Tatbestandsvoraussetzungen einschließlich des ungeschriebenen Merkmals einer instabilen Lage), so verfügt er über „ein eher freies Ermessen" (Schlaich, in HdbStR Bd. II, § 49 Rdnr. 17), ob die Fortdauer einer Kanzlerschaft ohne nem System, in dem die Entscheidungsmacht des Staatspräsidenten durch die Entscheidungsfähigkeit der regierenden Organe „auflösend bedingt"[1043] wird, bringt aber erst die Dysfunktion der politischen Institutionen die „echte Macht"[1044] des Staatsoberhauptes ins Spiel. Daß das Bild des deutschen Bundespräsidenten in der Praxis weitaus stärker durch seine repräsentative und integrative Funktion[1045] und seine zurückhaltende Amtsführung geprägt worden ist als durch seine stabilitätsfördernde Teilhabe an der „politischen Leitungsgewalt", kann daher im wesentlichen auf die stabilen politischen Verhältnisse der Bundesrepublik zurückgeführt werden, in denen die „Reservemacht des Präsidenten"[1046] kaum einmal freigesetzt wurde.

Vor dem Hintergrund der politischen Verhältnisse kam daher auch der Figur des Reichspräsidenten in der von einer latenten „Verfassungsstörung" geprägten Weimarer Republik von vornherein eine ganz andere Rolle für die Regierungsstabilität zu.
Die Weimarer Verfassung hatte sich mit dem vom Volk gewählten Staatsoberhaupt allerdings anders als das Grundgesetz noch für eine „dualistische Verfassungskonstruktion"[1047] entschieden, in der der Reichspräsident, ausgestattet mit der Diktaturgewalt des Art. 48 WRV, gleichsam als „verfassungspolitisches 'Gegengewicht'"[1048] das parlamentarische Regierungssystem vor einem möglicherweise drohenden „Parlamentsabsolutismus"[1049] bewahren sollte. Als weitaus wichtiger sollte sich in dem von permanenten Regierungskrisen geprägten Weimarer System jedoch die „machtstabilisierende" Funktion des Staatsoberhauptes

---

Vertrauen oder Neuwahlen die politische Krise zu überwinden vermögen (nach BVerfGE 62, 1 (50) hat der Bundespräsident insoweit allerdings die Entscheidungs- und Beurteilungskompetenz des Bundeskanzlers zu beachten).

[1043] Lippert, Bestellung und Abberufung des Regierungschefs, S. 64.

[1044] Dürig, VVDStRL 25 (1967), S. 224 (Diskussionsbeitrag); Maurer (DÖV 1966, S. 673) spricht in diesem Zusammenhang von der „echten Entscheidungskompetenz" und einem „effektiven politischen Mitsprachrecht" des Bundespräsidenten in der Regierungskrise. Vgl. auch Kaufmann (in VVDStRL 9 (1952), S. 6), der das Staatsoberhaupt allgemein für „den obersten Regulator der staatlichen Willensbildung" hält: „Wenn alles normal verläuft, bleibt er im Hintergrunde, tritt aber hervor, wenn Hemmungen und Störungen im normalen Verlauf der staatlichen Willensbildung eintreten"; in diesem Sinne auch Jellinek, VVDStRL 8 (1950), S. 17.

[1045] Stern, StaatsR Bd. II, S. 198 f., der in diesem Zusammenhang auch „die Aufgaben des Mahners, Beraters und Schlichters" des Bundespräsidenten nennt. Zur Integrationsfunktion des Bundespräsidente Schlaich, in HdbStR Bd. II, § 49 Rdnr. 53 ff; zu seiner Stellung als Repräsentationsorgan „der Existenz, der Legitimität und der Einheit des Staates", Herzog, in Maunz/Dürig, Art. 54, Rdnr. 7, 97.

[1046] Schlaich, in HdbStR Bd. II, § 49 Rdnr. 18. Die „Reservemacht" des Bundespräsidenten wird auch von Kaltefleiter (Funktionen des Staatsoberhauptes, S. 208 ff.) analysiert.

[1047] Stern, StaatsR Bd. II, S. 196.

[1048] Huber, Bd. VI, S. 321.

[1049] Huber, Bd. VI, S. 321.

erweisen, „das im gegebenen Fall die Rolle eines der Überwindung innerparlamentarischer Funktionsstörungen dienenden Ersatzorgans zu übernehmen hatte"[1050]. In der Endphase der Weimarer Republik, in dem sich der zersplitterte und mehrheitsunfähige Reichstag weitgehend selbst ausschaltete, gewann die dem Reichspräsidenten zugedachte Stellung eines „politischen Machtfaktors"[1051] denn auch zunehmend an Bedeutung für die Stabilität und die Regierbarkeit des Staates. Die totale Funktionsunfähigkeit des Reichstages in der Reichskrise 1930-32 zwang den Reichspräsidenten, „seine für den Ausnahmefall gedachten Machtbefugnisse zu benutzen, um ein System langdauernder Präsidialregierungen einzusetzen, arbeitsfähig zu machen und im Amt zu halten". Indem der Reichspräsident das Auflösungsrecht (Art. 25 WRV) und die Notstandsgewalt (Art. 48 II WRV) einem Reichskabinett zur Verfügung stellte, das ohne den Rückhalt der Parlamentsmehrheit seinen Fortbestand gleichsam als „Kampfregierung in Permanenz"[1052] entscheidend auf das „präsidiale" Vertrauen gründete, verwandelte er sich endgültig in einen „aktiven Faktor der Regierungsmacht"[1053].

Die stabilitätsfördernde Funktion des Weimarer „Präsidialregimes" sollte jedoch nur von kurzer Dauer sein: Das Bestreben des Reichspräsidenten, im Januar 1933 mit der Berufung HITLERS zum Reichskanzler, „seine 'neutrale' Position außerhalb des Felds der politischen Machtkämpfe wieder einzunehmen", läutete „die Auslieferung der Regierungsmacht an den zum Sturz der Republik entschlossenen Verfassungsfeind"[1054] ein.

[1050] Huber, Bd. VI, S. 321.
[1051] Stern, StaatsR Bd. II, S. 196.
[1052] Huber, Bd. VII, S. 738.
[1053] So Huber, Bd. VI, S. 322. Mit dem Präsidialregime der Weimarer Zeit als „Mittel zur Sicherung der Regierbarkeit des Staates" beschäftigt sich Huber ausführlich in Bd. VII, S. 732 ff. (737 f.).
[1054] Huber, Bd. VI., S. 323.

Schlußbetrachtung

„Heil und Unheil liegen nicht in den verfassungsrechtlichen Institutionen, sondern darin, wie das Volk von ihnen Gebrauch zu machen versteht." (FRIESENHAHN[1055])

Die vorstehenden Ausführungen haben gezeigt, daß die „berüchtigte" Instabilität italienischer Regierungen ebenso wie die sprichwörtliche „Unregierbarkeit" des Landes nicht monokausal auf eine bestimmte Ursache zurückgeführt werden können. Die verfassungsstrukturellen Defizite der „Costituzione italiana", wie sie etwa in der Konzeption des paritätischen Zweikammersystems, der Ausgestaltung des Gesetzgebungsverfahrens oder der Stellung der italienischen Regierung im Verfassungsgefüge durchaus erkennbar sind, vermögen kaum die schwierige Lage des italienischen Gemeinwesens zufriedenstellend zu erklären. Daß umgekehrt die Diskrepanz zwischen dem stabilitätsfördenden Nutzen verfassungsrechtlicher Sicherungsmechanismen in der Theorie und ihrem tatsächlichen „Stabilitätsgehalt" in der Verfassungspraxis beträchtlich ist, zeigt ein einfaches „Gedankenspiel", nämlich die hypothetische Übertragung grundlegender Bestimmungen des GG auf das italienische Regierungssystem: Die Wahl des Regierungschefs durch das Parlament, seine „Richtlinienkompetenz" oder aber das „konstruktive Mißtrauensvotum", um nur einige der (vermeintlich) stabilitätsfördernden Mechanismen des deutschen Verfassungsrechts zu nennen, dürften kaum in der Lage sein, der Republik Italien die Stabilität und Regierbarkeit zu gewährleisten, die die Bundesrepublik in den vergangenen fünfzig Jahren erleben durfte. Denn auch sie können nur den „institutionellen Rahmen" für das Spiel der parlamentarischen Kräfte bilden, den es im Verhältnis Regierung und Parlament verantwortungsbewußt und konstruktiv auszufüllen gilt. Ähnlich wie der Blick auf das wechselhafte Schicksal der Weimarer Republik führt daher auch die Analyse der italienischen Verfassung zu der Erkenntnis, daß „Unregierbarkeit" und „Regierungsinstabilität" weit weniger auf verfassungsrechtlichen Vorgaben als auf dem Grad der politischen Stabilität des Regierungssystems fußen.

Mit dieser Feststellung rücken endgültig die Parteien in ihrer Eigenschaft als „Bindeglied in der Legitimationskette zwischen Volk und politischer Führung"[1056] in den Mittelpunkt der Betrachtung; von ihrem Zustand und der Ausgestaltung des Parteiensystems hängt die Funktionsfähigkeit des parlamentari-

---

[1055] Friesenhahn, VVDStRL 16 (1958), S. 13.

[1056] Hesse, in EvStL, Stichwort: „Parteien, politische", S. 2442.

schen Regierungssystems maßgeblich ab. Das zersplitterte Vielparteiensystem Italiens und damit verbunden die „institutionelle Notwendigkeit"[1057] von Koalitionsregierungen sind sicherlich eine zentrale Ursache für die „latente Unregierbarkeit" der Republik. Aber auch hier wäre es voreilig, von einer Änderung des geltenden Wahlrechts, wie sie zur Zeit in der italienischen Öffentlichkeit diskutiert wird, Abhilfe zu erwarten. Denn die heterogene Parteienlandschaft stellt nur einen Spiegel der soziokulturellen und geographischen Gräben innerhalb der italienischen Gesellschaft dar, die kaum allein durch eine Reform des Wahlsystems zu überbrücken sind. Und auch einen weiteren Mißstand in der politischen Kultur Italiens wird man wohl nicht mit Hilfe (verfassungs-)rechtlicher Bestimmungen überwinden können: Solange der Begriff der „democrazia" gleichgesetzt werden muß mit dem der „partitocrazia" und solange sich die Politiker in Regierungsverantwortung „als bloße Mandatare ihrer Parteien und nicht als die verantwortlichen Träger der Regierungspolitik"[1058] gerieren, bleiben alle Bestrebungen, die Stabilität und Regierbarkeit des italienischen Staates im Wege einer durchgreifenden Verfassungsreform zu sichern, zwangsläufig Makulatur.

„Es hängt weit weniger von der kunstvollen Ausgestaltung der Verfassungsbestimmungen als von der politischen Reife einer Nation und ihrer Begabung und Willigkeit zu politischen Kompromissen ab, ob sich eine Regierung bilden kann, die die politische Führung übernimmt und sie gegen alle Anforderungen behaupten kann."; mit diesen Worten LOEWENSTEINS[1059] läßt sich denn auch trefflich ein Resümee der vorliegenden Arbeit ziehen.

[1057] Pitruzella, in Comm. Branca, Art. 92-93, S.115.
[1058] So beschreibt Friedrich (DVBl. 1980, S. 508) das Verhalten der Weimarer Parteien.
[1059] Loewenstein, Verfassungslehre, S. 202.

FSC
www.fsc.org
MIX
Papier | Fördert
gute Waldnutzung
FSC® C083411

Kolibri 360 GmbH
Ferdinand-Jühlke-Straße 7
99095 Erfurt, Deutschland
produktsicherheit@kolibri360.de

Druck:
CPI Druckdienstleistungen GmbH
im Auftrag der
Kolibri 360 GmbH
Ferdinand-Jühlke-Str. 7
99095 Erfurt